Von der Schule zur Hochschule

Jupp Asdonk, Sebastian U. Kuhnen,
Philipp Bornkessel (Hrsg.)

Von der Schule zur Hochschule

Analysen, Konzeptionen und
Gestaltungsperspektiven
des Übergangs

Waxmann 2013
Münster / New York / München / Berlin

Bibliografische Informationen der Deutschen Nationalbibliothek
Die Deutsche Nationalbibliothek verzeichnet diese Publikation in
der Deutschen Nationalbibliografie; detaillierte bibliografische
Daten sind im Internet über http://dnb.d-nb.de abrufbar.

ISBN 978-3-8309-2789-1

© Waxmann Verlag GmbH, 2013
Postfach 8603, 48046 Münster
Waxmann Publishing Co.
P.O. Box 1318, New York, NY 10028, USA

www.waxmann.com
info@waxmann.com

Umschlaggestaltung: Inna Ponomareva
Umschlagfoto: © 4528762M – fotolia.com
Satz: Stoddart Satz- und Layoutservice, Münster
Druck: Hubert & Co., Göttingen

Gedruckt auf alterungsbeständigem Papier,
säurefrei gemäß ISO 9706

Inhalt

Vorwort

Wir freuen uns sehr, dass die 2. Expert/innen-Tagung „Übergang Schule-Hochschule. Analysen – Konzeptionen – Gestaltungsperspektiven" – ausgerichtet von der Wissenschaftlichen Einrichtung Oberstufen-Kolleg an der Universität Bielefeld in Kooperation mit der Kommission für Schulforschung und Didaktik der Deutschen Gesellschaft für Erziehungswissenschaft – auf großes Interesse gestoßen ist.

Das Oberstufen-Kolleg ist für eine solche Tagung ein besonders geeigneter Ort: Als Versuchsschule des Landes Nordrhein-Westfalen und als Wissenschaftliche Einrichtung der Universität Bielefeld setzt sich das Oberstufen-Kolleg seit fast vier Jahrzehnten mit dem Problem des Übergangs vom allgemeinbildenden Gymnasium zur Hochschule als Ort der wissenschaftlichen Spezialisierung auseinander. Als experimentelle gymnasiale Oberstufe verfolgt es heute ein originäres Konzept für die Gestaltung wissenschaftspropädeutischer Lernprozesse, das sich an der Norm der allgemeinen Studierfähigkeit orientiert. Neben der Entwicklung und Erprobung pädagogischer Konzepte für einen gelingenden Übergang zur Hochschule hat die Wissenschaftliche Einrichtung in dem seit 2004 verfolgten Forschungsprojekt „Krise und Kontinuität in Bildungsgängen: Der Übergang Schule-Hochschule" die Wirkung seiner Ausbildungskonzeptionen untersucht und dafür auch den Vergleich zu anderen Oberstufen aus der Region gezogen.

Die Tagung hat zahlreiche aktuelle Forschungsperspektiven auf Probleme und Gelingensbedingungen des Übergangs von der Schule zur Hochschule thematisiert und mit den Perspektiven anderer Akteure auf dem Übergangsfeld – den Perspektiven der PraktikerInnen in Schule und Hochschule, in Studien- und Berufsberatung – zusammengeführt.

Nun liegt mit diesem Tagungsband die Vielfalt von wissenschaftlichen Erkenntnissen und praktischen Erfahrungen, von empirischen Befunden wie von theoretischen und normativen Sichtweisen vor. Die Beiträge machen die aktuellen Probleme des Übergangs sichtbar und zeigen Lösungsperspektiven für die anstehenden Aufgaben der Schulen und Hochschulen, der Bildungs- und Wissenschaftspolitik auf. Wir wünschen den Autorinnen und Autoren wie den Herausgebern, dass die Analysen und Positionen, die im Tagungsband zu finden sind, intensive und folgenreiche Diskussionen auslösen.

An dieser Stelle möchten wir uns ausdrücklich bei den Herausgebern des Bandes und den für die Tagung Verantwortlichen bedanken.

Dr. Gabriele Klewin
Komm. Leiterin der Wissenschaftlichen
Einrichtung Oberstufen-Kolleg

Dr. Stefan Hahn
Komm. Leiter der Wissenschaftlichen
Einrichtung Oberstufen-Kolleg

Jupp Asdonk, Sebastian U. Kuhnen, Philipp Bornkessel

Der Übergang Schule-Hochschule: Forschungs- und Gestaltungsfeld ‚zwischen den Institutionen'

Übergänge im Bildungssystem sind seit vielen Jahren Thema bildungspolitischer Diskussionen und pädagogischer Programme, empirischer Untersuchungen und (hochschul-)didaktischer Theorien. Sie sind der Ort, an dem folgenreiche Entscheidungen zu treffen sind, folgenreich für Schullaufbahn und Studium, für Beruf und Karriere. Dies gilt auch für den Übergang von der Schule zur Hochschule – mit der Besonderheit, dass die jungen Erwachsenen, zumeist Abiturientinnen und Abiturienten, Entscheidungen selbstständig vorbereiten und treffen müssen. Eine zweite Besonderheit liegt darin, dass beim Übergang an die Hochschule nicht nur Studienfach, Hochschultyp und Hochschulort zu wählen sind, sondern dass der Übergang zugleich eine „Statuspassage" (Friebertshäuser, 1992) darstellt. Das heißt der Übergang besitzt eine individuell-biografische Dimension, geht es für die Studienanfänger und -anfängerinnen doch darum, den Schritt von einem behüteten Leben als Schülerin oder Schüler in die Welt eines eigenverantwortlichen Studiums zu gehen und die psychischen und sozialen Anforderungen der neuen studentischen Lebensweise zu bewältigen.

Der Übergang von der Schule zur Hochschule war schon in der Vergangenheit schwierig, standen sich doch zwei Lern- und Lehrsysteme mit je spezifischen Rationalitäten, Praktiken und Traditionen gegenüber, die sich weder in der Frage, welche Kenntnisse und Fähigkeiten studienrelevant seien, noch darin, in welchem Maße sie Gegenstand des schulischen Lernens oder des hochschulischen Studierens seien, verständigen konnten. Die Folgen hatten die (künftig) Studierenden zu tragen: Informations-, Orientierungs- und Entscheidungsprobleme, eine große Zahl von Studienfachwechseln, überlange Studienzeiten und hohe Abbrecherquoten.

Bildungspolitische Entscheidungen auf nationaler wie auf internationaler Ebene haben in den vergangenen Jahren zu tiefgreifenden strukturellen Veränderungen im Schul- und im Hochschulsystem geführt, die hier nur angedeutet werden können:

- Die Re-Reformierung der gymnasialen Oberstufe (vgl. insbesondere KMK, 2006) sieht (wieder) Kernfächer, verbindliche Bildungsstandards und Prüfungsanforderungen, ein Zentralabitur und die Verkürzung der Schulzeit (‚G 8') vor. Die Entscheidungen der KMK stehen für das Misstrauen der Bildungspolitik, dass ein auf Selbstständigkeit, Interessenorientierung und Wahlfreiheit gegründetes Lernen gute Voraussetzungen für Studium, Berufsausbildung und gesellschaftliches Engagement schaffen kann. So wird ein Weg in die Vergangenheit der Oberstufe beschritten, in der schon einmal gute Gründe für andere Prinzipien, Inhalte und Methoden des Lernens sprachen.
- Die Umgestaltung der Hochschullandschaft folgt zwei Leitideen, der in Bologna beschlossenen Vereinheitlichung des europäischen Hochschulraums und der

wettbewerblichen Orientierung der „unternehmerischen Hochschule" (Knobloch, 2012). Als Stichworte seien genannt: Einführung des Bachelor-Master-Systems im Studium, Hochschulentwicklung unter Konkurrenzbedingungen, zunehmende Abhängigkeit von Dritt- und Projektmittel, Rücknahme von Beteiligungs- und Mitwirkungsrechten in der akademischen Selbstverwaltung.

Gemeinsamer strategischer Nenner dieser Strukturreformen ist die Umstellung der staatlichen und institutionellen Steuerung der Lern- und Qualifizierungsprozesse an Schulen und Hochschulen auf das „outcome" (Tillmann et al., 2008).

Die neuen Strukturen konnten allerdings die genannten Probleme des Übergangs – bisher – nicht lösen, im Gegenteil, sie erzeugen neue Probleme. So stellt z.B. die Ausdifferenzierung des Studienangebots die Studienberechtigten vor die Wahl zwischen ca. 9000 Studiengängen an 300 Hochschulen in Deutschland. Alternativen zum Studium bieten gleichzeitig etwa 300 Ausbildungsberufe (vgl. Spangenberg und Willich in diesem Band). Die Zulassungsverfahren sind unübersichtlich, sie erscheinen den Studienbewerber/innen in vielen Fällen eher als „Lotteriespiel" (vgl. Adam in diesem Band) denn als rationales und kalkulierbares Verfahren. Stoffdichte und eine hohe Zahl von Klausuren stehen für gewachsene Anforderungen im Studium, gleichzeitig verhindert die generelle Unterfinanzierung der Hochschulen gerade in der Phase des Studienbeginns eine quantitativ wie qualitativ angemessene Betreuung der Studierenden. Dazu kommt der Sachverhalt, dass der Hochschulzugang in hohem Maße sozial selektiv ist und die bildungspolitischen Forderungen nach Chancengleichheit bisher nicht umgesetzt worden sind.

Soweit eine kurze Skizze des Übergangsfeldes. Sie zeigt, dass sowohl aus gesamtgesellschaftlicher als auch aus individueller Sicht ein unbestreitbarer Reformbedarf besteht. Die Bedingungen des demografischen Wandels und die mit der technisch-gesellschaftlichen Entwicklung gewachsenen Anforderungen an qualifizierte Arbeitskraft verlangen nach Veränderungsprozessen im Schul- und Hochschulsektor, die das Interesse an einer akademischen Ausbildung erhöhen, den Zugang zum Studium erleichtern, die Zahl der erfolgreich Studierenden vergrößern und den Übergang in den Beruf unterstützen.

In diesem Kontext erweist sich der Übergang Schule-Hochschule als ein relevantes Forschungs- und Gestaltungsfeld ‚zwischen den Institutionen'. Gesucht werden Erkenntnisse und Antworten auf die Fragen, wie sich institutionelle und strukturelle Lern- und Studienbedingungen, wie sich sozioökonomische und soziokulturelle Merkmale der Herkunft und wie sich individuelle kognitive, soziale und psychische Ressourcen und Persönlichkeitsmerkmale auf die Lern-, Entscheidungs- und Entwicklungsprozesse der jungen Erwachsenen in der gymnasialen Oberstufe, in der Übergangsphase und in der Studieneingangsphase auswirken.

Mit dem Ziel, zu diesen Fragen das Forschungswissen der Schul- und Hochschulforschung und das Expertenwissen der Praktikerinnen und Praktiker an den Schulen und Hochschulen zusammenzutragen, hat das Oberstufen-Kolleg an der Universität Bielefeld im Jahr 2007 zu einer ersten Expertentagung eingeladen und im Juni 2012 die zweite Expertentagung mit dem Thema: *Übergang Schule-Hochschule: Analysen – Konzeptionen – Gestaltungsperspektiven* durchgeführt. Im Jahr 2007 waren die Strukturreformen an Oberstufen und Hochschulen gerade erst beschlossen oder in Gang gesetzt worden, so dass sich Analysen und Positionen eher auf die ‚alten‘ Bedingungen bezogen und auf dieser Basis Anforderungen, Erwartungen und Bedenken zu den bevorstehenden Veränderungen formuliert wurden. Demgegenüber lagen im Jahr 2012 den Referaten und Diskussionen mehrjährige Erfahrungen mit den Wirkungen der neuen Strukturen zugrunde.

Thematisch standen auf der zweiten Expertentagung folgende Aspekte bzw. Fragen zur Diskussion:
- Folgen der Neuordnung der gymnasialen Oberstufe für die Lernprozesse der Schülerinnen und Schülern: Was wird in der Oberstufe gelernt und wie bereiten die dort erworbenen Qualifikationen auf die Anforderungen eines Studiums vor? Machen sie ‚studierfähig‘?
- Qualität und Wirksamkeit der Informations-, Beratungs- und Unterstützungsangebote: Wie informieren sich die Studienberechtigten? Wie und wann treffen sie ihre Entscheidungen? Welche Konzepte für und Erfahrungen mit Zulassungsverfahren liegen vor?
- Probleme des Zugangs und der Studieneingangsphase: Was müssen Studienanfänger/innen mitbringen, um die Anforderungen des Studienbeginns bewältigen zu können, welche Kompetenzen verlangen die Studiengänge des Bachelor-Master-Systems? Welche Beachtung finden die mit Übergang und Statuswechsel verbundenen sozialen und psychischen Probleme der Studierenden?

und als besonderer Schwerpunkt:
- Effekte der sozialen Herkunftsbedingungen von Schülerinnen und Schüler bzw. ihrer Familien: Welchen Einfluss haben soziale Prozess- und Strukturmerkmale auf das objektive und das subjektiv wahrgenommene schulische Leistungsniveau, die Übergangsentscheidung und einen gelingenden Studienbeginn? Wie können diese Effekte erklärt werden?

Die folgenden Beiträge zu diesen Themen sind als Referate auf der zweiten Expertentagung vorgetragen und für den Tagungsband überarbeitet worden. Wir freuen uns, die Tagung in dieser Form dokumentieren zu können und danken allen Autorinnen und Autoren herzlich für ihre Bereitschaft, an dieser Publikation mitzuwirken.

Der Tagungsband gliedert sich in fünf Teile.

Teil 1 thematisiert mit drei Beiträgen die zentralen, z.T. auch gegensätzlichen Entwicklungslinien in der theoretischen und empirischen Bildungsforschung und liefert damit die Grundlage für die folgenden Diskussionen um Konzeptionen, empirische Befunde, Forschungsdesiderata und bildungspolitische Entwicklungen im Schul- und Hochschulbereich.

Anknüpfend an die Feststellung, dass seit den 1950er Jahren im Zuge der Bildungsexpansion die Zahl der Studienberechtigten enorm angestiegen ist, diskutiert **Olaf Köller** in seinem Beitrag *Abitur und Studierfähigkeit*, ob mit der Öffnung und Flexibilisierung gymnasialer Bildungswege ein Absinken der Leistungen der Schülerinnen und Schüler verbunden ist, ob die Gymnasien das Erreichen der geforderten fachlichen Standards (noch) sichern und ob die heute erworbenen Kompetenzen nach wie vor im zufriedenstellenden Maße zur Studierfähigkeit führen. Er fragt weiterhin danach, ob angesichts der Konkurrenz um knappe Studienplätze die schulischen Noten die realen Leistungs- und Kompetenzdifferenzen in den verschiedenen Formen und Typen der Sekundarstufe II angemessen abbilden. In einer systematischen Durchsicht zahlreicher empirischer Untersuchungen aus dem Zeitraum von 2000 bis 2012 stellt er die Daten, die zur Beantwortung dieser Fragen relevant sind, zusammen und analysiert die Befunde.

Obwohl sich in den letzten Jahrzehnten die weiterführenden Bildungsgänge in breitem Umfang geöffnet haben, sind die mit dieser Entwicklung eng verbundenen Forderungen nach Chancengleichheit bisher nicht eingelöst. Soziale Disparitäten lassen sich sowohl für den Zugang zu den Schulen des Sekundarbereichs als auch für den Hochschulzugang beobachten. Wie allerdings die verschiedenen Merkmale der sozialen Herkunft wirksam werden, wie weit ihre Wirkungen reichen und welche Gegenmaßnahmen erfolgreich sein könnten, ist immer noch strittig. Daher unterscheiden **Kai Maaz, Rainer Watermann und Annabell Daniel** in ihrem Beitrag *Effekte sozialer Herkunft auf den Übergang zur Hochschule* zwischen primären, d.h. leistungsbezogenen, und sekundären, d.h. leistungsunabhängigen, Herkunftseffekten. Sie erörtern den aktuellen Forschungsstand und setzen sich daran anknüpfend mit zwei Fragen auseinander: Eignet sich die Differenzierung primärer und sekundärer Herkunftseffekte für die Erklärung sozialer Disparitäten beim Hochschulzugang und lassen sich diese Ungleichheiten reduzieren, wenn man die Wirkung des primären oder sekundären Herkunftseffektes ausschließt. Abschließend diskutieren sie die vorgestellten Befunde aus der Perspektive aktueller Modernisierungsprozesse im Bildungswesen.

Andreas Gruschka erörtert in seinem Beitrag *Bildung – Kompetenz* die mit den beiden Begriffen verbundenen Konzeptionen aus Sicht der Bildungstheorie, der Bildungsreform und der empirischen Bildungsforschung. Zunächst wendet er sich dem Verhältnis der beiden Begriffe bzw. Konzepte aus bildungstheoretischer Sicht zu und arbeitet heraus, was sie seiner Meinung nach ausdrücken. Sodann weist er auf die Auseinandersetzungen um theoretische Überzeugungen und bildungspolitische Vorstellungen für die Entwicklung von Schulen und Hochschulen sowie forschungspolitische Programme hin und argumentiert, dass beide Begriffe bildungspolitisch in Dienst genommen und wissenschaftlich instrumentalisiert werden. Insbesondere der empirischen Bildungsforschung wirft er vor, weder Bildung noch Kompetenz zu erforschen, sondern ihre Gegenstände nur so zu benennen. Sie messe lediglich kriterienorientiert und skalierend, was sie als Zusammenspiel einzelner Elemente Kompetenz nenne. Nicht weniger kritisch sieht er – Befunde eigener empirischer

Untersuchungen referierend – die Vermittlungspraktiken im heutigen schulischen Unterricht, die zu einer Krise des Verstehens führten. Dem verkürzten Verständnis von Bildung stellt er vier Dimensionen entgegen, die für eine wissenschaftspropädeutische Bildung auf der Oberstufe und für die universitäre Bildung gleichermaßen bedeutsam sind.

Teil 2 richtet den Blick auf die Bedingungen des Lernens in der gymnasialen Oberstufe und stellt den Zusammenhang zwischen den bildungspolitischen Entscheidungen der KMK zur Re-Reform der Oberstufe, der Bedeutung der Eingangsqualifikation, den Schulleistungen und Abiturnoten, der Entwicklung von Lerninteresse sowie der wissenschaftspropädeutischen Bildung her.

Aus der Sicht von **Dorit Bosse und Julian Kempf** ist es erstaunlich, dass trotz der Bedeutung einer qualifizierten (Aus-)Bildung in der gymnasialen Oberstufe für einen gelingenden Übergang an die Hochschule dieses Feld von der empirischen Bildungs- bzw. Schulforschung vernachlässigt worden ist. Eine Erklärung dafür könnte sein, dass der Übertritt aus der Sekundarstufe I in die Oberstufe der grundständigen Gymnasien oder der Gesamtschulen eher unbeobachtet erfolgt, da er – in der weitaus überwiegenden Zahl der Fälle – nicht mit einem Wechsel der Einrichtung verbunden ist. Anders sind die Bedingungen für die 21 allgemeinbildenden hessischen Oberstufenschulen. Sie verbinden in einem dreijährigen Bildungsgang eine einjährige Einführungs- und eine zweijährige Qualifikationsphase. Alle Schülerinnen und Schüler sind hier ‚neu‘, da sie ihre bisherige Schule verlassen müssen. Bosse und Kempf verfolgen in ihrem Beitrag *Der Übergang in die Einführungsphase als Herausforderung für die gymnasiale Oberstufe* die Fragen, wie die Schülerinnen und Schüler nach dem Übergang in die Sekundarstufe II ihre Lernumgebung erfahren, welche Lernprobleme sie benennen und welche Unterstützung bzw. welche Verbesserungen sie wünschen. Dazu führten sie in der Mitte des Schuljahrs 2010/2011 in der Eingangsphase eine Fragebogenerhebung durch, deren Ergebnisse sie hier vorstellen. Eine große Anzahl offener Fragen ermöglicht ihnen dabei einen differenzierten Einblick in die Wahrnehmungen und Urteile der Schülerinnen und Schüler.

Um die gymnasiale Oberstufe besuchen zu können, ist in der Regel eine Zugangsberechtigung, in Nordrhein-Westfalen der Qualifikationsvermerk (Q-Vermerk), erforderlich. Nicht so am Oberstufen-Kolleg der Universität Bielefeld. Als Versuchsschule des Landes Nordrhein-Westfalen eröffnet es – gestützt auf ein mehrstufiges Auswahl- und Aufnahmeverfahren – auch Schülerinnen und Schülern ohne Qualifikationsvermerk den Schritt in die gymnasiale Oberstufe. Vor diesem Hintergrund untersuchen **Philipp Bornkessel**, **Sebastian U. Kuhnen und Gabriele Klewin** in ihrem Beitrag *Der Qualifikationsvermerk am Ende der Sekundarstufe II*, ob der Vergabe des Q-Vermerks eine fähigkeits- oder herkunftsbezogene Selektion zugrunde liegt, die auch am Ende der Sekundarstufe II noch wirksam ist, und ob sich der (Nicht-)Besitz des Q-Vermerks auf die Abiturdurchschnittsnote und die Bildungsintention der Schülerinnen und Schüler auswirkt. Sie verfolgen diese Fragen auf der Basis von Daten, die im Rahmen des Forschungsprojekts *Krise und*

Kontinuität in Bildungsgängen: Der Übergang Schule-Hochschule in den Jahren zwischen 2006 und 2010 am Oberstufen-Kolleg erhoben wurden, und beziehen dabei die Aspekte Geschlecht und Migration sowie eine Reihe sozialer Struktur- und Prozessmerkmale in ihre Analysen ein.

Wenn die Abiturnote das entscheidende Kriterium für die Zulassung zu immer weiteren Studien- und beruflichen Ausbildungsgängen wird, stellt sich das Problem der Objektivität, Reliabilität, Validität und Vergleichbarkeit der Schul- und Abiturnoten. Daher fragt **Elisabeth Maué** in ihrem Beitrag *Vergleichbarkeit von Abiturnoten – eine Fiktion? Längerfristige Effekte der Implementation zentraler Abiturprüfungen in Bremen*, ob es Möglichkeiten gibt, leistungsfremde Effekte z.B. eines Migrationshintergrunds oder unterschiedlicher familiärer Bildungsniveaus auszuschließen. Am Beispiel der Implementation zentraler Abiturprüfungen in Bremer Mathematik-Leistungskursen untersucht sie für den Zeitraum von 2007 bis 2011 u.a., wie die in Mathematiktests erzielten Leistungen mit den im Abitur erreichten Punktzahlen zusammenhängen, ob sich prüfungsformspezifische Effekte zeigen, welchen Beitrag zentrale Abiturprüfungen zur Kompensation der Einflüsse leistungsfremder Faktoren leisten und ob durch das Zentralabitur Benachteiligungen verringert oder gar verhindert werden können. Ihren Analysen liegen die Daten einer Studie zugrunde, die an der Universität Zürich in Kooperation mit dem *Deutschen Institut für Internationale Pädagogische Forschung* (DIPF) in den Jahren 2007 bis 2009 und im Jahr 2011 durchgeführt wurde.

Bis in die 2000er Jahre lagen zu den Fragen nach den Kenntnissen und Leistungen deutscher Abiturientinnen und Abiturienten – für ein erfolgreiches Studium und den gelingenden Übergang in die Arbeits- und Berufswelt – kaum empirische Daten vor. Dies war der Ausgangspunkt für das TOSCA-Projekt (*Transformationen des Sekundarschulsystems und akademische Karrieren*) und die in diesem Rahmen durchgeführten Erhebungen in den Jahren 2002 und 2006. **Marko Neumann und Ulrich Trautwein** referieren in ihrem Beitrag *Schulleistungen und wissenschaftspropädeutische Bildung in der gymnasialen Oberstufe: Zentrale Befunde aus dem TOSCA-Projekt* Ergebnisse der TOSCA-Studien für die Fächer Mathematik, Englisch und Naturwissenschaften, sowohl im Vergleich der Bundesländer Hamburg und Baden-Württemberg als auch im Vergleich unterschiedlicher Schulformen. Sie berücksichtigen hier auch die Resultate der TIMSS/III-Untersuchung. Diese wie auch die Befunde der TOSCA-Repeat-Studie des Jahres 2006 möglichen es ihnen, erste Aussagen über die Wirkung der in Baden-Württemberg bereits im Schuljahr 2001/2002 umgesetzten Re-Reform der gymnasialen Oberstufe zu treffen. Im Weiteren berichten sie auch über die Befunde zur Vermittlung wissenschaftspropädeutischer Kenntnisse und zur Studienvorbereitung in der gymnasialen Oberstufe.

Ludwig Huber wendet sich in seinem Beitrag *Zur Studierfähigkeit gehört auch Interesse* vor dem Hintergrund der Diskussionen um die inhaltliche Bestimmung des Begriffs Studierfähigkeit einer Eigenschaft zu, die aus seiner Sicht in Schule und Hochschule zu gering geschätzt wird. In einer Sichtung der einschlägigen Literatur prüft er zum einen die Relevanz des je individuellen Interesses der Studierenden u.a. für Studienleistungen, Studienerfolg und Studienzufriedenheit, aber auch für den Studienabbruch. Daran anknüpfend fragt er nach den Bedingungen, Interesse in der gymnasialen Oberstufe zu entwickeln, d.h. nach den Möglichkeiten, die Schülerinnen und Schüler in der 2006 von der KMK restaurierten Oberstufe haben, Interessen zu finden und verfolgen zu können. Dazu konfrontiert er eine erfundene Schülerin, Anna, der er bestimmte individuelle Erfahrungen und Interessen zuschreibt, mit den Vorschriften für Fächerwahlen und Abiturprüfungen in verschiedenen Bundesländern. So arbeitet er die engen Grenzen und großen Hindernisse heraus, die sich ihr stellen, wenn sie ihre Interessen zu realisieren versucht. Sein Beitrag endet mit der Empfehlung an die Adresse von Schule und Hochschule, dem Interesse der jungen Erwachsenen den Raum zu geben, der ihm für die Entwicklung der Studierfähigkeit zukommt.

Teil 3 stellt individuelle Informations-, Entscheidungs-, Eignungs- und Entwicklungsprobleme während der Statuspassage in das Studium in den Mittelpunkt und zeigt auf, mit welchen Anforderungen (künftige) Studierende konfrontiert sind und wie sie damit umgehen.

Wie soll es nach dem Abitur weitergehen? Mit dieser Frage müssen sich alle Schülerinnen und Schüler der gymnasialen Oberstufe auseinandersetzen und sich zwischen mehr als 9000 Studiengängen und mehr als 300 Ausbildungsberufen entscheiden – eine bildungsbiografische Entscheidung hoher Komplexität und Bedeutung, die zudem mit großer Unsicherheit behaftet ist. **Heike Spangenberg und Julia Willich** gehen für ihren Beitrag *Zum Einfluss des Entscheidungs- und Informationsverhaltens auf die Studienaufnahme* von einer Untersuchung aus, in der Abiturientinnen und Abiturienten ein halbes Jahr vor und ein halbes Jahr nach dem Abitur sowie ein drittes Mal dreieinhalb Jahre nach dem Abitur befragt worden sind. Sie interessieren sich dafür, wann die Befragten mit der Suche nach Informationen begonnen haben, auf welche Quellen sie zurückgreifen, von welchen Schwierigkeiten sie berichten, welche Argumente und Fakten zur Entscheidung beitragen und welche Bedeutung der Zeitpunkt, zu dem die Informationssuche begann, für die Nachhaltigkeit der Entscheidung besitzt. Theoretische Grundlage ihrer Untersuchung ist ein Entscheidungsphasenmodell, das den Entscheidungsprozess und das individuelle Entscheidungsverhalten der Individuen in sechs Phasen, von der Anregungs- bis zur Reflexionsphase, zu analysieren erlaubt.

Die wohl wichtigste Informationsquelle für Studienbewerberinnen und Studienbewerber ist seit einigen Jahren – dies zeigen alle entsprechenden Befragungen – das Internet. Angesichts der Konkurrenz von mehreren hundert Universitäten und Fachhochschulen und von mehreren tausend grundständigen Studiengängen ist das Internet ein unverzichtbares Werkzeug für die Präsentation und die Abfrage einschlägiger Informationen geworden. Unter dem Titel *Transparenz für Studienanfänger: Internetdarstellungen von Bachelorstudiengängen* setzen sich **Johanna Witte und Gabriele Sandfuchs** mit der Qualität dieser Informationen, ihrer Erreichbarkeit und ihrer Vollständigkeit auseinander. Auf der Basis eines Projekts des bayrischen

Instituts für Hochschulforschung (IHF) zur Studierbarkeit der Bachelor- und Masterstudiengänge an bayrischen Hochschulen fragen sie nach der Transparenz, d.h. nach der Aktualität, Verständlichkeit und Übersichtlichkeit der Darstellungen der Studiengänge, insbesondere im Medium Internet. In ihrem Beitrag stellen sie die Ergebnisse von Dokumentenanalysen und Befragungen von Studienganggestaltern und Studierendenvertretern vor und schließen daran Vorschläge zur Verbesserung an, eine Aufgabe, die sie als ‚Bringschuld' sowohl der Fachbereiche und Fakultäten als auch der zentralen Hochschulleitungen sehen.

Eignungsabklärung, Beratung und Bewerberauswahl bei Lehramtsinteressierten – Konzepte, Verfahren und Perspektiven lautet das Thema von **Birgit Nieskens**. Sie stellt zunächst die Akteure dieses Übergangs und deren unterschiedlichen Interessenlagen vor. Um den Begriff der Eignung – für das Lehramt – klären zu können, diskutiert sie daran anknüpfend die Anforderungen der Ausbildung zum Lehramt und die Anforderungen des Lehrerberufs. In diesem Rahmen geht sie auf die wichtigsten Verfahren der Selbsterkundung, Beratung und Auswahl ein und vergleicht diese u.a. bezogen auf die Gütekriterien Objektivität, Zuverlässigkeit, prognostische Gültigkeit oder Validität sowie Fairness, Transparenz, Akzeptanz und Praxistauglichkeit. Sie schließt ihre Überlegungen mit einem Ausblick auf die Entwicklung in den verschiedenen Bundesländern und argumentiert, dass in der (Länder-)Konkurrenz um qualifizierte Bewerberinnen und Bewerber für das Lehramtsstudium und für den Lehrerberuf – berechtigter Weise – Verfahren bevorzugt werden, die Selbsterkundung und Beratung miteinander verbinden.

Mit dem Studieneinstieg beginnt für die Studierenden ein neuer Lebensabschnitt mit neuen Herausforderungen. In seinem Beitrag *Erwachsen werden an der Uni – Übergang als Statuspassage*, beschreibt **Daniel Wilhelm**, um was es in dieser Zeit (auch) geht: Aus der Adoleszenz herauszutreten, erwachsen zu werden, die neuen Bedingungen kennen zu lernen und einen neuen Status zu erwerben. Daniel Wilhelm greift zur genaueren Darstellung dieser Situation auf das Konzept der Entwicklungsaufgaben von Havighurst zurück. In diesem Rahmen konkretisiert er die hochschulspezifischen Ausprägungen der Aufgaben, die sich den *emerging adults* in der Phase des Studienbeginns stellen, und diskutiert die Unterstützungsbedarfe und -angebote sowohl auf der zentralen Hochschulebene als auch in den Fachbereichen und Fakultäten. Daran schließt er Überlegungen bzw. Vorschläge zur künftigen Gestaltung der Studienbedingungen und der sozialen Umgebung, in der sich (nicht nur) die Studienanfänger bewegen, an.

Teil 4 diskutiert die Folgen der strukturellen Veränderungen, die mit der Einführung des Bachelor-Master-Systems und des Leitbilds der ‚unternehmerischen Hochschule' für die Ausgestaltung der Zugangsbedingungen, der Studieneingangsphase, sowie der Studieninhalte und -strukturen verbunden sind.

Angesicht einer Vielzahl von Regelungen für den Hochschulzugang in den Länder Europas verfolgt **Dominic Orr** in seinem Beitrag *Hochschulzulassung im internationalen Vergleich und die quantitative Bedeutung von alternativen Routen* den

Ansatz, Kriterien für einen Vergleich der Zulassungsbedingungen herauszuarbeiten und auf die unterschiedlichen nationalen Regelungen anzuwenden. Er richtet seine Aufmerksamkeit insbesondere auf alternative Routen in die Hochschulen, d.h. auf Wege, die Personen mit Berufserfahrung oder mit Kenntnissen, die sie in einer Weiterbildung erworben haben, den Zugang zur Hochschule eröffnen. Im Anschluss an eine Diskussion der Motive bzw. Interessen, die zur Öffnung der Hochschulen geführt haben, stellt er die praktizierten Zugangsmodelle vor und ordnet sie den beiden Grundtypen *Berechtigungsmodell* und *Prüfungsmodell* zu. Schwerpunkt seines Beitrags ist die Frage nach Ausmaß und Effekten der alternativen Wege in die Hochschulen, die er am Beispiel von vier ausgewählten Ländern (Österreich, Spanien, Schweiz und Schweden) genauer analysiert. Wolle man aber die Frage beantworten, inwieweit die Öffnung der Hochschulen die politische Forderung nach Chancengleichheit umgesetzt habe, bedürfe dies, so Dominic Orr, einer eigenen Untersuchung.

Salome Adam, Vorstandsmitglied der studentischen Dachorganisation *freier zusammenschluss der studentInnenshaften*, sieht die Hochschulen als Orte des programmierten Chaos der Massenabfertigung. In ihrem Beitrag *Studienbeginn, Studienbedingungen und Studienprobleme* nimmt sie eine kritische Position gegenüber einer Hochschulpolitik ein, die die betriebswirtschaftlichen Begriffe Effizienz, Professionalität und Management zu Leitbegriffen der Hochschulreform gemacht hat. Angesichts der zunehmenden Zahl der Studienanfänger/innen in den letzten Jahren – ein Trend, der sich in den kommenden Jahren eher noch verstärken wird – wirft sie die Frage auf, ob die Hochschulen überhaupt noch in der Lage sind bzw. sein werden, ein qualitativ hochwertiges Studium anzubieten. Sie weist auf strukturelle Probleme der Hochschulen sowohl in der Studieneingangsphase als auch in den folgenden Semestern hin und nennt für jeden dieser Bereiche Fehlentwicklungen und Versäumnisse. Daran schließt sie Lösungsvorschläge an, die sowohl auf inhaltliche wie auf organisatorische und strukturelle Veränderungen zielen. Hier spricht sie z.B. die Inhalte und Strukturen der Studiengänge an und kritisiert die gewollte Abhängigkeit der Hochschulen von Drittmitteln und die Unterfinanzierung des gesamten Bildungssystems.

Andrea Frank geht von der Kernthese aus, dass zahlreiche Studienprobleme, die sich aktuell an den Universitäten zeigen, nicht durch die Umstellung der Studiengänge auf das Bachelor-Master-System erzeugt werden, sondern aufgrund der veränderten Bedingungen und Anforderungen des neuen Systems erst sichtbar geworden sind. *Neue Studienstruktur – alte Probleme: Aktuelle Lösungsansätze der Universität Bielefeld zur Verbesserung der Studieneingangsphase* lautet daher der Titel ihres Beitrags. Die besondere Aufmerksamkeit, die die Einführung der neuen Strukturen erfordert, bietet, so argumentiert sie, auch gute Chancen dafür, die Bedingungen für die Studieneingangsphase und damit auch für den Übergang an die Hochschule zu verbessern. Als Beispiele für aktuelle Probleme und nötige Veränderungen führt sie die Betreuungsrelationen in den Studiengängen und die Heterogenität der Studierenden an und stellt Lösungsansätze vor, die an der Universität

Bielefeld entwickelt und verfolgt werden. Die Verkürzung der Schulzeit, die ‚G-8‘-Umstellung der gymnasialen Bildungsgänge, könnte allerdings, so ihrer Schlussüberlegung, die genannten Probleme noch verschärfen. Dem könnten die Hochschulen dadurch begegnen, dass sie, wie an einigen Universitäten bereits geschehen, ihre Ausbildung institutionell ausdifferenzieren und spezielle Colleges für die Studieneingangsphase bilden.

Volker Meyer-Guckel stellt in seinem Beitrag *Soll der Markt es richten? Über die Notwendigkeit der Neuerfindung der Studieneingangsphase* fest, dass sich die Bedingungen für den Übergang zur Hochschule in den vergangenen Jahren in vielfacher Hinsicht verändert haben. Er untermauert diese Feststellung vor allem mit dem Hinweis auf neue Möglichkeiten für den Zugang zum Studium und die Diversifizierung des Studiengangangebots im Zuge der Einführung des Bachelor-Master-Systems. Aus seiner Sicht sind daher organisatorisch-strukturelle Maßnahmen und inhaltliche Reformen insbesondere der Hochschulen erforderlich. Doch werden neben den staatlichen Akteuren, so seine Erwartung, zunehmend private Akteure und Institutionen auf dem Feld der Hochschulausbildung auftreten und in Konkurrenz zu den staatlichen Anbietern weitere tertiäre Ausbildungsleistungen anbieten. Als wichtige Entwicklungslinien für die nächsten Jahre sieht er u.a., ein Übergangsmanagement zwischen Schule und Hochschule einzuführen, Studienmodelle unterschiedlicher Geschwindigkeiten zu schaffen und ‚Übergangsberater‘ auszubilden und einzusetzen.

Teil 5 befasst sich mit einem Schwerpunkt der Tagung: der Frage nach sozialen Disparitäten am Übergang Schule-Hochschule. Empirische Befunde zu herkunftsbezogenen Effekten werden sowohl in Bezug auf die Studienintention, die Bildungsentscheidung und das Interesse an einem Auslandsstudium als auch unter Berücksichtigung des Geschlechts und des Migrations- und Bildungshintergrunds vorgestellt.

Im Rahmen des DFG-geförderten Forschungsprojekts *Hochschulexpansion und Hochschuldifferenzierung: Folgen für die soziale Ungleichheit bei der Bildungsbeteiligung und auf dem Arbeitsmarkt* haben **David Reimer und Steffen Schindler** Aspekte sozialer Disparitäten beim Zugang zur Hochschule bearbeitet und die Veränderung der Ungleichheitsrelationen in den letzten Jahrzehnten verfolgt. In ihrem Beitrag *Soziale Selektivität beim Übergang zur Hochschule: Theoretische Perspektiven und empirische Befunde* geben sie einen Überblick über die zentralen Ergebnisse dieser und weiterer ausgewählter Studien: Ausgehend von Boudons Modell zur Wahl von Bildungswegen und angesichts der Expansion der sekundären und tertiären Bildungseinrichtungen diskutieren sie die Bedeutung der institutionellen Differenzierung der Wege zur Hochschulreife und gehen auf den Zusammenhang von Studienfachwahlen und sozialer Herkunft ein. Sie weisen schließlich auf verschiedene Forschungsdesiderata hin, u.a. auf den Forschungsbedarf zu den Effekten schulspezifischer Faktoren (etwa von unterschiedlichen schulischen Milieus) für die Studierneigung. Neben der empirischen Klärung dieser Fragen wollen sie nicht zuletzt auch einen Beitrag zur Theorie der Wirkung sozialer Ungleichheit beim Zugang zu tertiärer Bildung leisten.

Zwar sei es in Deutschland in der Entwicklung des tertiären Bildungssystems gelungen, so stellen **Susanne Bergann und Anne Kroth** fest, die Quoten der Studienanfängerinnen und -anfänger zu steigern, das Ziel der Chancengleichheit im Hochschulzugang habe allerdings bisher nicht erreicht werden können. Die Daten der zweijährlichen Bildungsberichte zeigten nach wie vor eine ausgeprägte soziale Selektivität des Übergangs zur Hochschule. Die beiden Autorinnen verbinden in ihrem Beitrag *Geschlechts- und migrationsbezogene Disparitäten im Hochschulzugang* theoretische und empirische Perspektiven. Sie diskutieren verschiedene Modelle zur Erklärung von Bildungsungleichheiten und stellen im Anschluss daran die Ergebnisse empirischer Studien zu den Ursachen migrations- und geschlechtsbezogener Unterschiede im Hochschulzugang vor. In einer abschließenden Diskussion der Forschungsergebnisse benennen sie weiteren Forschungsbedarf – zum einen in Richtung der den Entscheidungsprozessen zu Grunde liegenden psychischen Faktoren und zum anderen zur Wirkung spezifischer Förderungsmöglichkeiten.

Stefan Denzler untersucht die Wirkungen der sozialen Herkunft in den spezifischen Systemen der sekundären und tertiären Bildung in der Schweiz. Er fragt in seinem Beitrag *Soziale Selektivität beim Übergang in ein differenziertes Hochschulsystem – Befunde aus der Schweiz*, ob und in welcher Weise die soziale Herkunft bei der Entscheidung für oder gegen ein Studium sowie bei der Wahl eines Hochschultyps und eines bestimmten Studienfachs eine Rolle spielt. Das Schweizer Bildungs- und Hochschulsystem eignet sich nach seinem Urteil für eine solche Untersuchung in besonderer Weise, weil die Absolventinnen und Absolventen des Gymnasiums – auf diese Gruppe konzentriert er seine Analyse – mit dem Abitur die Zugangsberechtigung für alle Hochschulen und Studienfächer (mit Ausnahme des Fachs Medizin) erwerben. Da also die Hochschulen keine Selektion, etwa über einen notenbasierten NC oder Aufnahmegespräche, vornehmen, können die Prozesse und die Beweggründe der Selbstselektion unmittelbar beobachtet werden. Basis seiner Untersuchung ist eine repräsentative Stichprobe von 1566 Schülerinnen und Schülern aus neun Kantonen der deutschsprachigen Schweiz, die kurz vor dem Abitur durchgeführt wurde.

Studium, Berufsausbildung oder Doppelqualifikation durch Berufsausbildung und anschließendes Studium – in diesem Spektrum bewegen sich die Qualifizierungsintentionen der meisten Studienberechtigten. Die hier zu treffenden Bildungsentscheidungen sind, wie viele Studien zeigen, hoch selektiv. Nicht geklärt ist allerdings, ob das Abweichen von ursprünglichen Intentionen von der sozialen Herkunft beeinflusst wird. **Marita Jacob, Hanna-Marei Steininger und Felix Weiss** fragen daher in ihrem Beitrag *Bleibt's dabei? Soziale Ungleichheiten in der Studienabsicht und ihrer Realisierung nach einer beruflichen Ausbildung*: Inwiefern stimmen Bildungsintentionen und tatsächliches Bildungsverhalten, insbesondere hinsichtlich einer intendierten bzw. realisierten Doppelqualifikation, überein? Zeigen sich in diesen Entscheidungen Effekte der sozialen Herkunft? Wer also lässt nach der

Berufsausbildung den ursprünglichen Plan fallen und verzichtet auf ein Studium? Wer entscheidet sich erst nach Abschluss der Berufsausbildung für die Aufnahme eines Studiums? Auf Basis von Daten des Studienberechtigtenpanels der HIS GmbH der Jahre 1999 und 2002 suchen die Autorinnen und der Autor nach Antworten auf diese Fragen.

Viele Studierende wünschen, zumindest für einige Semester, im Ausland zu studieren. Dies nicht zuletzt auch deswegen, weil ein Auslandsstudium zunehmend auch zu einem für die berufliche Karriere relevanten Faktor wird. Entsprechend beabsichtigen **Markus Lörz und Heiko Quast** in ihrem Beitrag *Erfahrungen, Entscheidungsprozesse und Auslandsmobilität: Warum ziehen bildungsferne Gruppen seltener einen studienbezogenen Auslandsaufenthalt in Betracht?* die Ansätze, die zur Erklärung dieses Sachverhalts vorliegen, empirisch zu überprüfen. Auf Basis der Daten der HIS-Studienberechtigtenerhebungen fragen sie aus handlungstheoretischer Sicht nach den Faktoren, die die Mobilitätsbereitschaft beeinflussen und zu herkunftsspezifischen Unterschieden führen. Als relevante Einflussdimensionen arbeiten sie die Ertrags-, Kosten- und Erfolgsüberlegungen sowie bildungsbiografische Rahmenbedingungen heraus und können die Bedeutung dieser Faktoren für die Intention, ein Auslandsstudium aufzunehmen, genauer bestimmen. Sie sprechen schließlich bildungspolitische Implikationen ihrer Befunde an und nennen als Forschungsdesiderata u.a. die Analyse der herkunftsspezifischen Unterschiede in der tatsächlichen Realisierung von Auslandsambitionen im Studium sowie der Konsequenzen von Auslandsmobilität für den späteren Bildungs-, Berufs- und Lebensweg.

Literatur

Friebertshäuser, B. (1992). *Übergangsphase Studienbeginn. Eine Feldstudie über Riten der Initiation in eine studentische Fachkultur.* Weinheim: Juventa.

KMK (2006): *Vereinbarung zur Gestaltung der gymnasialen Oberstufe in der Sekundarstufe II.* Quelle: www.kmk.org/fileadmin/pdf/PresseUndAktuelles/1999/Vereinb-z-Gestalt-d-gymOb-i-d-SekII.pdf [Zugriff am 10.12.2012]

Knobloch, C. (2012). *Wir sind doch nicht blöd! Die unternehmerische Hochschule.* Münster: Verlag Westfälisches Dampfboot.

Tillmann, K.J. (2008): Erziehungswissenschaft und Bildungspolitik – von den 1970er Jahren zur PISA-Zeit. *Die Deutsche Schule, 100. Jg., Heft 1,* S. 31-42

Teil 1

Konzeptionen, Befunde, Kritik: Grundlagen der Bildungsforschung

Olaf Köller

Abitur und Studierfähigkeit

1 Einleitung

Nicht zuletzt als Folge der Bildungsexpansion, die bereits in den 1950er Jahren in den alten Bundesländern einsetzte und zu einem massiven Ausbau gymnasialer Bildungsangebote führte, ist die Nachfrage nach höheren Bildungsabschlüssen erheblich angestiegen. So konnten im Jahre 2008 rund 43 Prozent der 25 bis 30-jährigen eine fachgebundene oder allgemeine Hochschulreife nachweisen. In der Gruppe der 60 bis 65-jährigen betrug dieser Anteil lediglich 19 Prozent. Umgekehrt wiesen in dieser Altersgruppe noch 52 Prozent einen Hauptschulabschluss auf, in der Gruppe der 25-30-jährigen waren es lediglich 21 Prozent. Die Nachfrage nach höheren Bildungszertifikaten scheint ungebrochen zu sein; dies bestätigt die Abbildung 1, in der die Schülerzahlen in der Sekundarstufe II an allgemeinbildenden Gymnasien und integrierten Gesamtschulen zwischen 1992 und 2010 abgetragen sind.

Abbildung 1: Schülerinnen und Schüler in der Sekundarstufe II nach Jahr und Schulform

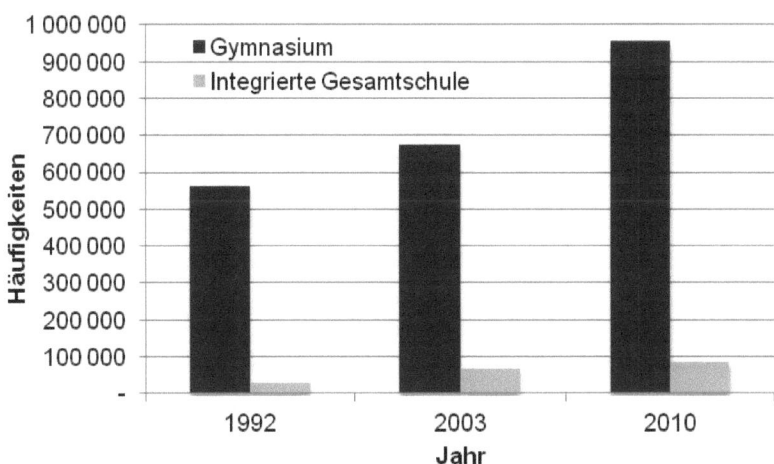

Quelle: Statistisches Bundesamt, Fachserie 11, Bildung und Kultur. Allgemeinbildende Schulen, 2011.

Befanden sich im Jahr 1992 noch unter 600.000 Schülerinnen und Schülerinnen in einer Sekundarstufe II an allgemeinbildenden Gymnasien, so ist die Zahl im Jahr 2010 auf über 950.000 angestiegen. Dieser Trend zeigt sich auch auf niedrigerem Niveau in integrierten Gesamtschulen, er wird sich allerdings in den kommenden Jahren aufgrund des starken Rückgangs der Geburtenzahlen abschwächen bzw. längerfristig sogar umkehren. Dies belegt beispielsweise die Prognose der Studienanfängerzahlen durch die Kultusministerkonferenz (KMK, 2009), die in Abbildung 2 dargestellt ist. Danach wird der Höhepunkt mit Doppelabiturjahrgängen in einigen Bundesländern im Jahre 2013 erreicht. Anschließend werden die Zahlen absinken, allerdings über dem Niveau von 2004 bleiben.

Abbildung 2: Absolventinnen/Absolventen mit allgemeiner bzw. fachgebundener Hochschulreife und Studienanfängerzahlen nach Jahr

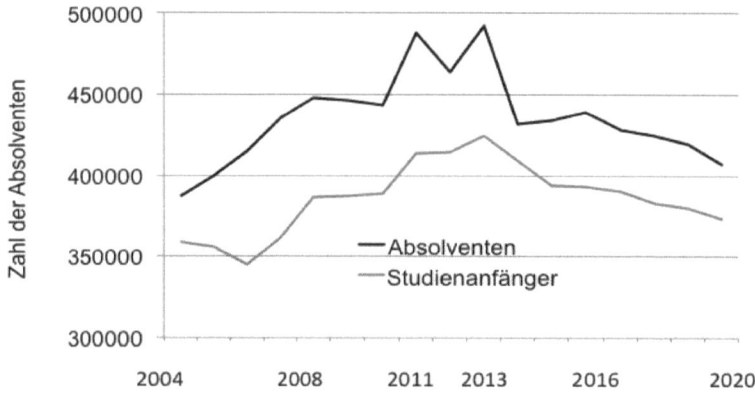

Quelle: Prognose KMK, 2009.

Der Anstieg der Absolventen mit Hochschulreife ist nicht allein der Expansion des allgemeinbildenden Gymnasiums geschuldet. Vielmehr sind die Wege zur Hochschulreife auch deutlich flexibler geworden (vgl. z.B. Köller et al., 2004). Im Schuljahr 2009/ 2010 erhielten rund 25 Prozent aller Abiturienten ihre Hochschulreife nicht mehr an einem allgemeinbildenden Gymnasium. Die quantitativ wichtigsten alternativen Zugänge zur Hochschulreife sind dabei traditionell das berufliche Gymnasium und die integrierte Gesamtschule. Beispielsweise erwarben in Schleswig-Holstein im Jahr 2010 rund 37 Prozent der Absolventen ihre fachgebundene oder allgemeine Hochschulreife in beruflichen Schulen. Im selben Schuljahr stammten 18 Prozent der Absolventen mit Hochschulreife in Nordrhein-Westfalen von integrierten Gesamtschulen. Darüber hinaus hat sich mit den Strukturreformen in allen Bundesländern nach PISA 2000 (Deutsches PISA-Konsortium, 2001) im allgemeinbildenden Sekundarschulsystem die Tendenz zu einem zweigliedrigen Schulsystem herauskristallisiert, in dem auch die nichtgymnasiale Säule teilweise in der Sekundarstufe II ausgebaut ist, sodass sie einen alternativen Weg zur Hochschulreife bietet. Somit sind vielfältige Wege entstanden, welche die Hochschulzugangsberechtigung vergeben.

Mit der Expansion des Gymnasiums, den alternativen Bildungsgängen und den in Folge deutlich angewachsenen Anteilen von jungen Erwachsenen mit fachgebundener und allgemeiner Hochschulreife stellt sich die Frage, ob bei einer so weit fortgeschrittenen Öffnung überhaupt noch fachliche Standards, welche die Vergabe der

Hochschulreife legitimieren, von breiten Teilen der Schülerschaft erreicht werden. Letztendlich verbindet sich damit auch die Frage nach der Studierfähigkeit der Absolventen. Im Rahmen dieses Beitrags werden diese Gedanken aufgenommen und Befunde vorgestellt, die folgende Fragen beantworten sollen:

- Ist mit einer Öffnung des Gymnasiums ein Absinken der Leistungen verbunden?
- Wie sichert die Sekundarstufe II die Erreichung von fachlichen Standards?
- Was wissen wir über die Leistungen von Abiturienten in Deutschland?
- Wie wichtig sind schulisch erworbene Kompetenzen für die Studierfähigkeit?

2 Folgen der Öffnung des Gymnasiums

Die Bundesrepublik Deutschland verfügte leider bis in die 1990er Jahre nicht über ein Beobachtungssystem des Bildungswesens, das den historischen Vergleich der Leistungen von Schülerinnen und Schülern am Gymnasium gestattet. Dieses ist umso bedauerlicher, als sich das Gymnasium seit den 1950er Jahren deutlich geöffnet hat und aus einer ehemaligen Eliteanstalt zu einer Schule für breite Anteile einer Geburtskohorte geworden ist. Betrug der Anteil der 14-jährigen, die ein Gymnasium besuchten, im Jahr 1960 lediglich 14 Prozent, so stieg er bis auf 29 Prozent im Jahre 1991 an und liegt mittlerweile (Schuljahr 2010/2011; Quelle: Fachserie 11 des Bundesamtes für Statistik) bei über einem Drittel einer Alterskohorte. Viele Schülerinnen und Schüler, die in der Vergangenheit einen Bildungsgang besuchten, der zum Mittleren Schulabschluss führte, besuchen heute ein Gymnasium.

Trotz der insgesamt unzureichenden Datenlage über die Folgen der Bildungsexpansion ist vereinzelt die Frage behandelt worden, ob es zu einer Niveauabsenkung des Unterrichts am Gymnasium mit sinkenden Schülerleistungen gekommen ist (z.B. Roeder et al., 1986; Baumert, Roeder & Watermann, 2003). Man nähert sich dieser Frage dadurch an, dass regional sehr unterschiedliche Expansionsraten des Gymnasiums beobachtbar sind und so die Leistungen von Gymnasiastinnen und Gymnasiasten aus Regionen mit starker Expansion mit solchen aus Regionen mit vergleichsweise geringer Expansion verglichen werden können. Grenzen dieser Analysen bestehen natürlich darin, dass die Expansionsrate mit vielen anderen Faktoren konfundiert ist, beispielsweise siedeln sich in Regionen mit einem stark expandierten Gymnasium auch vermehrt sozial und kulturell privilegierte Familien an.

Akzeptiert man diese Probleme, so lassen sich in einem ersten Annäherungsschritt Bundesländer hinsichtlich ihrer Expansionsraten und Schülerleistungen vergleichen. In Abbildung 3 ist dies auf der Basis der Ergebnisse des ersten in Deutschland durchgeführten Ländervergleichs zur Überprüfung der Erreichung der Bildungsstandards für das Ende der Sekundarstufe I geschehen (vgl. Köller, Knigge & Tesch, 2010). Berücksichtigt ist hier das Leseverstehen im Fach Englisch an allgemeinbildenden Gymnasien. Auf der *x*-Achse ist der relative Anteil der Neuntklässler, die in den jeweiligen Bundesländern ein Gymnasium besuchen, auf der *y*-Achse

Abbildung 3: Bildungsbeteiligung und mittleres Leistungsniveau im Fach Englisch (Leseverstehen) an Gymnasien nach Bundesland

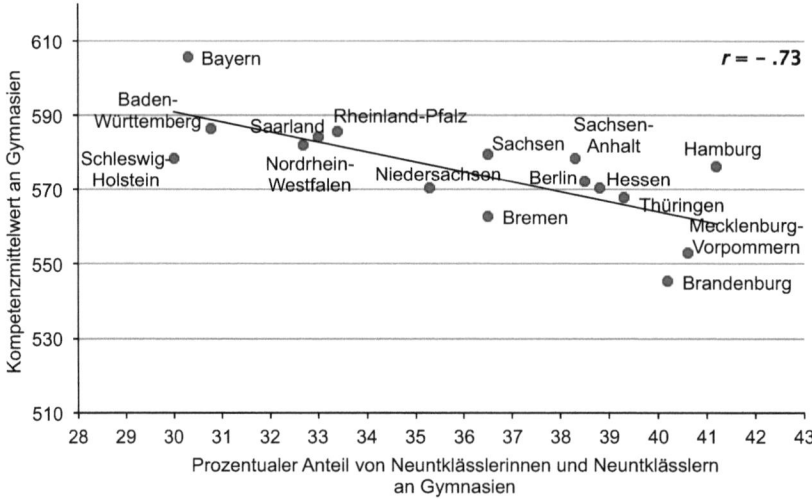

Quelle: Köller et al., 2010.

der Mittelwert der Gymnasiastinnen und Gymnasiasten in der 9. Jahrgangsstufe abgetragen.

Erkennbar ist, dass in der Tat stark expandierte Länder geringere mittlere Leistungen aufweisen. Dies schlägt sich in der negativen Korrelation zwischen Expansionsrate und Leistung von $r = -.73$ nieder. Es zeigen sich aber auch bemerkenswerte
Ausnahmen: Schülerinnen und Schüler der Stadt Hamburg, deren Gymnasialbeteiligung über 40 Prozent liegt, erreichen vergleichbare Leistungen wie Schülerinnen
und Schüler aus dem wenig expandierten Schleswig-Holstein (knapp 30 %).

Neben vielen anderen methodischen Problemen des Vergleichs in Abbildung 3
kann auch die Frage gestellt werden, ob Leistungsmittelwerte die richtigen Indikatoren zur Abschätzung der Folgen der Expansion für die Leistungsentwicklung sind.
Die pädagogisch und psychologisch interessantere Frage ist zweifellos die, ob die
Leistungsspitze am Gymnasium dadurch beeinträchtigt wird, dass mehr schwächere
Schülerinnen und Schüler es besuchen. Folgt man der psychologischen Unterrichtsforschung (z.B. Helmke & Weinert, 1997), so passen Lehrkräfte ihr Unterrichtshan-
deln der Leistungsstärke der Schülerinnen und Schüler an. In leistungsstarken Klassen wird dann ein Unterricht realisiert, der zu höheren Zuwächsen führt. Auf der
anderen Seite zeigen Befunde zur Vorhersagekraft der Leistungsstärke einer Klasse für den individuellen Lernerfolg, dass die Zusammensetzung der Klasse weit weniger Leistungsvarianz erklärt als die Schulform (Köller & Baumert, 2001, 2012).
Demnach scheint die Interpretation gerechtfertigt zu sein, dass Lernprozesse am
Gymnasium nicht substanziell durch die Expansionsrate absinken.

Abbildung 4: Bildungsbeteiligung und Spitzenleistungen (Prozentrang 90) im Fach Englisch (Leseverstehen) nach Bundesland

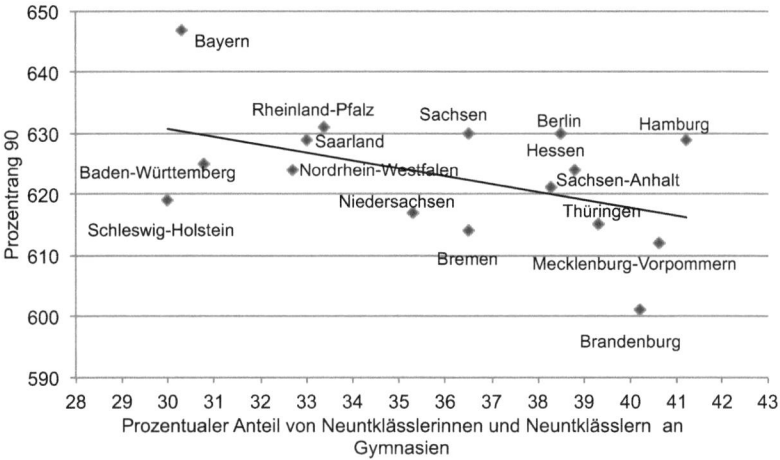

Quelle: Köller et al., 2010.

Um der Frage nach Konsequenzen für die Leistungsspitze am Gymnasium detaillierter nachgehen zu können, zeigt die Abbildung 4 die Leistungen der 10 Prozent besten Schülerinnen und Schüler in den Bundesländern, wiederum in Abhängigkeit von der Gymnasialbeteiligung der Neuntklässler. Auf der *y*-Achse ist jetzt der Prozentrang 90 abgetragen, d.h. der Leistungswert, über dem in jedem Land noch die leistungsstärksten 10 Prozent der Gymnasiastinnen und Gymnasiasten liegen. Die Korrelation zwischen Expansionsrate und erreichtem Kompetenzstand sinkt jetzt auf $r = -.47$ und resultiert im Wesentlichen aus den Wertepaaren in Bayern und Brandenburg. Ohne diese beiden Länder bleibt die Korrelation unter $r = -.20$. Man hat demnach kaum Evidenz dafür, dass die Leistungsspitze infolge eines stärker expandierten Gymnasiums Einbußen erleidet. Inwieweit es dennoch infolge der Bildungsexpansion zu einer generellen Niveauabsenkung an Gymnasien gekommen ist, kann mit diesen Daten allerdings nicht direkt beantwortet werden. Dafür würde man Trenddaten benötigen.

Welche Leistungen im unteren Bereich erreicht werden und ob damit noch Ansprüche gymnasialer Bildung zufriedengestellt werden können, lässt sich sehr gut auf der Basis des Ländervergleichs von 2009 beantworten. Im Rahmen dieser Studie wurden für Teilkompetenzen in den Fächern Deutsch und Englisch jeweils fünf Kompetenzstufen und damit verbunden kriteriale Grenzen definiert (zu Details Köller et al., 2010), die dazu dienten, auf der Basis länderrepräsentativer Stichproben zu ermitteln, wie hoch die Anteile der Schülerinnen und Schüler sind, welche die Zielvorgaben der Kultusministerkonferenz für den Mittleren Schulabschluss erreichen bzw. überschreiten (Kompetenzstufe III oder höher). Die Befunde sind für die Einschätzungen der Leistungen an Gymnasien relevant, da die Schülerinnen und Schüler dort mit dem erfolgreichen Abschluss der Sekundarstufe I automatisch den Mittleren Schulabschluss erwerben und dementsprechend ein Leistungsniveau auf Kompetenzstufe III oder darüber erwartet werden sollte. Die Abbildung 5 zeigt am Ende der 9. Jahrgangsstufe getrennt für die Lesekompetenzen in Deutsch und Englisch die Anteile der Schülerinnen und Schüler, die noch nicht die Erwartungen für den Mittleren Schulabschluss erfüllen. Da im Fach Englisch im Laufe der 10. Jahrgangsstufe erhebliche Kompetenzzuwächse zu erwarten sind (vgl. Köller et al., 2010), wurden hier Erwartungswerte am Ende der 10. Jahrgangsstufe bestimmt und für die Abbildung 5 verwendet.

Unübersehbar ergeben sich erhebliche Länderunterschiede, aber auch Unterschiede zwischen beiden Fächern. Letzteres zeigt sich darin, dass durchgängig die Anteile der Schülerinnen und Schüler, welche die Ziele für den Mittleren Schulabschluss verpassen, im Fach Englisch höher sind. In den Ländern Brandenburg, Bremen und Mecklenburg Vorpommern liegen die Anteile deutlich über 20 Prozent. Im Lesen im Fach Deutsch zeigen sich in einigen Bundesländern Quoten über 15 Prozent. Die geringsten Anteile schwacher Schülerinnen und Schüler ergeben sich einheitlich in Baden-Württemberg und Bayern.

Insgesamt zeigt sich, dass die Anteile schwacher Schülerinnen und Schüler an Gymnasien zum Ende der Sekundarstufe I substanziell sind und man davon ausgehen kann, dass viele mit erheblichen Schwächen in einzelnen Fächern in die gymnasiale Oberstufe übertreten werden.

Abbildung 5: Schülerinnen und Schüler an Gymnasien, die am Ende der 9. Jahrgangsstufe die Leistungserwartungen für den Mittleren Schulabschluss nicht erfüllen, nach Kompetenzbereich und Bundesland

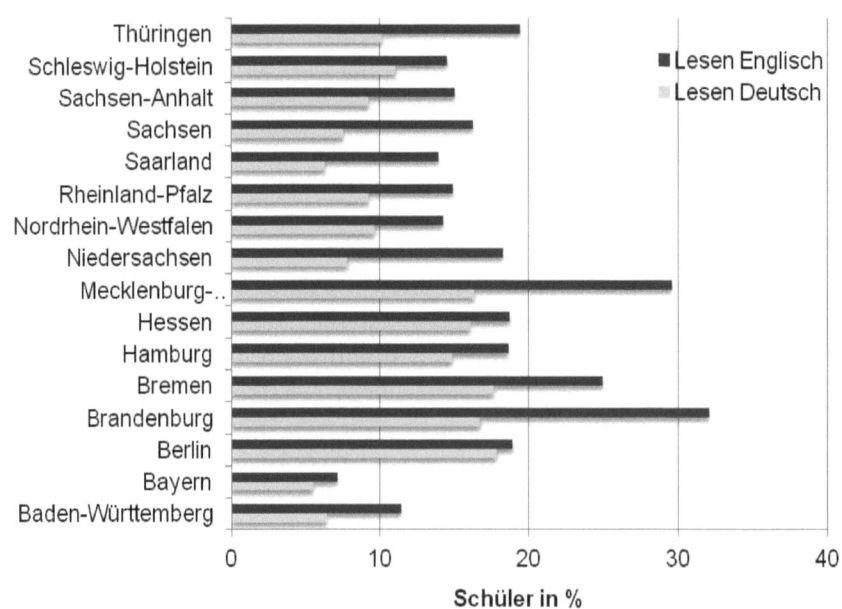

Quelle: Köller et al., 2010.

3   Sicherung fachlicher Standards in der gymnasialen Oberstufe

Herkömmliche Steuerungsstrategien in der gymnasialen Oberstufe folgen einer In-put-Orientierung, bei der davon ausgegangen wird, dass Vorgaben für Stundenzah-len, Vertiefung von Fächern und die Regularien für die Abiturprüfung hinreichende Leistungsniveaus auf Seiten der Schülerinnen und Schüler am Ende der Sekundar-stufe II sicherstellen. Inwieweit die kürzlich von der Kultusministerkonferenz ver-abschiedeten Bildungsstandards für das Abitur in den Fächern Deutsch, Mathema-tik und Fremdsprachen (Englisch/Französisch) eine Abkehr von dieser Philosophie darstellen werden, ist offen.

In ihren Beschlüssen von 2002 hat die Kultusministerkonferenz die Einheitli-chen Prüfungsanforderungen für das Abitur (EPA) revidiert, um auch zukünftig die Qualität der allgemeinen Hochschulreife als schulische Abschlussqualifikation zu si-chern und die allgemeine Studierfähigkeit sowie der Übergang in eine berufliche Ausbildung zu gewährleisten. Die EPA sollen für den gesamten Fächerkanon der gymnasialen Oberstufe ein zwischen den Ländern vergleichbares Orientierungswis-sen, fachliche Standards und Grundkompetenzen sichern, die über den Auftrag des jeweiligen Faches hinausgehen. Die EPA stellen dabei explizit länderübergreifende Festlegungen für die Abiturprüfung dar, indem sie konkrete Lern- und Prüfungsbe-reiche beschreiben und auch kursniveauspezifische Vorgaben für die Bewertung von Abiturleistungen machen. „Als für die Studierfähigkeit grundlegende Kompetenzen werden die sprachliche Ausdrucksfähigkeit, insbesondere die schriftliche Darlegung eines konzisen Gedankengangs, das verständige Lesen komplexer fremdsprachli-cher Sachtexte sowie der sichere Umgang mit mathematischen Symbolen und Mo-dellen hervorgehoben." (KMK, 2002, S. 1). Darüber hinaus wird immer wieder die wissenschaftspropädeutische Funktion der gymnasialen Oberstufe betont, mit der Konsequenz, dass selbstständiges Lernen, wissenschaftsorientiertes Arbeiten sowie die Entwicklung der Kommunikationsfähigkeit und der Kooperationsbereitschaft als Kernziele genannt werden. Beibehalten wird die Forderung, dass die gymnasiale Oberstufe den Zugang zu vertiefter Allgemeinbildung ermöglichen muss.

Während die EPA also länderübergreifend einen Orientierungsrahmen für die Abiturprüfung darstellen, bieten die zentralen Abiturprüfungen einen Rahmen, der innerhalb des einzelnen Landes qualitätssichernd sein soll. Identische Aufgaben, die in den Abiturprüfungen eines Landes eingesetzt werden, lassen Unterschiede zwi-schen Schulen deutlich werden und können der Schulaufsicht Hinweise geben, wo möglicherweise Mindestanforderungen an die Leistungsfähigkeit von Abiturienten unterschritten werden. Dass zentrale Prüfungen Unterschiede zwischen Gymnasi-en insgesamt gering halten können, zeigen Watermann, Nagy und Köller (2004) an-hand der Mathematikleistungen von Abiturienten in Baden-Württemberg. In der Untersuchung wurde ein voruniversitärer Mathematiktest eingesetzt, der die cur-ricularen Inhalte der gymnasialen Oberstufe in Grund- und Leistungskursen ab-bildete. Eine Zerlegung der Leistungsvarianz von Abiturientinnen und Abiturien-ten im Fach Mathematik zeigte, dass lediglich 7 Prozent der Leistungsvarianz durch

Unterschiede zwischen Schulen zustanden kamen. Dementsprechend gingen 93 Prozent der Varianz auf Unterschiede zwischen Schülerinnen und Schülern innerhalb von Schulen zurück. Im Übrigen zeigten die weiteren Analysen bei Waterman et al., dass diese „Vereinheitlichung" keineswegs auf Kosten der Leistungsspitze geht.

Folgt man der Philosophie der Output-Orientierung, die in den Bildungsstandards für die Primarstufe und Sekundarstufe I umgesetzt wurde, so muss ein System der Sicherung von Standards in der gymnasialen Oberstufe letztendlich auf Leistungstests beruhen, die empirisch validiert die Vergleichbarkeit der Leistungen in allen Ländern der Bundesrepublik Deutschland erlauben. Die Ergebnisse der 337. Plenarsitzung der Kultusministerkonferenz vom 8./9. März 2012 machen allerdings deutlich, dass solch ein System auf absehbare Zeit nicht installiert wird. Dies bedeutet, dass hinsichtlich der Erträge der gymnasialen Oberstufe in Deutschland auf die wenigen Studien zurückgegriffen werden muss, die vor allem durchgeführt wurden, um die Folgen der Einrichtung alternativer Wege zur Hochschulreife zu untersuchen. Auf diese Studien und ihre Befunde wird im folgenden Abschnitt eingegangen.

4 Studien zu den voruniversitären Leistungen von deutschen Schülerinnen und Schülern

Mit der empirischen Wende in der Erziehungswissenschaft sind Schulleistungsstudien in der Primarstufe und Sekundarstufe I etabliert worden, die detailliert über die Kompetenzstände deutscher Schülerinnen und Schüler in den Kerndomänen schulischer Arbeit (Mathematik, Deutsch, 1. Fremdsprache, Naturwissenschaften) Auskunft geben (vgl. Köller, 2010). Interessanterweise ist es bislang nicht gelungen, ein vergleichbares System in der gymnasialen Oberstufe zu etablieren. Dies mag daher rühren, dass insbesondere von bildungspolitischer Seite an die steuernde Funktion der EPA geglaubt wird (s.o.).

Trotz dieser Defizite in der Datenlage liegen seit Mitte der 1990er Jahre auch Ergebnisse für voruniversitäre Leistungen deutscher Abiturientinnen und Abiturienten vor, die sich allerdings im Wesentlichen auf die Fächer Mathematik und Englisch beschränken. Die vorliegenden Daten stammen aus der Studie „Bildungsverläufe und psychosoziale Entwicklung im Jugendalter" (BIJU; vgl. Köller, Baumert & Schnabel, 1999), der Dritten Internationalen Mathematik- und Naturwissenschaftsstudie (TIMSS, vgl. Baumert, Bos & Lehmann, 2000), der Studie Transformation des Sekundarschulsystems und akademische Karrieren (TOSCA, vgl. Köller et al., 2004), der Lernausgangslagenuntersuchung in Klasse 13 (LAU 13; vgl. Trautwein et al., 2007) und der TOSCA-Repeat Studie (TOSCA-R; vgl. Trautwein et al., 2010). Die Tabelle 1 gibt einen Überblick über die berücksichtigten Fächer und Kohorten. Die Studien sollen im Folgenden mit einigen Kernbefunden vorgestellt werden. Da sich die Studien TOSCA und TOSCA-R hinsichtlich Anlage und Fragestellungen erheblich ähneln, wird nur die TOSCA-Studie beschrieben.

Tabelle 1: Empirische Studien, in denen voruniversitäre Leistungen von Schülerinnen und Schülern der Sekundarstufe II untersucht wurden

Studie	Erhebungs-jahr	Voruniversitäre Leistungsbereiche	Kohorten
BIJU	Frühjahr 1997	Mathematik, Englisch	Schülerinnen und Schüler der 12. Jahrgangsstufe in integrierten Gesamtschulen und allgemeinbildenden Gymnasien in Nordrhein-Westfalen
TIMSS	Frühjahr 1996	Mathematik, Physik	National repräsentative Stichprobe von Abiturienten an Oberstufen unterschiedlicher Schulformen
TOSCA	Frühjahr 2002	Mathematik, Englisch	Repräsentative Stichprobe von Abiturienten an allgemeinbildenden und beruflichen Gymnasien in Baden-Württemberg
LAU 13	Frühjahr 2005	Mathematik, Englisch,	Vollerhebung der Abiturienten aller gymnasialer Oberstufen in der Stadt Hamburg
TOSCA-R	Frühjahr 2006	Mathematik, Englisch	Repräsentative Stichprobe von Abiturienten an allgemeinbildenden und beruflichen Gymnasien in Baden-Württemberg

Quelle: Eigene Darstellung.

4.1 Leistungen an Oberstufen integrierter Gesamtschulen und allgemeinbildender Gymnasien in Nordrhein-Westfalen (BIJU)

Im Rahmen der BIJU-Studie wurden Bildungskarrieren im Jugend- und frühen Erwachsenenalter in einem Mehrkohorten-Längsschnitt, der eine vergleichende Analyse von Entwicklungsverläufen unter differenziellen institutionellen Rahmenbedingungen erlaubt, untersucht. Eine ausführliche Darstellung der Anlage der Untersuchung findet sich bei Köller et al. (2010), Details zur Oberstufenuntersuchung sind bei Köller et al. (1999) beschrieben. Dort fand bei der Berichterstattung eine Beschränkung auf die Mathematikleistungen statt, die im Folgenden übernommen wird.[1]

Die untersuchte nordrhein-westfälische Stichprobe umfasste insgesamt N = 1.573 junge Erwachsene (56,5 % Frauen) der 12. Jahrgangsstufe, die im Frühjahr 1997 an den Erhebungen teilnahmen. Aus Oberstufen an allgemeinbildenden Gymnasien lagen Daten von N = 991 Schülerinnen und Schülern vor; insgesamt N = 582 Schülerinnen und Schüler kamen aus 12. Jahrgangsstufen von integrierten Gesamtschulen. Für rund ein Viertel der untersuchten Schülerinnen und Schüler lagen bereits Testleistungen am Ende der Sekundarstufe I vor. Der verwendete Test enthielt teilweise Aufgaben, die curriculare Inhalte der Sekundarstufe I abbildeten, die übrigen Items stammten aus der TIMSS-Oberstufenstudie (Baumert et al.., 2000) und

---

1 Die Englischergebnisse haben Köller, Baumert, Cortina, Trautwein und Watermann (2004) publiziert. Sie entsprachen weitgehend den berichteten Befunden für das Fach Mathematik.

thematisierten Inhalte der Sekundarstufe II. Die Leistungen wurden auf einer Skala mit einem Mittelwert von *M* = 100 und einer Streuung von *SD* = 30 abgetragen.

Abbildung 6: Mathematikleistungen in der 12. Jahrgangsstufe in Nordrhein-Westfalen nach Schulform (Gymnasium vs. Integrierte Gesamtschule) und Kursniveau

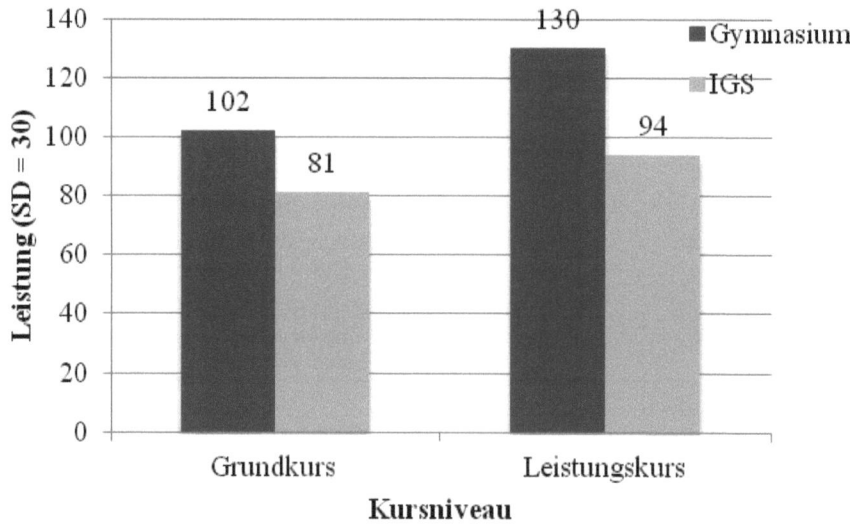

Quelle: Köller et al., 1999.

Ein Kernbefund dieser Untersuchung ist in Abbildung 6 aufgeführt. Es ergaben sich große Leistungsunterschiede zwischen den Schulformen. So erreichten Schülerinnen und Schüler der Mathematik-Leistungskurse an Gesamtschuloberstufen im Mittel nicht das Leistungsniveau der Grundkurse an Gymnasien. Die Leistungen eines erheblichen Anteils der Schülerschaft an Gesamtschulen lagen auf einem Niveau, bei dem auch Mindeststandards, wie man sie in der gymnasialen Oberstufe erwartet, verfehlt wurden. Mindeststandards wurden hier definiert als mittleres Leistungsniveau aller Schülerinnen und Schüler, die im Mathematik-Grundkurs des letzten Zeugnisses die Note „ausreichend" erhalten hatten. Vor allem die geringen Kompetenzstände in den Leistungskursen der integrierten Gesamtschulen warfen die Frage auf, ob dort die Ziele einer vertieften Allgemeinbildung noch erreicht werden konnten. Ergänzende Analysen wiesen aber auch darauf hin, dass die Schülerinnen und Schüler an integrierten Gesamtschulen schon mit deutlich geringeren Kompetenzen in die Sekundarstufe II übergetreten waren. Weitere Analysen zeigten, dass sich trotz grundlegend unterschiedlicher Leistungsniveaus die Zeugnisnoten zwischen den Schülerinnen und Schülern beider Schulformen kaum unterschieden. Hinter identischen Noten standen also nicht mehr vergleichbare Kompetenzstände. Die Autoren diskutieren dies vor dem Hintergrund einer möglichen Verteilungsungerechtigkeit beim Zugang zu zulassungsbeschränkten Studiengängen.

4.2 Leistungen deutscher Schülerinnen und Schüler in voruniversitärer Mathematik am Ende der gymnasialen Oberstufe – Befunde der TIMS-Studie

Im Rahmen der TIMS-Studie (Baumert et al., 2000) wurde eine repräsentative Stichprobe von Schülerinnen und Schülern am Ende der gymnasialen Oberstufe getestet. Erfasst wurden die Leistungen in voruniversitärer Mathematik und Physik. Die Daten erlauben einen internationalen Vergleich der am Ende der gymnasialen Oberstufe erreichten fachspezifischen Kompetenzen. Da in Deutschland nur solche Schülerinnen und Schüler die Tests bearbeiteten, die auch einen Grund- oder Leistungskurs im jeweiligen Fach besucht hatten, fiel die Stichprobe in Physik relativ klein aus. Es soll daher im Folgenden wiederum eine Beschränkung auf das Fach Mathematik stattfinden.

Der Fachleistungstest für den voruniversitären Mathematikunterricht beinhaltete Aufgaben, die entlang des Lehrstoffs voruniversitärer Fachkurse am Ende der Sekundarstufe II entwickelt wurden (vgl. Klieme, 2000). Zielführend für die Testkonstruktion waren die fachliche Breite und Tiefe sowie die Passung zu den Lerninhalten und Lernzielen in der Sekundarstufe II. Es standen die fachimmanenten Konzepte, Operationen und Gesetzmäßigkeiten selbst im Vordergrund (zu den Details der Testentwicklung vgl. Baumert et al., 2000; Klieme, 2000). Der größte Teil der Aufgaben bezog sich auf Standardstoffe der gymnasialen Oberstufe. Außerdem wurde auf Kenntnisse und Fähigkeiten zurückgegriffen, die bereits in der Mittelstufe vermittelt worden waren, aber in der gymnasialen Oberstufe wieder aufgenommen oder aber in schwierigere Problemstellungen eingebettet werden mussten. Die Leistungen wurden auf einem internationalen Maßstab mit einem Mittelwert von $M = 500$ und einer Streuung von $SD = 100$ abgetragen. Zur Erleichterung der Interpretation der Testwerte wurden vier Kompetenzstufen definiert, die in Tabelle 2 beschrieben sind. Während Schülerinnen und Schüler auf der Stufe II im Wesentlichen den Stoff der Sekundarstufe I beherrschen, wird erst ein Niveau voruniversitären Kompetenzen auf den Stufen III und IV erreicht. Schülerinnen und Schüler auf Stufe I weisen Kompetenzen auf, wie man sie typischerweise nach der 6. Jahrgangsstufe erwartet.

Tabelle 2: Kompetenzniveaus in der TIMSS-Oberstufenuntersuchung und ihre inhaltliche Beschreibung

Schwellenwert	Kompetenzniveau	Zur Lösung der Aufgaben notwendige Operationen
≤ 400	Stufe I	Elementares Schlussfolgern
401 – 500	Stufe II	Anwendung mathematischer Begriffe und Regeln
501 – 600	Stufe III	Anwendung von Lerninhalten der gymnasialen Oberstufe
> 600	Stufe IV	Selbstständiges Lösen mathematischer Probleme auf Oberstufenniveau

Quelle: Watermann et al., 2004.

In TIMSS zeigte sich, dass 22 Prozent der Abiturientinnen und Abiturienten Leistungen auf Stufe I erreichten, 48 Prozent auf Stufe II, 23 Prozent auf Stufe III und 7 Prozent auf Stufe IV. Mit anderen Worten verfehlten rund 70 Prozent der getesteten Schülerinnen und Schüler am Ende der gymnasialen Oberstufe die Lernziele des voruniversitären Mathematikunterrichts.

Für den internationalen Vergleich wurden u.a. Analysen durchgeführt, in denen nur die leistungsstärksten Schülerinnen und Schüler in ihrer Verteilung auf die Stufen untersucht wurden. Berücksichtigt wurden beispielsweise pro Land nur die stärksten 10 Prozent des Jahrgangs. Für Deutschland gilt, dass quasi alle diese Schülerinnen und Schüler aus Leistungskursen stammten. Die Ergebnisse in Tabelle 3 zeigen, dass selbst aus dieser extrem positiv selegierten Gruppe immer noch 25 Prozent die Ziele der gymnasialen Oberstufe im Fach Mathematik verfehlten (Stufe II). Dieser Anteil lag deutlich höher als in vergleichbaren Nachbarstaaten. Im Spitzenbereich (Stufe IV) waren dagegen deutsche Schülerinnen und Schüler im internationalen Vergleich unterrepräsentiert. Zusammenfassend ergab sich demnach in der TIMSS-Oberstufen-Studie Evidenz für gewisse Defizite in den voruniversitären Mathematikleistungen. Dementsprechend war einer der politischen Beschlüsse nach TIMSS, dass das Fach Mathematik in keinem der 16 Länder mehr in der gymnasialen Oberstufe abgewählt werden konnte. Zu bedauern ist, dass keine weiteren Bemühungen auf Seiten der Politik beobachtbar waren, eine Oberstufenuntersuchung auf der Basis einer national repräsentativen Stichprobe zu wiederholen.

Tabelle 3: Verteilung der leistungsstärksten 10 Prozent der Abiturienten nach Land und Kompetenzstufe (in %)

	Land				
	Deutschland	Frankreich	Slowenien	Schweden	Schweiz
Stufe I	-	-	-	-	-
Stufe II	25	-	-	12	11
Stufe III	63	70	31	66	60
Stufe IV	11	30	69	22	29

Quelle: Baumert et al., 2000.

4.3 Befunde zu Leistungsständen an allgemeinbildenden und beruflichen Gymnasien in Baden-Württemberg

Im Land Baden-Württemberg wurden die beruflichen Gymnasien seit den 1970er Jahren als alternative Wege zum Abitur systematisch ausgebaut. Technische, wirtschaftswissenschaftliche, agrarwissenschaftliche, sozialpädagogische, ernährungswissenschaftliche und biotechnologische Zweige vergeben dort die allgemeine Hochschulreife. Berufliche Gymnasien rekrutieren typischerweise eine Schülerschaft, die in der großen Mehrzahl in der Sekundarstufe I einen nicht-gymnasialen

Bildungsgang (in der Regel einen, der zu Mittleren Schulabschluss führt) besucht hat. Mittlerweile erwirbt rund ein Drittel aller Abiturienten in Baden-Württemberg die Hochschulzugangsberechtigung an einem beruflichen Gymnasium. Inwieweit die im Abitur erreichten Kompetenzniveaus an beruflichen und allgemeinbildenden Gymnasien vergleichbar sind, haben Köller et al. (2004) in der Studie Transformation des Sekundarschulsystems und akademische Karrieren (TOSCA) für die Fächer Mathematik und Englisch systematisch untersucht. Berücksichtigt wurden am Ende des Schuljahres 2001/2002 die Leistungen von $N = 2.854$ Schülerinnen und Schülern allgemeinbildender und $N = 1.876$ Schülerinnen und Schülern beruflicher Gymnasien in der 13. Jahrgangsstufe. Mit Ausnahme biotechnologischer Gymnasien wurden alle Zweige beruflicher Gymnasien berücksichtigt. Mit der TOSCA-Repeat Studie (TOSCA-R; Trautwein et al., 2010) ist der Versuch einer Replikationsstudie unter den Bedingungen einer veränderten Oberstufenstruktur in Baden-Württemberg vorgenommen worden.

Die Mathematikleistungen in TOSCA wurden mit dem in TIMSS (vgl. Baumert et al., 2000) eingesetzten Test erfasst, die Englischleistungen mit einer Paper-Pencil-Version des Test of English as a Foreign Language (TOEFL; zu Details Köller et al., 2004). Hinsichtlich der erreichten Testleistungen wurden soziale und kriteriale Lernziele definiert. Bei der Definition von Mindeststandards im Fach Mathematik wurde analog zur BIJU-Studie vorgegangen. Ausgehend von der Annahme, dass Mathematiklehrkräfte in der gymnasialen Oberstufe ein geteiltes professionelles Verständnis davon besitzen, welche Kompetenzen hinter einer ausreichenden Leistung (5 Punkte) in einem Mathematik-Grundkurs stehen, wurde die mittlere Testleistung aller Grundkursschüler, die im letzte Zeugnis 5 Punkte erreicht hatten, als (sozialer) Mindeststandard definiert. Kriteriale Standards im Sinne von Regelstandards wurden auf der Basis des in TIMSS verwendeten Kompetenzstufenmodells definiert (s.o.). In diesem Modell beschreibt die zweite Kompetenzstufe ein Leistungsniveau, bei dem Kompetenzen, die typischerweise in der Sekundarstufe I erworben werden, sicher beherrscht werden. Die Kompetenzstufe III beschreibt die sichere Anwendung von in der Oberstufe erworbenen Lerninhalten. Letztere wurde im Sinne eines Regelstandards für Leistungskursschülerinnen und -schüler definiert, die Kompetenzstufe II als Regelstandard für die Grundkursschülerinnen und -schüler. Die Abbildung 7 zeigt den Prozentsatz der Schülerinnen und Schüler an den verschiedenen Zweigen, welche den sozialen Mindeststandard bzw. kriterialen Regelstandard erreicht haben. Erkennbar ist, dass die Erreichung der unterschiedlichen Standards für die allgemeinbildenden und technischen Gymnasien unproblematisch ist, ein anderes Bild zeigt sich an den übrigen Zweigen beruflicher Gymnasien, an denen erhebliche Schüleranteile die definierten Standards nicht erreichen. Die Leistungsunterschiede zwischen den Schulzweigen bildeten sich allerdings nicht in den entsprechenden Mathematiknoten ab, die sich kaum unterschieden (zu den Details Watermann et al., 2004).

Abbildung 7: Prozentsatz der Schülerinnen und Schüler der TOSCA-Studie nach Schulform und Erreichen der sozialen und kriterialen Standards im Fach Mathematik am Ende der gymnasialen Oberstufe

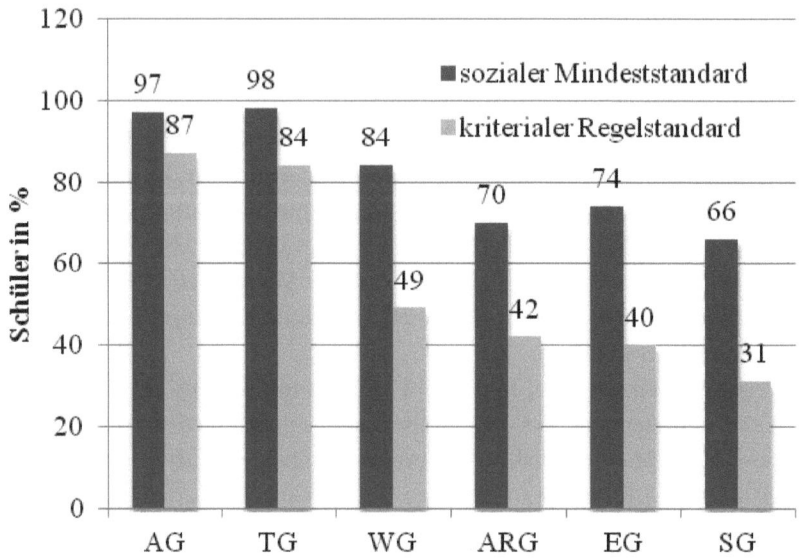

Anmerkungen: AG: allgemeinbildendes Gymnasium; TG: technisches Gymnasium; WG: Wirtschaftsgymnasium; ARG: agrarwissenschaftliches Gymnasium; EG: ernährungswissenschaftliches Gymnasium; SG: sozialpädagogisches Gymnasium.
Quelle: Watermann et al., 2004.

Im Fach Englisch wurde, wie oben beschrieben, der TOEFL in einer Paper-Pencil-Version eingesetzt. Dieser Test wird seit den 1960er Jahren verwendet, um die fremdsprachlichen Kompetenzen von internationalen Studienplatz-Bewerbern in den USA und Kanada zu überprüfen. Amerikanische Universitäten und Colleges definieren üblicherweise Mindestleistungen im TOEFL, die internationale Bewerberinnen und Bewerber erreichen müssen, um dort studieren zu können. Die Werte im TOEFL lassen sich auch auf den Niveaus des Gemeinsamen Europäischen Referenzrahmens für Sprachen (GER; Europarat, 2001) abtragen. Der GER beschreibt ausführlich, was Lernende leisten müssen, „um eine Sprache für kommunikative Zwecke zu benutzen, und welche Kenntnisse und Fertigkeiten sie entwickeln müssen, um in der Lage zu sein, kommunikativ erfolgreich zu handeln" (Europarat, 2001, S. 14). Kommunikative Aktivitäten können auf unterschiedlichem Niveau ausgeführt werden. Diesem Tatbestand wird im GER durch Niveaustufen Rechnung getragen. Es werden drei Grundniveaus – A, B und C – unterschieden, die in je zwei Teilniveaus aufgespalten sind. Insgesamt ergeben sich also sechs Niveaustufen (A1, A2, B1, B2, C1, C2). Am Ende der Sekundarstufe I geben die Bildungsstandards der KMK vor, dass Schülerinnen und Schüler, die den Mittleren Abschluss anstreben, das Niveau B1 erreichen sollten, am Ende der gymnasialen Oberstufe sollte auf vertieftem Niveau im Leistungskurs C1 erreicht werden, ansonsten B2. Hierüber geben die Einheitlichen Prüfungsanforderung an die Abiturprüfung (EPA) Auskunft. Die Analysen der TOSCA-Daten ergaben das in Tabelle 4 dargestellte Bild.

Tabelle 4: Verteilung der Schülerinnen und Schüler auf die Niveaustufen des GER nach Schulform und Kursniveau (in %)

	Allgemeinbildendes Gymnasium			Berufliches Gymnasium		
	Abgewählt	GK	LK	Abgewählt	GK	LK
A1/A2	16	7	2	77	44	16
B1/B2	74	76	59	22	53	72
C1/C2	11	17	40	1	3	12

Anmerkung: GK: Grundkurs; LK: Leistungskurs.
Quelle: Köller et al., 2004.

Setzt man B1/B2 als Standard für die Grundkurse und C1/C2 als Standard für die Leistungskurse, so wird deutlich, dass nennenswerte Anteile der Schülerinnen und Schüler diese Erwartungen nicht erfüllen. Dies gilt insbesondere für die beruflichen Gymnasien, in deren Grundkursen über 40 Prozent der Schülerinnen und Schüler hinter den Erwartungen der Sekundarstufe I zurückbleiben.

Zweifellos rückt mit diesen Befunden erneut die Frage nach der Vergleichbarkeit der Abschlüsse und nach der Verteilungsgerechtigkeit beim Zugang zu zulassungsbeschränkten Studienfächern in den Vordergrund, implizieren doch die Ergebnisse, dass identische Noten an beruflichen Gymnasien für andere Kompetenzniveaus stehen dürften als an allgemeinbildenden Gymnasien.

4.4 Mathematik- und Englischleistungen in allgemeinbildenden Gymnasien Hamburgs und Baden-Württembergs: Ergebnisse der LAU- und TOSCA-Untersuchung

Die im vorherigen Abschnitt beschriebenen Tests zur voruniversitären Mathematik und zu den Englischkenntnissen wurden auch in der Lernausgangslagenuntersuchung LAU 13 eingesetzt. In LAU 13 wurde der gesamte Hamburger Abiturjahrgang am Ende der 13. Jahrgangsstufe im Schuljahr 2004/2005 in verschiedenen Fächern hinsichtlich der erreichten Fachleistungen untersucht (s. hierzu ausführlich Trautwein et al., 2007). Die leitende Fragestellung der Analysen betraf die Vergleichbarkeit der Abschlüsse zwischen unterschiedlichen Ländern. Betrachtet man das Abschneiden der Gymnasiasten beider Länder in PISA 2003 (PISA-Konsortium Deutschland, 2005) oder PISA 2006 (PISA-Konsortium Deutschland, 2008), so weist Baden-Württemberg in den mathematischen Kompetenzen einen Vorsprung von 21 Punkten auf (599 vs. 570 Punkten). Die Ergebnisse des Ländervergleichs von 2009 (Köller et al., 2010) geben Hinweise auf die Englischleistungen. Hier schnitten Gymnasiastinnen und Gymnasiasten Hamburgs im Hörverstehen etwas besser ab (598 vs. 592 Punkte in Baden-Württemberg), im Lesen kehrte sich der

Vorteil zugunsten Baden-Württembergs um (587 vs. 576 Punkte). Ausgehend von der Annahme, dass Vorwissen ein wichtiger Prädiktor für die am Ende der Sekundarstufe II erreichten Leistungen ist, konnte dementsprechend vorhergesagt werden, dass die untersuchten Schülerinnen und Schüler aus TOSCA im Fach Mathematik denen aus LAU überlegen sein sollten. In Englisch sollten sich dagegen keine systematischen Unterschiede zeigen. Die Bestätigung dieser Vorhersagen für Mathematik findet sich in Abbildung 8 wieder. Dort ist im Sinne der oben definierten kriterialen Standards für die voruniversitäre Mathematik abgetragen, wie hoch die Anteile in Grund- und Leistungskursen beider Länder sind, welche die Standards erreichen.

Abbildung 8: Prozentsatz der Schülerinnen und Schüler an allgemeinbildenden Gymnasien Hamburgs und Baden-Württembergs nach Kursniveau und Erreichen der kriterialen Standards im Fach Mathematik am Ende der gymnasialen Oberstufe

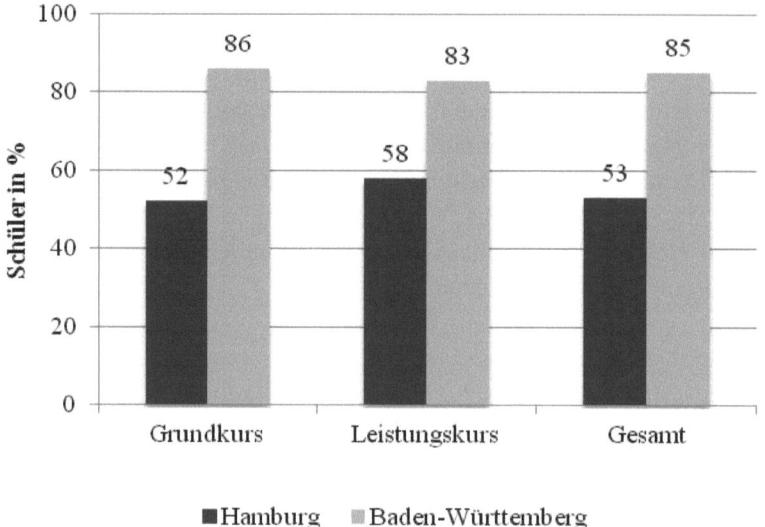

Quelle: Trautwein et al., 2007.

In Baden-Württemberg liegen die Anteile über 80 Prozent, in Hamburg erreicht dagegen nur gut die Hälfte der Schülerinnen und Schüler die kriterialen Standards.

Für die Leistungen im TOEFL zeigt die Tabelle 5 die Werte an allgemeinbildenden/grundständigen Gymnasien beider Länder. Hier ergeben sich in den Leistungskursen Vorteile zugunsten der Schülerinnen und Schüler in Hamburg (50 % vs. 40 %). In den Grundkursen und bei den Schülerinnen und Schülern, welche Englisch in der gymnasialen Oberstufe abgewählt haben, zeigen sich Vorteile zugunsten Baden-Württembergs.

Tabelle 5: Anteile der Abiturientinnen und Abiturienten auf den GER-Stufen nach Land und Kursniveau in der gymnasialen Oberstufe (in %)

	Baden-Württemberg			Hamburg		
	abgewählt	GK	LK	abgewählt	GK	LK
A1/A2	16	7	2	32	16	2
B1/B2	74	76	59	60	68	49
C1/C2	11	17	40	8	17	50

Anmerkungen: GK: Grundkurs; LK: Leistungskurs.

Quelle: Trautwein et al., 2007.

Wie oben beim Schulformenvergleich (allgemeinbildende vs. berufliche Gymnasien) ergibt sich auch hier (zumindest im Fach Mathematik) das Problem der regionalen Vergleichbarkeit des Abiturs und damit verbunden die Frage der Verteilungsgerechtigkeit beim Zugang zu zulassungsbeschränkten Fächern, in denen nach der Föderalismusreform und der Novelle der Hochschulrahmengesetzgebung vom August 2004 Absolventen beider Länder um die verfügbaren Plätze konkurrieren, ohne dass die früheren länderspezifischen Quoten beim Zugang zu den Numerus clausus-Fächern noch ihre Gültigkeit besäßen.

4.5 Zusammenfassung

Obwohl es in der Gemeinschaft der 16 Länder kein abgestimmtes Bildungsmonitoring-Programm für die Sekundarstufe II gibt, sind in den letzten 15 Jahren einige Untersuchungen durchgeführt worden, die Auskunft über Leistungsstände von Schülerinnen und Schülern am Ende der gymnasialen Oberstufe geben. Aus den vorliegenden Ergebnissen für die Fächer Mathematik und Englisch lässt sich schlussfolgern, dass in unterschiedlichen Ländern und unterschiedlichen Schulformen mit substanziellen Leistungsdifferenzen zu rechnen ist. Vor allem gilt dies für Einrichtungen, die alternative Wege zur Hochschulreife eröffnen. Hier stellt sich in der Tat die Frage, wie die wünschenswerte Öffnung der Wege zum Abitur durch Maßnahmen der Qualitätsentwicklung und Qualitätssicherung flankiert werden kann. Dass die EPA dies nicht erschöpfend leisten können, sollten die hier präsentierten Leistungsvergleiche eindrucksvoll untermauert haben. Dasselbe dürfte für die Bildungsstandards für das Abitur gelten, die Ende 2012 veröffentlicht werden. Da nicht geplant ist, sie mit Maßnahmen der Überprüfung zu verbinden, dürfte ihre steuernde Kraft über die Länder hinweg bescheiden bleiben.

5 Zur Relevanz voruniversitärer Leistungen für den Studienerfolg

Die im vorherigen Abschnitt berichteten Befunde gewinnen an Bedeutung, wenn gezeigt werden kann, dass voruniversitär erworbene Kompetenzen gute Indikatoren für die allgemeine Studierfähigkeit sind und sie Studienleistungen bzw. Studienerfolg vorhersagen können. Der häufig verwendete Begriff der Studierfähigkeit bezieht sich zunächst auf die rechtliche Seite der Studienberechtigung, die mit der Vergabe des Abiturs bedient wird. Inhaltlich versteht man Studierfähigkeit als das, was den Schülerinnen und Schülern inhaltlich und methodisch aus der gymnasialen Oberstufe mitgegeben wird (vgl. KMK, 1977/1978) und sie auf das wissenschaftliche Arbeiten/Studieren an der Universität vorbereitet. Aus einer bildungstheoretischen Perspektive konstituiert sich Studierfähigkeit aus vertiefter Allgemeinbildung in den Kernfächern Deutsch, Mathematik und 1. Fremdsprache und der Wissenschaftspropädeutik, wobei letzterer eine Schlüsselrolle zukommt (vgl. Trautwein & Lüdtke, 2004): „Die Wissenschaftspropädeutik hat die Funktion der Enkulturation: Die Gymnasiastinnen und Gymnasiasten wachsen hierdurch in die Kultur der Wissenschaft hinein. Wissenschaftspropädeutik meint Bildung zur Wissenschaft und zielt auf eine Haltung, die dem Einzelnen Wissenschaft öffnet und erschließt und den Blick dafür schärft" (Schmidt, 1991, S. 200). Etwas konkreter versteht die KMK (1977/1978, S. 561) darunter:

- Kenntnisse wesentlicher Strukturen und Methoden von Wissenschaften sowie Verständnis ihrer komplexen Denkformen,
- Erkennen von Grenzen wissenschaftlicher Aussagen und Einsicht in Zusammenhang und Zusammenwirken von Wissenschaften,
- Verstehen wissenschaftstheoretischer und philosophischer Fragestellungen,
- Fähigkeit, theoretische Erkenntnisse sprachlich zu verdeutlichen und anzuwenden.

Weitere Kriterien einer hinreichenden Studieneignung sind nach Einschätzung der KMK-Expertenkommission von 1995 sogenannte „Schlüsselqualifikationen" in den Bereichen der (1) sozialen Kompetenz, (2) Selbststeuerung des Lernens und (3) Eigenverantwortlichkeit. Interessanterweise wird diese bildungstheoretische Diskussion von den Abnehmern an Universitäten kaum explizit aufgenommen. Dort wird das Konzept der Studierfähigkeit insgesamt pragmatischer gehandhabt und bezieht sich auf kognitive und motivationale Merkmale der Studienanfänger. Die Tabelle 6 zeigt die Ergebnisse einer Befragung von Professorinnen und Professoren (Konegen-Grenier, 2002), die im Übrigen kompatibel zu den Vorstellungen der KMK ist.

Tabelle 6: Ergebnisse einer Befragung von Professorinnen und Professoren zu Faktoren der Studierfähigkeit

Kognitive Merkmale	Persönlichkeits- und Motivationsmerkmale
<ul><li>Analytische Fähigkeiten</li><li>Abstraktionsfähigkeit</li><li>Differenzierungsvermögen</li><li>Synthesefähigkeit</li><li>Transferfähigkeit</li><li>Kreativität</li><li>Sprachliche Ausdruckfähigkeit</li></ul>	<ul><li>Inhaltliches Interesse</li><li>Leistungsmotivation</li><li>Genauigkeit</li><li>Zielstrebigkeit</li><li>Beharrlichkeit</li><li>Eigeninitiative</li><li>Selbstorganisation</li><li>Hohes Anspruchsniveau</li><li>Kompetenter Umgang mit Unsicherheit</li><li>Fähigkeit zur Selbstreflexion</li></ul>

Quelle: Konegen-Grenier, 2002.

Auf Seiten der kognitiven Fähigkeiten werden im Wesentlichen drei Faktoren genannt, Intelligenz, Kreativität und sprachliche Kompetenzen, auf Seiten der nicht-kognitiven Personmerkmale sind es zusammengefasst Motivation und Selbstregulation, welche die Studierfähigkeit ausmachen. Passend hierzu berichtet Heldmann (1984) eine Befragung, in der Hochschullehrerinnen und Hochschullehrer von ihren Studentinnen und Studenten (1) eine starke Lern- und Leistungsbereitschaft, (2) eine hohe Selbständigkeit und Motivation, (3) besondere kommunikative Fähigkeiten, (4) eine hohe Ausdauer und Belastbarkeit sowie (5) intellektuelle Neugier erwarten. Fachliche Kompetenzen spielen hier eine untergeordnete Reihe. Auf der andere Seite hat der Deidesheimer Kreis (1997) in seinen Ausführungen zur „Feststellung der Studieneignung im Rahmen der Hochschulzulassung" auf die besondere Rolle der Fachleistungen hingewiesen. In ihren Ratschlägen zur Verwendung von Instrumenten zur Diagnose der Studieneignung argumentieren die Mitglieder dieses Kreises, dass Studienfächer je nach Inhalt gänzlich unterschiedliche Anforderungen stellen und fachspezifische gegenüber globalen Verfahren zur Feststellung der Studierfähigkeit vorzuziehen sind. In diesem Sinne können auch Befunde interpretiert werden, die sich in Validierungsuntersuchungen ergaben, die ergänzend zur TIMS-Studie durchgeführt wurden (vgl. Baumert et al., 2000). Dabei wurden Physik- und Mathematikaufgaben aus den TIMSS-Oberstufentests Hochschullehrern aus acht unterschiedlichen Disziplinen vorgelegt mit der Bitte einzuschätzen, ob die Fähigkeit, die Aufgaben lösen zu können, im jeweiligen Studienfach von Bedeutung sei. Dabei zeigte sich, dass die Einschätzungen der einzelnen Aufgaben extrem vom Studienfach abhingen. Beispielsweise wurden mathematische Aufgaben mit elementarstatistischen Inhalten, die von Vertretern der Mathematik als relativ unbedeutend bewertet worden waren, von Lehrstuhlinhabern der Soziologie, Psychologie und Betriebswirtschaftslehre als hochgradig relevant eingestuft. Geometrieaufgaben wurden als besonders wichtig für Studentinnen und Studenten der Ingenieurwissenschaften im Bauwesen eingestuft, wohingegen in den Gebieten

Elektrotechnik und Informatik Aufgaben des Inhaltsbereichs Funktionen als sehr bedeutsam eingeschätzt wurden.

Fasst man diese Ausführungen zusammen, so können Indikatoren der Studierfähigkeit fächerübergreifend aber auch fachspezifisch sein. Dies gilt für kognitive wie auch motivationale Variablen. Eine generell hohe Lernmotivation gekoppelt mit technischen Interessen wird Studierenden der Ingenieurswissenschaften sicher das Studium erleichtern ebenso wie generelle kognitive Fähigkeiten gepaart mit hohen mathematischen und physikalischen Kompetenzen. Letztendlich lässt sich die Tauglichkeit solcher Vermutungen nur empirisch prüfen. Dementsprechend soll im Folgenden kurz auf Forschungsarbeiten zur Vorhersage des Studienerfolgs eingegangen werden. Da in den meisten Untersuchungen Studienleistungen (Zwischenprüfungen, Abschlussprüfungen) als Kriterien des Studienerfolgs firmieren, sollen diese Arbeiten zusammengefasst werden.[2] Dabei findet eine Beschränkung auf kognitive Prädiktoren statt, da sich diese gegenüber nicht-kognitiven als deutlich prädiktiver erwiesen haben. Keine Berücksichtigung finden Studien, in denen Interviews zur Vorhersage von Studienleistungen herangezogen wurden, da sich Interviews auch als wenig valide gezeigt haben. Eine ausführliche Übersicht über Prädiktoren des Studienerfolgs geben Formazin, Schroeders, Köller, Wilhelm und Westmeyer (2011).

5.1   Abiturnote und Studienerfolg

Die Abiturnote kann als genereller Indikator voruniversitärer Fachleistungen verstanden werden, wobei unbestritten ist, dass neben kognitiven auch motivationale und andere lernförderliche Einflüsse in die Abiturnote eingehen (vgl. Köller & Baumert, 2002). Bei aller Kritik an der Vergleichbarkeit von Abiturnoten (vgl. Abschnitt 4) ist es verblüffend, welche substanzielle Prädiktionskraft sie für Studienerfolge haben. In nationalen Metaanalysen zeigte sich, dass sie die spätere Studienleistung mit $r = .31$ (Trapmann, Hell, Weigand & Schuler, 2007) bzw. $r = .35$ (Baron-Boldt, Schuler & Funke, 1988; Schuler, Funke & Baron-Boldt, 1990) gut vorhersagen konnten. Nach Korrekturen für die Unreliabilität des Kriteriums und die Varianzeinschränkungen stiegen diese Werte auf $r = .52$ (Trapmann et al., 2007) bzw. $r = .46$ (Schuler et al., 1990). Internationale Befunde ergaben ein vergleichbares Bild. Für Varianzeinschränkung korrigierte Korrelationen aus Validitätsuntersuchungen lagen bei $r = .54$ (Bridgeman, McCamley-Jenkins & Ervin, 2000; Kobrin et al., 2008) bzw. $r = .59$ (Ramist, Lewis & McCamley-Jenkins, 2001) zwischen der Schulabschlussnote und der durchschnittlichen Studiennote nach dem ersten Studienjahr. Einzelnoten sind generell weniger prädiktiv als die Abiturdurchschnittsnote (Baron-Boldt et al., 1988; Formazin et al., 2011).

---

2   Erwähnt werden soll hier, dass die wenigen Studien zur Abbruchsintention (z.B. Nagy, 2005) darauf hinweisen, dass Persönlichkeitsvariablen wie Neurotizismus und Gewissenhaftigkeit hierbei erhebliche Prädiktionskraft haben.

5.2 Leistungstests und Studienerfolg

Standardisierte Leistungstests wurden bislang im deutschen Sprachraum eher selten eingesetzt. Belastbare Befunde liegen für den „Test für medizinische Studiengänge TMS" vor, der von 1986 bis 1997 bei der Zulassung zu medizinischen Studiengängen deutschlandweit eingesetzt wurde. Mit dem TMS wurden in neun Untertests Fähigkeiten erfasst, die für die erfolgreiche Bewältigung des Medizinstudiums als notwendig erachtet wurden. Validitätsstudien fanden mittlere Korrelationen von $r = .45$ zwischen der TMS-Leistung und der Note in der ärztlichen Vorprüfung. Die Testleistung band über die Abiturdurchschnittsnote hinaus inkrementelle Varianz im Kriterium Studienleistung ($\Delta R^2 = .07$; Trost et al., 1998; Trost, Klieme & Nauels, 1997).

Hell, Trapmann und Schuler (2007) führten einer Metaanalyse zur Validität von Leistungstests im Rahmen der Studierendenauswahl im deutschen Sprachraum durch. Die Mehrheit der berücksichtigten Studien bezog sich ebenfalls auf den TMS und ergab einen korrigierten Korrelationskoeffizienten von $r = .51$ für den Studiengang Humanmedizin.

International werden Leistungstests sehr viel häufiger eingesetzt. Insbesondere in den USA ist ihr Einsatz breit untersucht worden und es existieren viele Untersuchungen zur prädiktiven Validität dieser Tests. Bei der Auswahl für Bachelor-Studiengänge kommen neben der Abschlussnote (Grade Point Average GPA) an mehr als 3800 Colleges Zulassungstests (SAT I und SAT II) zum Einsatz (The College Board, 2010). Für die Zulassung zu Masterstudiengängen werden an vielen Institutionen neben der Abschlussnote des 1. Studienabschnittes (Undergraduate GPA) ebenfalls Tests eingesetzt (GRE General und GRE Subject Tests; ETS, 2010).

Sowohl der SAT I als auch der GRE General Test erfassen schlussfolgerndes Denken mit numerischem und verbalem Material (Bridgeman et al., 2000; ETS, 2009), d.h. die Aufgaben können eher als Indikatoren der generellen Studierfähigkeit verstanden werden. Für die Vorhersage der Noten nach dem 1. Studienjahr wurden für den SAT I Validitätswerte von $r = .52$ (Bridgeman et al., 2000) bzw. $r = .53$ (Kobrin et al., 2008) berichtet. Für den GRE General Test wurde in einer Metaanalyse die Abschlussnote des Graduiertenstudiums vorhergesagt. Die Korrelationen lagen bei $r = .32$ für den GRE General Test mit quantitativem Material und $r = .36$ für den GRE General Test mit verbalem Material (Kuncel, Hezlett & Ones, 2001) bzw. bei $r =.37$ für den GRE General Test Gesamtscore (Kuncel & Hezlett, 2007).

Im Gegensatz zu den allgemeinen Leistungstests SAT I und GRE General Test erfassen die SAT II: Subject Tests und die GRE Subject Tests domänenspezifisches voruniversitäres Wissen, bspw. in Geschichte oder in einer Fremdsprache (SAT II; Ramist et al., 2001) bzw. in einem spezifischen Fach aus dem 1. Studienabschnitt, z.B. Chemie oder Psychologie (GRE Subject Tests; Kuncel et al., 2001). Die Vorhersagegüte dieser Verfahren ist ebenfalls hoch. Sie lag für die SAT II bei $r = .58$

(Ramist et al., 2001) und für die GRE Subject Tests bei $r = .41$ (Kuncel & Hezlett, 2007; Kuncel et al., 2001).

Dass solche Befunde auf Deutschland übertragbar sind, zeigt die Arbeit von Formazin et al. (2011). In dieser Studie wurden zur Auswahl von Studierenden ($N = 1.049$) im Fach Psychologie Abiturdurchschnittsnoten, globale Indikatoren der Studierfähigkeit (schlussfolgerndes Denken) und Indikatoren voruniversitären Wissens (Textverständnis, Mathematik, Englisch, Biologie) eingesetzt. Von den zugelassenen Studierenden ($N = 79$) lagen später Studienleistungen (Noten in Modulabschlussprüfungen) vor. Die Analyse von Strukturgleichgleichungsmodellen ergab zunächst, dass schlussfolgerndes Denken (standardisierter Regressionskoeffizient $\beta = .32$) und voruniversitäres Wissen ($\beta = .59$) immerhin 44 Prozent der Varianz der Studienleistungen erklärten. Wurde zusätzlich die Abiturdurchschnittsnote berücksichtigt, so stieg die erklärte Varianz auf 52 Prozent. Die Abiturnote allein erklärte 15 Prozent der Varianz. Man kann die Ergebnisse dahingehend zusammenfassen, dass voruniversitäres Wissen bzw. voruniversitäre Kompetenzen, die in der gymnasialen Oberstufe erworben werden, in der Tat eine erhebliche Vorhersagekraft für Studienleistungen haben. Ein hohes Vorwissen steigert die Chance im Studium erfolgreich zu sein, ein geringes Vorwissen senkt diese Chance. Damit verbunden ist natürlich die Forderung der Sicherung von Leistungsstandards in der Sekundarstufe II.

6 Schlussfolgerungen

Die Bildungsexpansion und die Eröffnung alternativer Wege zur Hochschulreife haben die Zahl der Abiturientinnen und Abiturienten in den letzten Jahren dramatisch ansteigen lassen. Aus den ehemaligen Eliteanstalten Gymnasium und Universität sind Massenveranstaltungen geworden, in denen breite Anteile eines Jahrgangs Bildungsangebote erhalten und für akademische Berufe qualifiziert werden. Dieser Modernisierungsprozess im Bildungswesen ist infolge der gestiegenen Anforderungen an Absolventen wünschenswert und trägt der großen Nachfrage nach Akademikerinnen und Akademikern Rechnung. Gleichzeitig ist mit nicht-intendierten „Nebenwirkungen" solcher Veränderungen im Bildungssystem zu rechnen, deren systematische Untersuchung Aufgabe der Bildungsforschung ist. In diesem Beitrag wurden verschiedene Fragen aufgegriffen, die solche nicht-intendierten „Nebenwirkungen" tangieren. Es wurde gefragt,

- welche Kosten einen stark expandiertes Gymnasium auf Seiten der Leistungsspitze hat,
- welche Kompetenzstände im unteren Leistungsbereich des Gymnasiums zu erwarten sind,
- welche voruniversitären Leistungsstände in allgemeinbildenden und beruflichen Gymnasien sowie integrierten Gesamtschulen zu erwarten sind,
- inwieweit voruniversitären Leistungen überhaupt über die Studierfähigkeit von Abiturientinnen und Abiturienten Auskunft geben können.

Die Befunde belegen, dass auch ein stark expandiertes Gymnasium hohe Leistungsstände auf Seiten der Schülerinnen und Schüler erreichen kann. Gleichzeitig ist
aber unübersehbar, dass im unteren Leistungsbereich nur geringe Kompetenzstände
erreicht werden. Dies gilt umso stärker in beruflichen Gymnasien und integrierten
Gesamtschulen, in denen auch am Ende der Sekundarstufe II teilweise Leistungsniveaus erreicht werden, die einen erfolgreichen Übergang in Studium fraglich erscheinen lassen. Die Studienabbruchquoten, die beispielsweise im Jahr 2010 in den
Ingenieurwissenschaften bei 48 Prozent lagen (vgl. Heublein et al., 2012), mögen
ein Hinweis darauf sein, dass bei vielen Studienanfängerinnen und Studienanfängern eine erhebliche Lücke zwischen Vorkenntnissen und Anforderungen im Studium besteht. Man kann solchen Diskrepanzen auf zwei Wegen begegnen: zum einen durch intensivere Förderung in der gymnasialen Oberstufe, zum anderen durch
Eingangskurse an den Universitäten, die die Studierenden zunächst auf die Anforderungen der universitären Fächer vorbereiten. Letzteres findet momentan zunehmend an deutschen Universitäten Eingang und wird hoffentlich dazu beitragen die
Abbrecherquoten zu senken.

Literatur

Baron-Boldt, J., Schuler, H. & Funke, U. (1988). Prädiktive Validität von Schulabschlußno-
ten: Eine Metaanalyse. *Zeitschrift für Pädagogische Psychologie, 2* (2), 79–90.

Baumert, J., Bos, W. & Lehmann, R. (Hg.) (2000). *Dritte Internationale Mathematik- und Naturwissenschaftsstudie: Mathematische und naturwissenschaftliche Bildung am Ende der
Schullaufbahn. Bd. 2: Mathematische und physikalische Kompetenzen am Ende der gymnasialen Oberstufe.* Opladen: Leske + Budrich.

Baumert, J., Roeder, P. M. & Watermann, R. (2003). Das Gymnasium – Kontinuität im Wandel. In K. S. Cortina, J. Baumert, A. Leschinsky, K. U. Mayer & L. Trommer (Hrsg.),
Das Bildungswesen in der Bundesrepublik Deutschland (S. 487–524). Reinbek: Rowohlt.

Bridgeman, B., McCamley-Jenkins, L. & Ervin, N. (2000). *Predictions of freshman grade-point
average from the revised and recentered SAT I: Reasoning Test* (College Board Research
Report No. 2001-01). New York: College Entrance Examination Board.

Deidesheimer Kreis. (1997). *Hochschulzulassung und Studieneignungstests: Studienfeldbezoge-
ne Verfahren zur Feststellung der Eignung für Numerus-clausus- und andere Studiengänge.* Göttingen: Vandenhoeck & Ruprecht.

ETS – Educational Testing Service (2010). *Sign up for the Free GRE® Search Service.* Retrieved March 9, 2010, from http://www.ets.org/gre/general/about/tools/search_service/ in-
dex.html.

Europarat. (2001). *Gemeinsamer Europäischer Referenzrahmen für Sprachen: lernen, lehren,
beurteilen.* Berlin: Langenscheidt.

Formazin, M., Schroeders, U., Köller, O., Wilhelm, O. & Westmeyer, H. (2011): Studierendenauswahl im Fach Psychologie: Testentwicklung und Validitätsbefunde. *Psychologische Rundschau, 62* (4), 221–236.

Hell, B., Trapmann, S. & Schuler, H. (2007). Eine Metaanalyse der Validität von fachspezifischen Studierfähigkeitstests im deutschsprachigen Raum. *Empirische Pädagogik, 21* (3),
251–270.

Helmke, A. & Weinert, F. E. (1997). Bedingungsfaktoren schulischer Leistungen. In F. E. Weinert (Hrsg.), *Psychologie des Unterrichts und der Schule. Enzyklopädie der Psychologie, Serie Pädagogische Psychologie* (S. 71–176). Göttingen: Hogrefe.

Heublein, U., Richter, J., Schmelzer, R. & Sommer, D. (2012)Klieme, E. (2000). *Die Entwicklung der Schwund- und Studienabbruchquoten an den deutschen Hochschulen. Statistische Berechnungen auf der Basis des Absolventenjahrgangs 2010.* Hannover: HIS GmbH.

Klieme, E. (2000). Fachleistungen im voruniversitären Mathematik- und Physikunterricht: Theoretische Grundlagen, Kompetenzstufen und Unterrichtsschwerpunkte. In J. Baumert, W. Bos & R. Lehmann (Hrsg.), *TIMSS/III. Dritte Internationale Mathematik- und Naturwissenschaftsstudie – Mathematische und naturwissenschaftliche Bildung am Ende der Schullaufbahn: Bd. 2. Mathematische und physikalische Kompetenzen am Ende der gymnasialen Oberstufe* (S. 57–128). Opladen: Leske + Budrich.

KMK – Kultusministerkonferenz (1977/1978). Empfehlungen zur Arbeit in der gymnasialen Oberstufe. *Bildung und Erziehung, 31,* 561–574.

KMK – Kultusministerkonferenz (1995). *Weiterentwicklung der Prinzipien der gymnasialen Oberstufe und des Abiturs. Abschlussbericht der von der Kultusministerkonferenz eingesetzten Expertenkommission.* Bonn: Sekretariat der Ständigen Konferenz der Kultusminister der Länder in der Bundesrepublik Deutschland.

KMK – Kultusministerkonferenz (2002). *Vereinbarung über Einheitliche Prüfungsanforderungen in der Abiturprüfung.* (Beschluss der Kultusministerkonferenz vom 01.06.1979 i.d.F. vom 24.05.2002). Bonn: Sekretariat der Ständigen Konferenz der Kultusminister der Länder in der Bundesrepublik Deutschland.

KMK – Kultusministerkonferenz (2009). *Vorausberechnung der Schüler- und Absolventenzahlen 2010 bis 2025.* Bonn: Sekretariat der Ständigen Konferenz der Kultusminister der Länder in der Bundesrepublik Deutschland.

Kobrin, J. L., Patterson, B. F., Shaw, E. J., Mattern, K. D. & Barbuti, S. M. (2008). *Validity of the SAT for predicting first-year college grade point average* (College Board Research Report No. 2008-5). New York: The College Board.

Köller, O. (2010). Standardsetzung im Bildungssystem. In H. Reinders., H. Ditton, C. Gräsel & B. Gniewosz (Hrsg.), *Empirische Bildungsforschung. Strukturen und Methoden* (S. 179–192) Wiesbaden: VS Verlag.

Köller, O. & Baumert, J. (2001). Leistungsgruppierungen in der Sekundarstufe I und ihre Konsequenzen für die Mathematikleistung und das mathematische Selbstkonzept der Begabung. *Zeitschrift für Pädagogische Psychologie, 15* (2), 99–110.

Köller, O. & Baumert, J. (2002). Das Abitur – Immer noch ein gültiger Indikator für die Studierfähigkeit? *Aus Politik und Zeitgeschichte, B26/2002,* 12–19.

Köller, O. & Baumert, J. (2012). Schulische Leistungen und ihre Messung. In W. Schneider & U. Lindenberger (Hrsg.), *Entwicklungspsychologie* (7. Auflage, S. 639–655). Weinheim: Beltz/PVU.

Köller, O., Baumert, J., Cortina, K. S. & Trautwein, U. (2010). Bildungsverläufe und psychosoziale Entwicklung im Jugendalter und jungen Erwachsenenalter. In C. Spiel, B. Schober, P. Wagner & R. Reimann (Hrsg.), *Bildungspsychologie* (S. 245–252). Göttingen: Hogrefe.

Köller, O., Baumert, J., Cortina, K. S., Trautwein, U. & Watermann, R. (2004). Öffnung von Bildungswegen in der Sekundarstufe II und die Wahrung von Standards: Analysen am Beispiel der Englischleistungen von Oberstufenschülern an integrierten Gesamtschulen, beruflichen und allgemein bildenden Gymnasien. *Zeitschrift für Pädagogik, 50* (5), 679–700.

Köller, O., Baumert, J. & Schnabel, K. (1999). Wege zur Hochschulreife: Offenheit des Systems und Sicherung vergleichbarer Standards. Analysen am Beispiel der Mathematikleistungen von Oberstufenschülern an integrierten Gesamtschulen und Gymnasien in Nordrhein-Westfalen. *Zeitschrift für Erziehungswissenschaft, 2,* 370–405.

Köller, O., Knigge, M. & Tesch, B. (Hrsg.) (2010). *Sprachliche Kompetenzen im Ländervergleich.* Münster: Waxmann.

Köller, O., Trautwein, U., Cortina, K. S. & Baumert, J. (2006). Rezeptive Kompetenzen in Englisch am Ende der gymnasialen Oberstufe. *Unterrichtswissenschaft, 34* (3), 239–255.

Köller, O. Watermann, R., Trautwein, U. &Lüdtke, O. (Hrsg.) (2004). *Wege zur Hochschulreife in Baden-Württemberg. TOSCA – Eine Untersuchung an allgemeinbildenden und beruflichen Gymnasien.* Opladen: Leske+Budrich.

Konegen-Grenier, C. (2002). Studierfähigkeit und Hochschulzugang. *Forschung & Lehre, 9,* 481–483.

Kuncel, N. R. & Hezlett, S. A. (2007). Standardized tests predict graduate students' success. *Science, 315,* 1080–1081.

Kuncel, N. R., Hezlett, S. A. & Ones, D. S. (2001). A comprehensive meta-analysis of the predictive validity of the Graduate Record Examinations: Implications for graduate student selection and performance. *Psychological Bulletin, 127* (1), 162–181.

PISA-Konsortium Deutschland (2005). *PISA 2003: Der zweite Vergleich der Länder in Deutschland – Was wissen und können Jugendliche?* Waxmann, Münster.

PISA-Konsortium Deutschland (2008). *PISA 2006 in Deutschland: die Kompetenzen der Jugendlichen im dritten Ländervergleich.* Waxmann, Münster.

Ramist, L., Lewis, C. & McCamley-Jenkins, L. (2001). *Using achievement tests/SAT II: Subject Tests to demonstrate achievement and predict college grades: Sex, language, ethnic, and parental education groups* (College Board Research Report No. 2001-5). New York: College Entrance Examination Board.

Roeder, P. M., Baumert, J., Sang, F. & Schmitz, B. (1986). Expansion des Gymnasiums und Leistungsentwicklung. *Zeitschrift für Soziologie, 15* (3), 210–220.

Schmidt, A. (1991). *Das Gymnasium im Aufwind. Entwicklung, Struktur, Probleme seiner Oberstufe.* Aachen: Hahner Verlagsgesellschaft.

Schuler, H., Funke, U. & Baron-Boldt, J. (1990). Predictive validity of high-school grades: A meta-analysis. *Applied Psychology: An International Review, 39* (1), 89–103.

The College Board (2010). *Find a college.* Retrieved March 9, 2010, from http://www.collegeboard.com/student/csearch/ index.html.

Trapmann, S., Hell, B., Weigand, S. & Schuler, H. (2007). Die Validität von Schulnoten zur Vorhersage des Studienerfolgs – eine Metaanalyse. *Zeitschrift für Pädagogische Psychologie, 21* (1), 11–27.

Trautwein, U., Köller, O., Lehmann, R. H. & Lüdtke, O. (Hrsg.) (2007). *Schulleistungen von Abiturienten. Regionale, schulformbezogene und soziale Disparitäten.* Münster: Waxmann.

Trautwein, U. & Lüdtke, O. (2004). Aspekte von Wissenschaftspropädeutik und Studierfähigkeit. In O. Köller, R. Watermann, U. Trautwein & O. Lüdtke (Hrsg.), *Wege zur Hochschulreife in Baden-Württemberg. TOSCA – Eine Untersuchung an allgemein bildenden und beruflichen Gymnasien* (S. 327–367). Opladen: Leske + Budrich.

Trautwein, U, Neumann, M., Nagy, G., Lüdtke, O. & Maaz, K. (Hrsg.) (2010). *Schulleistungen von Abiturienten: Die neu geordnete gymnasiale Oberstufe auf dem Prüfstand* (S. 327–366). Wiesbaden: VS Verlag für Sozialwissenschaften.

Watermann, R., Nagy, G. & Köller, O. (2004). Mathematikleistungen in allgemeinbildenden und beruflichen Gymnasien. In O. Köller, R. Watermann, U. Trautwein & O. Lüdtke (Hrsg.), *Wege zur Hochschulreife in Baden-Württemberg. TOSCA – Eine Untersuchung an allgemeinbildenden und beruflichen Gymnasien* (S. 205–283). Opladen: Leske + Budrich.

Kai Maaz, Rainer Watermann, Annabell Daniel

Effekte sozialer Herkunft auf den Übergang zur Hochschule

1 Einleitung

Seit den 1960er Jahren stehen eine Expansion und eine Öffnung weiterführender Bildungsgänge, eine höhere Partizipation an Hochschulbildung und eine größere Chancengerechtigkeit beim Hochschulzugang im Zentrum der Diskussion um das Bildungswesen. Eine Öffnung der Wege zur Hochschulreife und zur Hochschule sollte vor allem zwei Zielen Rechnung tragen: Einerseits galt es, dem Bedarf an Hochschulabsolventen bzw. qualifizierten Arbeitskräften nachzukommen, andererseits war an eine Öffnung die Hoffnung geknüpft, die sozialen Disparitäten in der Bildungsbeteiligung zu entschärfen (Dahrendorf, 1965, 1966; Picht, 1964). Bildungsreformen wie auch eine höhere Nachfrage nach Bildung haben insbesondere in der Dekade der 1970er Jahre zu einem raschen Anstieg der Studienberechtigten und der Studierendenzahlen geführt. Dieser Trend hat sich auch in den letzten 20 Jahren nach der Wiedervereinigung fortgesetzt, insofern der Anteil der Studienberechtigten an der gleichaltrigen Bevölkerung weiterhin kontinuierlich gestiegen ist. Im Jahr 2010 lag die Zahl der Abgänger mit Hochschulreife bei über 450.000, sodass die Studienberechtigungsquote mit 49 Prozent einen bisherigen Höchststand erreichte (Statistisches Bundesamt, 2011a). Die Zahl derer, die sich anschließend an den Hochschulen immatrikulieren hat ebenfalls zugenommen; allein zwischen 2005 und 2010 ist die Studienanfängerzahl um 24,8 Prozent auf 444.719 gestiegen. Im Jahr 2011 erreichte der Anteil der Studienanfänger an der gleichaltrigen Bevölkerung erstmals ein Maximum von 54 Prozent (Statistisches Bundesamt, 2012).[1] Dieser Zuwachs ist jedoch weniger auf eine gesteigerte Studierneigung zurückzuführen, als vielmehr auf die steigende Bildungsbeteiligung.

Trotz dieser bedeutsamen Expansion im tertiären Segment des Bildungswesens werden gleichwohl für den Zugang zu einem Hochschulstudium noch stärker ausgeprägte soziale Disparitäten angenommen als für den Zugang zum Sekundarschulbereich. So legt ein Abgleich der Mikrozensusdaten zum Schulbesuch der 17- bis 18-Jährigen mit den Befunden der Sozialerhebung des Studentenwerks den Schluss nahe, dass die Aufnahme eines Studiums eine nochmalige soziale Selektionsschwelle darstellt (vgl. Maaz, Baumert & Cortina, 2008). Weiterhin deuten Analysen von Müller und Pollak (2007) auf eine hohe Stabilität sozialer Disparitäten des Hochschulzugangs im Zeitverlauf hin. Mit den Daten der Allgemeinen

---

1 In diesem Beitrag wird aus Gründen der besseren Lesbarkeit nur die männliche Geschlechtsform gewählt. Es sind jedoch stets beide Geschlechter adressiert.

Bevölkerungsumfrage der Sozialwissenschaften (ALLBUS) der Jahre 1980 bis 2000, der ZUMA-Standarddemografie (1976 bis 1982), dem deutschen sozio-ökonomischen Panel (GSOEP; 1986, 1999, 2000) und der westdeutschen Lebensverlaufsstudie (GLHS) haben sie einen Datensatz mit 65.797 Fällen kumuliert, auf dessen Grundlage sie für jüngere (1958-1972) im Vergleich mit älteren Kohorten (1910-1927) zwar eine Verringerung der sozialen Ungleichheitsverhältnisse beim Hochschulzugang feststellen, das Ausmaß relativer Ungleichheit zwischen den Sozialschichten erweist sich aber nach wie vor als bedeutsam. Schließlich zeigen die seit Mitte der 1980er Jahre vorgelegten Analysen des Hochschul-Informations-Systems bei Studienanfängern (HIS; Bathke, 1993; Bathke, Schreiber & Sommer, 2000; Bathke & Schreiber, 2001; Isserstedt et al., 2007), dass soziale Ungleichheiten auch innerhalb des tertiären Systems zugenommen haben. So stammte im Wintersemester 2009/10 mehr als die Hälfte (57 Prozent) der Studienanfänger an Universitäten aus Akademikerfamilien. Fachhochschulen erreichen dagegen verstärkt Kinder aus Elternhäusern ohne akademische Bildungstradition; der Akademikeranteil unter den Studienanfängern lag hier bei 42 Prozent (Willich et al., 2011). Mitte der 1980er Jahre lag der Akademikeranteil unter den Studienanfängern an Universitäten ebenfalls bei 42 Prozent, während nur 28 Prozent der Studienanfänger an Fachhochschulen aus Akademikerfamilien stammten (Willich et al., 2011). Insgesamt ist der Akademikeranteil unter den Studienanfängern in den letzten 20 Jahren gestiegen. Obwohl der Anteil an Studienanfängern aus Akademikerfamilien an den Fachhochschulen auch heute noch geringer ist als an den Universitäten oder Hochschulen insgesamt, deutet sich im Zeitverlauf eine Entwicklung zuungunsten junger Erwachsener aus Nichtakademikerfamilien an.

Vor dem Hintergrund dieser Entwicklungen und Diagnosen stellt sich die Frage, auf welche Weise Merkmale sozialer Herkunft beim Übergang von der Schule in die Hochschule wirksam werden, wie groß deren Effekte sind und wie man den sozialen Disparitäten beim Hochschulzugang begegnen kann. Hierbei gilt zu unterscheiden, inwieweit die Wirkungen sozialer Herkunft auf die Bildungsbeteiligung im tertiären Bereich (a) kumulative Effekte der mehr oder weniger gelungenen Unterfütterung der Schullaufbahn darstellen – dies bezieht sich vor allem auf den Erwerb der für den Hochschulzugang vorausgesetzten Merkmale, wie zum Beispiel die Noten und Kompetenzen – oder aber (b) auf bildungs- und sozialschichtabhängige Bildungsaspirationen und -entscheidungen zurückgeführt werden können. Die meisten empirischen Studien zur Bildungsbeteiligung im Hochschulwesen sind aufgrund ihrer auf Studienanfänger fokussierten Untersuchungsdesigns nicht in der Lage, diese beiden Mechanismen, die in der Literatur als primäre und sekundäre Herkunftseffekte bezeichnet werden (vgl. Boudon, 1974), zu trennen sowie den Mechanismen für sozialschichtspezifische Bildungsaspirationen und -entscheidungen nachzugehen.

Der vorliegende Beitrag möchte den Einfluss der sozialen Herkunft auf den Hochschulzugang näher beleuchten und dabei die in der jüngeren Literatur verfolgte Unterscheidung zwischen primären und sekundären Herkunftseffekten explizit berücksichtigen. Wir setzen bei dieser Unterscheidung der Effektarten an und systematisieren im Abschnitt 2 den Forschungsstand zu primären und sekundären Disparitäten. Dabei gehen wir in drei Schritten vor. Zuerst sollen aktuelle Studien referiert werden, die sich mit der Identifikation von primären und sekundären Herkunftseffekten auseinandersetzen. Daran anschließend wird der sekundäre Effekt näher betrachtet, in dem ein handlungstheoretischer Zugang gewählt wird. Sodann soll danach gefragt werden, ob und in welchem Ausmaß sich soziale Ungleichheiten des Hochschulzugangs reduzieren lassen, wenn man die Wirkung des primären bzw. sekundären Herkunftseffektes ausschließt. Der Abschnitt 3 thematisiert das Thema soziale Ungleichheiten des Hochschulzugangs vor dem Hintergrund aktueller Modernisierungsprozesse im Bildungssystem, die sich in einer größeren Öffnung des Bildungssystems äußern. Der Beitrag schließt mit einem kurzen Fazit.

2 Primäre und sekundäre Herkunftseffekte

In der bildungssoziologischen Forschung ist gut belegt, dass die entscheidenden Situationen der Entstehung von Bildungsungleichheiten die Übergangsschwellen von Bildungsverläufen sind (Baumert & Schümer, 2001; Breen & Goldthorpe, 1997; Ditton, 2007; Mare, 1981; Merkens & Wessel, 2002; Schnabel et al., 2002; Stocké, 2007). Mit dem mikrosoziologischen Ansatz zur Wahl von Bildungswegen von Boudon (1974) kann auf eine Theorie zurückgegriffen werden, mit der sich der Zusammenhang von sozialer Herkunft und Bildungsungleichheit spezifizieren lässt und dabei Erklärungsmuster für die Entstehung sozialer Disparitäten der Bildungsbeteiligung bietet. Boudon zufolge ist Bildungsungleichheit das Ergebnis individueller Bildungsentscheidungen, die in einem institutionellen Kontext des Bildungssystems getroffen werden müssen. Für die Erklärung sozialer Bildungsungleichheiten führt Boudon (1974) die Unterscheidung zwischen primären und sekundären Effekten der Sozialschichtzugehörigkeit ein (vgl. auch Müller-Benedict, 2007). Primäre Effekte äußern sich in Unterschieden zwischen den sozialen Schichten, im sozioökonomischen Status der Familien und in nichtmonetären Ressourcen, wie zum Beispiel dem sozialen oder kulturellen Kapital, die sich in den schulischen Leistungen der Kinder niederschlagen. Dieser Unterschied im erworbenen Kompetenzniveau, so die Annahme, ist primär von der sozialen Herkunft abhängig. Je niedriger der soziale Status der Eltern, desto eingeschränkter ist der Schulerfolg. Dieser herkunftsbezogene Sozialisationseffekt äußert sich darin, dass sich Familien verschiedener Sozialschichten bei der Vermittlung der Sprachkultur, in der Weitergabe der Lern- und Bildungsmotivation sowie metakognitiver Kompetenzen voneinander unterscheiden, sodass sich sozialschichtspezifische habitualisierte Lerngewohnheiten identifizieren lassen. Diese Unterschiede in den außerschulisch angeregten Bildungsprozessen schlagen sich in den für den Schulbesuch relevanten Merkmalen des Kindes sowie kumulativ in den schulischen Leistungen der Kinder nieder. So gesehen führen primäre Herkunftseffekte, sowohl auf die individuelle Leistungsperformanz als auch auf die Ressourcenausstattung bezogen, zu einer ungleichen Ausgangsverteilung. Sekundäre soziale Herkunftseffekte finden ihren Ausdruck in sozialschichtspezifischem Entscheidungsverhalten, und zwar auch dann, wenn keine Unterschiede in den für einen Bildungsweg vorausgesetzten Kompetenzen bestehen. Boudon (1974) zufolge sind hierbei von entscheidender Bedeutung die in Abhängigkeit von der Sozialschicht variierenden Auswirkungen des Motivs des intergenerationellen Statuserhalts, unterschiedliche Erfolgserwartungen und die sozialschichtabhängigen Kosten-Nutzen-Relationen von Bildungsentscheidungen. Bei Familien unterer Sozialschichten liegt die Messlatte des Statuserhalts niedriger. Ferner sind Entscheidungen für weiterführende Bildungsgänge häufig – zumindest subjektiv – riskanter und im Verhältnis zu den verfügbaren Ressourcen mit höheren Kosten behaftet. Der sekundäre Herkunftseffekt ist demnach ein kumulativer Effekt der verinnerlichten Sozialschichtzugehörigkeit.

2.1 Primäre und sekundäre Herkunftseffekte beim Übergang von der Schule in die Hochschule

Ungleichheiten in den Chancen auf ein Hochschulstudium können als das Ergebnis akkumulierter sozialer Benachteiligungen an den Übergangsschwellen des Bildungsverlaufs verstanden werden. Die Bildungsexpansion und die damit einhergehende Öffnung von Bildungsgängen weckten die Hoffnung, diese Herkunftsunterschiede auf dem Weg zur Studienberechtigung abbauen zu können. In einer Untersuchung von Lörz und Schindler (2011), die auf kombinierten Mikrozensus- und HIS-Studienberechtigtendaten basiert, konnte eine Verringerung herkunftsspezifischer Unterschiede beim Erwerb der Studienberechtigung im Zeitverlauf festgestellt werden. Beim anschließenden Übergang ins Studium zeigte sich jedoch eine Zunahme der sozialen Herkunftseffekte, was insgesamt auf eine Verschiebung der bestehenden Ungleichheitsverhältnisse deutet. Analysen zur relativen Bedeutung von Herkunftseffekten ergaben, dass Ungleichheiten am Übergang zur Hochschule überwiegend auf sekundäre Effekte, also Unterschiede im Entscheidungsverhalten, zurückzuführen sind (Schindler & Reimer, 2010). Als zentrale Bestimmungsfaktoren, die dem Prozess der Entscheidung zugrunde liegen, ließen sich vor allem finanzielle Aspekte, das akademische Interesse sowie die Art der Hochschulzugangsberechtigung identifizieren. Primäre Herkunftseffekte konnten dagegen nur in begrenztem Maße zur Erklärung der Unterschiede im Übergangsverhalten beitragen (Schindler & Reimer, 2010; Schindler & Lörz, 2011). Die Prävalenz sekundärer Herkunftseffekte begründet sich nach Müller und Pollak (2007) zum einen durch die Vielfältigkeit weiterführender (Aus-)Bildungsgänge und die zunehmende Heterogenität in den Möglichkeiten des Statuserhalts. Zum anderen verstärkt die auf das Leistungsniveau bezogene Homogenität der Studienberechtigten den Einfluss sekundärer Effekte (Müller & Pollak, 2007; Schindler & Reimer, 2010).

Die valide Identifikation sekundärer Herkunftseffekte beim Hochschulzugang setzt eine korrekte Spezifikation des primären Herkunftseffekts voraus. Streng genommen ist dies nur auf der Grundlage von Untersuchungen möglich, die neben den für den Hochschulzugang relevanten Zertifikaten (z.B. Abiturzeugnis bzw. Abiturnote) auch Kompetenzmessungen beinhalten. Bis heute leisten dies in der Regel nur nationale und internationale Schulleistungsuntersuchungen am Ende der Sekundarstufe II. Stellvertretend soll hier auf die Befunde zweier repräsentativer Schuluntersuchungen eingegangen werden. Auf der Grundlage der Längsschnittstudie *„Bildungsverläufe und psychosoziale Entwicklung im Jugendalter und jungen Erwachsenenalter"* (BIJU; Baumert et al., 1996; Watermann et al., 2004), in denen Schüler im Abschlussjahr gymnasialer Oberstufen bzw. Oberstufen an Gesamtschulen getestet und befragt wurden, zeigen Schnabel et al. (2002), dass die Absicht, ein Studium zu beginnen, um das 1 ½-Fache ansteigt, wenn ein Elternteil die allgemeine Hochschulreife anstelle eines niedrigeren Bildungsabschlusses aufweist. Die Autoren haben für Leistungen in curricular validen Schulleistungstests Schulnoten und fachspezifische Selbstkonzepte kontrolliert, sodass der Effekt als sekundärer Herkunftseffekt interpretiert werden kann. In der nationalen Erweiterung der *„Third International Mathematics and Science Study"* (TIMSS; Baumert, Bos & Lehmann, 2000a, 2000b) wies der höchste berufliche Bildungsabschluss der Eltern bei Kontrolle der Mathematiktestleistungen und der in den beiden Leistungskursen erzielten Punktzahlen einen positiven Effekt auf die Studienintention auf. Der Effekt des häuslichen Bildungsmilieus auf die Studienintention verringerte sich deutlich bei Kontrolle der perzipierten Studienerwartungen der Eltern (Schnabel & Gruehn, 2000). Dies kann als Hinweis darauf gewertet werden, dass sich die Studienaspirationen junger Erwachsener im Kontext der je nach sozialer Lage der Familie differenziellen kindbezogenen Bildungserwartungen der Eltern entwickeln. In beiden Untersuchungen wurde jedoch kein Entscheidungsmodell zur Erklärung sekundärer Herkunftseffekte zugrunde gelegt, weil sie hierfür nicht ausgelegt waren. Zudem waren beide Untersuchungen aufgrund ihres Querschnittdesigns auf die Studienintention beschränkt.

Mit den Daten der TOSCA-Studie konnten Watermann und Maaz (2004, 2006) einen vergleichsweise geringen aber stabilen Effekt der sozialen Herkunft auf die Studienintention am Ende der gymnasialen Oberstufe identifizieren. Mit den gleichen Daten zeigte Maaz (2006), dass der soziale Herkunftseffekt nicht nur auf die Studienintention wirkt, sondern auch beim Übergang in ein Hochschulstudium, zwei Jahre nach dem Abitur, feststellbar war. Da diese Herkunftseffekte auch nach Kontrolle von Schulleistungen statistisch bedeutsam waren, können sie als ein Hinweis auf die Existenz sekundärer Herkunftseffekte bezeichnet werden.

2.2 Handlungstheoretische Ansätze zur Erklärung sekundärer sozialer Disparitäten

Nach Boudon (1974) sowie Breen und Goldthorpe (1997) sind sekundäre Disparitäten die Folge von sozialschichtabhängigen Kosten-Nutzen-Relationen. Innerhalb des Rational-Choice-Ansatzes können sparsame Handlungstheorien formuliert werden, die Annahmen über die der Studienintention jeweils zu Grunde liegenden psychologischen Konzepte und deren Wirkungsweise beinhalten (Boudon, 1974; Breen & Goldthorpe, 1997; Erikson & Jonsson, 1996; Esser, 1999). In Abbildung 1 ist ein vereinfachtes Modell sozialer Disparitäten der Studierneigung und ihrer möglichen Vermittlung dargestellt. Nicht berücksichtigt in der schematischen Darstellung ist die Unterscheidung in Struktur- und Prozessmerkmale der sozialen Herkunft. Primäre Disparitäten (auf die hier nicht näher eingegangen wird) müssten sich demnach durch direkte Effekte der sozialen Herkunft auf den Kompetenzerwerb nachweisen lassen. Die erworbenen Kompetenzen wirken ihrerseits auf Merkmale des Handlungsmodells, haben aber auch einen direkten Effekt auf die Studierneigung. Merkmale der sozialen Herkunft wirken direkt auf die Studierneigung und stellen somit, bei Kontrolle der leistungsbezogenen Merkmale, eine Form sekundärer Disparitäten dar. Bei Integration des Handlungsmodells wird davon ausgegangen, dass sich keine direkten Effekte der sozialen Herkunft auf die Studienintention mehr finden lassen, aber die einzelnen Komponenten der Handlungstheorien auf die Studierneigung wirken. Effekte der sozialen Herkunft auf die Studienintention werden also durch das Handlungsmodell vermittelt.

Abbildung 1: Heuristisches Modell zur Vorhersage des Hochschulzugangs (nach Watermann & Maaz, 2004)

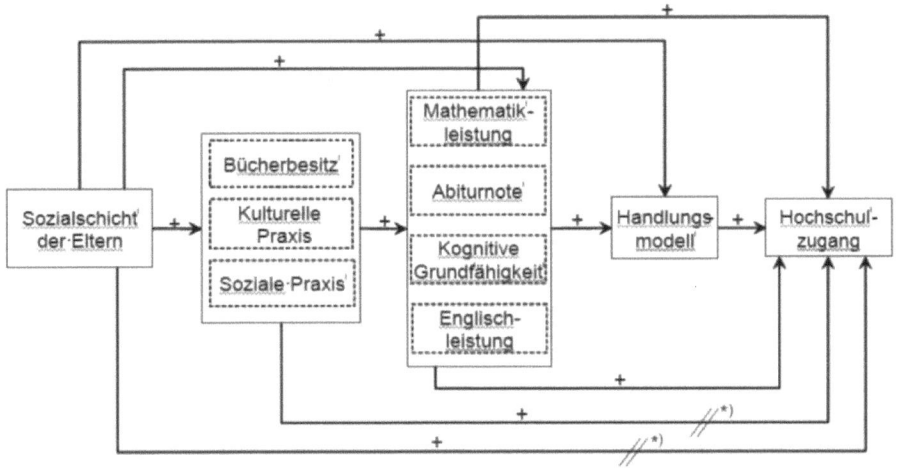

*) unter Berücksichtigung des Handlungsmodells lassen sich keine direkten Effekte
der soziokulturellen Herkunft auf den Hochschulübergang nachweisen.

2.2.1 Modellierung sekundärer Herkunftseffekte mithilfe der Werterwartungstheorie von Esser

In der neueren Theoriebildung wurden die von Boudon zur Erklärung sekundärer Herkunftseffekte eingeführten Größen aufgenommen, weiterentwickelt, formalisiert und empirischen Tests unterzogen (vgl. Breen & Goldthorpe, 1997; Erikson & Jonsson, 1996; Esser, 1999; vgl. zusammenfassend Maaz et al., 2006). An dieser Stelle soll exemplarisch auf die im deutschen Sprachraum einflussreichste Theorie – die Werterwartungstheorie von Esser (1999) – eingegangen werden.

Nach der Werterwartungstheorie kalkulieren Individuen bei der Entscheidungsfindung, welche Kosten mit dem Besuch eines Bildungsgangs verbunden sind und welche Erträge sich hieraus ergeben. Hierzu wird für die relevanten Entscheidungsalternativen ein Wert für den Ertrag der Bildung gebildet, den Esser als Bildungsnutzen bezeichnet. Jede Entscheidung zieht gewisse Kosten nach sich. Schließlich kann die Entscheidung auch zu einem Verlust des familiären Status führen. Lässt sich der Statuserhalt nur mit dem Erwerb höherer Bildung realisieren, dann bedeutet Bildungsabstinenz nicht nur den Verzicht auf mögliche Gewinne, sondern gleichzeitig einen Statusverlust. Die vorgenommenen Einschätzungen symbolisieren die „Verwertbarkeit" einer Bildungsalternative vor dem Hintergrund entstehender Kosten. Des Weiteren wird die Entscheidungsgenese von der Erwartung, dass die Entscheidung zugunsten weiterer Bildung zu einem erfolgreichen Abschluss führt und damit der Ertrag realisiert werden kann, beeinflusst. Diese Erwartungskomponente kennzeichnet also die Wahrscheinlichkeit des Bildungserfolges des Kindes und wird von Esser als Erfolgswahrscheinlichkeit bezeichnet. Schließlich beeinflusst die Wahrscheinlichkeit eines Statusverlusts, der eintritt, wenn auf weiterführende Bildung verzichtet wird, die Entscheidungsfindung. Die Entscheidung zugunsten weiterführender Bildung wird dann getroffen, wenn der Nutzen dieser Entscheidungsalternative größer ist als der der anderen Alternativen. Unterschiede im Bildungsverhalten zwischen den sozialen Klassen erklären sich aus klassenspezifischen Einschätzungen der einzelnen Modellparameter (vgl. Esser, 1999).

Becker (2000) überprüfte die Grundannahmen der Werterwartungstheorie im Hinblick auf die Studierbereitschaft von sächsischen Schülerinnen und Schülern am Ende der gymnasialen Oberstufe. Die Stärke der Untersuchung Beckers liegt in der theoriegeleiteten Analyse der Studierbereitschaft. Ein Rückgriff auf objektive Leistungsdaten der Schülerinnen und Schüler ist ihm jedoch nicht möglich, sodass unklar ist, wie valide seine Schätzungen des primären und des sekundären Herkunftseffekts sind. Er konnte mit seinen Analysen jedoch die Wirkungsweise der in der Werterwartungstheorie postulierten Zusammenhänge nachweisen. Der Theorie entsprechend trugen der Bildungsnutzen, das Motiv des Statuserhalts, die Erfolgswahrscheinlichkeit und die Kosten zur Vorhersage der Studienintention bei. In einer Replikationsstudie bestätigten Becker und Hecken (2007, 2008, 2009a, 2009b) die Ergebnisse von Becker (2000). Darüber hinaus konnten sie zeigen, dass insbesondere das Investitionsrisiko, also die Relation zwischen erwarteten Kosten eines

Studiums und der subjektiven Erfolgswahrscheinlichkeit, zwischen den verschiedenen sozialen Herkunftsgruppen variiert. Abiturienten aus den oberen sozialen Herkunftsgruppen schätzten die Investitionskosten für die Aufnahme eines Studiums geringer ein als Abiturienten aus den mittleren und unteren Herkunftsgruppen.

Maaz (2006) überprüfte mit den Daten der TOSCA-Studie (Köller et al., 2004) ebenfalls die Annahmen der Werterwartungstheorie bei Abiturientinnen und Abiturienten in Baden-Württemberg. Er verwendete eine zu den Arbeiten Beckers identische Operationalisierung der Werterwartungstheorie. Die Vorzüge der TOSCA-Studie bestehen darin, dass (a) auf kognitive Grundfähigkeiten, Testleistungen in einem curricular validen Mathematiktest und dem *Test of English as a Foreign Language* (TOEFL) sowie auf die Abiturnote zurückgegriffen und damit für den primären Herkunftseffekt kontrolliert werden kann, (b) der soziale Hintergrund mehrdimensional und über Struktur- und Prozessmerkmale erfasst wurde und (c) eine Überprüfung der Annahmen der Werterwartungstheorie im Hinblick auf die Studienintention und die Studienaufnahme möglich ist. Maaz identifiziert, bezogen auf die Studienintention, einen signifikanten, aber schwachen sekundären Herkunftseffekt, der vollständig durch die Variablen der Werterwartungstheorie vermittelt wird. Darüber hinaus leisten die Variablen der Werterwartungstheorie einen substanziellen Erklärungsbeitrag zur Studienintention. Auch im Hinblick auf die Studienaufnahme bestätigten sich die Modellannahmen der Werterwartungstheorie: Je höher die Bildungsmotivation und je geringer die Investitionskosten, desto wahrscheinlicher war die Studienaufnahme. Bei Kontrolle der Studienintention ergab sich ein schwacher positiver Effekt der Erfolgswahrscheinlichkeit auf die Studienaufnahme. Veränderungen zwischen Studienintention und Studienaufnahme ließen sich demnach auf Unterschiede in den Erfolgserwartungen zurückführen. Merkmale der sozialen Herkunft hatten bei Kontrolle der Studienintention keinen unabhängigen Effekt auf die Studienaufnahme.

2.2.2 Modellierung sekundärer Herkunftseffekte mit der Theorie des geplanten Verhaltens von Ajzen (TOPB)

Die *Theory of Planned Behavior, TOPB* (Ajzen, 1991) stellt eine Erweiterung der Theorie des überlegten Handelns (*Theory of Reasoned Action, TORA*; Fishbein & Ajzen, 1975) dar. Die *TORA* geht davon aus, dass – vermittelt über eine Verhaltensintention – ein unter willentlicher Kontrolle ablaufendes Verhalten durch zwei Faktoren bestimmt wird: der Einstellung gegenüber dem Verhalten (Einstellung) und den subjektiv empfundenen Normen gegenüber dem Verhalten (subjektive Norm). Die Einstellung wird kausal determiniert durch (a) die individuelle Erwartung, dass das Verhalten zu einem bestimmten Ergebnis führt (*Verhaltenserwartung* bzw. *Ergebniserwartung*) und (b) die individuelle Bewertung des mit dem Verhalten assoziierten Ergebnisses (*Bewertung der Konsequenzen* bzw. *Ergebnisbewertung*). Die subjektive Norm wird kausal determiniert durch (a) die wahrgenommene Erwartung signifikanter anderer bezüglich des auszuführenden Verhaltens (*normative Erwartungen des sozialen Kontextes* bzw. *Normerwartung*) und (b) die Motivation, den Erwartungen dieser signifikanten Anderen in Bezug auf das Verhalten zu entsprechen (*Normbewertung*). Die Konstrukte ‚Einstellung‘ und ‚subjektive Norm‘ werden jeweils als Produkt der Erwartungs- und Wertvariablen gebildet. Für die Einstellung sind dies die Ergebniserwartungen und die Ergebnisbewertungen, für die subjektive Norm die Normerwartungen und die Normbewertungen. Einstellung und subjektive Norm führen additiv zur Ausbildung der Verhaltensintention. Je positiver die Einstellung und je stärker die subjektive Norm, desto ausgeprägter ist die Verhaltensintention.

Die *TOPB* stellt eine Erweiterung der *TORA* um die wahrgenommene Verhaltenskontrolle dar. Ajzen greift dabei Diskussionen auf, die die Relevanz von erleichternden Bedingungen (Triandis, 1977), Opportunitäten (Sarver, 1983), Ressourcen (Liska, 1984) und der erlebten Handlungskontrolle (Kuhl, 1989) für die Vorhersage von Verhalten thematisieren (vgl. auch Reinecke, 1994). Diese Variablen lassen sich als die wahrgenommene Kontrolle der Person über ihr Verhalten charakterisieren. Analog zu den Faktoren Einstellung und subjektive Norm kann die wahrgenommene Verhaltenskontrolle als Produkt einer Wert- und einer Erwartungsvariablen gebildet werden. Hiernach wird die Verhaltensintention determiniert durch (a) die Erwartung bezüglich personaler oder sozialer Ressourcen, die zur erfolgreichen Ausführung eines Verhaltens aktualisiert werden müssen, und (b) die Überzeugung, dass die Person selbst über diese Ressourcen verfügt bzw. die sozialen Ressourcen in hinreichendem Maß vorhanden sind. Damit trägt die *TOPB* im Unterschied zur *TORA* auch solchen Verhaltensweisen Rechnung, die lediglich partiell unter willentlicher Kontrolle ablaufen. Eine höhere wahrgenommene Verhaltenskontrolle in Bezug auf ein Verhalten sollte in einer stärker ausgeprägten Verhaltensintention zum Ausdruck kommen, und zwar auch dann, wenn die Einflüsse der Einstellung und der subjektiven Norm konstant gehalten werden. Schließlich postuliert die Theorie auch einen direkten Effekt der wahrgenommenen Verhaltenskontrolle auf das Verhalten.

In Anlehnung an die *TOPB* können (a) die Einstellung zum Studium, (b) die wahrgenommene Erwartungshaltung des sozialen Umfelds in Bezug auf ein Studium und (c) die wahrgenommene Kontrolle, ein Studium aufnehmen und erfolgreich bewältigen zu können, als zentrale Determinanten der Studienintention begriffen werden. Die Studienintention wiederum gilt als zentrale Determinante des tatsächlich ausgeführten Verhaltens, das heißt, der Aufnahme eines Studiums oder des Studienverzichts. Die Wirkungen externer Merkmale des Hochschulzugangs – wie zum Beispiel der sozialen Herkunft oder der Schulleistungen – sollten über die Einstellung, subjektive Norm und wahrgenommene Verhaltenskontrolle vermittelt sein (vgl. Abb. 2).

Abbildung 2: Vereinfachtes Modell der Genese von Bildungsentscheidungen nach den Grundannahmen der Theorie des geplanten Verhaltens von Ajzen (1991)

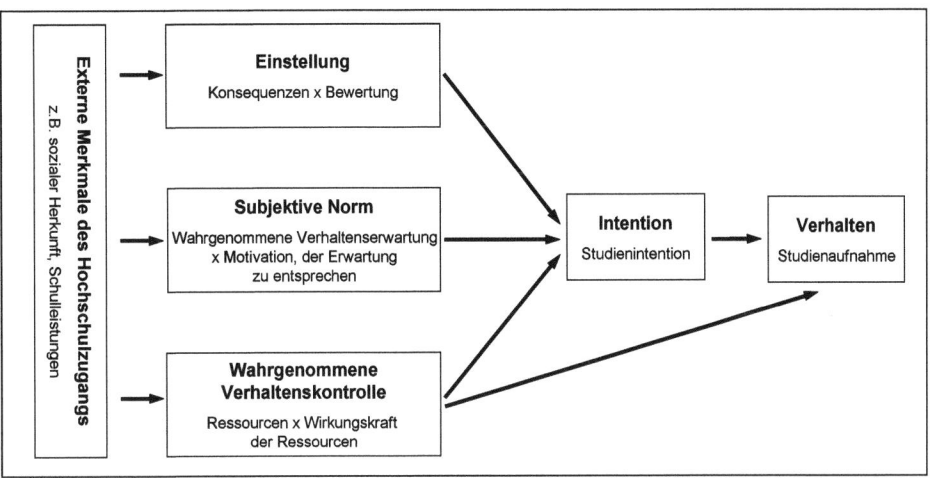

Watermann und Maaz (2006) haben auf der Grundlage der ersten Erhebungswelle der TOSCA-Studie eine unvollständige Überprüfung – das heißt, ein auf die Studienintention beschränktes Modell – der *TOPB* für Schüler an allgemeinbildenden und beruflichen Gymnasien vorgenommen. Für die im vorliegenden Beitrag relevante Zielpopulation der Schüler allgemeinbildender Gymnasien bestätigten sich die Annahmen der *TOPB* im Hinblick auf die Studienintention. In einer multiplen Regressionsanalyse trugen Einstellung, subjektive Norm und wahrgenommene Verhaltenskontrolle jeweils mit einem unabhängigen Effekt zur Vorhersage der Studienintention bei. Die stärksten Regressionsgewichte wiesen die wahrgenommene Verhaltenskontrolle und die subjektive Norm auf. Weiterhin war der sekundäre Herkunftseffekt der Sozialschichtzugehörigkeit auf die Studienintention vollständig über die Variablen der *TOPB* vermittelt. Allein die Abiturnote besaß auch nach Kontrolle der *TOPB* noch ein substanzielles Regressionsgewicht. Der unabhängige Effekt der Abiturnote kann Folge einer Unterspezifikation des psychologischen Vermittlungsmodells und/oder Ausdruck einer objektiven Ressource im Fall zulassungsbeschränkter Numerus-clausus-Fächer sein. Die Effekte der über Leistungstests gemessenen mathematischen und englischsprachigen Kompetenzen, wie auch der kognitiven Grundfähigkeiten, waren bei Kontrolle aller anderen Modellvariablen nicht signifikant und größtenteils über die Abiturnote vermittelt. Weitere Merkmale, die auf erschwerende Bedingungen des Hochschulzugangs hindeuten, wie zum Beispiel, dass die Kosten des Studiums nicht getragen werden können, besaßen ebenfalls keine inkrementelle Validität in Bezug auf die Vorhersage der Studienintention. Dieses Ergebnis fügt sich in Befunde aus der *TIMSS*-Studie ein, wo gezeigt werden konnte, dass Unterschiede in der Ausstattung mit ökonomischem Kapital ohne Bedeutung für die Studienintention waren (vgl. Schnabel & Gruehn, 2000).

2.3 Neutralisation primärer und sekundärer Herkunftseffekte

In neueren Arbeiten wurde neben der Quantifizierung der Herkunftseffekte versucht, den Effekt der Veränderung von primären und sekundären Herkunftseffekten auf die schichtspezifischen Übergangsquoten zu simulieren, um aus diesen Ergebnissen bildungspolitische Maßnahmen abzuleiten. Diese Analysen liegen bislang vorrangig für den Übergang von der Grundschule in die Sekundarstufe I vor. Müller-Benedict (2007) legte als einer der ersten eine Analyse zur Neutralisation von primären und sekundären Herkunftseffekten vor. Die soziale Herkunft wurde über eine Rekodierung des EGP-Klassenschemas durch eine Ober- und eine Unterschicht abgebildet. Die Grundwahrscheinlichkeit des Gymnasialbesuchs lag bei Kindern aus der Oberschicht bei 66 Prozent, bei Kindern aus der Unterschicht bei 30,3 Prozent (vgl. Müller-Benedict, 2007). Das für die Identifikation der Herkunftseffekte notwendige Leistungsmaß wurde als Index aus der Leseleistung und Schulnoten gebildet und in drei Kategorien (gute, mittlere und schlechte Leistungsgruppe) eingeteilt. Der primäre Herkunftseffekt äußerte sich in der nach Sozialschicht ungleichen Zugehörigkeit zu den Leistungsgruppen. Während 44 Prozent der Oberschichtkinder der guten Leistungsgruppe angehörten, waren es bei den Kindern der Unterschicht 22 Prozent. Diese ungleiche Verteilung bezeichnet Müller-Benedict (2007, S. 625) als eine „klare Demonstration des primären sozialen Effektes". Für den Nachweis des sekundären Herkunftseffektes wurden die Anteile der Kinder aus der guten Leistungsgruppe berechnet, die ein Gymnasium besuchten. Während Kinder aus der Oberschicht aus dieser Leistungsgruppe zu 86 Prozent ein Gymnasium besuchten, waren es bei den Unterschichtkindern 63 Prozent.

Durch die Manipulation der Leistungsverteilungen und der Übergangswahrscheinlichkeiten nach einem von Boudon (1974) vorgeschlagenen Verfahren lässt sich die Änderung der oben berichteten Grundwahrscheinlichkeiten des Gymnasialbesuchs (66 Prozent für Kinder aus der Oberschicht und 30 Prozent für Kinder aus der Unterschicht) für die beiden Herkunftsgruppen berechnen. Nach diesem Verfahren wird der primäre Herkunftseffekt durch das Einsetzen der Leistungsverteilung der Oberschicht für die Unterschicht unter Beibehaltung des schichtspezifischen Übertrittverhaltens „simuliert". Somit wird in der Unterschicht die gleiche Leistungsverteilung wie in der Oberschicht angenommen. Nach diesem Verfahren würden 41,6 Prozent der Kinder aus der Unterschicht das Gymnasium besuchen. Durch die Neutralisation des primären Herkunftseffektes könnten die Unterschichten ihren Anteil am Gymnasium somit um 11,3 Prozentpunkte steigern. Nach dem gleichen Verfahren kann die Wirkung des sekundären Herkunftseffektes „simuliert" werden. In diesem Fall wird für die Unterschicht die Übergangswahrscheinlichkeit der Oberschicht eingesetzt, unter Beibehaltung der herkunftsspezifischen Leistungsverteilung. Dies hat eine gymnasiale Bildungsbeteiligung der Unterschichtkinder von 54,6 Prozent zur Folge. Bei einer Neutralisation des sekundären Herkunftseffektes würde sich der Anteil der Unterschichtkinder somit um 24,3 Prozentpunkte erhöhen. Diese Ergebnisse sind in zweierlei Hinsicht überraschend. Während die primären und sekundären Herkunftseffekte für den Gymnasialübergang annähernd gleich groß ausfallen, führt die Neutralisation des sekundären Herkunftseffektes zu einer deutlich höheren Gymnasialbeteiligung der Unterschicht als die Neutralisation des primären Herkunftseffektes.

In den Studien von Becker (2009a, 2009b) und Maaz, Schröder und Gresch (2010) konnten die von Müller-Benedict berichteten Befunde weitestgehend repliziert werden. Letztere zeigten mit den Daten der TIMSS-Übergangsstudie, dass die alleinige Kompensation des sekundären Effektes zwar die Gymnasialbeteiligung der Kinder aus den unteren Herkunftsgruppen erhöht, aber dies auf Kosten der Kompetenzen geschieht. Denn die vermeintlich höhere Gymnasialquote durch die Neutralisation des sekundären Herkunftseffektes kommt vor allem dadurch zustande, dass nun mehr Kinder aus der unteren Herkunftsgruppe auf das Gymnasium geschickt werden – unabhängig davon, ob sie die notwendigen kognitiven Voraussetzungen entwickeln konnten.

Wir wollen im Folgenden die Analysen zur Neutralisation von primären und sekundären Herkunftseffekten auf den Hochschulzugang anwenden. Datengrundlage der folgenden Analysen bildet die TOSCA-Studie (Köller et al., 2004). In Erweiterung zu den Analysen von Müller-Benedict und Becker wurden auch Noten berücksichtigt. Wir folgen damit der Argumentation von Maaz und Nagy (2009), die zeigen konnten, dass auch über die Benotungspraxis der Lehrkräfte sekundäre Effekte wirksam werden können. Für die Analysen werden vier Variablen benötigt. Die zentrale abhängige Variable ist der Übergang in ein Hochschulstudium. Ferner werden Informationen über die soziale Herkunft, die Leistung sowie die Noten benötigt. Für die Beschreibung der sozialen Herkunft wurde auf den ISEI-Index (*International Socio-Economic Index of Occupational Status*; Ganzeboom, De Graaf & Treiman, 1992) zurückgegriffen, der auch in den großen nationalen und internationalen Schulleistungsstudien als Standardindikator für die Erfassung der sozialen Herkunft genutzt wird. Für die Identifikation einer unteren und oberen Herkunftsgruppe wurden Quartile gebildet. Die untersten 25 Prozent repräsentieren in der vorliegenden Studie die untere Herkunftsgruppe und die obersten 25 Prozent die obere Herkunftsgruppe. Die Schulnoten wurden über die Abiturnote indikatorisiert. Die Gruppenbildung in gute und weniger gute Noten wurde über einen Mediansplit vorgenommen. Für die Erfassung der Schülerleistungen kann auf Ergebnisse standardisierter Tests in den Domänen Mathematik und Englisch sowie den Kognitiven Grundfähigkeiten zurückgegriffen werden. Aus diesen drei Tests wurde ein gemittelter Leistungsindikator gebildet und wie bei den Noten über einen Mediansplit zwischen guten und weniger guten Leistungen unterschieden.

Die Ergebnisse dokumentieren zunächst einen deutlichen Unterschied in den Übergangsraten in ein Hochschulstudium zwischen den beiden Herkunftsgruppen: Insgesamt haben ca. 75 Prozent aller Schüler zwei Jahre nach dem Abitur in ein Hochschulstudium gewechselt, allerdings sind es nur 69 Prozent in der unteren Herkunftsgruppe, hingegen 79 Prozent in der oberen Herkunftsgruppe. Darüber hinaus belegen die Ergebnisse eine deutliche Leistungsdifferenz zwischen den beiden

Herkunftsgruppen: Während in der oberen Herkunftsgruppe 55 Prozent eine hohe Schulleistung haben, sind es in der unteren Herkunftsgruppe 41 Prozent. Zwar sind die Unterschiede in den Leistungen zwischen den sozialen Herkunftsgruppen geringer als am Ende der Grundschule, aber mit 14 Prozentpunkten immer noch beachtlich. Weitere Unterschiede zeigen sich in der Bewertungspraxis. Gymnasiasten aus der oberen Herkunftsgruppe bekommen bei guten Leistungen, gemessen mit einem standardisierten Leistungstest, zu 74 Prozent auch gute Schulnoten, bei den Gymnasiasten aus der unteren Herkunftsgruppe sind es mit 62 Prozent deutlich weniger. Für den unteren Leistungsbereich zeigt sich das gegenläufige Befundmuster, wieder zu Ungunsten der Kinder aus den unteren Herkunftsgruppen (38 Prozent vs. 27 Prozent) (vgl. Tab. 1 und 2). Diese Effekte können als sekundäre Herkunftseffekte der Leistungsbewertung bezeichnet werden. Beim Übergang in das Hochschulstudium lassen sich in allen in den Tabellen 1 und 2 beschriebenen Kombinationen leichte Vorteile der Gymnasiasten aus den oberen Herkunftsgruppen feststellen. Diese Unterschiede stellen sekundäre Effekte des Entscheidungsverhaltens dar.

Tabelle 1: Leistungs-, Noten und Hochschulübertrittsverteilungen für Angehörige der oberen Herkunftsgruppe

	Obere Herkunftsgruppe							
Schulleistung	gut				weniger gut			
%	55,2				44,8			
Note	gut		weniger gut		gut		weniger gut	
%	74,2		25,8		38,4		61,6	
Studienübergang	Ja	Nein	Ja	Nein	Ja	Nein	Ja	Nein
%	86,5	13,5	75,6	24,4	82,3	17,7	68,0	32,0
% Klasse = 79,1	35,4	5,5	10,7	3,5	14,2	3,1	18,8	8,8

Tabelle 2: Leistungs-, Noten und Hochschulübertrittsverteilungen für Angehörige der unteren Herkunftsgruppe

	Untere Herkunftsgruppe							
Schulleistung	gut				weniger gut			
%	40,9				59,1			
Note	gut		weniger gut		gut		weniger gut	
%	61,9		38,1		27,5		72,5	
Studienübergang	Ja	Nein	Ja	Nein	Ja	Nein	Ja	Nein
%	81,7	18,3	65,2	34,8	79,9	20,1	59,2	40,8
% Klasse = 69,2	20,7	4,6	10,1	5,4	13,0	3,3	25,4	17,5

Wie wirkt sich nun die Neutralisation der verschiedenen Herkunftseffekte auf die Hochschulübergangsquote der Gymnasiasten aus der unteren Herkunftsgruppe aus? Setzt man die Leistungsverteilung der oberen Herkunftsgruppe in die untere Herkunftsgruppe ein unter Konstanthaltung des herkunftsspezifischen Benotungs- und Übergangsverhaltens, neutralisiert man also den primären Herkunftseffekt, würde die Studienübertrittsquote für die untere Herkunftsgruppe um 1,5 Prozent steigen (vgl. Abb. 3). Die Veränderung durch die Neutralisation des primären Herkunftseffektes fällt insgesamt sehr moderat aus. Positiv ist, dass sich die Gruppe, die schlechte Leistungen hat und demzufolge auch nicht in ein Hochschulstudium übergeht, um 6,5 Prozentpunkte verringert. Allerdings würde die alleinige Neutralisation des primären Herkunftseffektes auch dazu führen, dass nun ca. 13 Prozent trotz guter Leistungen nicht in ein Studium übergehen. Schaltet man nun den sekundären Benotungseffekt aus, würde dies zu einer Erhöhung der Studienübertrittsquote um 2,2 Prozentpunkte führen. Auch hier ist der Anstieg der Übertrittsquote eher gering. Positiv wäre, dass eine Vergrößerung der Gruppe, die gute Leistung aufweist und auch ein Hochschulstudium aufnimmt und eine Verringerung der Gruppe, die mit schlechten Leistungen kein Studium beginnt. Nimmt man schließlich in der unteren Herkunftsgruppe das gleiche Übertrittsverhalten an wie in der oberen Herkunftsgruppe, würde dies mit einer Erhöhung der Studienübertrittsquote um 7 Prozent einhergehen. Allerdings würden auch zusätzlich 4 Prozent ein Studium beginnen, obwohl sie nicht die erforderlichen Leistungsvoraussetzungen mitbringen.

Abbildung 3: Hypothetische Übertrittsquoten nach Neutralisation primärer und sekundärer Herkunftseffekte

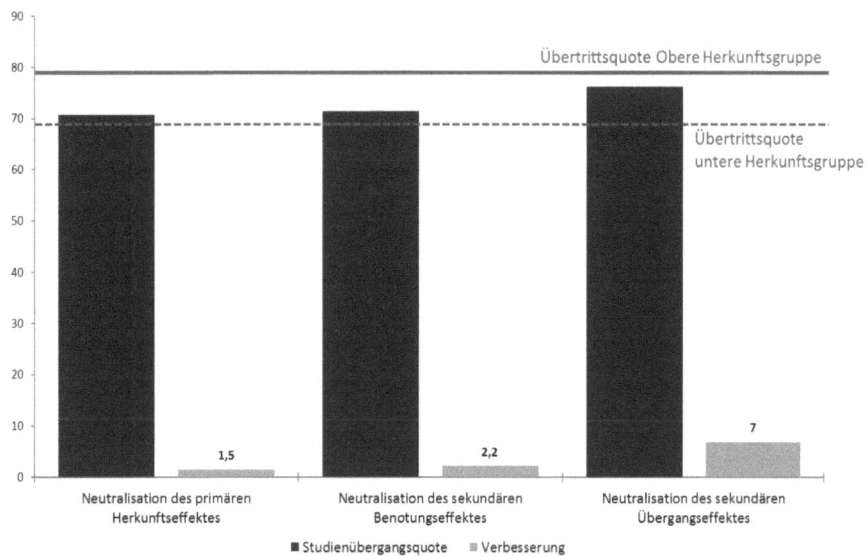

Die beschriebenen Neutralisationen der unterschiedlichen Herkunftseffekte würden insgesamt nur zu kleineren Veränderungen in den herkunftsspezifischen Übertrittsquoten führen. In Bezug auf die Konsequenzen zeigt sich, dass eine Erhöhung der Übertrittsquote auch unerwünschte Nebenwirkungen haben kann. Die vorgestellten Ergebnisse deuten darauf hin, dass eine substanzielle Erhöhung der Studienübertrittsquoten der unteren Herkunftsgruppen nur durch eine simultane Betrachtung von primären und sekundären Effekten zu erreichen ist.

3 Öffnung des Bildungssystems

Unter Offenheit im Bildungswesen versteht man allgemein die Möglichkeit, getroffene Bildungsentscheidungen korrigieren zu können (Köller, Baumert & Schnabel, 1999; Köller et al., 2004; Cortina, Baumert & Leschinski, 2008). Insbesondere die nach der Grundschule getroffene Entscheidung sollte aus Gründen der Verteilungsgerechtigkeit und der optimalen individuellen Entwicklung revidierbar sein.

Bereits in den 1960er Jahren wurde im Zuge der Diskussionen um die Bildungsreform auch die öffentliche Debatte um mehr Offenheit bzw. Durchlässigkeit im Bildungssystem geführt (Dahrendorf, 1965; Friedeburg, 1989). Neben der sozialen Selektivität des Schulsystems, auf die die ersten bildungssoziologischen Arbeiten hinwiesen (Grimm, 1966; Peisert & Dahrendorf, 1967), richtete sich die Kritik auf zwei Elemente des Systems. In der Kritik stand zum einen die im Anschluss an die vierte Klassenstufe anstehende Entscheidung, welche Schulform in der Sekundarstufe I besucht werden sollte, und zum anderen die zu starr empfundenen Bildungswege, die zwischen den einzelnen Schulformen des dreigliedrigen Systems so gut wie keine Schulformwechsel ermöglichten. Die Forderung nach mehr Durchlässigkeit im Bildungssystem dokumentierte der Deutsche Bildungsrat Anfang der 1970er Jahre wie folgt: „Kein Bildungsgang darf in einer Sackgasse enden. Das Bildungswesen muss so eingerichtet sein, dass der Lernende früher gefällte Entscheidungen für dieses oder jenes Bildungsziel korrigieren kann. Zwar können Chancen, die angeboten, aber – aus welchen Gründen auch immer – nicht wahrgenommen wurden, nicht unbegrenzt offen gehalten werden. Doch soll es grundsätzlich möglich sein, versäumte Chancen einzuholen" (Deutscher Bildungsrat, 1972).

Im deutschen Schulwesen lassen sich verschiedene Modelle der Öffnung von Bildungswegen unterscheiden. Versuche, mit einer horizontalen Öffnung in Form einer besseren Durchlässigkeit zwischen einzelnen Schulformen die sozialen Ungleichheiten abzubauen, blieben weitgehend erfolglos (vgl. Baumert, Cortina & Leschinsky, 2003), da sich Durchlässigkeit überwiegend in der Form von Abwärtsmobilität beobachten lässt (Bellenberg & Klemm, 1998) und Quereinstiege in die Oberstufe allgemeinbildender Gymnasien eher seltene Ereignisse sind. Auch hat der Ausbau von Gesamtschulen in Bezug auf den Abbau sozialer Disparitäten nicht die gewünschten Erfolge gezeigt, vor allem, wenn man die im Vergleich zum Gymnasium ungünstigeren Fördereffekte in Rechnung stellt, die in den einschlägigen Untersuchungen nachgewiesen werden konnten (Köller et al., 1999, 2004). Ein weiteres Modell der Öffnung besteht in der Möglichkeit, Schulabschlüsse „nachzuholen", also beispielsweise nach Abschluss der Hauptschule im beruflichen Schulsystem den Realschulabschluss zu erwerben. Für den Erwerb der allgemeinen Hochschulreife stellen berufliche Gymnasien eine äquivalente Form der Öffnung dar, die allerdings in ihren Auswirkungen für akademische Karrieren bislang kaum untersucht wurden. In ihrer Untersuchung zu veränderten Übergangsmustern in der Bildungskarriere kamen Jacob und Weiss (2010) zu dem Ergebnis, dass vor allem traditionell bildungsferne Gruppen von dem Ausbau der Bildungsoptionen profitierten. Auf der Grundlage von Daten ausgewählter Geburtskohorten aus der Lebensverlaufsstudie konnten sie zeigen, dass verhältnismäßig mehr Kinder aus unteren Herkunftsklassen ihren Weg zum Studium über alternative Bildungsgänge gefunden haben, die nicht der klassischen Sequenz von Grundschule-Gymnasium-Universität entsprechen. Gleichwohl fanden die Autoren über die verschiedenen Kohorten hinweg stabile Klassenunterschiede, wonach die Bildungskarrieren der Kinder oberer Herkunftsklassen dem – aus normativer Sicht vorteilhafteren – dreistufigen Standardverlauf deutlich ähnlicher sind als die Bildungskarrieren unterer Klassen.

Relativ streng an der traditionellen Dreigliedrigkeit hat Baden-Württemberg festgehalten. Im Alter von zehn Jahren (nach der vierten Klassenstufe) erfolgt auf Basis der Übergangsempfehlung der Wechsel auf die Hauptschule, die Realschule oder das Gymnasium. Die Durchlässigkeit zwischen den Schulformen in der Sekundarstufe I ist sehr gering. Die frühe Entscheidungssituation und die deutliche Trennung zwischen den drei Schulformen legen den Schluss nahe, dass in Baden-Württemberg über Bildungskarrieren und den damit verbundenen Lebenschancen sehr früh entschieden wird und eine spätere Korrektur nur schwer möglich ist. Betrachtet man nur das allgemeinbildende Schulwesen, erscheint diese Schlussfolgerung zutreffend. Bislang unberücksichtigt blieben aber die Entwicklungen im beruflichen Bildungssystem. In diesem Bildungssektor hat in Baden-Württemberg ein Transformationsprozess stattgefunden. Das berufliche Bildungssystem hat zunehmend die Aufgabe übernommen, neben Hauptschul- und mittleren Abschlüssen im Zuge beruflicher Ausbildungen auch die fachgebundene und die Allgemeine Hochschulreife durch den Besuch des beruflichen Gymnasiums zu vergeben. In Baden-Württemberg erwerben immerhin knapp 30 Prozent der Abiturienten die Allgemeine Hochschulreife nicht an traditionellen, sondern an beruflichen Gymnasien – kein anderes Bundesland hat einen vergleichbaren Anteil beruflicher Gymnasiasten (vgl. Köhler, 2004).

Ob mit der Ausdifferenzierung des Oberstufensystems auch eine Öffnung im Sekundarbereich I einhergeht, haben Maaz (2006), Maaz, Watermann und Köller (2009) und Becker, Maaz und Neumann (2010) mit den Daten der TOSCA-Studie untersucht. Dabei sind drei Fragen von zentraler Bedeutung: (1) Führen berufliche Gymnasien zu einer Flexibilisierung von Bildungswegen im Sinne einer Öffnung des Systems? (2) Erreichen berufliche Gymnasien auch Schüler aus sozial weniger begünstigten Familien? (3) Gehen diese Schüler schließlich in ein Hochschulstudium über?

3.1 Effekte der Ausdifferenzierung von Bildungswegen auf soziale Ungleichheit

Betrachtet man die unterschiedlichen Bildungswege zum Erwerb des Abiturs, zeigt sich, dass die allgemeinbildende gymnasiale Oberstufe ihre Schüler fast vollständig aus der eigenen Mittelstufe rekrutiert. In dieser Gruppe waren nur wenige Aufsteiger aus anderen Schulformen. 94 Prozent wechselten nach der Grundschule an ein allgemeinbildendes Gymnasium und blieben dort bis zum Erreichen des Abiturs. Damit lässt sich in der Sekundarstufe I nur eine geringe Aufwärtsmobilität beobachten, obwohl sie in Einzelfällen durchaus vorkommt. Quereinstiege aus der Realschule sind selten – nur rund 2,5 Prozent der in TOSCA befragten Schüler an allgemeinbildenden gymnasialen Oberstufen wechselten nach der Sekundarstufe I von der Realschule auf das allgemeinbildende Gymnasium. Ein kleiner Teil dieser Quereinsteiger aus der Realschule ist zuvor vom Gymnasium abgestiegen (vgl. Köhler, 2004). Die Schulkarrieren an Oberstufen beruflicher Gymnasien sind deutlich heterogener. Auffällig ist zunächst, dass immerhin rund ein Fünftel der Oberstufenschüler an beruflichen Gymnasien nach der zehnten Klassenstufe aus allgemeinbildenden Gymnasien in die Oberstufen der beruflichen Gymnasien gewechselt haben. In dieser Gruppe befinden sich nur wenige Aufsteiger, die nach der Grundschule auf eine Real- oder Hauptschule und innerhalb der Sekundarstufe I auf ein Gymnasium wechselten. 19,8 Prozent durchliefen einen geradlinigen gymnasialen Bildungsweg. 67,5 Prozent der Oberstufenschüler an beruflichen Gymnasien kamen von der

Abbildung 4: Hauptbildungswege in die Oberstufe an allgemeinbildenden und beruflichen Gymnasien (Schüler nach Schulformen in %; nach Maaz, Watermann & Köller, 2009)

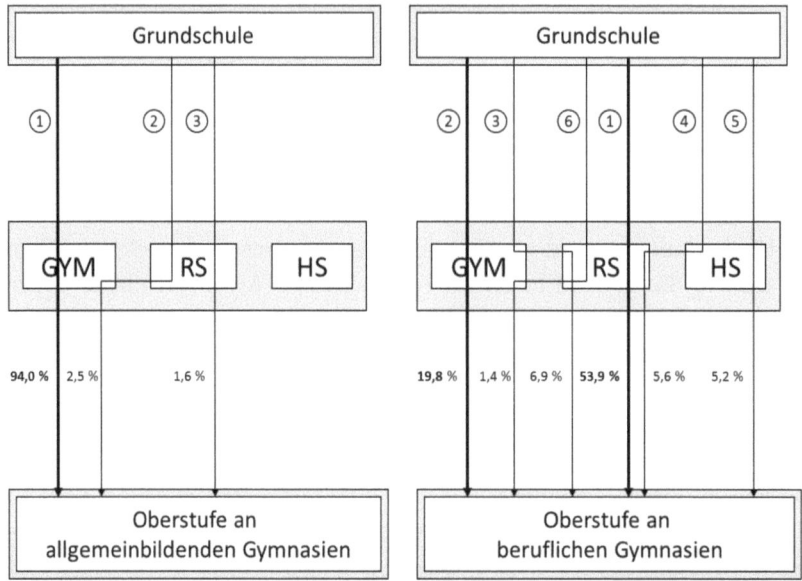

Realschule, darunter 5,6 Prozent, die in der Sekundarstufe I aus der Hauptschule aufgestiegen sind. 6,9 Prozent sind Realschulabsolventen, die in der Sekundarstufe I vom Gymnasium abgestiegen sind. Abbildung 4 stellt die Hauptbildungswege, die zum Erwerb des Abiturs führen, zusammenfassend dar.

3.2 Zusammensetzung der Schülerschaft an den beruflichen Gymnasien

Berufliche Gymnasien tragen zu einer größeren Öffnung von Bildungswegen bei. Wenn sie zur Reduzierung sozialer Ungleichheiten des Hochschulzugangs beitragen sollen, dann müssen die differenzierten Zugangswege zur Hochschulreife mit dem sozialen Hintergrund der Schülerinnen und Schüler konfundiert sein. Ein Vergleich der Schülerschaft an den unterschiedlichen Oberstufen liefert einen ersten Hinweis.

Betrachtet man zentrale Merkmale der sozialen Herkunft der Schüler an den beiden Oberstufen, lässt sich sehr anschaulich zeigen, dass Absolventen der allgemeinbildenden Gymnasien eher aus sozial begünstigten Familien kommen als Absolventen der beruflichen Gymnasien. In Abbildung 5 ist dieser Unterschied für den höchsten sozioökomischen Status der Eltern abgetragen. Dabei ist deutlich zu erkennen, dass Schüler der allgemeinbildenden Gymnasien im Mittel aus statushöheren Familien stammen. Vergleichbare Befunde lassen sich für das Bildungsniveau der Eltern konstatieren (vgl. Abb. 6). So kommen an den beruflichen Gymnasien ca. 40 Prozent aus einer Akademikerfamilie, während es an den allgemeinbildenden Gymnasien mit 60 Prozent gut 20 Prozentpunkte mehr sind.

Abbildung 5: Sozioökonomischer Status (ISEI) der Schüler nach besuchter Schulform in der Oberstufe (nach Maaz, 2006)

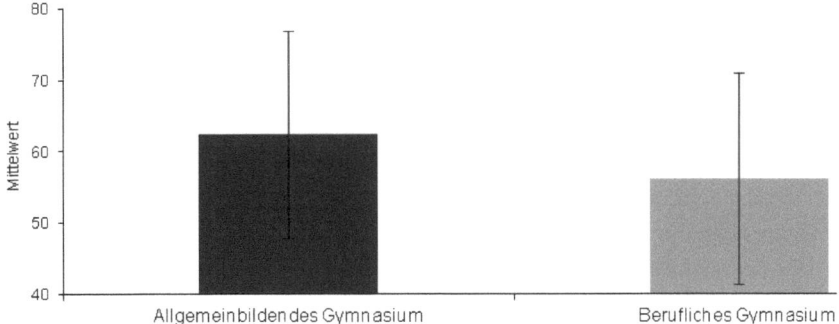

Abbildung 6: Schüler aus Akademikerfamilien nach besuchter Schulform in der Oberstufe in Prozent (nach Maaz, 2006)

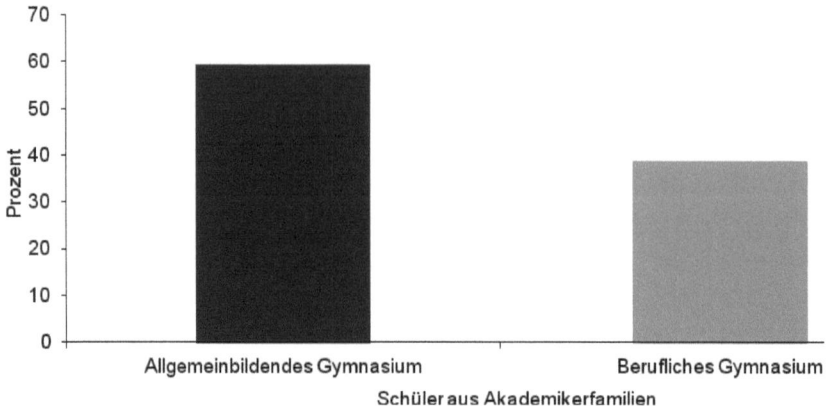

Zusammenfassend lässt sich feststellen, dass berufliche Gymnasien vermehrt Schülerinnen und Schüler erreichen, die auf den allgemeinbildenden Gymnasien unterrepräsentiert sind. Damit leisten sie einen Beitrag zur Reduzierung sozialer Ungleichheiten beim Erwerb der Hochschulreife. Gleichwohl deuten verschiedene Analysen darauf hin, dass die Einrichtung dieser Schulform nicht verhindern kann, dass auch an dieser Gelenkstelle ein sekundärer sozialer Herkunftseffekt wirksam ist. Dies führt dazu, dass die beruflichen Gymnasien eine Schülerschaft rekrutieren, die man als die „Privilegierten unter den Nichtprivilegierten" bezeichnen könnte (vgl. Maaz, 2006).

Durch die simultane Betrachtung der Bildungswege und der sozialen Herkunft kann gezeigt werden, ob es Bildungswege gibt, die von bestimmten sozialen Gruppen bevorzugt werden. In der Abbildung 7 ist der mittlere sozioökonomische Status für die bedeutendsten Bildungswege abgetragen. Dabei ist zu erkennen, dass Schülerinnen und Schüler, die nach der Grundschule direkt auf ein allgemeinbildendes Gymnasium gewechselt haben und am Ende der Sekundarstufe I in die gymnasiale Oberstufe übergegangen sind, im Mittel aus den sozial begünstigen Familien stammen. Dabei macht es auch keinen Unterschied, ob das Abitur an einem beruflichen oder einem allgemeinbildenden Gymnasium erworben wird. Darüber hinaus zeigt sich, dass der sozioökonomische Status von Schülerinnen und Schülern mit alternativen Bildungswegen im Mittel deutlich niedriger ausfällt. Damit kann es mit einer Ausdifferenzierung des Sekundarschulsystems wie hier mit den beruflichen Gymnasien gelingen, zum einen die Bildungswege zu flexibilisieren und zum anderen mit dieser Flexibilität auch Schüler einer eher gymnasialferneren Klientel zu erreichen.

Abbildung 7: Mittlerer sozioökonomischer Status nach ausgewählten Bildungswegen

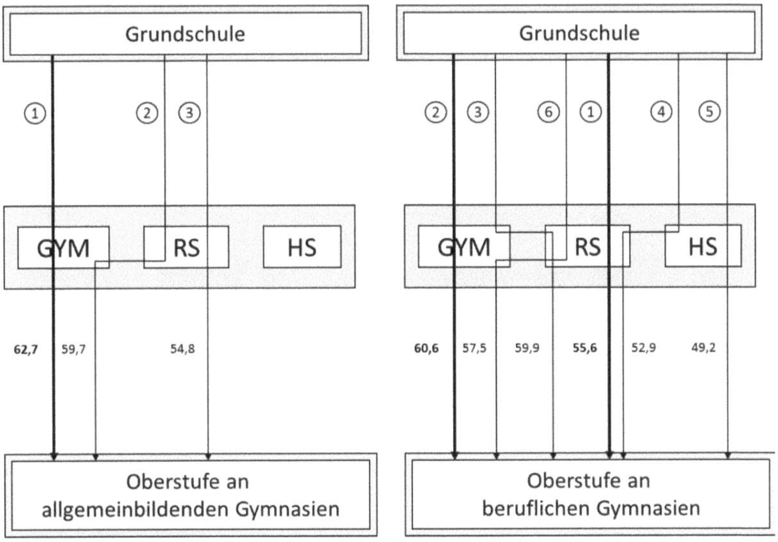

3.3 Effekte auf den Hochschulzugang

Mit der TOSCA-Studie ist es möglich zu prüfen, ob durch den Ausbau der beruflichen Gymnasien auch soziale Ungleichheiten des Hochschulzugangs reduziert werden können. Hierfür soll der Übergang in ein Hochschulstudium zwei Jahre nach dem Erwerb des Abiturs betrachtet werden.

In der Studie von Maaz (2006) konnte insgesamt ein positiver Zusammenhang zwischen dem Hochschulzugang und dem sozioökonomischen Status der Eltern ermittelt werden (odds ratio = 1,22). Das heißt, bei einem Anstieg des sozioökonomischen Status um eine Standardabweichung erhöhte sich die Chance, zur Gruppe der Studierenden zu gehören, um 22 Prozent. Dieser Effekt ist an den beruflichen Gymnasien etwas schwächer. Doch wie interagieren Effekte der sozialen Herkunft und der Schulformzugehörigkeit miteinander? Hierzu sollen zunächst die schulformspezifischen Übergangsquoten betrachtet werden. Insgesamt haben zwei Jahre nach dem Erwerb des Abiturs ca. 75 Prozent ein Hochschulstudium aufgenommen.

Unterschiede beim Übergang in ein Hochschulstudium lassen sich nach der in der gymnasialen Oberstufe besuchten Schulform zu Gunsten der allgemeinbildenden Gymnasien feststellen. Mehr als drei Viertel (77,1 Prozent) der ehemaligen Schüler dieser Gymnasialform haben zwei Jahre nach Beendigung der Schule ein Studium begonnen. Gymnasiasten der beruflichen Gymnasien wechselten zu 69,8 Prozent in eine tertiäre Ausbildungsform (vgl. Abb. 8).

Berücksichtigt man die fachlichen Richtungen des beruflichen Gymnasiums, ergeben sich weitere, zum Teil deutliche Unterschiede. Mit Ausnahme der Absolventen der beruflichen Gymnasien der technischen Richtung unterscheiden sich Schüler der übrigen Richtungen von denen, die ein allgemeinbildendes Gymnasium

Abbildung 8: Schulformspezifische Studienübergangsquoten (nach Maaz, 2006)

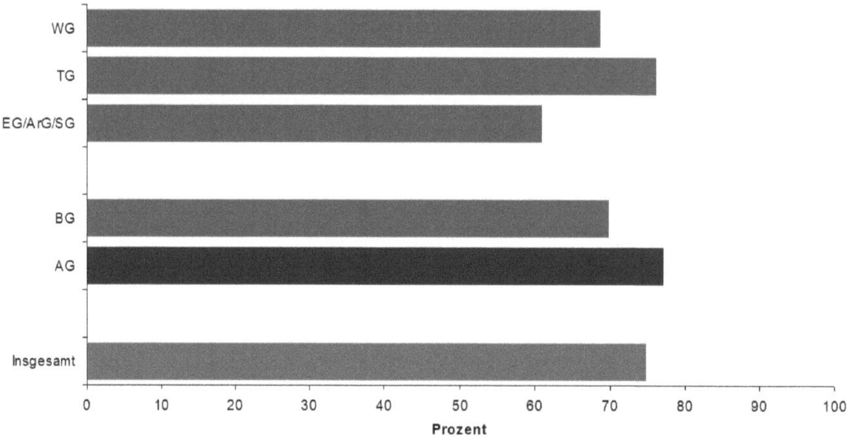

Anmerkungen: AG = Allgemeinbildendes Gymnasium, WG = Wirtschaftsgymnasium, TG = Technisches Gymnasium, Arg = Agrarwissenschaftliches Gymnasium, EG = Ernährungswissenschaftliches Gymnasium, SG = Sozialpädagogisches Gymnasium

besucht haben. Für Personen, die ihr Abitur auf einem beruflichen Gymnasium der ernährungswissenschaftlichen, der agrarwissenschaftlichen oder der sozialpädagogischen Richtung erworben haben, lässt sich mit 60,9 Prozent die niedrigste Übergangsquote beobachten. Verglichen zur Schülerschaft des allgemeinbildenden Gymnasiums halbiert sich in etwa die Chance für den Übergang in ein Hochschulstudium (odds ratio = 0,47) für diese Gruppe. Von den Schülern des wirtschaftswissenschaftlichen Gymnasiums haben 68,7 Prozent ein Studium begonnen. Auch dieser Unterschied ist verglichen mit den Schülern des allgemeinbildenden Gymnasiums signifikant. Ferner unterscheiden sich die Übergangsquoten auch innerhalb der beruflichen Gymnasien in Abhängigkeit von der fachlichen Richtung signifikant voneinander.

Um zu prüfen, ob die unterschiedlichen Übergangsquoten auf die soziale Herkunft und damit auf die soziale Zusammensetzung der verschiedenen Schulformen in der Oberstufe zurückzuführen sind, müssen Schulform und soziale Herkunft simultan analysiert werden. Betrachtet man zunächst die Studienintention, zeigt sich, dass der Effekt der Schulform nach Kontrolle des sozioökonomischen Status nicht mehr das Signifikanzkriterium erreicht. Bei Schülern mit vergleichbarem sozialen Hintergrund variiert die Studierbereitschaft nicht signifikant zwischen den Schulformen. Die unterschiedliche Studienintention an den verschiedenen Gymnasialformen ist somit zum Teil auf die Herkunftsmerkmale zurückzuführen. Der Effekt der Schulform ist also über den sozioökonomischen Status vermittelt.

Angewandt auf den Übergang konnte Maaz (2006) hingegen zeigen, dass bei Kontrolle des sozioökonomischen Status die Schulform weiterhin einen signifikanten Effekt auf den Hochschulübergang hat (odds ratio = 0,74). Schüler des beruflichen Gymnasiums hatten eine um 26 Prozent geringere Chance zu studieren als Schüler des allgemeinbildenden Gymnasiums.

Abbildung 9: Hochschulübergang – multivariate Betrachtung (nach Maaz, 2006)

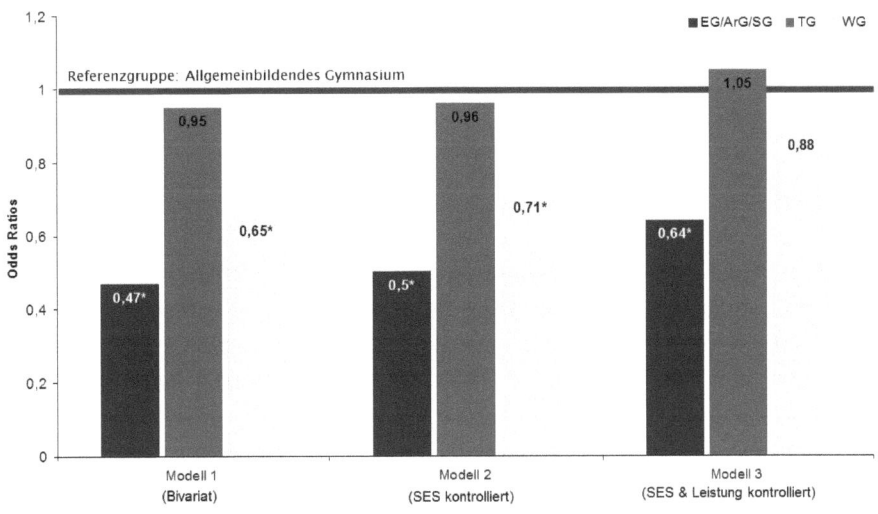

Anmerkungen: AG = Allgemeinbildendes Gymnasium, WG = Wirtschaftsgymnasium, TG = Technisches Gymnasium, Arg = Agrarwissenschaftliches Gymnasium, EG = Ernährungswissenschaftliches Gymnasium, SG = Sozialpädagogisches Gymnasium

Berücksichtigt man die fachlichen Richtungen des beruflichen Gymnasiums, werden differenzielle Befunde erkennbar (vgl. Abb. 9). Keinen Unterschied beim Übergang in ein Hochschulstudium gibt es zwischen Schülern der allgemeinbildenden und der technischen Gymnasien. Bei den verbleibenden Richtungen des beruflichen Gymnasiums sind die Unterschiede bei Konstanthaltung des sozioökonomischen Status im Vergleich zu den allgemeinbildenden Gymnasien sehr robust. Für Schüler ernährungswissenschaftlicher, agrarwissenschaftlicher und sozialpädagogischer Richtung halbiert sich die Chance für eine Studienaufnahme im Vergleich zur Schülerschaft der allgemeinbildenden Gymnasien (odds ratio = 0,50). Diejenigen, die ihr Abitur auf einem wirtschaftswissenschaftlichen Gymnasium erworben haben, haben im Vergleich zur Schülerschaft der allgemeinbildenden Gymnasien eine um 29 Prozent geringere Chance (odds ratio = 0,71). Der Schulformeffekt auf den Hochschulübergang ist demnach nicht auf Unterschiede in der sozialen Herkunft der Schülerinnen und Schüler zurückzuführen.

Wird in den Analysen zusätzlich zum sozioökonomischen Status auch für die Leistung kontrolliert, besteht den Hochschulübergang betreffend kein signifikanter Unterschied zwischen Schülern der allgemeinbildenden Gymnasien und der beruflichen Gymnasien der wirtschaftswissenschaftlichen Richtung. Demnach wird das zwischen den Schulformen variierende Übergangsverhalten zum Teil über leistungsbezogene Indikatoren vermittelt. Für Schüler der beruflichen Gymnasien der ernährungswissenschaftlichen, der agrarwissenschaftlichen und der sozialpädagogischen Richtung verringert sich zwar der Effekt der Schulform auf den Hochschulübergang, er bleibt aber signifikant. Diese Gruppe hat eine um 36 Prozent (odds ratio = 0,64) geringere Chance zu studieren als Schüler des allgemeinbildenden Gymnasiums.

Die Analysen deuten insgesamt darauf hin, dass sich Unterschiede in der Realisierung des Hochschulübergangs zwischen den einzelnen Schulformen nicht auf die Herkunftsmerkmale der Schüler zurückführen lassen und dass es beruflichen Gymnasien somit zu gelingen scheint, die Aufnahme eines Studiums von der sozialen Herkunft zu entkoppeln.

4. Fazit

Soziale Ungleichheiten des Bildungserwerbs werden seit vielen Jahren intensiv beforscht und sind mittlerweile auch gut dokumentiert. Dies trifft insbesondere auf den Primarbereich und die Sekundarstufe I zu. Analysen zum Hochschulzugang hatten lange Zeit eher deskriptiven Charakter. Erst seit einigen Jahren rücken vermehrt Erklärungsmodelle in das Forschungsinteresse. Die hier zusammengetragenen Befunde zur Identifizierung und Wirkung von primären und sekundären Herkunftseffekten haben deutlich erkennen lassen, dass auch dieser späte Bildungsübergang durch soziale Herkunftsmerkmale mit beeinflusst wird. Vergegenwärtigt man sich, dass bis zum Übergang in ein Hochschulstudium schon verschiedene Selektionen stattgefunden haben, können auch kleinere Effekt bedeutsam sein.

Fasst man die vorliegende Befundlage zusammen, so kann konstatiert werden, dass an der Existenz sozialer Herkunftseffekte auf den Hochschulzugang keine Zweifel bestehen. Bezogen auf die Quantifizierung und Zerlegung des gesamten Herkunftseffektes in Teileffekte besteht noch weiterer Forschungsbedarf. Das betrifft auch die Analyse von Prozessen, die herkunftsspezifischen Effekten zugrunde liegen. Die hier vorgestellten Analysen zur Überprüfung handlungstheoretischer Modelle geben erste Hinweise auf die Wirkmechanismen, erklären aber insgesamt nur einen kleinen Anteil der Variabilität des Übergangsverhaltens.

Die Analysen zur Neutralisation von primären und sekundären Herkunftseffekten konnten deutlich machen, dass bei Fokussierung auf einen der beiden Effekte nur bescheidene Zuwächse bei den Übertrittsquoten in ein Studium zu erwarten wären und dass sie mitunter auch mit unerwünschten Nebeneffekten verbunden wären. Diese lassen sich im Wesentlichen in zwei Richtungen ausmachen. Neutralisiert man nur den primären Herkunftseffekt, würde sich die Gruppe derjenigen vergrößern, die gute Leistungen haben, aber sich trotzdem gegen ein Studium entscheiden. Wird der sekundäre Effekt des Entscheidungsverhaltes ausgeschaltet, würden auch Schüler ein Studium beginnen, die womöglich die Leistungsanforderungen nicht erfüllen. Diese Befunde machen deutlich, dass Interventionen sowohl dem primären als auch dem sekundären Effekt Rechnung tragen müssten.

Bezogen auf die Öffnungsoptionen des Bildungssystems deuten die vorliegenden Befunde darauf hin, dass damit auch der Einfluss der sozialen Herkunft reduziert werden kann. Die Möglichkeit, Entscheidungen zu korrigieren, verbunden mit einer verzögerten Entscheidung zugunsten höherer Bildung ist eine wichtige Option, die dazu führen kann, dass auch Kinder und Jugendliche für das Abitur und einen späteren Studienbeginn gewonnen werden, die herkunftsbedingt an den traditionellen Gymnasien eher unterrepräsentiert sind.

Literatur

Ajzen, I. (1991). The theory of planned behavior. *Organizational Behavior and Human Decision Processes, 50 (2)*, 179–211.

Bathke, G.-W. & Schreiber, J. (2001). Zur sozialen Herkunft von Studierenden aus den alten und den neuen Ländern. In I. Lischka & A. Wolter (Hrsg.), *Hochschulzugang im Wandel? Entwicklungen, Reformperspektiven und Alternativen* (S. 99–124). Weinheim: Beltz.

Bathke, G.-W. (1993). *Soziale Herkunft von deutschen Studienanfängern aus den alten und neuen Ländern an den Hochschulen im Wintersemester 1992/93.* Hannover: HIS (HIS-Kurzinformation A 1/93).

Bathke, G.-W., Schreiber, J. & Sommer, D. (2000). *Soziale Herkunft deutscher Studienanfänger. Entwicklungstrends der 90er Jahre.* Hannover: HIS (HIS-Kurzinformation A9/2000).

Baumert, J., Bos, W. & Lehmann, R. (Hrsg.) (2000a). *TIMSS/III. Dritte Internationale Mathematik- und Naturwissenschaftsstudie – Mathematische und naturwissenschaftliche Bildung am Ende der Schullaufbahn: Bd. 1. Mathematische und naturwissenschaftliche Grundbildung am Ende der Pflichtschulzeit.* Opladen: Leske + Budrich.

Baumert, J., Bos, W. & Lehmann, R. (Hrsg.) (2000b). *TIMSS/III. Dritte Internationale Mathematik- und Naturwissenschaftsstudie – Mathematische und naturwissenschaftliche Bildung am Ende der Schullaufbahn: Bd. 2. Mathematische und physikalische Kompetenzen am Ende der gymnasialen Oberstufe.* Opladen: Leske + Budrich.

Baumert, J., Cortina, K. S. & Leschinsky, A. (2003). Grundlegende Entwicklungen und Strukturprobleme im allgemein bildenden Schulwesen. In K. S. Cortina, J. Baumert, A. Leschinsky, K. U. Mayer & L. Trommer (Hrsg.), *Das Bildungswesen in der Bundesrepublik Deutschland. Strukturen und Entwicklungen im Überblick* (S. 52–147). Reinbek bei Hamburg: Rowohlt Taschenbuch Verlag.

Baumert, J., Roeder, P., Gruehn, S., Heyn, S., Köller, O., Rimmele, R., Schnabel, K. & Seipp, B. (1996) Bildungsverläufe und psychosoziale Entwicklung im Jugendalter (BIJU). In K.-P. Treumann, G. Neubauer, R. Möller, J. Abel (Hrsg.), *Methoden und Anwendungen empirischer pädagogischer Forschung* (S. 170–180). Münster, New York: Waxmann.

Baumert, J. & Schümer, G. (2001). Familiäre Lebensverhältnisse, Bildungsbeteiligung und Kompetenzerwerb. In J. Baumert, E. Klieme, M. Neubrand, M. Prenzel, U. Schiefele, W. Schneider, P. Stanat, K.-J. Tillmann & M. Weiß (Hrsg.), *PISA 2000: Basiskompetenzen von Schülerinnen und Schülern im internationalen Vergleich.* Opladen: Leske + Budrich.

Becker, M., Maaz, K. & Neumann, M. (2010). Schulbiografien, familiärer Hintergrund und kognitive Eingangsvoraussetzungen im Kohortenvergleich. In U. Trautwein, M. Neumann, G. Nagy, O. Lüdtke & K. Maaz (Hrsg.), *Schulleistungen von Abiturienten: Die neu geordnete gymnasiale Oberstufe auf dem Prüfstand* (S. 127–146). Wiesbaden: VS–Verlag für Sozialwissenschaften.

Becker, R. (2000). Determinanten der Studierbereitschaft in Ostdeutschland. Eine empirische Anwendung der Humankapital- und Werterwartungstheorie am Beispiel sächsischer Abiturienten in den Jahren 1996 und 1998. *Mitteilungen aus der Arbeitsmarkt- und Berufsforschung, 33*, 261–276.

Becker, R. (2009). Entstehung und Reproduktion dauerhafter Bildungsungleichheiten. In R. Becker (Hrsg.), *Lehrbuch der Bildungssoziologie* (S. 85–129). Wiesbaden: VS Verlag für Sozialwissenschaften.

Becker, R. & Hecken, A.E. (2007). Studium oder Berufsausbildung? Eine empirische Überprüfung der Modelle zur Erklärung von Bildungsentscheidungen von Esser sowie von Breen und Goldthorpe, *Zeitschrift für Soziologie, 36* (2), 100–117.

Becker, R. & Hecken, A.E. (2008). Warum werden Arbeiterkinder vom Studium an Universitäten abgehalten? Eine empirische Überprüfung der „Ablenkungsthese" von Müller und Pollak (2007) und ihrer Erweiterung durch Hillmert und Jacob (2003). *Kölner Zeitschrift für Soziologie und Sozialpsychologie, 60* (1), 3–29.

Becker, R. & Hecken, A. E. (2009a). Higher education or vocational training? An empirical test of the rational action model of educational choices suggested by Breen and Goldthorpe (1997) and Esser (1999). *Acta Sociologica, 52* (1), 25–45.

Becker, R. & Hecken, A. E. (2009b). Why are working-class children diverted from universities? *European Sociological Review,* 25 (2), 233–250.

Bellenberg, G. & Klemm, K. (1998). Von der Einschulung bis zum Abitur. Zur Rekonstruktion von Schullaufbahnen in Nordrhein-Westfalen. *Zeitschrift für Erziehungswissenschaft, 1* (4), 577–596.

Boudon, R. (1974). *Education, opportunity, and social inequality: Changing prospects in Western society.* New York: Wiley.

Breen, R. & Goldthorpe, J. H. (1997). Explaining educational differentials: Towards a formal rational action theory. *Rationality and Society, 9* (3), 275–305.

Cortina, K.S., Baumert, J., Leschinsky, A., Mayer, K. M. & Trommer, L. (2008). *Das Bildungswesen in der Bundesrepublik Deutschland: Strukturen und Entwicklungen im Überblick.* Reinbek: Rowohlt.

Dahrendorf, R. (1965). *Gesellschaft und Demokratie in Deutschland.* München: Piper.

Dahrendorf, R. (1966). *Bildung ist Bürgerrecht – Plädoyer für eine aktive Bildungspolitik.* Hamburg: Nannen Verlag.

Deutscher Bildungsrat (1972). *Empfehlungen der Bildungskommission, Strukturplan für das Bildungswesen.* Stuttgart: Klett.

Ditton, H. (Hrsg.). (2007). *Kompetenzaufbau und Laufbahnen im Schulsystem. Ergebnisse einer Längsschnittuntersuchung an Grundschulen.* Münster: Waxmann.

Erikson, R. & Jonsson, J. O. (1996). Explaining class inequality in education: The Swedish test case. In R. Erikson & J. O. Jonsson (Hrsg.), *Can education be equalized? The Swedish case in comparative perspective* (S. 1–63). Boulder: Westview Press.

Esser, H. (1999). *Soziologie. Spezielle Grundlagen: Bd 1. Situationslogik und Handeln.* Frankfurt a.M.: Campus.

Fishbein, M. & Ajzen, I. (1975) *Belief, attitude, intention and behavior: An introduction to theory and research.* Reading, MA: Addison-Wesley.

Friedeburg, L. v. (1989). *Bildungsreform in Deutschland. Geschichte und gesellschaftlicher Widerspruch.* Frankfurt a.M.: Suhrkamp.

Ganzeboom, H. B. G., de Graaf, P. M., Treiman, D. J. & de Leeuw, J. (1992). A standard international socio-economic index of occupational status. *Social Science Research, 21* (1), 1–56

Grimm, S. (1966). *Die Bildungsabstinenz der Arbeiter. Eine soziologische Untersuchung.* München: Barth.

Jacob, M. & Weiss, F. (2010). Soziale Selektivität beim Hochschulzugang – Veränderungen der Zugangssequenzen zur Hochschule im Kohortenvergleich. In B. Becker & D. Reimer (Hrsg.), *Vom Kindergarten bis zur Hochschule. Die Generierung von ethnischen und sozialen Disparitäten in der Bildungsbiographie* (S. 285–312). Wiesbaden: VS Verlag für Sozialwissenschaften.

Köhler, H. (2004). Landesprofil der Schulentwicklung. In O. Köller, R. Watermann, U. Trautwein & O. Lüdtke (Hrsg.), *Wege zur Hochschulreife in Baden-Württemberg. TOSCA – Eine Untersuchung an allgemein bildenden und beruflichen Gymnasien* (S. 29–67). Opladen: Leske + Budrich.

Köller, O., Baumert, J. & Schnabel, K. (1999). Wege zur Hochschulreife: Offenheit des Systems und Sicherung vergleichbarer Standards. Analysen am Beispiel der Mathematikleistungen von Oberstufenschülern an integrierten Gesamtschulen und Gymnasien in Nordrhein-Westfalen. *Zeitschrift für Erziehungswissenschaft, 2* (3), 385–422.

Köller, O., Baumert, J., Cortina, K. S., Trautwein, U. & Watermann, R. (2004). Öffnung von Bildungswegen in der Sekundarstufe II und die Wahrung von Standards. Analysen am Beispiel der Englischleistungen von Oberstufenschülern an integrierten Gesamtschulen, beruflichen und allgemein bildenden Gymnasien. *Zeitschrift für Pädagogik, 50* (5), 679–700.

Köller, O., Watermann, R., Trautwein, U. & Lüdtke, O. (2004). *Wege zur Hochschulreife in Baden-Württemberg. TOSCA – Eine Untersuchung an allgemein bildenden und beruflichen Gymnasien.* Opladen: Leske und Budrich.

Kuhl, J. (1989). Volitional aspects of achievement motivation and learned helplessness: Toward a comprehensive theory of action control. In B. A. Maher & W. B. Maher (Hrsg.), *Progress in experimental personality research* (S. 99–171). New York: Academic Press.

Liska, A. E. (1984). A critical examination of the causal structure of the Fishbein/Ajzen attitude-behavioral model. *Social Psychology Quarterly, 47* (1), 61–74.

Lörz, M. & Schindler, S. (2011). Bildungsexpansion und soziale Ungleichheit: Zunahme, Abnahme oder Persistenz ungleicher Chancenverhältnisse – eine Frage der Perspektive? *Zeitschrift für Soziologie, 40* (6), 458–477.

Maaz, K. (2006). *Soziale Herkunft und Hochschulzugang. Effekte institutioneller Öffnung im Bildungssystem.* Wiesbaden: VS Verlag für Sozialwissenschaften.

Maaz, K., Baumert, J. & Cortina, K. S. (2008). Soziale und regionale Ungleichheit im deutschen Bildungssystem. In K. S. Cortina, J. Baumert, A. Leschinsky, K. U. Mayer & L. Trommer (Hrsg.), *Das Bildungswesen in der Bundesrepublik Deutschland: Strukturen und Entwicklungen im Überblick* (S. 205–243). Reinbek: Rowohlt.

Maaz, K., Chang, P.H. & Köller, O. (2004). Führt institutionelle Vielfalt zur Öffnung im Bildungssystem? Sozialer Hintergrund und kognitive Grundfähigkeit der Schülerschaft an allgemein bildenden und beruflichen Gymnasien. In O. Köller, R. Watermann, U. Trautwein & O. Lüdtke (Hrsg*.*), *Wege zur Hochschulreife in Baden-Württemberg. TOSCA – Eine Untersuchung an allgemein bildenden und beruflichen Gymnasien* (S. 153–203). Opladen: Leske + Budrich.

Maaz, K., Hausen, C., McElvany, N. & Baumert, J. (2006). Stichwort: Übergänge im Bildungssystem: Theoretische Konzepte und ihre Anwendung in der empirischen Forschung beim Übergang in die Sekundarstufe. *Zeitschrift für Erziehungswissenschaft, 9* (3), 299–327.

Maaz, K., Schroeder, S. & Gresch, C. (2010). Primäre und sekundäre soziale Herkunftseffekte beim Übergang in die Sekundarstufe I. Neutralisation sozialer Herkunftseffekte und Konsequenzen auf das Übergangsverhalten. In W. Bos, E. Klieme & O. Köller (Hrsg.), *Schulische Lerngelegenheiten und Kompetenzentwicklung. Festschrift für Jürgen Baumert* (S. 285–310). Münster: Waxmann.

Maaz, K., Watermann, R. & Köller, O. (2009). Die Gewährung von Bildungschancen durch institutionelle Öffnung. Bildungswege von Schülerinnen und Schülern an allgemeinbildenden und beruflichen Gymnasien. *Pädagogische Rundschau, 63* (2), 159–177.

Mare, R. D. (1981). Change and stability in educational stratification. *American Sociological Review, 46* (1), 72–87.

Merkens, H. & Wessel, A. (2002). *Zur Genese von Bildungsentscheidungen. Eine empirische Studie in Berlin und Brandenburg.* Baltmannsweiler: Schneider Verlag Hohengehren.

Müller, W. & Pollak, R. (2007). Weshalb gibt es so wenige Arbeiterkinder an deutschen Universitäten? In R. Becker & W. Lauterbach (Hrsg.), *Bildung als Privileg? Erklärungen und Befunde zu den Ursachen der Bildungsungleichheit* (S. 303–342). Wiesbaden: VS Verlag für Sozialwissenschaften.

Müller-Benedict, V. (2007). Wodurch kann die soziale Ungleichheit des Schulerfolgs am stärksten verringert werden? *Kölner Zeitschrift für Soziologie und Sozialpsychologie, 59* (4), 615–639.

Peisert, H. & Dahrendorf, R. (1967). *Der vorzeitige Abgang vom Gymnasium. Studien und Materialien zum Schulerfolg an den Gymnasien in Baden-Württemberg 1953–1963.* Villingen: Neckar-Verlag (Schriftenreihe des Kultusministeriums Baden-Württemberg zur Bildungsforschung, Bildungsplanung, Bildungspolitik, Reihe A Nr. 6).

Picht, G. (1964). *Die deutsche Bildungskatastrophe. Analysen und Dokumentationen.* Olten, Freiburg: Walter.

Reinecke, J. (1994). Das individualistische Forschungsprogramm in den Sozialwissenschaften (Rational Choice). In G. Kneer, K. Kraemer & A. Nassehi (Hrsg.), *Soziologie. Band 1. Zugänge zur Gesellschaft. Geschichte, Theorien und Methoden* (S. 247–270). Münster: Lit.

Sarver, V. T. (1983). Ajzen and Fishbein's "Theory of reasoned action": A critical assessment. *Journal of the Theory of Social Behaviour, 13* (2), 155–163.

Schindler, S. & Lörz, M. (2011). Mechanism of social inequality development: Primary and secondary effects in the transition to tertiary education between 1976 and 2005. *European Sociological Review Advance Access,* doi: 10.1093/esr/jcr032.

Schindler, S. & Reimer, D. (2010). Primäre und sekundäre Effekte der sozialen Herkunft beim Übergang in die Hochschulbildung. *Kölner Zeitschrift für Soziologie und Sozialpsychologie, 62* (4), 623–653.

Schnabel, K. U. & Gruehn, S. (2000). Studienfachwünsche und Berufsorientierungen in der gymnasialen Oberstufe. In J. Baumert, W. Bos & R. Lehmann (Hrsg), *TIMSS/III. Dritte Internationale Mathematik- und Naturwissenschaftsstudie – Mathematische und naturwissenschaftliche Bildung am Ende der Schullaufbahn: Bd. 2. Mathematische und physikalische Kompetenzen am Ende der gymnasialen Oberstufe* (S. 405–453). Opladen: Leske + Budrich.

Schnabel, K. U., Alfeld, C., Eccles, J. S., Köller, O. & Baumert, J. (2002). Parental influence on students' educational choices in the United States and Germany: Different ramifications – same effect? *Journal of Vocational Behavior, 60* (2), 178–198.

Statistisches Bundesamt (2011). Bildung und Kultur. *Allgemeinbildende Schulen. Schuljahr 2010/2011.* Fachserie 11, Reihe 1.

Statistisches Bundesamt (2012). Bildung und Kultur. *Schnellmeldungsergebnisse der Hochschulstatistik zu Studierenden und Studienanfänger/-innen. Vorläufige Ergebnisse.* Wintersemester 2012/2013.

Stocké, V. (2007). Explaining Educational Decision and Effects of Families Social Class Position: An Empirical Test of the Breen–Goldthorpe Model of Educational Attainment. *European Sociological Review, 23* (4), 505–519.

Triandis, H. C. (1977). *Interpersonal behavior.* Monterey: Brooks/Cole.

Watermann, R. & Maaz, K. (2006). Effekte der Öffnung von Wegen zur Hochschulreife auf die Studienintention am Ende der gymnasialen Oberstufe. *Zeitschrift für Erziehungswissenschaft, 9* (2), 219–239.

Watermann, R., Cortina, K. S., Baumert, J. (2004). Politische Sozialisation bei Jugendlichen in der Nachwendezeit: Befunde aus BIJU. In J. Abel, R. Möller, C. Palentien (Hrsg.), *Jugend im Fokus empirischer Forschung* (S. 87–107). Münster: Waxmann.

Willich, J., Buck, D., Heine, C. & Sommer, D. (2011). *Studienanfänger im Wintersemester 2009/2010. Wege zum Studium, Studien- und Hochschulwahl, Situation bei Studienbeginn.* Hannover: Hochschul-Informations-System.

Andreas Gruschka

Bildung – Kompetenz

1

Das mir gegebene Thema lebt – noch weit jenseits seiner Konkretisierung mit dem Übergangsproblem Schule-Hochschule und der Erfahrungen mit dem Bologna-Prozess – von einer Polarität, die sich in jüngster Zeit konflikthaft als ein Entweder – Oder zuspitzt. Dabei hatte sich zunächst Kompetenz gegen Bildung erfolgreich positioniert, während nun der Gegenangriff erfolgt. Es geht dabei um mehrerlei: um theoretische Überzeugungen, um pädagogische Konzepte, die bildungspolitische Agenda für Schulen und Hochschulen der letzten Dekade und schließlich um eine forschungspolitische Kampfstellung. Auf der einen Seite stehen die Modernisierer der Schule und Universitäten, die uns mit dem Zauberwort Kompetenz in eine bessere Zukunft führen wollten. Auf der anderen Seite die Menschen von gestern, die sich an dem längst Verlorenen und ihren Idealen festhalten, der Bildung, und die die gegenwärtige Reform als Verlust, wenn auch nicht der „Mitte", so doch des Sinnzusammenhanges der öffentlichen Erziehung beklagen.

Ich hätte diese rhetorische Figur auch aus der anderen Sicht polemisch ausformulieren können.

2

Meine Absicht ist es nicht, diese Debatte im Folgenden zu erweitern, indem ich als Parteigänger für Bildung gegen Kompetenz zu Felde ziehe. Und ich möchte auch nicht ungeprüft Versprechungen und Forderungen und die absehbaren Folgen der Kompetenzorientierung im schulischen Unterricht diskutieren, ohne vorab zu klären, was hier als bereits zureichend gegeben unterstellt wird. Gerade hier in Bielefeld am Oberstufen-Kolleg sei eine erinnernde Bemerkung erlaubt, die uns bereits auf das Heillose dieser Oppositionsfigur führt.

Als ich mich 1985 für die wissenschaftliche Leitung dieser Einrichtung vorstellte, war ich eingeladen worden, weil ich 1983, also Jahrzehnte vor dem aktuellen Kompetenzhype mit einer empirischen Arbeit zur damals noch weitgehend unbekannten empirischen Bildungsforschung habilitiert hatte. Sie nannte sich „Wie Schüler Erzieher werden", bezog sich auf einen doppelt-qualifizierenden Bildungsgang der Kollegstufe und war, wie der Langtitel es verkündete, eine Rekonstruktion „der Kompetenzentwicklung und fachlichen Identitätsbildung" im Verlaufe eines mehrjährigen Bildungsganges. Unser Ehrgeiz ging damals dahin, die pädagogischen

Grundbegriffe empirisch zu wenden. Bildung sollte also als rekonstruierbarer Vorgang verstanden werden, als das Ergebnis der Vermittlung, der Erziehung und der Auseinandersetzung mit einem Beruf in Schule und Praxis, und zwar so, wie sie als Kompetenzentwicklung und Identitätsbildung sich in Schülern und jungen Erwachsenen niederschlägt.

Diese Studie hat meine eigene Kompetenzentwicklung wie meine Identitätsbildung als Erziehungswissenschaftler so geprägt, dass ich in den letzten Jahren mehrfach nahe am Verzweifeln war, nämlich beobachten zu müssen, auf welchem Niveau die Diskussion um Bildung und Kompetenz geführt wurde, vor allem wie das eine gegen das andere ausgespielt wurde und wie Bildung als auch Kompetenz zwecks ihrer Zurichtung für Reform oder Kritik missbraucht wurden.

Mit meinen systematischen Überlegungen mag dieses Niveau vielleicht etwas angehoben werden. Dafür verzichte ich darauf, sofort in die praktischen Aufgaben zu springen, die mit dem Übergang von Schule und Hochschule verbunden werden. Vermieden sei ein weiterer Beitrag zur Postulatepädagogik, die Darstellung. welche Kompetenzen oder auch welche Bildung *soll* in der Oberstufe der Schule, welche in der Hochschule vermittelt werden, damit eine Passung sich vollzieht. Wie viele haben diese bereits zu bestimmen versucht! Es ist so viel gefordert worden und so oft dabei gar nicht geklärt worden, was da gefordert wurde!

Stattdessen sei etwas zur Aufklärung über das Verhältnis der beiden Konzepte ausgeführt und damit darüber, was sie theoretisch begriffen ausdrücken, wie sie dagegen bildungspolitisch in den Dienst *genommen und* wie sie wissenschaftlich instrumentalisiert werden. Ich erlaube mir also erst einmal ein paar kategoriale Unterscheidungen vorzulegen, um den Nebel, den das Kampfgetümmel produziert hat, zu vertreiben.

3

Gehen wir an die Sache mit wissenschaftlich gebotener theoretischer Anstrengung heran, sind wir auf die Tradition der neuhumanistischen Bildungstheorie und damit auf die pädagogische Denkform genauso verwiesen wie auf die strukturalistische Denkform, die vor allem von der Linguistik sensu Chomsky und der Entwicklungspsychologie sensu Piaget entwickelt und modelliert worden ist.

Gehen wir dagegen von der gegenwärtigen Bildungsreform aus, so haben wir es mit einem ganz anderen Sachverhalt zu tun. Hier ist zwar von *Bildungs*standards die Rede, aber konkret wird Kompetenz*orientierung* gefordert und ausgelegt, als wäre diese die Erfüllung von jenem. Die Schulen sollen Kerncurricula bestimmen, an denen sie die Kompetenzorientierung anzudocken haben. Aber das meiste, was nun als Pläne und Planungshilfen in die Schulen kommt, stellt schier uferlose Ausdifferenzierungen von Kompetenzkatalogen in horizontaler und vertikalen Systematik dar. Ein entropisches Sich-Verlieren in immer weiteren Unterscheidungen, mit denen der Wald vor lauter Bäumen nicht mehr bestimmt wird, stattdessen aber vom Leser ungeahnte Stilblüten gepflückt werden können. Ich empfehle von daher eine Lektüre dieser Texte.

Gehen wir drittens von der Forschung aus, so entsteht wiederum ein anderer Bezugspunkt. Die „empirische Bildungsforschung" steht im Zenit ihres Ausbaus. Sie hat sich zum Inbegriff der pädagogischen Forschung erhoben, womit sie alles andere, was als Forschung in diesem Feld geschieht, in den Schatten internationaler Invisibilität und methodologischer Abweichung stellen möchte. Aber diese Forschung bezieht sich nicht auf Bildung, sondern auf Kompetenz, und auch das nur in einem sehr eigensinnigen Sinne, nämlich als fachlich unterstützte Psychometrie.

Alle drei Zugänge seien näher skizziert.

(1) Die Bildungstheorie hat in der Humboldtschen Tradition, die wiederum von dem frühen Ansatz einer biologisch ausgerichteten Theorie des Nisus formativus (Blumenbach, 1780) inspiriert wurde, unterstellt, dass es Kräfte im Menschen gibt, die ihn zur Entwicklung seiner Möglichkeiten antreiben. Diese Kräfte gelten im Prinzip für alle Menschen in gleicher Weise, sie entfalten sich in Wechselwirkung, am besten in freier, zwischen Welt und Ich, so dass sie sich in ihren Potenzialen entfalten können. Sie führen schließlich bei den Menschen nicht zum jeweils gleichen Resultat, sondern zur Ausprägung seiner Individualität. Was schon von jedem Blatt gilt, dessen Eigenart der Nisus formativus einer Pflanze mitbewirkt, gilt erst recht für jedes menschliche Individuum. Es ist ein je besonderes anderes, ein individualisiertes Exemplar seiner Gattung. So kommt Allgemeines, Typisches und Besonderes zu einer differenzierten Einheit. PISA hat davon keine Begriffe, es macht alle gleich, um sie dann in Stufen einzuordnen.

Auf dem Wege der Bildung des Subjekts, des Gattungs- und des Gesellschaftswesens werden Stadien durchschritten und für diese Stadien werden jeweils bestimmte Kompetenzen in und für Entwicklungsaufgaben wesentlich, die sich überraschend autonom, also ohne ihre pädagogische Herstellung entfalten und bewähren und die nach ihrer Entwicklung und Bewährung oft in eine Krise geraten, die durch das immer neu aufbrechende Ungleichgewicht von Können und Wollen und Wollen und Können mobilisiert werden. Das führt in viele Bereichen dazu, dass Schemata sich erschöpfen und durch neue dezentriertere erweitert und abgelöst werden. Wir kennen das von der wunderbar einfachen Modellierung Piagets. Kompetenz ist dabei immer ein generatives Prinzip, das innerhalb seiner Struktur Variationen in einer unbeschränkten Zahl von jeweils spezifischen Problemlösungen erlaubt, die dann als Performanz in Erscheinung treten. Chomsky hat das an und mit der generativen Transformationsgrammatik erschlossen und damit auch nach eigener Aussage nichts anderes als die modellierend szientifische Erweiterung der humboldtschen Sprach- und Bildungstheorie vorgelegt.

Vor diesem Hintergrund, den näher zu beleuchten ich Lust und Laune hätte, der aber hier nicht ganz das Thema sein kann, ergibt sich eine Theorie- und Konzeptverwandtschaft von Bildung und Kompetenz auf die innigste Weise.

Das hatte wohl auch Kollege Tenorth im Sinn gehabt, als er als Mitschreiber jener berühmt berüchtigt gewordenen Expertise zu den nationalen Bildungsstandards, schrieb:

> Kompetenzen beschreiben aber nichts anderes, als solche Fähigkeiten des Subjekts, die auch der Bildungsbegriff gemeint und unterstellt hatte: Erworbene, also nicht von Natur aus gegebene Fähigkeiten, die an und in bestimmten Dimensionen der gesellschaftlichen Wirklichkeit erfahren wurden und zu ihrer Gestaltung geeignet sind, Fähigkeiten zudem, die der lebenslangen Kultivierung, Steigerung und Verfeinerung zugänglich sind, so dass sie sich intern graduieren lassen, z.B. von der grundlegenden zu erweiterten Allgemeinbildung; aber auch Fähigkeiten, die einen Prozess des Selbstlernens eröffnen, weil man auf Fähigkeiten zielt, die nicht allein aufgaben- und prozessgebunden erworben werden, sondern ablösbar von der Ursprungssituation, zukunftsfähig und problemoffen. (Klieme et al., 2003, S. 65)

In diesem theoretischen Kontext also ist die Alternative Bildung oder Kompetenz eine irreführende, unsinnige, theoretisch unaufgeklärte:

Bildung ist Kompetenz und Kompetenz ist Bildung. Jedenfalls wenn man vom sich bildenden Subjekt ausgeht. Wenn man den Prozess der Ontogenese im Blick hat, lässt sich keine theoretische Unverträglichkeit behaupten. So weit so gut.

Man kann freilich sagen, dass mit dem Bildungsbegriff noch manches mehr als ein formaler Begriff von Kompetenz im Schwange ist, sobald man auf die materiale Kultur und ihre Phylogenese blickt. Dann stellt sich etwa die Frage, welche Gegenstände dieser Kultur denn in besonderem Maße dazu geeignet sind, Bildung und Kompetenz hervorzutreiben und auch die Frage, warum beides mit dem objektivierten Geist, den Errungenschaften der Phylogenese, zu tun hat, der in unterschiedlicher Weise und mit unterschiedlichen Perspektiven auf die Einrichtung einer vernünftigen Gesellschaft, aber auch deren Umschlag in Barbarei bezogen werden kann. Dann lässt sich weiterfragen, welche Kompetenzen denn eigentlich notwendig sind, um das Potenzial zur vernünftigen Gesellschaft in den Gegenständen der Kultur zu entbinden und anschließend, was davon und wie in der öffentlichen Erziehung vollzogen werden könnte.

Das ist zu klären jenseits eines Modells psychologischer Optimierung von Lehr-Lernstrategien oder der soziologischen Aufklärung über gegebene Sozialisationseffekte. Es geht bei der Antwort auf diese Fragen um das genuine Programm der Pädagogik als Bildungstheorie.

Wir sehen dann, dass Kompetenz gefordert ist als eine substanzielle Bestimmung von Bildungszielen, -inhalten und Verfahren ihrer Ermöglichung. Ihr folgend wollen wir uns nicht mehr mit idealistischen Wunschvorstellungen beruhigen und uns nicht im Selbstreferenziellen einer Kompetenz-Kompetenz, des Lernen des Lernens oder der Metakognitionen aufhalten.

(2) Wird nun auf diese Weise substanziell über Bildung Kompetenz diskutiert? Nein, es kann davon keine Rede sein, dass die gegenwärtige reformerisch geforderte Kompetenzorientierung sich so auf die Bildung bezöge.

Schon wenige Zeilen später, nachdem Herr Tenorth sich in jener Expertise für die Verbindung stark gemacht hat, übernimmt die Psychometrie die Führung über den Text und mit Kollegen Weinert wird eine ganz anders gelagerte Bestimmung von Kompetenz eingeführt, eine die weder eine Definition im verbindlichen Sinne der skizzierten Kompetenztheoretiker ist noch irgendeine Verbindung zum Bildungsbegriff aufweist. Da heißt es nämlich und ist seitdem zum Mantra in den einschlägigen Planungs- und Konzeptpapieren geworden.

> In Übereinstimmung mit Weinert (2001, S. 27f – den das Gutachten als Erziehungswissenschaftler und Psychologen einführt, A.G.) verstehen wir unter Kompetenzen die bei Individuen verfügbaren oder von ihnen erlernbaren kognitiven Fähigkeiten und Fertigkeiten, bestimmte Probleme zu lösen, sowie die damit verbundenen motivationalen, volitionalen und sozialen Bereitschaften und Fähigkeiten, die Problemlösungen in variablen Situationen erfolgreich und verantwortungsvoll nutzen zu können. (Klieme et al., 2003, S. 71)

Die Facetten der Kompetenz sind nach Weinert

> Fähigkeit,
> Wissen,
> Verstehen,
> Können,
> Handeln,
> Erfahrung und
> Motivation. (*Klieme et al,* 2003, S. 72)

Kompetenz ist damit der Oberbegriff für unterschiedliche Beschreibungsformen menschlichen Vermögens, ohne dass die „Facetten" noch als notwendige und unterscheidbare Teile eines Ganzen ausgewiesen werden müssen. Es wird gar nicht mehr versucht, Kompetenz als innere Struktur eines Wissens, als Operator des Verstehens, als Modus des Handelns usf. zu bestimmen. Die Kompetenz erscheint mit und in vielen Facetten. Sie sind irgendwie immer beteiligt und man kann Kompetenz entsprechend pragmatisch beschreiben.

Der Text liefert eine solche Illustration für die Fremdsprachen:

Fremdsprachenkompetenz drückt sich darin aus:
- wie gut man kommunikative Situationen bewältigt (Handeln und Erfahrung)
- wie gut man Texte unterschiedlicher Art versteht (Verstehen)
- selbst adressatengerecht Texte verfassen kann (Können),

- aber unter anderem auch die Fähigkeit, grammatische Strukturen korrekt aufzubauen und bei Bedarf zu korrigieren (Fähigkeiten und Wissen)
- oder in der Intention und Motivation sich offen und akzeptierend mit anderen
Kulturen auseinander zu setzen (Motivation). (Klieme et al., 2003, S.72)

Man frage nicht, warum für das Erste nicht Wissen erforderlich ist oder für das
Zweite Fähigkeiten. Sinn dieser Beschreibung ist wohl nicht ein Modell distinkter
Faktoren, die zusammen Kompetenz ausmachen oder jede für sich eine Kompetenz bezeichnen. Vielmehr geht es darum, dass man sich unmittelbar etwas unter
Fremdsprachenkompetenz als Pragmatik vorstellen und entsprechend sich an Aufgaben machen kann, an diesen Kompetenz zu üben. Hinsichtlich der Gradierung
der Übungen, kann man auf die schulischen Selbstverständlichkeiten zurückgreifen
(etwa vom „Einfachen zum Komplexen").

Mich wundert bis heute, wie es kommen konnte, dass so kluge Leute wie die Re-
former nicht darüber gestolpert sind, dass man mit einer solchen Nicht-Definition
nichts anfangen kann. Auf diese unklare Weise kann man nur schlechte Beschreibungen und unbegriffene Begriffe aufhäufen. Alles, was jemand tut, wird einfach
zur Kompetenz hochgetauft. Und so ist es ja auch bei der Umsetzung in den Ländern weitgehend geschehen.

Ein aufmerksamer Leser, also ein solcher, der verstehen will, was ihm zu lesen
aufgegeben ist, wird in maßloses Erstaunen versetzt. Ich kenne keine Bildungsre-
formmaßnahme der letzten 40 Jahre, die substantiell so leer und hilflos sich ausge-
staltet hat wie die gegenwärtige Kompetenzorientierung.

Diese hat die Kultusadministration, aufgerührt durch den PISA-Schock und die
Empfehlung nationaler Bildungsstandards, in rasender Geschwindigkeit den Schulen des Landes verordnet. Im Schnellverfahren wurden in der KMK die ersten Bildungsstandards gestrickt und beschlossen. Die Länder zogen in förderalistischem
Erfindungszwang nach. Ich habe diese Prozesse in ausgewählten Bundesländern
verfolgt und mich über Jahre in die verschiedenen Entwürfe von Planungstexten hi-
neingearbeitet. Eines der schlimmsten Exerzitien ist dies für mich geworden.

Und es soll ja damit vorerst weitergehen mit Standards für die Oberstufe.

(3) Während nun Hunderte von Lehrern in Kommissionen versuchten, die Suppe
auszulöffeln, die ihnen die Bildungsplaner aus der empirischen Bildungsforschung
eingegossen hatten, haben diese sich in die Forschung zurückgezogen; in Forscher-
gruppen zur Kompetenzdiagnose und im IQB in die pragmatische Variante der Er-
stellung von Kompetenzmodellen, Kompetenzstufungen und den dazu passenden
Aufgabenformaten. Eine Testentwicklung begleitet, ja bestimmt diese Forschung.

Auch das geschieht in merkwürdiger inhaltlicher Unzuständigkeit. Denn diejenigen, die den Weg markieren – wiederum Psychometriker – betonen, dass sie
zu den Kompetenzen in ihrer immer noch bestehenden fachlichen Dimension keinen Zugang haben. Da wüssten allein die Fachwissenschaftler und die Fachdidak-
ker Auskunft zu geben. Umgekehrt sind aber diese deswegen nicht autonom in der

Rekonstruktion von fachlichen Gegenständen als Bedingungen der Möglichkeit von Kompetenz und der Rekonstruktion von subjektiven Aneignungs- und Zueignungsweisen als Antwort und Reaktion auf objektiv vorgegeben Sachverhalte. Sie müssen ihre Expertise auf das Prokustesbett der Rasch-Skalierung legen, wollen sie akzeptiert werden.

Würde man dagegen aus der eingangs skizzierten Sicht Kompetenz rekonstruieren, wäre man auf den genannten Zusammenhang von freier Wechselwirkung von Ich und Welt und damit auf die Dialektik der Objektivität des Wissens (d.h. der Verbindlichkeit der Erkenntnismethoden des Objektivierten) und den subjektiv vielfach durch bereits gemachte Bildungserfahrungen geprägten Eigensinn verwiesen. Der zwänge zu einer Bildungsforschung, die von der erschließungsbedürftigen Vermittlung von Sache und Subjekt ausginge. Sie würde nicht im Sinne einer messtheoretisch bestimmten Gewinnung von faktoriell zergliederten Elementen der Sache bestimmt, vor allem solchen, mit denen die Potentialität als psychologischer Kern und die Materialität als fachliche Zugabe erscheint.

Damit ist klar, dass auf der Ebene der Bildungsforschung sich die Erforschung von Bildung und die empirische Bildungsforschung nur selten berühren. Diese erforscht keine Bildung, sie nennt es nur so. Nicht einmal im Sinne jener strukturalen Theorie kann davon die Rede sein, dass sie Kompetenz erforscht. Sie misst kriterienorientiert und skalierend, was sie als Zusammenspiel von Elementen Kompetenz nennt.

Wir haben es also mit drei völlig verschiedenen Ebenen der Behandlung des Problems zu tun,
- die in der ersten Variante einen Zusammenhang von Bildung und Kompetenz markiert,
- im zweiten Fall eine Trennung zweier Welten bedeutet
- und im dritten Fall eine Begriffsverwirrung kennzeichnet, mit der etwas versprochen wird, was gar nicht ernsthaft versucht wird, nämlich Bildung als Kompetenz zu erschließen.

Das mag sehr schroff erscheinen, es ist aber als Urteil nicht zu vermeiden, sobald wir mit Begriffen so umgehen, dass wir sie jenseits der Tradition einfach für etwas vereinnahmen, was mit den Begriffen nicht in Übereinstimmung zu bringen ist.

4

Ich habe einen vierten Aspekt bisher ausgeblendet, den ich nun ergänzend ansprechen muss, nämlich die empirische Ebene, auf der sich diese Diskurse in der Realität der schulischen und verstärkt auch in der universitären Lehre spiegeln und niederschlagen. Die Frage ist damit, was von dem, was ich diskutiert habe, überhaupt relevant wird für die Vermittlungspraktiken im heutigen Unterricht.

Ich erlaube mir dazu auf Forschungen zu verweisen, die wir in den letzten Jahren in Frankfurt durchgeführt haben. Dort wurde an hochkontrastiven Sek I-Schulen über fast alle Fächer des Spektrums Unterricht in achten und neunten Klassen mit kontrollierendem Bezug auf vorhergehende und nachfolgende Klassen audiographiert, zum Teil videographiert, transkribiert und diese natürlichen Protokolle unter dem Gesichtspunkt analysiert, welche Entwicklungslogiken des Unterrichtens als pädagogischer Tätigkeit sich hier erkennen lassen (zusammenfassend Gruschka, 2013).

Auffällig für unsere Figur Kompetenz Bildung war vor allem sechserlei.

(1) Kompetenz als Lesekompetenz, Sozialkompetenz und Methoden- und Medienkompetenz, also im Sinne der alten Schlüsselqualifikationen wird massiv verfolgt und als erfolgreich behandelt: Man lernt lesen als Unterstreichen des „Wichtigsten", man informiert sich gegenseitig in Gruppenarbeit, man unterrichtet als Schüler im Modus von Präsentationen auf der Basis von Internetrecherchen.

(2) Alle diese Kompetenztrainings aber gelingen nur mit einem gravierenden Collateralschaden, weil die inhaltliche Beschäftigung mit der Sache zurückgedrängt wird. Es kommt zur erschließungslosen Reproduktion ohne Sinnentnahme und Kritik, es werden Schematisierungen eingeführt und genutzt ohne die Logik eines Schemas zu reflektieren, ohne dass die Sacherschließung als Schematisierung verdichtet würde, es wird präsentiert ohne die Übernahme fachlicher Verantwortung für das Präsentierte.

(3) Die materialen Aspekte des Verstehens, die gleichermaßen Voraussetzungen für Kompetenz wie für Bildung sind, werden durch Didaktisierung weitgehend entsorgt und damit kassiert. Man muss nicht mehr erklären können, wovon man handelt und wie man vorgeht, man muss keinen Begriff mehr von der Sache entwickeln, keine sinnerschließenden Fragen stellen. Es reicht, die Antworten auf Fragen zu finden, die bereits in dem Material mitgeliefert wurden.

(4) Die epistemischen Werkzeuge, die mit der Ontogenese der menschlichen Verstandestätigkeit entwickelt werden – wie würde Campe[1] sagen als grundlegende Kräfte des gemeinen Verstandes –, werden nicht in den bewussten Gebrauch genommen, so dass sie verkümmern und gar nicht mehr in den Blick geraten, wenn sie erforderlich werden zum Verstehen von etwas. Es wird nicht mehr in die Definition von etwas eingeführt, kein Schlussverfahren durchsichtig gemacht, geklärt, was Kausalität ist und was dagegen Wahrscheinlichkeit, was Qualität und was Quantität, was Modalität, was ein Bild, Text, ein Experiment, was formal ist und was material und was ein reflexiver Mechanismus ist. Ohne all das bleiben die gelieferten Anschauungen blind.

(5) Die Krise des Verstehens entzündet sich primär an der Haltlosigkeit der Didaktisierungen, nicht aber an der Widerständigkeit der Sache. Die Hilfen sind oft so weit getrieben worden, dass die Aufgaben und Materialien keine Berührung mehr

---

1   Joachim Heinrich Campe (1746–1818): deutscher Schriftsteller, Sprachforscher, Pädagoge und Verleger.

haben zu den Fragen, derentwegen das Thema behandelt wird. Die Trivialisierung der Aufgabenformate und die Verkindschung der Verfahren erlaubt den „schwachen" Schülern nicht zu verstehen, was sie lernen sollen, den „guten" liefern sie Stoff zur Obstruktion im Unterricht oder aber zu kritischen Nachfragen.

(6) Regelverhalten wird eingeübt, ohne dass die Regel als solche, also als generatives Prinzip der Kompetenz oder als Ausdrucksgestalt von Bildung ins Bewusstsein geriete. Regeln ohne ihren Sinnzusammenhang lassen sich nur auswendig lernen und werden so nicht assimiliert, schnell vergessen, gehen auch mit Eselsbrücken oft nicht in den Kopf (vgl. zu diesen allgemeinen Aussagen die vielen Belege und Beispiele in Gruschka, 2009, 2011).

5

Was folgt daraus für die wissenschaftspropädeutische Bildung und danach die akademische? Eine Schule, die als Bildungseinrichtung Kompetenz vermittelt, verlangt unabhängig davon, ob die Absolventen später studieren, aber erst recht, wenn sie im Wortsinne dann studieren sollen, vielerlei:

1. eine erkenntnistheoretisch philosophische Propädeutik (Was sind die Handwerkszeuge des Erkennens?),
2. eine kategoriale Bildung an den Grundbegriffen der Fächer (welches sind die Exempla der Fächer, mit denen deren Objektzugang als Wirklichkeitskonstruktion und ihre Methode als generative Prinzipien durchsichtig werden?),
3. eine Regelkompetenz als Reflexionsvermögen (welches sind die bewusst zu machenden Formen der Vermittlung zwischen Kompetenz und Performanz?) und
4. eine Einübung in den problematisierenden Vernunftgebrauch (wie wird Wissen zu geprüftem Wissen?).

Was das bedeuten kann, liegt in ungezählten Schriften der Pädagogen als Modellierung bereits vor. Es mangelt gegenwärtig am Mut, das wieder zu Bewusstsein zu bringen. Am überzeugendsten – so meine Erfahrung – vollzieht sich das dadurch, dass in der Gestalt des realen Unterrichts die Unabweisbarkeit dieser Ansprüche belegt wird, indem also gezeigt wird, dass alle vier Dimensionen, nicht etwa eine idealistische Überhöhung von Ansprüchen darstellen, sondern aus der alltäglichen Arbeit an Gegenständen der Vermittlung erwachsen. Wenn es gut geht im Unterricht, dann weil diese Dimensionen beachtet wurden, und wenn es misslingt, dann weil sie nicht als strukturbildend bewusst wurden und deswegen nicht verfolgt wurden.

Der Typus der Fortschreibung des Programms wäre damit die sachhaltige Darstellung der Bildungsaufgaben und Kompetenzen, die sich mit dem alltäglichen Unterricht ergeben. Fallstudien können das zeigen, Kompetenzkataloge haben davon keine Ahnung, Tests überspielen die Aufgabe.

Literatur

Blumenbach, J. F. (1780). Über den Bildungstrieb (Nisus formativus) und seinen Einfluß auf die Generation und Reproduction. In G. C. Lichtenberg & G. Forster (Hrsg.), *Göttingisches Magazin der Wissenschaften und Litteratur.* Band 1, Nummer 5, S. 247-266.

Gruschka, A. (1985). *Wie Schüler Erzieher werden. Studie zur Kompetenzentwicklung und fachlichen Identitätsbildung in einem doppeltqualifizierenden Bildungsgang des Kollegschulversuchs NW.* Wetzlar: Büchse der Pandora.

Gruschka, A. (2009). *Erkenntnis in und durch Unterricht: Empirische Studien zur Bedeutung der Erkenntnis- und Wissenschaftstheorie für die Didaktik.* Wetzlar. Büchse der Pandora.

Gruschka, A. (2011). *Verstehen lehren. Ein Plädoyer für guten Unterricht.* Stuttgart: Reclam.

Gruschka, A. (2013). *Unterrichten: Eine pädagogische Theorie auf empirischer Basis.* Opladen: Leske + Budrich.

Klieme, E., Avenarius, H., Blum, W., Döbrich, P., Gruber, H., Prenzel, M., Reiss, K., Riquarts, K., Rost, J., Tenorth, H.-E. & Vollmer, H. J. (2003). *Zur Entwicklung nationaler Bildungsstandards. Eine Expertise.* Bonn: BMBF (Bundesministerium für Bildung und Forschung).

Weinert, F. E. (2001). Vergleichende Leistungsmessung in Schulen – eine umstrittene Selbstverständlichkeit. In F. E. Weinert (Hrsg.), *Leistungsmessungen in Schulen* (S. 17-31). Weinheim, Basel: Beltz.

Teil 2

Studierfähig? Lernen und Leistungen
in der gymnasialen Oberstufe

Dorit Bosse, Julian Kempf

Der Übergang in die Einführungsphase als Herausforderung für die gymnasiale Oberstufe

1   Von der Sekundarstufe I in die gymnasiale Oberstufe – der Übergang in die Einführungsphase gewinnt an Bedeutung

Im Bildungsverlauf von Heranwachsenden spielen Übergänge innerhalb des Bildungssystems eine zentrale Rolle. Gemeint sind die Übergänge vom Kindergarten in die Grundschule und in die Sekundarstufe I, in die gymnasiale Oberstufe oder in eine berufliche Ausbildung sowie der Übergang nach dem Abitur in Studium und Beruf. Übergänge werden auch als „Statuspassagen" bezeichnet, ein der Ethnografie entlehnter Begriff, mit dem einschneidende Entwicklungsschritte im Leben eines Menschen zum Ausdruck kommen, die gesellschaftlich zumeist durch kulturelle Rituale gestützt werden (Gennep, 1986; Glaser & Strauss, 1971). Während die Übergänge vom Kindergarten in die Grundschule und anschließend in die Sekundarstufe I sowie der Übergang Schule-Hochschule in der wissenschaftlichen Diskussion und in der Forschung viel Beachtung finden (Bornkessel & Asdonk, 2011; Heinzel, 2009; Huber, 2009a; Baumert et al., 2009; Koch, 2001; Lehmann & Peek, 1997), erhält der Übertritt in die gymnasiale Oberstufe erst in den letzten Jahren mehr Aufmerksamkeit (Klomfaß, Stübig & Fabel-Lamla, 2013; Behörde für Schule und Berufsbildung, 2012; Salewski & Bosse, 2011; bezogen auf die Schweiz Neuenschwander & Malti, 2009). Inzwischen wird auch der Zusammenhang zwischen dem Grundschulübertritt und dem Übergang in die Sekundarstufe II untersucht (bezogen auf die Schweiz Trautwein et al., 2008).

Woran liegt es, dass der Übertritt in die Sekundarstufe II als schulischer Übergang in der Vergangenheit eher vernachlässigt wurde? Auch wenn alle Übergänge bildungsbiografisch wichtige Gelenkstellen innerhalb des Lebenslaufs eines Heranwachsenden darstellen, geschieht bei Schülerinnen und Schülern, die ein grundständiges Gymnasium oder eine Gesamtschule mit Oberstufe besuchen – und das ist nach wie vor die Mehrheit der Abiturientinnen und Abiturienten –, der Übergang von der Sekundarstufe I in die Sekundarstufe II mehr oder weniger unbemerkt, weil er mit keinem institutionellen Wechsel verbunden ist. Der Status ändert sich aber auch bei Jugendlichen der genannten Schulformen wie bei allen übrigen insofern, als Schüler nun als „Oberstufenschüler" bezeichnet werden, die sich im Kurssystem der Oberstufe mit wechselnden Kurszusammensetzungen,[1]

---

1   Sofern die Jugendlichen in einem der fünf verbliebenen Bundesländer leben, die das Kurssystem beibehalten haben (Nordrhein-Westfalen, Berlin, Rheinland-Pfalz, Sachsen, Hessen). In den übrigen Bundesländern und Stadtstaaten gibt es nur noch in reduziertem Umfang Unterricht in

steigenden Anforderungen an Selbstständigkeit und Leistungsfähigkeit und mit dem „Gesiezt"-Werden durch ihre Lehrerinnen und Lehrer konfrontiert sehen. Auch die mit Statuspassagen einhergehende Stützung durch kulturelle Rituale reduziert sich merklich beim Übertritt in die gymnasiale Oberstufe. An Gymnasien und Gesamtschulen mit Oberstufen vollzieht sich der Wechsel von der Mittelstufe in die Einführungsphase (kurz: E-Phase) zumeist unmerklich ohne große Aufnahme- oder Begrüßungsfeier.

In den letzten Jahren haben sich die Wege zur Hochschulreife geöffnet und sind variabler geworden, das allgemeinbildende Gymnasium hat seine Monopolstellung zur Erreichung des Abiturs verloren (Baumert, Cortina & Leschinsky, 2008). Es ist längst nicht mehr so, dass die Entscheidung für eine Schulform nach der Grundschule zwangsläufig mit einem bestimmten Schulabschluss einhergehen muss, mit anderen Worten, auch wenn ein Kind nach der Grundschule nicht auf das Gymnasium wechselt, ist das Schulsystem in Deutschland inzwischen etwas durchlässiger geworden, so dass der Besuch einer Gemeinschaftsschule, Gesamtschule, Realschule oder auch der Hauptschule, die es in einigen Bundesländern noch gibt, mit dem Abitur abgeschlossen werden kann (Huber, 2009b; Köller et al., 2004). Allerdings soll nicht verschwiegen werden, dass eine Schullaufbahn, die etwa von der Hauptschule über die Realschule in die Oberstufe führt – was nach wie vor eher die Ausnahme sein dürfte –, Heranwachsenden einen enormen Durchsetzungswillen abverlangt und viel Unterstützung durch Schule und Elternhaus erforderlich macht. So stieg der Anteil an Realschülerinnen und -schülern, die in die gymnasiale Oberstufe einer Integrierten Gesamtschule wechselten, von 9,2 Prozent im Schuljahr 2000/01 auf 16,4 Prozent im Jahr 2008/09 (Bildungsbericht 2010, Tab. D1-4A). Köller weist darauf hin, dass im Schuljahr 2009/10 bereits ein Viertel der Abiturientinnen und Abiturienten ihre Hochschulreife nicht mehr an einem allgemeinbildenden Gymnasium erworben haben (Köller, 2013). Der Übergang von der Mittelstufe in die Oberstufe ist also, institutionell gesehen, angesichts von Bildungsverläufen mit unterschiedlichem Leistungsniveau vielfältiger geworden und macht gute Konzepte eines adaptiven Unterrichts sowie zusätzliche Förderangebote erforderlich, um an die unterschiedlichen Lernvoraussetzungen der Schülerinnen und Schüler anknüpfen zu können.

Der Übertritt in die Oberstufe hat in den letzten Jahren aber auch deshalb größere Beachtung gefunden, weil durch die Verkürzung des gymnasialen Bildungsgangs die Altersunterschiede zwischen den Schülerinnen und Schülern in der E-Phase zugenommen haben. Insbesondere eigenständige gymnasiale und berufliche Oberstufenschulen, auf die Schülerinnen und Schüler aus Gemeinschaftsschulen, Integrierten und Kooperativen Gesamtschulen ohne Oberstufe, aus Realschulen und aus grundständigen Gymnasien wechseln, stehen angesichts des unterschiedlichen psychosozialen Entwicklungsstands ihrer Schülerschaft vor allem in der E-Phase

---

wählbaren Kursen, selbst in Bremen, Hamburg und Schleswig-Holstein mit ihren Profiloberstufen; siehe zur Frage der Wahlmöglichkeiten in der gymnasialen Oberstufe nach den Vereinbarungen der Kultusministerkonferenz im Jahre 2006 Huber & Kurnitzki (2012).

vor großen Herausforderungen bei der Unterrichtsgestaltung. Hatte die frühere 11. Klasse, vor allem im ersten Halbjahr, auch zu G9-Zeiten schon eine kompensatorische und integrative Funktion, so hat die Notwendigkeit zur individuellen Förderung in der E-Phase nicht nur in fachlicher und methodischer Hinsicht, sondern insbesondere auch im Bereich der sozialen Entwicklung angesichts von Bildungsverläufen unterschiedlicher Länge in jüngster Zeit zugenommen.

2 Evaluation eines Jahrgangs in der Einführungsphase eines hessischen Oberstufengymnasiums

Von den Schülerinnen und Schülern, die im Schuljahr 2010/2011 die Einführungsphase an deutschen G8-Gymnasien durchliefen, besuchten knapp drei Prozent im Vorjahr keine Gymnasien oder gymnasiale Zweige kooperativer Gesamtschulen und wechselten mit dem Übergang in die Oberstufe auch die Schulform (Statistisches Bundesamt, 2011). In einigen Fällen gestaltet sich der Übergang in die Oberstufe einer anderen Schule auch systembedingt, beispielsweise wenn ein Abitur an beruflichen Gymnasien, Abendgymnasien oder Kollegs angestrebt wird, oder wenn die besuchte Integrierte Gesamtschule mit der zehnten oder die Kooperative Gesamtschule im Gymnasialzweig mit der neunten Klassenstufe endet.

Im Bundesland Hessen gibt es 21 allgemeinbildende gymnasiale Oberstufenschulen, die drei Schuljahre umfassen, die einjährige Einführungsphase und die zweijährige Qualifikationsphase. Diese Oberstufen stehen grundsätzlich allen Schülerinnen und Schülern offen, die mit dem Abschluss der Sekundarstufe I die Berechtigung für den Besuch der gymnasialen Oberstufe erhalten. Es sind Schulen, die auf die heterogene Schülerschaft unterschiedlicher Herkunftsschulen seit langem spezialisiert sind. Vor dem Hintergrund der aktuellen Veränderungen wie der Verkürzung der Schulzeit und der Einführung des Zentralabiturs wird am Beispiel einer hessischen gymnasialen Oberstufe der Frage nachgegangen, wie Schülerinnen und Schüler nach dem Übergang in die Sekundarstufe II ihre Lernumwelt erfahren, mit welchen Problemen sie konfrontiert werden und welche Formen der Unterstützung sie wünschen.

Bei der ausgewählten Schule handelt es sich um eines der größten hessischen Oberstufengymnasien, die Jacob-Grimm-Schule Kassel, mit einer durchschnittlichen Jahrgangsbreite von 200 bis 240 Schülerinnen und Schülern. Der Unterricht findet an dieser Schule in der E-Phase weitgehend im Klassenverband statt, wobei sich die Bildung der Klassen durch die Einwahl in die Orientierungskurse ergibt, die von den Schülerinnen und Schülern mit Blick auf die zwei in der Q-Phase zu belegenden Leistungskurse gewählt werden. Die Schule erhält ihre Schülerinnen und Schüler aus 30 Mittelstufenschulen, unter denen sich auch zwei der vier hessischen Versuchsschulen befinden. Auch aus grundständigen Gymnasien wechseln einige Schülerinnen und Schüler an die Oberstufenschule. Pro Woche sind 34 Unterrichtsstunden zu belegen, davon 29 im Pflichtbereich, zwei im Wahlpflichtbereich, je eine zusätzliche Stunde in jedem Orientierungsfach und eine Klassenlehrerstunde pro Woche.

2.1 Methode und Stichprobe

Die Studie basiert auf einer Online-Fragebogenerhebung, mit der $N = 234$ der ca. 300 Schülerinnen und Schüler des Doppeljahrgangs (G8 und G9) in der E-Phase des Oberstufengymnasiums erfasst wurden. Der Fragebogen wurde während der Unterrichtszeit unter Aufsicht bearbeitet, 60 Minuten standen dafür zur Verfügung. Das im Vorfeld pilotierte Erhebungsinstrument umfasst 18 geschlossene und sieben offene Antwortformate, die sich auf die Bereiche soziodemographische Merkmale, schulischer Übergang, Lernatmosphäre, Lehrer-Schüler-Verhältnis und Lernprobleme beziehen. Die offenen Antwortformate wurden nach der Erhebung anhand theoretischer Vorüberlegungen, u. a. zum Belastungserleben auf der Grundlage des transaktionalen Stressmodells von Lazarus (1966), und häufig genannter Aspekte jeweils hinsichtlich mehrerer Kategorien dichotom skaliert (Kategorie nicht genannt, Kategorie genannt; Mehrfachnennungen möglich). Die Untersuchung mit den 234 teilnehmenden Schülerinnen (59.8 %) und Schülern (40.2 %) fand zur Mitte des Schuljahres 2010/2011 statt, einige Wochen nach den Halbjahreszeugnissen. Es handelt sich um den ersten doppelten Jahrgang von G8- und G9-Schülerinnen und -Schülern, der an diesem Oberstufengymnasium in der E-Phase gemeinsam unterrichtet wurde. 23.9 Prozent der Befragten kamen aus G8-Zweigen, 76.1 Prozent aus G9-Zweigen.

Tabelle 1 zeigt die bezüglich ihrer Herkunftsschulformen und der Schulzeitverkürzung heterogen zusammengesetzte Schülerschaft der Gesamtstichprobe.[2] Hinsichtlich der höchsten Bildungsabschlüsse der Mütter (Väter) lässt sich festhalten, dass 5.2 (10.5) Prozent einen Hauptschulabschluss, 32.6 (22.3) Prozent einen Realschulabschluss, 21.9 (18.6) Prozent das Abitur und 40.3 (48.6) Prozent einen Hochschulabschluss vorweisen können. In 79.1 Prozent der Familien hat mindestens ein Elternteil das Abitur. 10.3 Prozent ($n = 24$) geben eine andere Muttersprache als Deutsch an. Mit Blick auf die Schulzeitverkürzung zeigt sich ein statistisch signifikanter Zusammenhang zwischen der Höhe des Bildungsabschlusses der Mutter und dem Besuch eines G9-Zweigs ihres Kindes (*Mann-Whitney-U* = 4130.00, $Z = 1.99$, $p < .05$).[3]

---

2   Zu beachten ist, dass hier die Bezeichnung G9 für eine neunjährige Schullaufbahn bis zum Eintritt in die gymnasiale Oberstufe steht und nicht nur offiziell benannte G9-Zweige kooperativer Gesamtschulen oder Gymnasien repräsentiert.

3   Dieses und folgende Ergebnisse zur Schulzeitverkürzung beziehen sich auf die Gesamtstichprobe, um die praktischen Implikationen der Ergebnisse beizubehalten. Bei der alleinigen Betrachtung der Gymnasialzweige kooperativer Gesamtschulen zeigen Vergleiche der G8- und G9-Zweige Werte, die nur gering von den berichteten Signifikanzen abweichen (.05 > p > .01). Die Ergebnisse beruhen demnach nicht auf einer Konfundierung von Schulform und Schulzeitverkürzung.

Tabelle 1: Schulformen der Herkunftsschulen nach G8- und G9-Jahrgängen ($N = 234$, 11 fehlend)

% (n)	Kooperative Gesamt-schule G-Zweig	Kooperative Gesamt-schule R-Zweig	Gym-nasium	Integrierte Gesamt-schule	Realschule	Gesamt
G8	23.3 (52)	-	0.4 (1)	-	-	23.8 (53)
G9	29.6 (66)	4.0 (9)	5.8 (13)	32.2 (74)	3.6 (8)	76.2 (170)
Gesamt	52.9 (118)	4.0 (9)	6.3 (14)	33.2 (74)	3.6 (8)	100 (223)

Quelle: Eigene Berechnungen.

2.2 Ergebnisse

Um das subjektive Befinden und die schülereigenen Einstellungen zu Beginn der gymnasialen Oberstufe darzustellen, werden folgend die Ergebnisse ausgewählter offener Beantwortungen der explorativen Studie vorgestellt.

Verbesserungswünsche während der Einführungsphase
Hinsichtlich der Frage „Welche Vorschläge haben Sie, um die Einführungsphase noch besser zu gestalten?" wünschten sich 43 Schülerinnen und Schüler (18.4 %) einen Ausbau der individuellen Betreuung. Diese am stärksten ausgeprägte Kategorie wird besonders von Schülerinnen und Schülern genannt, die im Halbjahres-zeugnis schwächere Mathematikleistungen bescheinigt bekommen (*Mann-Whitney-U* = 3021.00, $Z = -2.64$, $p < .01$). Vergleichend hierzu zeigt sich ein signifikanter Zusammenhang zwischen der Nennung zu hoher Anforderungen während der Ein-führungsphase (11.5 %) und der Selbsteinschätzung, im Fach Deutsch durch die Mittelstufe eher schlecht vorbereitet zu sein ($t(232) = 3.82$, $p < .001$). Weitere Ant-worten wurden den Kategorien „Schüler-Schüler-Verhältnis stärken" (13.7 %) und „schulische Organisation verbessern" (11.1 %) zugeordnet. Unter „schulische Or-ganisation" wurden Nennungen der Befragten wie „schlechte Stundenplanorgani-sation (viele Freistunden)", „schlechte Cafeteria", „zu viele Referendare", „zu gro-ße Kurse" oder „veraltetes Lehrmaterial" gefasst (vgl. Hoffmann-Höhmann, 2012, S. 44). Ergänzend sei hier festgehalten, dass die Forderungen nach besserer schu-lischer Organisation und individueller Betreuung während der Einführungspha-se mit Nennungen über die Förderung der Selbstständigkeit als allgemein positi-ve Eigenschaft der Schule zusammenhängen (χ^2 (1, $N = 234$) = 10.18, $p < .01$ und χ^2 (1, $N = 234$) = 5.30, $p < .05$).

Lernprobleme
Auf die Frage: „Womit haben Sie beim Lernen die meisten Probleme?" wurden im Rahmen des offenen Antwortformats am häufigsten (19.2 %) Probleme mit Moti-vation und Konzentration genannt. 17.1 Prozent der angegebenen Lernprobleme

beziehen sich darauf, dass zu viel Stoff bezüglich unterschiedlicher Fächer in einer zu kurzen Zeitspanne zu bewältigen sei. Diese Nennungen wurden der Kategorie „Zeitmanagement" zugeordnet (s. Abb. 1). Hierunter fielen z.B. Angaben wie „zu viele Hausaufgaben", „zu viele Referate", „zu viele Klausuren (in zu kurzen Zeiträumen)", „zu viel Nachmittagsunterricht", „langer Schultag", „keine Hobbies mehr haben können" und „wenig Freizeit" (vgl. Hoffmann-Höhmann, 2012, S. 39). Während Probleme mit dem „Zeitmanagement" die ehemaligen G8-Jahrgänge tendenziell seltener als die G9-Jahrgänge thematisierten (χ^2 (1, $N = 234$) = 3.46, $p < .06$), wurden Probleme mit selbstständigem Arbeiten und zu ungenauen Lernzielvorgaben signifikant häufiger von G8- als von G9-Schülerinnen und -Schülern formuliert (χ^2 (1, $N = 234$) = 8.00, $p < .01$; vgl. Abb. 1). Zu hohe Anforderungen, respektive zu geringe Vorkenntnisse, wurden von 9.0 Prozent der Teilnehmenden genannt und vier Personen unterschiedlicher Herkunftsschulen gaben an, bisher das Lernen selbst einfach nicht gelernt zu haben.

Unterstützungskurse

„In welchen Fächern wünschen Sie sich Unterstützungskurse?" lautete eine weitere offene Frage, die von 34.6 Prozent der Schülerinnen und Schüler in der E-Phase mit Mathematik beantwortet wurde, 30.3 Prozent gaben Fremdsprachen an und 23.5 Prozent Naturwissenschaften. Unterstützungskurse in Deutsch wünschten sich 28.6 Prozent des früheren G8-, aber nur 8.4 Prozent des früheren G9-Zweigs, was statistisch einen deutlich signifikanten Unterschied darstellt (χ^2 (1, $N = 234$) = 15.04, $p < .001$; vgl. Abb. 1). Für die anderen genannten Fächer sind jedoch, bezüglich der verkürzten Schulzeit, keine Unterschiede in der gewünschten Unterstützung zu finden. Für alle gewünschten Unterstützungskurse gilt, dass hohe Korrelationen zwischen den angegebenen Fächern mit entsprechend schlechten Noten an der Herkunftsschule und am Oberstufengymnasium nach dem ersten Halbjahr bestehen.

Leistungsdruck

Hinsichtlich der Hoffnungen und Befürchtungen in Bezug auf den Wechsel zum Oberstufengymnasium antworteten 66.7 Prozent der Schülerinnen und Schüler im Rahmen der Kategorie „Leistungsdruck". Darunter wurden u.a. „schlechte Noten", „Versagen", „Scheitern", „Abitur nicht schaffen", „zu hohe Anforderungen", „Überforderung", „zu viel Stoff", „sehr starke Leistungsorientierung" und „kein Selbstvertrauen" gefasst (vgl. Hoffmann-Höhmann, 2012, S. 38). Als Problemfeld während der ersten Wochen und Monate nach dem Wechsel wurde selbige Kategorie noch von 36.3 Prozent thematisiert. Auf die den Fragebogen abschließende Frage nach allgemein negativen Erfahrungen nach dem ersten Halbjahr an der neuen Schule nennen 18.8 Prozent die Kategorie „Leistungsdruck", was in Zusammenhang mit dem früheren Besuch eines G8-Zweigs (χ^2 (1, $N = 234$) = 4.60, $p < .05$; vgl. Abb. 1) und genannten Lernproblemen aufgrund zu geringer Vorkenntnisse und zu hoher Anforderungen (χ^2 (1, $N = 234$) = 8.74, $p < .01$) steht.

Abb. 1:   In offenen Antwortformaten genannte Kategorien zur Frage „Womit haben Sie beim Lernen die meisten Probleme?" (prozentuale Werte jeweils in Bezug auf G8- oder G9-Schülerinnen und -Schüler)

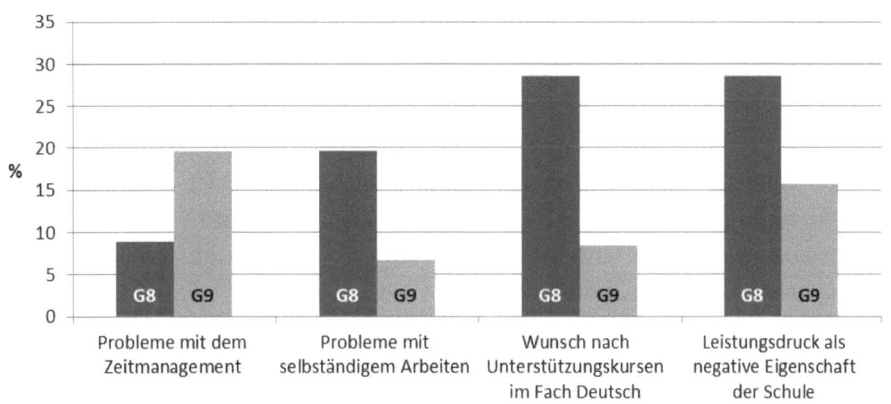

Quelle: Eigene Darstellung.

2.3   Diskussion

Zur Zusammensetzung der Stichprobe nach Herkunftsschulen und familiärem Hintergrund

Knapp die Hälfte der Befragten kommt von einer Kooperativen Gesamtschule, mit der das Oberstufengymnasium – auch durch gegenseitige Lehrerabordnungen – seit vielen Jahren zusammenarbeitet. Wie der mit 18.4 Prozent relativ geringe Anteil der Befragten, die mehr individuelle Beratung wünschen, auf die Zusammenarbeit der beiden Schulen zurückgeführt werden kann, lässt sich anhand der erhobenen Daten nicht klären. 36 Befragte waren Schülerinnen und Schüler der zwei hessischen Versuchsschulen, beides Integrierte Gesamtschulen mit G9-Zweigen, zu deren pädagogischen Konzepten u.a. die Förderung selbstständigen Lernens, Freiarbeit, projektorientiertes Lernen und das Arbeiten in altersgemischten Lerngruppen gehören. Insgesamt sind es eher G8-Schülerinnen und -Schüler, die angaben, Probleme mit selbstständigem Lernen zu haben, und zwar immerhin knapp ein Fünftel der Befragten, die einen G8-Zweig besucht haben. 15 Schülerinnen und Schüler sind von grundständigen Gymnasien an die Oberstufenschule gewechselt. Zu diesen Wechseln kommt es i.d.R. aufgrund gewünschter Leistungskurse, die an Gymnasien mit schmalen Jahrgangsbreiten nicht angeboten werden können. Anhand des erfragten Bildungshintergrunds der Eltern lässt sich feststellen, dass weit mehr als zwei Drittel der Befragten in einer Familie mit relativ hoher Bildungsaspiration aufwächst, in 79.1 Prozent der Familien hat mindestens ein Elternteil Abitur.[4] Mit 10.3 Prozent ist der Anteil von Schülerinnen und Schülern mit Migrationshintergrund an

---

4   Im Vergleich dazu seien die beiden TOSCA-2002- und 2006-Kohorten herangezogen, bei denen auf die Frage nach der schulischen Bildung der Eltern unter „Fachabitur, Abitur" 58.6 Prozent (2002) und 59.2 Prozent (2006) angegeben wurden (Becker, Maaz & Neumann, 2010, S. 134).

der Jacob-Grimm-Schule nicht besonders hoch, wenn man die Zusammensetzung der Population der Befragten etwa mit den Stichproben der beiden TOSCA-Studien vergleicht, wo der Anteil an Abiturientinnen und Abiturienten mit Migrationshintergrund bei 21.4 Prozent (2002) und 22.9 Prozent (2006) lag.[5]

Zur Auswertung der offenen Fragen

Im Rahmen der Fragebogenerhebung mit einem hohen Anteil offener Antwortformate kann ein differenzierter Blick auf die Schülerperspektiven zu Beginn der gymnasialen Oberstufe geworfen werden. Es zeigt sich, dass in der Einführungsphase des Oberstufengymnasiums, insbesondere vor dem Hintergrund unterschiedlicher Lernerfahrungen in der Mittelstufenzeit, individuelle Förderung vor allem von jenen Schülerinnen und Schülern gewünscht wird, denen im Halbjahreszeugnis eher schwache Leistungen in Mathematik bescheinigt wurden. Diesen Befragten ist nach einem halben Jahr Oberstufenzeit offenbar bewusst, dass bei einem Fach wie Mathematik, das einen kumulativen Wissensaufbau verlangt, nur eine gezielte, auf die individuellen Defizite abgestimmte Betreuung helfen kann, Lücken zu schließen, um die Q-Phase erfolgreich durchlaufen zu können. Entsprechend geben auch über ein Drittel der Befragten auf die Frage nach gewünschten Unterstützungskursen das Fach Mathematik an, gefolgt von Fremdsprachen, Naturwissenschaften und Deutsch, wobei bei letzterem Fach ein signifikanter Unterschied zwischen Schülerinnen und Schülern aus G8- (28.6 %) und G9-Zweigen (8.4 %) besteht. Möglicherweise zeigen sich gerade in einem Fach wie Deutsch mit seinem hohen Anteil an literarischer Textarbeit die Entwicklungsunterschiede zwischen den G8- und G9-Schülerinnen und -Schülern. Wenn es etwa um einfühlendes Verstehen in die psychische Verfasstheit des Protagonisten eines Romans geht und das Nachvollziehen seiner Beweggründe für ein bestimmtes Verhalten, sind Schülerinnen und Schüler mit einem Schuljahr mehr Deutschunterricht, einem Jahr mehr Lebenserfahrung und weiterentwickelter intellektueller Reife wahrscheinlich gegenüber ihren jüngeren Mitschülerinnen und Mitschülern im Vorteil. Ein weiterer Befund zu diesem Schulfach: Wer im Halbjahreszeugnis schlechte Noten in Deutsch hatte, klagt generell eher über „Leistungsdruck" in der E-Phase. Hier erweist sich das Fach Deutsch offenbar als eines der zentralen Kernfächer, die grundlegende Kompetenzen vermitteln, die auch für andere Fächer relevant sind, d.h. wer in Deutsch nur eine geringe Punktzahl erreicht, steht möglicherweise auch eher in anderen Fächern unter Druck und klagt über hohe Anforderungen.

Die Auswertung der Befragung verweist auf einen weiteren interessanten Zusammenhang: Wer bei der Frage nach positiven Eigenschaften der Schule die Förderung der Selbstständigkeit angegeben hat, fordert auch eher eine bessere schulische Organisation und individuelle Betreuung in der E-Phase. Wem also die

---

5   Allerdings wurde in der vorliegenden Studie zur Erfassung der Schülerinnen und Schüler mit Migrationshintergrund danach gefragt, wer mit einer anderen Muttersprache als Deutsch aufgewachsen ist, während in den TOSCA-Studien für die Feststellung des Migrationshintergrunds drei Kategorien unterschieden wurden, z.B. ob ein Elternteil im Ausland geboren wurde (Becker, Maaz & Neumann, 2010, S. 132).

Entwicklung der persönlichen Selbstständigkeit wichtig ist, der legt auch Wert auf eine gute schulische Organisation (gute Stundenplangestaltung, nicht zu große Kurse), die das Selbstständigwerden ermöglicht und unterstützt. Zugleich hilft auch individuelle Betreuung als unterstützende Begleitung beim Verfolgen dieses Entwicklungsziels.

Interessanterweise geben Schülerinnen und Schüler aus dem G8-Zweig im Vergleich zu jenen aus G9-Zweigen seltener an, Probleme mit dem Zeitmanagement zu haben, während die G8er signifikant häufiger Schwierigkeiten mit selbstständigem Arbeiten und zu ungenauen Zielangaben nennen. Es liegt nahe, sich Schülerinnen und Schüler, die mit der Verkürzung des gymnasialen Bildungsgangs von Beginn ihrer Mittelstufenzeit an konfrontiert worden sind, als gut organisierte Lernerinnen und Lerner vorzustellen, die den Umgang mit ressourciellen Strategien für eine sinnvolle Einteilung ihrer knappen Zeit früh lernen mussten. Hingegen sind reifere Lerner wahrscheinlich auch eher diejenigen, die anspruchsvolle kognitive und metakognitive Strategien – die Voraussetzungen für selbstständiges Arbeiten sind – im Lernen einsetzen, weil sie diese wahrscheinlich über einen längeren Zeitraum einüben und erproben konnten als ihre G8-Mitschülerinnen und -Mitschüler. Den G9ern fällt es als um ein Jahr intellektuell Weiterentwickelte offenbar auch weniger schwer, mit ungenauen Zielangaben im Lernen versiert zu operieren. Vielleicht brauchen sie als erfahrenere Lernerinnen und Lerner auch weniger genaue Zielangaben, weil sie sich die Zielsetzung einer Aufgabe bereits müheloser, als dies noch G8ern gelingt, aus dem fachlichen Kontext und vor dem Hintergrund ihrer längeren Unterrichtspraxis erschließen können.

Auf die Frage nach den Hoffnungen und Befürchtungen beim Wechsel in das Oberstufengymnasium liefern zwei Drittel der Befragten Antworten, die unter die Kategorie „Leistungsdruck" gefasst wurden. Das Antwortverhalten der Mehrzahl der Befragten mag wenig verwundern, sind die Schülerinnen und Schüler doch auf eine neue Schule gewechselt, dessen Anforderungsniveau sie nicht sicher kannten. Zudem lag für die meisten von ihnen, die eine Mittelstufenschule ohne Oberstufe besucht haben, das Ziel Abitur – auch rein institutionell gesehen – in weiter Ferne. Als am Ende des Fragebogens nach negativen Erfahrungen während des ersten Halbjahres der E-Phase gefragt wird, geben – erwartungskonform – eher Schülerinnen und Schüler eines G8- als eines G9-Zweigs wiederum „Leistungsdruck" an. Unter Leistungsdruck leiden naheliegender Weise auch eher jene Schülerinnen und Schüler, die angeben, in der E-Phase zu hohen Anforderungen ausgesetzt zu sein und über zu geringe Vorkenntnisse zu verfügen. Ob die G8er nun wirklich schlechter auf die E-Phase vorbereitet sind oder sich eher durch ihre G9-Mitschülerinnen und -Mitschüler verunsichern lassen, lässt sich aus den erhobenen Daten nicht sicher schließen.

Zusammenfassend lässt sich festhalten, dass aufgrund der in Hessen – wie in zahlreichen anderen Bundesländern auch – nach wie vor nicht einheitlich geregelten Länge der Schulzeit des gymnasialen Bildungsgangs und angesichts der unterschiedlichen Herkunftsschulen, von denen Schülerinnen und Schüler auf

Oberstufengymnasien wechseln, insbesondere an dieser Schulform in der E-Phase eine gezielte fachliche und methodische Unterstützung und sozial integrative Maßnahmen notwendig sind. Diesem Anspruch im Rahmen eines am Zentralabitur und zukünftig an Bildungsstandards ausgerichteten Unterrichts bei zunehmender Verringerung der Möglichkeiten zur individuellen Schwerpunktsetzung in der gymnasialen Oberstufe gerecht zu werden, ist eine Herausforderung, der sich Schule, Wissenschaft und Bildungspolitik zu stellen haben.

Literatur

Baumert, J., Becker, M., Neumann, M. & Nikolova, R. (2009). Frühübergang in ein grundständiges Gymnasium – Übergang in ein privilegiertes Entwicklungsmilieu? Ein Vergleich von Regressionsanalyse und Propensity Score Matching. *Zeitschrift für Erziehungswissenschaft, 12*, S. 189-215.

Baumert, J., Cortina, K.S. & Leschinsky, A. (2008). Grundlegende Entwicklungen und Strukturprobleme im allgemeinbildenden Schulwesen. In K.S. Cortina, J. Baumert, A. Leschinsky, U. Mayer & L. Trommer, L. (Hrsg.), *Das Bildungswesen in der Bundesrepublik Deutschland: Strukturen und Entwicklungen im Überblick* (S. 53-130). Reinbek: Rowohlt (vollständig überarbeitete Ausgabe).

Becker, M., Maaz, K. & Neumann, M. (2010). Schulbiografien, familiärer Hintergrund und kognitive Eingangsvoraussetzungen im Kohortenvergleich. In U. Trautwein, M. Neumann, G. Nagy, O. Lüdtke & K. Maaz (Hrsg.), *Schulleistungen von Abiturienten. Die neu geordnete gymnasiale Oberstufe auf dem Prüfstand* (S. 127-146). Wiesbaden: VS Verlag für Sozialwissenschaften.

Behörde für Schule und Berufsbildung (Hrsg.) (2012). *LAU. Aspekte der Lernausgangslage und der Lernentwicklung – Klassenstufen 11 und 13.* Münster u. a.: Waxmann.

Bildungsbericht 2010 = Bildung in Deutschland 2010. Herausgeber: Autorengruppe Bildungsberichterstattung im Auftrag der Ständigen Konferenz der Kultusminister der Länder in der Bundesrepublik Deutschland und des Bundesministeriums für Bildung und Forschung, Tabelle D1-4A. Bielefeld: Bertelsmann Verlag.

Bornkessel, P. & Asdonk, J. (Hrsg.) (2011). *Der Übergang Schule-Hochschule. Zur Bedeutung sozialer, persönlicher und institutioneller Faktoren am Ende der Sekundarstufe II.* Wiesbaden: VS Verlag für Sozialwissenschaften.

Gennep, A. van (1986). *Übergangsriten.* Frankfurt/M.: Campus Verlag.

Glaser, B. G. & Strauss, A. L. (1971). *Status Passage.* New Jersey: The State University of New Jersey.

Heinzel, F. (2009). Übergänge im Schulsystem. In S. Blömeke, T. Bohl, L. Haag, G. Lang-Wojtasikj & W. Sacher (Hrsg.), *Handbuch Schule: Theorie – Organisation – Entwicklung* (S. 298-303). Bad Heilbrunn: Klinkhardt.

Hoffmann-Höhmann, M. (2012). *Belastungsempfinden von G8- und G9-Schülerinnen und Schülern in der Einführungsphase der Oberstufe am Beispiel der Jacob-Grimm-Schule Kassel. Befunde einer Fragebogenerhebung* (unveröffentlichte Examensarbeit).

Huber, L. (2009a). Von „basalen Fähigkeiten" bis „vertiefte Allgemeinbildung": Was sollen Abiturientinnen und Abiturienten für das Studium mitbringen? In D. Bosse (Hrsg.), *Gymnasiale Bildung zwischen Kompetenzorientierung und Kulturarbeit* (S. 107-124). Wiesbaden: VS Verlag für Sozialwissenschaften.

Huber, L. (2009b). Auf dem fliegenden Teppich über der künftigen Sekundarstufe II. In D. Bosse & P. Posch (Hrsg.), *Schule 2020 aus Expertensicht. Zur Zukunft von*

Schule, Unterricht und Lehrerbildung (S. 185–190). Wiesbaden: VS Verlag für Sozialwissenschaften.

Huber, L. & Kurnitzki, S. (2012). Individuelle Schwerpunktsetzung auf der gymnasialen Oberstufe?! Vorhaben und Wahlmöglichkeiten in den Bundesländern sechs Jahre nach der KMK-Vereinbarung. *TriOS. Forum für schulnahe Forschung, Schulentwicklung und Evaluation, 7* (1), S. 7-151.

Klomfaß, S., Stübig, F. & Fabel-Lamla, M. (2013). Der Übergang von der Sekundarstufe I in die gymnasiale Oberstufe unter den Bedingungen der gymnasialen Schulzeitverkürzung. In D. Bosse, F. Eberle & B. Schneider-Taylor (Hrsg.), *Standardisierung in der gymnasialen Oberstufe* (S. 147-160). Wiesbaden: VS Verlag für Sozialwissenschaften.

Koch, K. (2001). *Von der Grundschule in die Sekundarstufe. Band 2: Der Übergang aus der Sicht der Lehrerinnen und Lehrer*. Opladen: Leske + Budrich.

Köller, O. (2013). Wege zur Hochschulreife und Sicherung von Standards. In D. Bosse, F. Eberle & B. Schneider-Taylor (Hrsg.), *Standardisierung in der gymnasialen Oberstufe* (S. 15-25). Wiesbaden: VS Verlag für Sozialwissenschaften.

Köller, O., Baumert, J., Cortina, K.S., Trautwein, U. & Watermann, R. (2004). Öffnung von Bildungswegen in der Sekundarstufe II und die Wahrung von Standards: Analysen am Beispiel der Englischleistungen von Oberstufenschülern an integrierten Gesamtschulen, beruflichen und allgemein bildenden Gymnasien. *Zeitschrift für Pädagogik, 5*, S. 679-700.

Lazarus, R. S. (1966). *Psychological Stress and the Coping Process*. New York: McGraw-Hill.

Lehmann, R. H. & Peek, R. (1997). *Aspekte der Lernausgangslage von Schülerinnen und Schülern der fünften Klassen an Hamburger Schulen. Bericht über die Untersuchung im September 1996*. Hamburg (unveröffentlichter Forschungsbericht).

Neuenschwander, M. P. & Malti, T. (2009). Selektionsprozesse beim Übergang in die Sekundarstufe I und II. *Zeitschrift für Erziehungswissenschaft, 12*, S. 216-232.

Salewski, M. & Bosse, D. (2011). Schulisches Sozialkapital als unterstützende Lernbedingungen beim Übergang in die Sekundarstufe II aus Schülersicht. *TriOS. Forum für schulnahe Forschung, Schulentwicklung und Evaluation, 2*, S. 37-48.

Statistisches Bundesamt (2011). *Bildung und Kultur. Allgemeinbildende Schulen. Schuljahr 2010/2011*. Wiesbaden.

Trautwein, U., Baeriswyl, F., Lüdtke, O. & Wandeler, Ch. (2008). Die Öffnung des Schulsystems: Fakt oder Fiktion? Empirische Befunde zum Zusammenhang von Grundschulübertritt und Übergang in die gymnasiale Oberstufe. *Zeitschrift für Erziehungswissenschaft, 11*, S. 648-665.

Philipp Bornkessel, Sebastian U. Kuhnen, Gabriele Klewin

Der Qualifikationsvermerk am Ende der Sekundarstufe II

„Nach dem Alles-oder-Nichts-Prinzip wird zwischen dem letzten erfolgreichen und dem ersten durchgefallenen Prüfling ein wesensmäßiger Unterschied institutionalisiert, der die offiziell anerkannte und garantierte *Kompetenz* vom einfachen Kulturkapital scheidet, das unter ständigem Beweiszwang steht." (Bourdieu, 1983, S. 190; Hervorheb. i. O.)

1   Einleitung

Betrachtet man den gegenwärtigen Stand der quantitativ-empirischen Bildungsungleichheitsforschung, zeigt sich, dass nahezu keine Arbeiten vorliegen, die sich mit der Vergabe des Qualifikationsvermerks beschäftigen. Stattdessen liegt der Fokus darauf, individuelle wie institutionelle Faktoren in ihrer Bedeutung für den (hoch-)schulischen Bildungserfolg zu untersuchen, insbesondere die primären und sekundären Herkunftseffekte. Deren Analyse an den verschiedenen Gelenkstellen des Bildungssystems, vor allem am Übergang von der Primarstufe in die Sekundarstufe I, dominiert die empirische Bildungsungleichheitsforschung der letzten 10 bis 12 Jahre (vgl. Baumert, Stanat & Watermann, 2006a; Maaz, Watermann & Daniel in diesem Band; Reimer & Schindler in diesem Band). Der vorliegende Beitrag stellt dem gegenüber eine Ausnahme dar. Ausgehend von dem Befund, dass deutliche Überschneidungen im Leistungs- und Kompetenzniveau von Schülerinnen und Schülern unterschiedlicher Schulformen der Sekundarstufe I existieren (Baumert, Stanat & Watermann, 2006b), widmet er sich der Frage, inwieweit der Qualifikationsvermerk und seine schulformspezifische Vergabepraxis angemessene Instrumente zur Vorhersage der Eignung für die Oberstufe und den Erwerb der allgemeinen Hochschulreife sind. Hierfür ist es notwendig, Schülerinnen und Schüler mit und ohne Qualifikationsvermerk in einer gleichen schulischen Umwelt auf dem Weg zur allgemeinen Hochschulreife, d.h. in der Oberstufe, zu untersuchen. Da eine solche Konstellation im Regelschulsystem nicht vorzufinden ist, wird dies im Rahmen des vorliegenden Beitrags am Beispiel des Oberstufen-Kollegs geschehen. Hierfür wird zunächst der Qualifikationsvermerk sowie das von der Praxis in den Regelschulen abweichende Auswahlverfahren des Oberstufen-Kollegs erläutert (*Abschnitt 2*). Die darauf aufbauenden Fragestellungen (*Abschnitt 3*) werden anhand von Daten

(*Abschnitt 4/5*) der Schülerinnen und Schüler des Oberstufen-Kollegs untersucht (*Abschnitt 6*) und abschließend zusammengefasst (*Abschnitt 7*).

2 Der Qualifikationsvermerk und das Auswahlverfahren am Oberstufen-Kolleg

Das Oberstufen-Kolleg ist eine der beiden Versuchsschulen des Landes Nordrhein-Westfalen, die einzige, in der die Jahrgänge 11 bis 13 unterrichtet werden. Es verfügt über eine eigene Ausbildungs- und Prüfungsordnung (APO-OS), in der die durch den Versuchsauftrag abweichenden Verfahrensweisen gegenüber der Ausbildungs- und Prüfungsordnung für die gymnasiale Oberstufe (APO-GOSt) geregelt werden. Für die hier verfolgte Fragestellung ist herauszuheben, dass am Oberstufen-Kolleg auch Schülerinnen und Schüler aufgenommen werden können, die nicht über den sogenannten Qualifikationsvermerk verfügen.[1] Mit Qualifikationsvermerk wird hier die Berechtigung zum Besuch der gymnasialen Oberstufe bezeichnet. Diese Berechtigung wird in Nordrhein-Westfalen im §41 der Ausbildungs- und Prüfungsordnung für die Sekundarstufen I (APO-SI) geregelt und erfordert ein bestimmtes Notenniveau bzw. die Versetzung in die Klasse 10 bzw. 11 des Gymnasiums oder der Gesamtschule.

Das Auswahlverfahren am Oberstufen-Kolleg
Anders als an Gymnasien oder Gesamtschulen besuchen am Oberstufen-Kolleg nur Schülerinnen und Schüler, genannt Kollegiatinnen und Kollegiaten, die Schule, die mit dem Jahrgang 11 neu auf die Schule kommen. Im Vorfeld durchlaufen die Bewerberinnen und Bewerber ein mehrstufiges Aufnahmeverfahren, das sowohl den potentiellen zukünftigen Kollegiatinnen und Kollegiaten einen ersten Eindruck von den Angeboten und Anforderungen der Schule als auch der Schule einen Überblick über die Erwartungen und den Leistungsstand der Bewerberinnen und Bewerber bieten soll. In der Regel bewerben sich ca. doppelt so viele Personen wie aufgenommen werden können.

Nach der schriftlichen Bewerbung, in der die Bewerberinnen und Bewerber u.a. die gewünschten Studienfächer (Leistungskurse) nennen, werden sie zu einem Gespräch mit einem Lehrenden und einer Kollegiatin/einem Kollegiaten eingeladen. Die Bewerberinnen und Bewerber können in diesem Gespräch ihre Motivation und Ziele darstellen sowie weitere Informationen zur Schule erhalten. Lehrende wie Kollegiatinnen und Kollegiaten, die an dem Gespräch beteiligt waren, sprechen im Anschluss eine Empfehlung aus: Die Ausbildung wird (A) besonders empfohlen, (B) empfohlen oder von der Ausbildung wird (C) abgeraten.

Alle Bewerberinnen und Bewerber, auch die mit der Empfehlung C, durchlaufen nach dem Gespräch ein Computerauswahlverfahren, in dem neben der

---

1 Für die inhaltlichen Schwerpunkte, organisatorischen und strukturellen Besonderheiten sowie die Forschungs- und Entwicklungsarbeit des Oberstufen-Kollegs siehe Hahn und Oelkers (2012).

Empfehlung insbesondere die gewünschten Studienfächer eine Rolle spielen, da jeweils nur eine begrenzte Anzahl von Plätzen zur Verfügung steht. Die anschließend noch im Verfahren befindlichen Bewerberinnen und Bewerber müssen Eingangstests in Deutsch, Mathematik und einer fortgeführten Fremdsprache absolvieren. Diese Eingangsdiagnosen sollen Grundkenntnisse und möglichen Förderbedarf in den getesteten Bereichen feststellen. Nur wenn der Förderbedarf zu hoch liegt, werden Bewerberinnen und Bewerber nicht aufgenommen. Ansonsten besuchen sie in der Eingangsphase entsprechend den Ergebnissen der Eingangsdiagnosen sogenannte Brückenkurse, die Defizite aus der Sekundarstufe I ausgleichen sollen. Statt der Auswahl über den Qualifikationsvermerk erfolgt am Oberstufen-Kolleg also ein recht aufwändiges Aufnahmeverfahren.

3   Fragestellungen

Die Ausführungen aus den vorherigen Abschnitten führen zu drei Fragen:
1. Ist mit der Vergabe des Qualifikationsvermerks eine fähigkeits- und/oder herkunftsbezogene Selektion verbunden bzw. ist eine solche auch noch am Ende der Sekundarstufe II nachzuweisen?
2. Inwieweit ist bei Schülerinnen und Schülern ohne Qualifikationsvermerk tatsächlich von deutlich größeren Schwierigkeiten beim Erwerb der allgemeinen Hochschulreife zu sprechen?
3. Wie wirkt sich das (Nicht-)Vorhandensein eines Qualifikationsvermerks auf die Schulleistungen bzw. auf die Bildungsabsicht (Studium vs. Berufsausbildung) der Schülerinnen und Schüler aus?

4   Datenbasis

Grundlage der Auswertungen bilden die Daten des an der Wissenschaftlichen Einrichtung Oberstufen-Kolleg seit dem Jahr 2004 kontinuierlich fortgeführten Forschungsprojekts *Krise und Kontinuität in Bildungsgängen: Der Übergang Schule-Hochschule* (Bornkessel & Asdonk, 2011). Ursprünglich als eine Kombination aus Trend- und Längsschnittdesign konzipiert,[2] wird für die nachfolgenden Analysen ‚nur' auf die Daten der Oberstufenkollegiatinnen und -kollegiaten aus den Jahren 2006 bis 2010 zurückgegriffen.[3]

---

2   Zwischen 2006 und 2008 wurden die Absolventenjahrgänge von insgesamt neun Schulen (inkl. des Oberstufen-Kollegs) aus dem Raum Ostwestfalen-Lippe im Quer- und zwischen 2008 und 2010, also zwei Jahre nach dem Abitur, im Längsschnitt befragt (Bornkessel et al., 2011, S. 22f.). Zudem wurden in den Jahren 2009 und 2010 die Abschlussjahrgänge des Oberstufen-Kollegs befragt.
3   Auf eine Analyse im Längsschnitt wurde aufgrund der vergleichsweise geringen Anzahl an Personen ohne Qualifikationsvermerk verzichtet.

Für die Untersuchung steht damit ein Datensatz mit insgesamt N = 671 Fällen – dies entspricht einer Ausschöpfungsquote von 87,5 Prozent – zur Verfügung (vgl. Tab. 1).

Tabelle 1: Ausschöpfungsquote für die Befragungen am Oberstufen-Kolleg in den Jahren 2006 bis 2010

| Jahrgang | angestrebte Vollerhebung | realisierte Stichprobe | | |
| | | Qualifikationsvermerk | | |
		nicht vorhanden	vorhanden	Σ
2006	137	39	72	111 (81,0)
2007	152	47	96	143 (94,1)
2008	146	42	92	134 (91,8)
2009	166	38	100	138 (83,1)
2010	166	41	104	145 (87,4)
Σ	767	464	207	671 (87,5)

Anmerkungen: Ausschöpfungsquote der einzelnen Jahrgänge in Klammern.
Quelle: Eigene Berechnungen.

5 Instrumentierung

Im Folgenden werden – differenziert nach unabhängigen (Abschnitt 5.1) und abhängigen Variablen (Abschnitt 5.2) – die Operationalisierungen der Begriffe und Konstrukte vorgestellt, die u.E. für die Beantwortung der unter Kapitel 3 formulierten Fragestellungen zentral sind.

5.1 Unabhängige Variablen

Insgesamt fungieren fünf Variablen als Prädiktoren in den folgenden Analysen:

Geschlecht: Das Geschlecht wurde bei den Schülerinnen und Schülern direkt erfragt. Die Codierung lautet (0) weiblich und (1) männlich.

Migrationshintergrund: Zur Erfassung des familiären Migrationshintergrunds wurden die Abiturienten und Abiturientinnen darum gebeten anzugeben, in welchem Land Vater und Mutter geboren sind. Die jeweiligen Ländernennungen bilden den Ausgangspunkt, um bestimmen zu können, ob von den jeweils befragten

Schülerinnen und Schülern (0) kein oder (1) mindestens ein Elternteil im Ausland geboren wurde.[4]

Bildungshintergrund: Der Bildungshintergrund – er basiert auf den Angaben der Schülerinnen und Schüler zum beruflichen (Aus-)Bildungsabschluss von Vater und Mutter – findet Berücksichtigung, indem zwischen (0) Nicht-Akademikern[5] und (1) Akademikern[6] differenziert wird.

Berufsprestige: Zur Messung des Berufsprestiges wird – wie in der empirischen Sozialforschung mehr oder weniger üblich (Baumert & Maaz, 2006, S. 15) – auf die von Ganzeboom und Treiman (1996) entwickelte *Standard Index of Occupational Prestige Scale* (SIOPS) zurückgegriffen. Diese ordnet jedem Beruf einen bestimmten (Prestige-)Wert zwischen 14 und 78 zu,[7] wobei für die nachfolgenden Analysen das jeweils höchste Berufsprestige der Eltern ausschlaggebend ist.[8]

Kulturelles Anregungsniveau: Um das kulturelle Anregungsniveau in der Herkunftsfamilie in anschaulicher Form in die Analysen einfließen zu lassen, wurde ein Summenindex, bestehend aus insgesamt vier Items erstellt. Im Einzelnen handelt es sich dabei um die Häufigkeit, mit der die Kollegiaten und Kollegiatinnen und ihre Eltern über politische/soziale Fragen diskutieren (M = 2,69; SD = 0,85; r_{it} = 0,47), über Bücher, Filme und Fernsehsendungen sprechen (M=2,70; SD=0,84; r_{it} = 0,48) oder aber Theaterveranstaltungen und Konzerte besuchen (M = 1,83; SD = 0,76; r_{it} = 4,3).[9] Zudem wurde der familiäre Bücherbesitz mit der Skala (1) 1 bis 100 Bücher, (2) 101 bis 250 Bücher, (3) 250 bis 500 Bücher und (4) mehr als 500 Bücher für den Index berücksichtigt (M = 2,64; SD = 1,11; r_{it} = 0,364). Die zuvor berichteten Trennschärfen sowie der Wert für Cronbachs α (0,65) weisen für den Index eine ausreichende Güte aus.[10]

5.2 Abhängige Variablen

Die in Kapitel 3 genannten Fragestellungen verweisen auf zwei abhängige Variablen, die es empirisch näher zu spezifizieren gilt.

Qualifikationsvermerk (Q-Vermerk): Die Information, ob ein Q-Vermerk vorliegt (0 = Nein; 1 = Ja), wurde, mit Zustimmung der Schülerinnen und Schüler, direkt bei der dafür zuständigen Stelle am Oberstufen-Kolleg eingeholt.

Abiturdurchschnittsnote: Die Abiturdurchschnittsnote – sie bildet die während der Oberstufe (zwischen 12.1 und 13.2, inklusive Abiturprüfung) erzielte Gesamtleistung der Abiturienten und Abiturientinnen in (Schul-)Notenstufen von 1,0 bis

---

4   Es werden nur die Fälle berücksichtigt, bei denen Angaben von Vater und Mutter vorhanden sind.
5   Für beide Elternteile ist das Vorhandensein eines (Fach-) Hochschulabschlusses auszuschließen.
6   Mindestens ein Elternteil hat einen (Fach-)Hochschulabschluss erlangt.
7   Für eine detaillierte Beschreibung der *Standard Index of Occupational Prestige Scale* (SIOPS), bzw. ihrer theoretischen und empirischen Grundlagen vergleiche Bornkessel und Kuhnen (2011, S. 67ff.).
8   Es werden nur die Fälle berücksichtigt, bei denen Angaben von Vater und Mutter vorhanden sind.
9   Die Antwortkategorien lauten dabei: (1) Nie, (2) Manchmal, (3) Häufig und (4) Regelmäßig.
10 Dies zumal Cronbachs α von der Anzahl der (Skalen-)Items abhängt (Cortina, 1993, S. 101).

4,0 ab – wurde, vorausgesetzt die Schülerinnen und Schüler gaben dazu ihr schriftliches Einverständnis, ebenfalls direkt bei der Schule erfragt.

6 Ergebnisse

Dieser Abschnitt widmet sich zunächst der ‚empirischen Charakterisierung' der Schülerinnen und Schüler des Oberstufen-Kollegs am Ende der Klasse 13 (Abschnitt 6.1) und daran anschließend der Frage nach Wirkungs- und Zusammenhangsstruktur zwischen vorhandenem bzw. fehlendem Qualifikationsvermerk, familiären/sozialen Herkunftsmerkmalen und Abiturdurchschnittsnote (Abschnitt 6.2).

6.1 Beschreibende Analysen

Zunächst wird vornehmlich anhand von Kontingenztabellen, Mittelwertvergleichen sowie logistischen Regressionsanalysen untersucht, ob sich die Kollegiaten und Kollegiatinnen mit und ohne Qualifikationsvermerk in punkto familiären und sozialen Herkunftsmerkmalen voneinander unterscheiden.

Kontingenztabellen
Bei näherer Betrachtung von Tabelle 2 wird dreierlei deutlich:
1. Ist das Geschlechterverhältnis unter den Kollegiaten und Kollegiatinnen ohne Qualifikationsvermerk nahezu ausgeglichen, befinden sich unter den Abiturienten und Abiturientinnen mit Qualifikationsvermerk signifikant mehr Frauen als Männer (χ^2 = 9,26; p = .002; CC = .117).
2. Der Anteil an Schülerinnen und Schülern mit mindestens einem Elternteil, das im Ausland geboren wurde, ist unter den Abiturienten und Abiturientinnen ohne Qualifikationsvermerk etwas größer als bei den Kollegiaten und Kollegiatinnen mit Qualifikationsvermerk (χ^2 = 3,86; p = .050; CC = .076).
3. Von den Schülerinnen und Schülern mit Qualifikationsvermerk stammen offensichtlich mehr Abiturienten und Abiturientinnen aus einem akademischen Elternhaus als bei den Kollegiaten und Kollegiatinnen ohne Qualifikationsvermerk (χ^2 = 4,16; p = .041; CC = .078).

Tabelle 2: Kontingenztabelle von Geschlecht, Migrations- und Bildungshintergrund mit dem Merkmal Qualifikationsvermerk

			Qualifikationsvermerk		
			nicht vorhanden	vorhanden	Σ
Geschlecht	weiblich		95 (47,0)	275 (59,8)	370 (55,9)
	männlich		107 (53,0)	185 (40,2)	292 (44,1)
		Σ	202 (100,0)	460 (100,0)	662 (100,0)
Migrations-hintergrund	kein Elternteil		118 (58,1)	304 (66,1)	422 (63,7)
	mindestens ein Elternteil		85 (41,9)	156 (33,9)	241 (36,3)
		Σ	203 (100,0)	460 (100,0)	663 (100,0)
Bildungs-hintergrund	nicht akademisch		122 (58,9)	234 (50,4)	356 (53,1)
	akademisch		85 (41,1)	230 (49,6)	315 (46,9)
		Σ	207 (100,0)	464 (100,0)	671 (100,0)

Anmerkungen: Spaltenprozente in Klammern.
Quelle: Eigene Berechnungen.

Mittelwertvergleiche

Ähnlich wie in den vorhergehenden Analysen zum Zusammenhang von Geschlecht, familiären Migrationshintergrund, akademischen Bildungshintergrund und Qualifikationsvermerk lässt sich auch in der Frage nach dem kulturellen Anregungsniveau (vgl. Tab. 3) ein bedeutsamer Unterschied zwischen den Kollegiaten und Kollegiatinnen mit und ohne Qualifikationsvermerk belegen ($M = 9{,}98$ vs. $M = 9{,}56$; $p = .047$; $d = .17$). Erstere können auf einen größeren Umfang an kulturellem Kapital zurückgreifen (Bourdieu, 1982, 1983), wohingegen für das Berufsprestige eine solche Differenz nicht nachzuweisen ist ($M = 53{,}19$ vs. $M = 51{,}68$; $p = .210$; $d = .13$).

Tabelle 3: Kulturelles Anregungsniveau in der Herkunftsfamilie und Berufsprestige differenziert nach dem Vorhandensein eines Qualifikationsvermerks (T-Test für unabhängige Stichproben)

Kulturelles Anregungsniveau in der Herkunftsfamilie						
		M	*SD*	*N*	*p*	*d*
Q-Vermerk	nicht vorhanden	9,56	2,54	203		
	vorhanden	9,98	2,48	455	.047	.17
				658		

Berufsprestige						
		M	*SD*	*N*	*p*	*d*
Q-Vermerk	nicht vorhanden	51,68	11,84	137		
	vorhanden	53,19	11,99	358	.210	.13
				495		

Anmerkungen: M = Mittelwert; *SD* = Standardabweichung; *d* = Cohens d; Aufgrund des analysebezogenen Fallausschlusses variiert das *N* zwischen den Analysen.
Quelle: Eigene Berechnungen.

Logistische Regressionen

Analog zu den vorhergehenden Ergebnissen gelangt man auch anhand der verschiedenen logistischen Einfachregressionen, dokumentiert in Tabelle 4, zu folgenden Befunden:

- Auch am Ende der Oberstufe befinden sich in der Gruppe der Personen ohne Qualifikationsvermerk häufiger Männer (*odds ratio* = 1,67; *p* = .002) und Schülerinnen und Schüler mit familiären Migrationshintergrund (*odds ratio* = 1,40; *p* = .050) als Frauen oder Schülerinnen und Schüler ohne Migrationshintergrund.
- Kollegiaten und Kollegiatinnen aus einem akademischen Haushalt (*odds ratio* = 0,71; *p* = .042) bzw. mit einem hohen kulturellen Anregungsniveau (*odds ratio* = 0,94; *p* = .047) befinden sich öfter in der Gruppe ohne Qualifikationsvermerk.

Der Anteil erklärter Varianz bewegt sich dabei zwischen Werten von 0,5 und 2 Prozent, also auf einem sehr niedrigen Niveau.

Tabelle 4: Logistische Einfachregressionen des Q-Vermerks

unabhängige Variable	Exp(B)	B	abhängige Variable: Qualifikationsvermerk (Referenz: vorhanden)		
			Konstante	Nagelkerkes R^2	N
Geschlecht					
weiblich (Ref.)			(-1.063) ***	0.020	662
männlich	1.674 **	(0.515)			
Migrationshintergrund					
n. vorhanden (Ref.)			(-0.946) ***	0.008	663
vorhanden	1.404 *	(0.339)			
Bildungshintergrund					
n. akademisch (Ref.)			(-0.651) ***	0.009	671
akademisch	0.709 *	(-0.344)			
Berufsprestige (SIOPS)	0.989	(-0.011)	(-0.404)	0.005	495
kult. Anregungsniveau	0.935 *	(-0.068)	(-0.147)	0.008	658

Anmerkungen: Exp(B) = Exponent von B; B = unstandardisierte logistische Regressionskoeffizienten; [+] p ≤ 0.10, * p ≤ 0.05, ** p ≤ 0.01, *** p ≤ 0.001.
Quelle: Eigene Berechnungen.

6.2 Erklärende Analysen

Gemäß den in Abschnitt 3 formulierten Fragestellungen beschäftigt sich der folgende Teilabschnitt – auf Basis einer schrittweisen multiplen linearen Regressionsanalyse (vgl. Tab. 5 und Tab. 6) – mit zwei Fragen:[11]

1. Welche Relevanz besitzt der Qualifikationsvermerk für die Vorhersage der Abiturdurchschnittsnote?
2. Lassen sich Zusammenhangsstrukturen zwischen dem Qualifikationsvermerk und den sozialen Herkunftsmerkmalen zu identifizieren?

---

11 „Schrittweise" meint, dass die jeweiligen Prädiktoren nicht alle auf einmal, sondern nacheinander integriert werden. Dies hat den Vorteil, dass nicht nur der genaue Anteil erklärter Varianz der abhängigen Variable sowie die Effektstärken der unabhängigen Variablen ermittelt werden können. Ebenso wird deutlich, inwieweit sich die Regressionskoeffizienten der schon in einem Modell enthaltenen Variablen unter der Aufnahme weiterer Prädiktoren verändern.

Tabelle 5: Regressionsanalytische Betrachtung der Abiturnote (Modelle I bis III)

unabhängige Variablen	abhängige Variable: Abiturnote					
	I		II		III	
	β	B	β	B	β	B
Q-Vermerk	-0.332***	(-0.467)	-0.314***	(-0.442)	-0.306***	(-0.430)
Geschlecht						
weiblich (Ref.)						
männlich			0.150***	(0.187)	0.152***	(0.188)
Migrationshintergrund						
nicht vorhanden (Ref.)						
vorhanden					0.097*	(0.133)
Konstante	(2,553)***		(2,456)***		(2,410)***	
korrigiertes R^2	0.108		0.128		0.135	
N	412		412		412	

Anmerkungen: Migrationshintergrund = mindestens ein Elternteil im Ausland geboren; β = standardisierte Koeffizienten; B = unstandardisierte Koeffizienten; $^+$ p ≤ 0.10, * p ≤ 0.05, ** p ≤ 0.01, *** p ≤ 0.001.
Quelle: Eigene Berechnungen.

Bei Betrachtung des ersten Modells aus Tabelle 5 fällt auf, dass die Variable *Q-Vermerk* einen signifikanten Effekt auf die Abiturnote entfaltet. Personen mit Qualifikationsvermerk erzielen eine um etwa eine halbe Notenstufe bessere Abiturdurchschnittsnote als Personen ohne Qualifikationsvermerk (β = -0.332, B = -0.467). Zudem fällt der Anteil erklärter Varianz für ein bivariates Modell relativ hoch aus (korr. R^2 = 0.108).

Dies erscheint u.a. deswegen plausibel, weil die vorhergehenden Analysen (vgl. Abschnitt 6.1) gezeigt haben, dass die Gruppen der ,*Q-Vermerkler*' und ,*Nicht-Q-Vermerkler*' in punkto sozialer Herkunftsmerkmale Unterschiede aufweisen. Entsprechend wird mit den nachstehenden Modellen untersucht, ob der hier beobachtete Effekt des Q-Vermerks auf die Abiturdurchschnittsnote auch unter Kontrolle der zuvor untersuchten Struktur- und Prozessmerkmale stabil bleibt.

Fügt man neben der Angabe des Q-Vermerks die Variable *Geschlecht* in die Regressionsgleichung mit ein (Modell II), wird deutlich, dass Kollegiaten etwas schlechtere Abiturdurchschnittsnoten erzielen als die Kollegiatinnen (β = 0.150, B = 0.187). Der Effekt des Q-Vermerks verändert sich nur marginal (β = -0.314, B = -0.442). Das heißt: die zuvor in den bivariaten Analysen aufgezeigten Unterschiede im Geschlechterverhältnis der Gruppe mit und ohne Qualifikationsvermerk (vgl. Tab. 2) sind – auch wenn die Erklärungskraft des Modells steigt (korr. R^2 = 0.128) – nur zu einem sehr geringen Teil für die Unterschiede in der Abiturdurchschnittsnote verantwortlich.

Zu einem ähnlichen Ergebnis gelangt man, wenn man Modell III um den Migrationshintergrund ergänzt. Auch hier verändern sich die Einflüsse der Variablen Q-Vermerk (β = -0.306, B = -0.430) und Geschlecht (β = 0.152, B = 0.188) nur unmerklich,[12] wobei der Migrationshintergrund selbst einen signifikanten Effekt aufweist (β = 0.097, B = 0.133). Demnach gilt: Personen, von denen mindestens einen Elternteil im Ausland geboren wurde, erreichen eine leicht schlechtere Abiturdurchschnittsnote als Personen, auf die dies nicht zutrifft. Das Ausmaß an Varianzaufklärung steigt im Vergleich zum vorherigen Modell nur marginal (korr. R^2 = 0.135).

Es erhöht sich allerdings weiter (korr. R^2 = 0.164), wird in Modell IV der elterliche Bildungshintergrund ergänzt (vgl. Tab. 6, Modell IV). Integriert man ihn in das Modell sind einige Veränderungen festzustellen. So bleiben die Effekte des Q-Vermerks (β = -0.302, B = -0.425) und des Geschlechts (β = 0.160, B = 0.199) zwar nahezu unverändert, jedoch verfehlt der Einfluss des Migrationshintergrundes das Signifikanzniveau von $p \leq .05$ (β = 0.084, B = 0.116). Zusammen mit dem signifikanten Effekt des Bildungshintergrundes (β = -0.176, B = -0.216)[13] deutet dies darauf hin, dass Migrations- und Bildungshintergrund miteinander konfundiert sind.[14]

Tabelle 6: Regressionsanalytische Betrachtung der Abiturnote (Modelle IV bis VI)

unabhängige Variablen	abhängige Variable: Abiturnote					
	IV		V		VI	
	β	B	β	B	β	B
Q-Vermerk	-0.302***	(-0.425)	-0.303***	(-0.427)	-0.300***	(-0.422)
Geschlecht						
weiblich (Ref.)						
männlich	0.160***	(0.199)	0.163***	(0.202)	0.137**	(0.171)
Migrationshintergrund						
nicht vorhanden (Ref.)						
vorhanden	0.084+	(0.116)	0.077+	(0.106)	0.037	(0.051)
Bildungshintergrund						
n. akademisch (Ref.)						
akademisch	-0.176***	(-0.216)	-0.139*	(-0.171)	-0.104+	(-0.128)
Berufsprestige (SIOPS)			-0.064	(-0.003)	-0.022	(-0.001)
kult. Anregungsniveau					-0.186***	(-0.047)
Konstante		(2.523)***		(2.681)***		(3.043)***
korrigiertes R^2	0.164		0.165		0.190	
N	412		412		412	

Anmerkungen: Migrationshintergrund = mindestens ein Elternteil im Ausland geboren; β = standardisierte Koeffizienten; B = unstandardisierte Koeffizienten; + p ≤ 0.10, * p ≤ 0.05, ** p ≤ 0.01, *** p ≤ 0.001.
Quelle: Eigene Berechnungen.

---

12 Der Einfluss des Q-Vermerks auf die Abiturdurchschnittsnote ist damit nicht auf eine migrationsspezifische Zusammensetzung der Gruppen zurückzuführen.
13 Personen, die einen akademischen Bildungshintergrund vorzuweisen haben, erreichen bessere Abiturdurchschnittsnoten.
14 Wurde mindestens ein Elternteil im Ausland geboren, ist es wahrscheinlicher, dass kein akademischer Bildungshintergrund vorliegt.

Wird im anschließenden fünften Modell das höchste elterliche Berufsprestige (kein signifikanter Effekt) in der Regressionsgleichung berücksichtigt, ist kaum eine Steigerung der Erklärungskraft zu konstatieren (korr. R^2 = 0.165). Die Effekte der Variablen *Q-Vermerk* (β = -0.303, B = -0.427) und *Geschlecht* (β = 0.163, B = 0.202) verbleiben auf dem Niveau der vorherigen Modelle und auch der Einfluss des Bildungshintergrundes (β = -0.139, B = -0.171) verringert sich nur leicht.

Dies ändert sich erst dann, wenn man Modell VI um das kulturelle Anregungsniveau der Herkunftsfamilie ergänzt. Diese Variable übt einen signifikanten Effekt auf die Abiturdurchschnittsnote aus (β = -0.186, B = -0.047),[15] gleichzeitig verringern sich der Effekt des Geschlechts (β = 0.137, B = 0.171) sowie der Einfluss des Bildungshintergrundes (β = -0.104, B = -0.128). Letzterer wird, im Sinne der reproduktionstheoretischen Annahmen Pierre Bourdieus (1982, 1983) gänzlich vermittelt, wohingegen sich der Effekt des Q-Vermerks (β = -0.300, B = -0.422) als stabil erweist. Die Erklärungskraft des Modells steigt merklich an (korr. R^2 = 0.190).

Abschließend soll noch die Frage bearbeitet werden, inwieweit Unterschiede zwischen Personen mit und ohne Qualifikationsvermerk in Bezug auf die Studienintention festgestellt werden können. Angesichts der nahezu identischen Quoten dieser Gruppenlassen sich hier keine Unterschiede ausmachen.[16]

7 Schluss

Auf Grundlage der vorherigen Analysen ergeben sich für die eingangs erwähnten Fragestellungen zum Qualifikationsvermerk folgende Schlussfolgerungen:

1. Auch am Ende der Sekundarstufe II lassen sich in einer nach Leistungsgesichtspunkten positiv selektierten Gruppe von Personen mit und ohne Qualifikationsvermerk soziale Herkunftsunterschiede nachweisen.
2. Der starke Einfluss des Qualifikationsvermerks auf die Abiturnote ist nicht durch die sozialen Herkunftsunterschiede zwischen Personen mit und ohne Qualifikationsvermerk zu erklären. Dies lässt zwar den Schluss zu, dass der Qualifikationsvermerk als leistungsbezogener Indikator von Nutzen ist, allerdings stellt er kein empirisch treffsicheres Vorhersageinstrument für die Eignung zur allgemeinen Hochschulreife dar.
3. Dies wird zudem dadurch unterstrichen, dass keine Unterschiede hinsichtlich des Qualifikationsvermerks und der Studienabsicht festzustellen sind.

Insgesamt lautet unsere Empfehlung daher, die institutionelle Struktur der Vergabepraxis des Qualifikationsvermerks zu überdenken. Dies kann beispielsweise durch eine Unterfütterung des Qualifikationsvermerks mittels kompetenzdiagnostischer

---

15 Je mehr kulturelles Kapital vorhanden ist desto besser fällt die Abiturdurchschnittsnote aus.

16 Von den Personen mit Qualifikationsvermerk geben 89,9 Prozent an, ein Studium bzw. 10,1 Prozent, eine Ausbildung beginnen zu wollen. Bei den Personen ohne Qualifikationsvermerk sind die Quoten mit 90,8 Prozent für ein Studium und 9,8 Prozent für eine Ausbildung nahezu identisch.

Verfahren geschehen, auf die in der Folge anhand spezifischer Förderungsangebote, etwa nach dem Modell der Brückenkurse des Oberstufen-Kollegs, reagiert wird.

Literatur

APO-OS. *Verordnung über die Ausbildung und Prüfung am Oberstufen-Kolleg an der Universität Bielefeld (APO-OS)*. Vom 20. Juni 2002 (GV. NRW. S. 268), zuletzt geändert durch Artikel 7 der Verordnung vom 20. Juli 2011 (GV. NRW. S. 365).

APO-GOSt. *Verordnung über den Bildungsgang und die Abiturprüfung in der gymnasialen Oberstufe (APO-GOSt)*. Vom 5. Oktober 1998, zuletzt geändert durch die Verordnung vom 10. Juli 2011 (SGV. NRW. 223).

APO-S I. *Verordnung über die Ausbildung und die Abschlussprüfungen in der Sekundarstufe I (Ausbildungs- und Prüfungsordnung Sekundarstufe I – APO-S I)*. Vom 29. April 2005, zuletzt geändert durch die Verordnung vom 10. Juli 2011 (SGV. NRW. 223).

Baumert, J., Klieme, E., Neubrand, M., Prenzel, M., Schiefele, U., Schneider, W., Stanat, P., Tillmann, K.-J. & Weiß, M. (Hrsg.). (2001). *PISA 2000. Basiskompetenzen von Schülerinnen und Schülern im internationalen Vergleich*. Opladen: Leske + Budrich.

Baumert, J. & Maaz, K. (2006). Das theoretische und methodische Konzept von PISA zur Erfassung kultureller und sozialer Ressourcen der Herkunftsfamilie: Internationale und nationale Rahmenkonzeption. In J. Baumert, P. Stanat & R. Watermann (Hrsg.), *Herkunftsbedingte Disparitäten im Bildungswesen: Differenzielle Bildungsprozesse und Probleme der Verteilungsgerechtigkeit. Vertiefende Analysen im Rahmen von PISA 2000* (S. 11-29). Wiesbaden: VS Verlag für Sozialwissenschaften.

Baumert, J., Stanat, P. & Watermann, R. (Hrsg.). (2006a). *Herkunftsbedingte Disparitäten im Bildungswesen: Differentielle Bildungsprozesse und Probleme der Verteilungsgleichheit. Vertiefende Analysen im Rahmen von PISA 2000*. Wiesbaden: VS Verlag für Sozialwissenschaften.

Baumert, J., Stanat, P. & Watermann, R. (2006b). Schulstruktur und die Entstehung differentieller Lern- und Entwicklungsmilieus. In J. Baumert, P. Stanat & R. Watermann (Hrsg.), *Herkunftsbedingte Disparitäten im Bildungswesen: Differentielle Bildungsprozesse und Probleme der Verteilungsgleichheit. Vertiefende Analysen im Rahmen von PISA 2000* (S. 95-188). Wiesbaden: VS Verlag für Sozialwissenschaften.

Bornkessel, P. & Asdonk, J. (Hrsg.). (2011). *Der Übergang Schule-Hochschule. Zur Bedeutung sozialer, persönlicher und institutioneller Faktoren am Ende der Sekundarstufe II*. Wiesbaden: VS Verlag für Sozialwissenschaften.

Bornkessel, P., Asdonk, J., Kuhnen, S. U. & Lojewski, J. (2011). Methodische Grundlagen und Design der Studie. In P. Bornkessel & J. Asdonk (Hrsg.), *Der Übergang Schule-Hochschule. Zur Bedeutung sozialer, persönlicher und institutioneller Faktoren am Ende der Sekundarstufe II* (S. 19-45). Wiesbaden: VS Verlag für Sozialwissenschaften.

Bornkessel, P. & Kuhnen, S. U. (2011). Zum Einfluss der sozialen Herkunft auf Schulleistung, Studienzuversicht und Studienintention am Ende der Sekundarstufe II. In P. Bornkessel & J. Asdonk (Hrsg.), *Der Übergang Schule-Hochschule. Zur Bedeutung sozialer, persönlicher und institutioneller Faktoren am Ende der Sekundarstufe II* (S. 47-104). Wiesbaden: VS Verlag für Sozialwissenschaften.

Bourdieu, P. (1982). *Die feinen Unterschiede. Kritik der gesellschaftlichen Urteilskraft*. Frankfurt a. M.: Suhrkamp.

Bourdieu, P. (1983). Ökonomisches Kapital, kulturelles Kapital, soziales Kapital. In R. Kreckel (Hrsg.), *Soziale Ungleichheiten. Sonderband 2 der Sozialen Welt* (S. 183-198). Göttingen: Schwartz.

Cortina, J. M. (1993). What is coefficient alpha? An eximination of theory and applications. *Journal of Applied Psychology, 78* (1), 98–104.

Ganzeboom, H. B. G. & Treiman, D. J. (1996). Internationally comparable measures of occupational status for the 1988 international standard classification of occupations. *Social Science Research, 25* (3), 201–239.

Hahn, S. & Oelkers. J. (Hrsg.) (2012). *Forschung und Entwicklung am Oberstufen-Kolleg. Selbst- und Peerbericht über die Entwicklung der Versuchsschule und Wissenschaftlicher Einrichtung Oberstufen-Kolleg in den Jahren 2005-2010.* Bad Heilbrunn: Klinkhardt.

Elisabeth Maué

Vergleichbarkeit von Abiturnoten – eine Fiktion? Längerfristige Effekte der Implementation zentraler Abiturprüfungen in Bremen

*Nicht, was Schüler lernen, bestimmt
ihren Schulerfolg, ihre Lebenschancen,
sondern wie sie zensiert werden.*
(Ingenkamp, 1972)

1 Einleitung

Schulabschlüsse stellen entscheidende „Stellschrauben" für den weiteren Lebensweg dar. Das gilt insbesondere für das Abitur – die formale Berechtigung für den Übertritt an eine Universität und damit für die Aufnahme eines Studiums. Obwohl sich die Zulassungsbedingungen im Wandel befinden und mittlerweile neben der Abiturdurchschnittsnote auch andere Faktoren an Bedeutung gewinnen (z.B. Sperlich, 2009), kommt ihr immer noch ein zentraler Stellenwert zu. Um Ungerechtigkeiten weitgehend zu vermeiden, sollten (Abitur-)Noten daher möglichst vergleichbar sein. Allerdings stehen bereits seit den 1970er Jahren die Objektivität, Reliabilität, Validität und Vergleichbarkeit von Noten sowie schriftlichen Arbeiten in der Kritik (Ingenkamp, 1972; Lintorf, 2012). Unbestritten ist, dass Noten nicht ausschließlich auf der zu beurteilenden Leistung beruhen, sondern darüber hinaus leistungsfremde Faktoren einfließen. Deshalb bezeichnet Ingenkamp (2005, S. 147) es als „Fiktion", dass „Zensuren über verschiedene Klassen vergleichbar wären". Um die Vergleichbarkeit von Leistungen und (Abschluss)Prüfungen zu sichern, wurden diverse Anstrengungen unternommen, wie etwa die Implementation von Vergleichsarbeiten und Bildungsstandards (z.B. Oelkers & Reusser, 2008), die Einführung und Modifikation von Einheitlichen Prüfungsanforderungen für die Abiturprüfung (EPA; vgl. Kultusministerkonferenz, 2008) oder zentral gestellte Abschlussprüfungen und Korrekturkriterien, welche selbst bei dezentraler Korrektur die Vergleichbarkeit von Schulabschlüssen gewährleisten sollen. Dabei ist im Fall von zentralen Abiturprüfungen jedoch kritisch anzumerken, dass erstens in einigen Bundesländern mit Zentralabitur (so auch in Bremen) weiterhin die Kursleitungen die Erstkorrektur und zumeist schulinterne Lehrkräfte die Zweitkorrektur übernehmen und zweitens die Benotung oftmals nicht anonymisiert erfolgt (Kühn, 2012). Dadurch besteht zwar Spielraum für die Berücksichtigung spezifischer Bedingungen, aber auch für Ungerechtigkeiten, z.B. durch Vorwissen und Vorannahmen über die Prüflinge, implizite Persönlichkeits- und Begabungstheorien der Lehrpersonen oder klasseninterne Bezugssysteme bei der Bewertung (Ingenkamp, 2005; Ditton, 2007a), was sich u.a. in „erhebliche[n] Maßstabsdifferenzen von Klasse zu Klasse und von Fach zu Fach" (Ingenkamp, 2005, S. 154) widerspiegelt.

Mit zentral gestellten Prüfungen ist darüber hinaus die Intention verbunden, die Vergleichbarkeit dezentral vergebener Noten zu steigern, indem sie eine Orientierung der Benotung an einem schulübergreifenden Kriterium bewirken (Standardisierung), sodass die Notengebung stärker auf der zu bewertenden Leistung basiert und weniger von leistungsfremden Merkmalen – wie Geschlecht, familiärer Bildungs- oder Migrationshintergrund – beeinflusst ist. Neumann et al., (2009) sowie Neumann, Trautwein und Nagy (2011) liefern erste empirische Hinweise, dass im Fach Mathematik „landesspezifische Zentralprüfungen […] eine Annäherung länderübergreifender Bewertungsmaßstäbe" (Neumann et al., 2009, S. 707) und damit eine verbesserte Vergleichbarkeit der Abiturnoten initiieren. Da dieser Befund auf Querschnittanalysen beruht, ist allerdings unklar, inwiefern der Wechsel eines Prüfungssystems im Längsschnitt ebenfalls einen Beitrag zur Standardisierung der Beurteilung leistet. An diesem Punkt setzt der vorliegende Beitrag an, indem er prüft, ob die Implementation des Zentralabiturs in Bremer Mathematik-Leistungskursen mit einer kurz- und/oder längerfristigen Erhöhung der Vergleichbarkeit der Punktzahl im schriftlichen Mathematik-Abitur auf Bundeslandebene einhergeht.

2   Forschungsstand

Dass die Benotung einer Leistung zwischen Bundesländern, Schulen, Klassen, Kursen und Fächern unter anderem aufgrund differenzieller Lern- und Entwicklungsmilieus variiert, ist hinreichend belegt (Baumert & Watermann, 2000; Ingenkamp, 1972; Hochweber, 2010; Neumann et al., 2009; Schuler, 2006). Gleiches gilt für den Einfluss des individuellen und familiären Hintergrundes sowohl auf die Schulleistung als auch auf die Noten (Bornkessel & Kuhnen, 2011; Büchel, Jürges & Schneider, 2003; Maaz, Baeriswyl & Trautwein, 2011). Schülerinnen erreichen beispielsweise geringere Leistungen in Mathematik als Schüler (Mullis & Stemler, 2002), dennoch erhalten erstere bessere (Abitur-)Noten als ihre Mitschüler (Bornkessel & Kuhnen, 2011; Hochweber, 2010). Bezüglich des Bildungserfolgs von Kindern und Jugendlichen mit Migrationshintergrund und Benachteiligungen ihnen gegenüber ist die Forschungslage uneinheitlich und reicht von Benachteiligung bis Bevorzugung (z.B. Radtke, 2004; Stanat & Edele, 2011). Gresch (2012) sowie Asdonk und Sterzik (2011, S. 236f.) halten jedoch fest, dass „nicht der Migrationshintergrund an sich für den niedrigeren Abiturnotendurchschnitt verantwortlich ist, sondern die Tatsache, dass sich Schülerinnen und Schüler mit Migrationshintergrund bezüglich Bildung und sozioökonomischem Status strukturell unterscheiden". Einen weiteren Einfluss auf Noten und Übertrittsempfehlungen am Ende der Grundschulzeit üben Effekte der Referenzgruppe aus. Basierend auf dem von Marsh (1987) für das Selbstkonzept beschriebenen „Big-Fish-Little-Pond-Effekt" wiesen u.a. Trautwein und Baeriswyl (2007) einen Kompositionseffekt der Klasse auf die Übertrittsempfehlungen und die realisierten Übertritte nach.

Die Auswirkungen der Implementation des Zentralabiturs in Bremen und Hessen auf die Vergleichbarkeit der schriftlichen Abiturpunktzahl in Englisch- und Mathematik-Leistungskursen im Zeitraum 2007 bis 2009 untersuchte Holmeier (2012). Die Ergebnisse zeigen für die Mathematik-Leistungskurse, dass in beiden Bundesländern ein enger Zusammenhang zwischen der Punktzahl im schriftlichen Mathematik-Abitur und der individuellen Leistung im Mathematiktest (Kurztest aus TIMSS) bestand, wohingegen die mittlere Leistung des Kurses im Mathematiktest keinen Effekt aufwies. In Hessen fand in diesem Zeitraum für den Mathematik-Leistungskurs bei der Vergabe der Abiturpunktzahl keine Benachteiligung aufgrund des Geschlechts sowie des familiären Bildungshintergrundes (Bücheranzahl im Elternhaus als Indikator) statt. Jedoch erhielten im Ausland geborene Schülerinnen und Schüler bei gleicher Leistung im Mathematiktest tendenziell weniger Abiturpunkte.

Für die Mathematik-Leistungskurse in Bremen ist festzuhalten, dass Schüler bei gleichen Leistungen im Mathematiktest durchgängig eine geringere Punktzahl im schriftlichen Abitur in Mathematik erreichten als Schülerinnen, die Einführung des Zentralabiturs demnach keine Veränderung des geschlechtsspezifischen Benachteiligungseffekts initiierte. Hingegen wirkte sie sich positiv auf den ungünstigen Effekt eines Migrationshintergrundes aus, der sich im dezentralen Abitur zeigte, 2008 und 2009 aber nicht mehr von Bedeutung war. Kurzzeitig führte die Implementation des Zentralabiturs zudem zu einer Benachteiligung von Jugendlichen aus bildungsferneren Elternhäusern, was jedoch 2009 nicht mehr der Fall war. Insgesamt erhöhte das Zentralabitur in Bremer Mathematik-Leistungskursen zwar nicht den Zusammenhang zwischen der Leistung im Mathematiktest und im schriftlichen Abitur, allerdings verringerte sich der Einfluss des Migrationshintergrundes bis zum Jahr 2009. Während sich der mit der Einführung des Zentralabiturs einhergehende negative Effekt des familiären Bildungshintergrunds bis 2009 wieder reduzierte, blieb der Effekt des Geschlechts über die Jahre bestehen.

In Ergänzung zu den Resultaten von Holmeier (2012) nimmt der vorliegende Beitrag längerfristige Entwicklungen bis zum Jahr 2011 in den Blick. Dabei stehen eine mögliche parallele Entwicklung der Mathematikleistungen und der Abiturpunktzahl sowie potentielle Standardisierungseffekte (stärkere Orientierung der Bewertung an einem externen, schulübergreifenden Kriterium, geringerer Einfluss leistungsfremder Faktoren), die zu einer besseren Vergleichbarkeit der Abiturnoten beitragen, im Zentrum des Interesses.

3 Fragestellung und Hypothesen

Der vorliegende Beitrag richtet seinen Fokus auf folgende Fragestellungen:

Inwiefern zeigen sich in Bremen parallele Entwicklungen für die im Mathematiktest erzielte Leistung und für die im schriftlichen Abitur im Mathematik-Leistungskurs erreichte Punktzahl im Zeitraum von 2007 bis 2011?

Holmeier (2012) wies für den Leistungskurs im Fach Mathematik in Bremen für den Zeitraum von 2007 bis 2009 nach, dass die Veränderungen in den Mathematikleistungen (niedrigste Werte in 2008) nicht mit den Veränderungen in der Abiturpunktzahl (niedrigste Werte in 2007) übereinstimmten. Da sich Effekte der Implementation des Zentralabiturs erst mit der Zeit zeigen können, wird in längerfristiger Perspektive jedoch eine Angleichung der Entwicklungen erwartet (Hypothese 1).

Wie gestaltet sich in den Jahren 2007 bis 2011 der Zusammenhang von der Leistung im Mathematiktest und im schriftlichen Abitur? Zeigen sich prüfungsformspezifische Effekte?

Es ist anzunehmen, dass die Implementation des Zentralabiturs mit einer stärkeren Orientierung an einem externen, schulübergreifenden Maßstab einhergeht und dies in einem über die Jahre engeren Zusammenhang zwischen der Leistung im Mathematiktest und der Abiturpunktzahl resultiert (Hypothese 2). Zwar konnte Holmeier (2012) für den Zeitraum 2007 bis 2009 keine Veränderungen feststellen, da eine standardisierende Wirkung auf die Beurteilung Zeit und Erfahrung benötigt (Maag Merki, 2012a), sollte sich jedoch zumindest in längerfristiger Perspektive ein Effekt zeigen.

Welchen Beitrag leisten zentrale Abiturprüfungen zur Kompensation der Einflüsse leistungsfremder Faktoren? Findet durch das Zentralabitur eine Verringerung bzw. Verhinderung von Benachteiligungen statt?

Zunächst ist davon auszugehen, dass in Übereinstimmung mit den Befunden von Holmeier (2012), Maaz et al. (2011) und Neumann et al. (2009; 2011) die Abiturpunktzahl in starkem Maß von den Leistungen im Mathematiktest auf Individualebene bestimmt wird (Hypothese 3). Zudem sollte sich aufgrund von Standardisierungseffekten der Einfluss der Mathematikleistungen auf die Bewertung der Abiturleistung in den vier Jahren seit der Implementation vergrößert haben (Hypothese 4).

Dennoch dürften leistungsfremde Faktoren nach wie vor eine Rolle spielen (z.B. Bornkessel & Kuhnen, 2011; Maaz et al., 2011). Innerhalb des Zeitraumes 2007 bis 2009 beeinflusste von den leistungsfremden Merkmalen vorrangig das Geschlecht der jungen Erwachsenen die Abiturpunktzahl. Der kurzfristig mit der Einführung des Zentralabiturs einhergehende ungünstige Effekt einer geringen Bücherzahl im Elternhaus im Jahr 2008 ist 2009 wieder zurückgegangen. Im Gegensatz zum dezentralen Prüfsystem erwies sich im zentralen ein ausländisches Geburtsland als weniger (2008) bzw. nicht mehr nachteilig (2009; Holmeier, 2012). Darauf basierend wird angenommen, dass sich diese Entwicklungen fortsetzen und die leistungsfremden Faktoren Geschlecht, familiärer Bildungshintergrund (Anzahl der Bücher im Elternhaus als Indikator) und Geburtsland mit der Zeit einen geringeren bzw. keinen Einfluss (mehr) aufweisen (Hypothese 5).

4 Studie „Implementation und Auswirkungen neuer Steuerungsstrukturen im Schulwesen am Beispiel zentraler Abiturprüfungen"

Die dem Beitrag zu Grunde liegende Studie wurde an der Universität Zürich in Kooperation mit dem Deutschen Institut für Internationale Pädagogische Forschung (DIPF) in den Jahren 2007 bis 2009 sowie im Jahr 2011 durchgeführt. In Bremen erfolgte das Zentralabitur 2011 in den Grundkursen zum fünften, in den Leistungskursen in einzelnen Fächern (Mathematik, Deutsch, fortgesetzte Fremdsprache, Naturwissenschaften) zum vierten Mal, was die Untersuchung längerfristiger Effekte der Einführung ermöglicht.

Design

Ziel der Studie ist die Analyse der „Implementation zentral organisierter Abiturprüfungen als ein Element im neuen Konzept der Systemsteuerung in den zwei deutschen Bundesländern Bremen und Hessen [...]. Im Zentrum stehen Fragen a) zu den Effekten des *Wechsels* [Hervorhebung im Original; E. M.] von einem dezentralen zu einem zentralen Prüfungssystem in Bremen für Schüler/-innen, Lehrpersonen, Unterricht und Schule sowie b) zu den Veränderungen des schulischen Handelns und der schulischen Leistungen *nach Implementation zentraler Abiturprüfungen* [Hervorhebung im Original; E. M.] in beiden Bundesländern" (Maag Merki, 2012a, S. 13). Hierfür wurden in den Jahren 2007, 2008, 2009 und 2011 Erhebungen bei Schülerinnen und Schülern, Lehrpersonen und Schulleitungen (nur 2011) durchgeführt. Einen Überblick über das Design und die eingesetzten Instrumente der Jahre 2007 bis 2009 bieten Maag Merki und Oerke (2012). Für den vorliegenden Beitrag sind der Mathematikleistungstest, die Abiturpunktzahl sowie ausgewählte Angaben zum individuellen und familiären Hintergrund der Bremer Schülerinnen und Schüler der Mathematik-Leistungskurse von Interesse (vgl. Tabelle 1).

Tabelle 1: In den Analysen berücksichtigte Variablen

Variable	Ausprägung
Abiturpunktzahl	0 – 15 Punkte
Mathematikleistungstest	0 – 15 Punkte
Geschlecht	0 = weiblich; 1 = männlich
Geburtsland	0 = Deutschland; 1 = Ausland
Bücheranzahl im Elternhaus	0 = 0 bis 10; 1 = 11 bis 50; 2 = 51 bis 100; 3 = 101 bis 250; 4 = 251 bis 500; 5 = mehr als 500

Quelle: Eigene Darstellung.

Mittels 15 Items des TIMSS-Tests „Fachleistungen im voruniversitären Mathematik-unterricht" (Klieme, 2000) werden die Mathematikleistungen der Abiturientinnen und Abiturienten erfasst. Dieser Test hat sich als curricular valide erwiesen (Klieme, 2000), zudem liegt die Reliabilität im akzeptablen bis guten Bereich (Reliabilität: 2007: α = .80, N = 242; 2008: α = .67, N = 317; 2011: α = .77, N = 612). Für die folgenden Analysen wird der Summenscore der 15 Items herangezogen.

Methodik/Auswertungsstrategien
Zur Nachzeichnung der Entwicklung in Bremer Mathematik-Leistungskursen gehen in die Berechnungen die Daten der Jahre 2007, 2008 und 2011 ein. Detaillierte Auswertungen der Jahre 2007 bis 2009 bieten Holmeier (2012) und Maag Merki (2012b). Einen ersten Überblick über die Resultate geben die deskriptive Verteilung der Punktzahl im schriftlichen Abitur und im Leistungstest sowie deren Korrelationen (Prüfung auf signifikante Differenzen zwischen den Jahren mittels Fishers Z-Transformation). Varianzanalysen dienen der Aufdeckung möglicher Jahresunterschiede bezüglich der Abitur- und der Leistungstestpunktzahl. Mehrebenenanalysen sollen die Einflüsse verschiedener Faktoren auf Individual- und Kursebene auf die Punktzahl im schriftlichen Mathematik-Abitur erklären. Alle Variablen gehen unzentriert in die Analysen ein. Lediglich der Mathematikleistungstest wird auf Level 1 und Level 2 zentriert (grand mean), sodass das Gesamtmodell (Intercepts-and-Slopes-as-Outcomes-Modell) in Analogie zu Holmeier (2012) auf folgender Gleichung beruht (Berechnung mit HLM 6.06; Raudenbush, Bryk & Congdon, 2004):
Punktzahl im schriftlichen Abitur = γ00 + γ01*Mathetest_Level2 + γ02*Jahr2008 + γ03*Jahr2011 +
γ10*Geschlecht + γ11*(Jahr2008*Geschlecht) + γ12*(Jahr2011*Geschlecht) +
γ20*Geburtsland + γ21*(Jahr2008*Geburtsland) + γ22*(Jahr2011*Geburtsland) +
γ30*Bücheranzahl + γ31*(Jahr2008*Bücheranzahl) + γ32*(Jahr2011*Bücheranzahl) +
γ40*Mathetest_Level1 + γ41*(Jahr2008*Mathetest_Level1) + γ42*(Jahr2011*Mathetest_Level1) +
u0 + u1*Geschlecht + u2*Geburtsland + u3*Bücheranzahl + u4*Mathetest_Level1 + r

Stichprobe
Die Berechnungen stützen sich auf die Daten der Schülerinnen und Schüler in Bremen der Jahre 2007, 2008 und 2011. Dabei handelt es sich auf individueller Ebene um querschnittliche Analysen, da die Abiturientinnen und Abiturienten jeweils nur einmal befragt wurden. Jedes Jahr nahm je ein Mathematik-Leistungskurs pro Schule an den Erhebungen teil. Da über die Jahre immer die gleichen Schulen teilnahmen, ergibt sich auf Schulebene ein Längsschnitt. Es finden ausschließlich die Schulen Berücksichtigung, in deren Mathematik-Leistungskursen für jedes Jahr die Daten von mindestens fünf Abiturientinnen und Abiturienten vorliegen. Insgesamt kann auf 33 Kurse aus 11 Schulen zurückgegriffen werden.

Tabelle 2: Stichprobe der Schülerinnen und Schüler in Bremen nach Jahren

	Kohorten		
Variable	2007	2008	2011
Abiturpunktzahl	158	153	192
Leistungstest	152	158	195
Geschlecht (davon % weiblich)	158 (32)	157 (42)	196 (30)
Geburtsland (davon % Ausland)	126 (12)	139 (15)	183 (13)
Bücheranzahl im Elternhaus	128	139	180

Quelle: Eigene Berechnungen.

Während der Anteil der im Ausland geborenen Abiturientinnen und Abiturienten über die Jahre relativ stabil blieb, fanden sich im Jahr 2008 deutlich mehr junge Frauen in der Stichprobe. Dies ist bei den folgenden Analysen zu bedenken.

5 Ergebnisse

Zur Beantwortung der Frage, ob die Entwicklung der Punktzahl im schriftlichen Mathematik-Abitur und im Mathematikleistungstest parallel verläuft (Fragestellung 1), werden die einzelnen Jahre 2007, 2008 und 2011 deskriptiv ausgewertet.

Tabelle 3: Deskriptive Statistik der Punktzahl im schriftlichen Abitur und im Mathematikleistungstest nach Jahren

	Abiturpunktzahl			Leistungstest			
Jahr	N	M	SD	N	M	SD	r
2007	158	8.80	3.69	152	8.47	3.38	.41***
2008	153	9.45	3.52	158	7.89	2.66	.48***
2011	192	8.53	3.70	195	8.78	2.75	.48***

Anmerkungen: N = Stichprobengröße; M = Mittelwert; SD = Standardabweichung; r = Produkt-Moment-Korrelation.
Quelle: Eigene Berechnungen.

Die Schülerinnen und Schüler erhielten im Jahr 2008 tendenziell mehr Punkte im schriftlichen Abitur als im Jahr 2011 ($d = .25^{+}$), obwohl sie in 2008 signifikant weniger Punkte im Mathematikleistungstest erzielten als in 2011 ($d = -.33^{*}$). Abgesehen von diesen beiden Effekten zwischen den Jahren 2008 und 2011 liegen weder für die Abiturpunktzahl noch für den Leistungstest in Mathematik signifikante Differenzen zwischen den Jahren 2007 und 2008 sowie zwischen 2007 und 2011 vor. Dies belegen Varianzanalysen, die zwischen diesen Jahren keine signifikanten Differenzen anzeigen (Abiturpunktzahl: 2007-2008: $d = -.18$, n.s.; 2007-2011: $d = .07$, n.s.; Mathematiktest: 2007-2008: $d = .19$, n.s.; 2007-2011: $d = -.10$, n.s.). Damit ergeben sich in der 5-Jahres-Perspektive keine bedeutsamen Veränderungen im Leistungsniveau und in der Bewertung der Schülerinnen und Schüler.

Ob sich der Zusammenhang zwischen der Leistung im Mathematiktest und im schriftlichen Mathematik-Abitur mit der Zeit verstärkt (Fragestellung 2), wird mittels Korrelationen überprüft. In allen drei untersuchten Jahren fallen diese im Mittel in einer ähnlichen Höhe aus ($r = .41^{***}$ bis $r = .48^{***}$). Signifikante Differenzen zwischen den Korrelationen der verschiedenen Jahre lassen sich nicht ausmachen, der Zusammenhang wird demzufolge mit der Zeit nicht enger und gestaltet sich nicht in Abhängigkeit der Prüfungsform.

Die Mehrebenenanalysen zur Überprüfung des Effekts leistungsfremder Faktoren auf die Benotung des schriftlichen Mathematik-Abiturs wurden zunächst für jeden Einflussfaktor separat berechnet und anschließend in einem Gesamtmodell integriert (Fragestellung 3, Tabelle 4). Dabei zeigen sich lediglich geringe Abweichungen zwischen den verschiedenen Modellen, beispielsweise schwanken die Effekte von Geburtsland und Anzahl der Bücher im Elternhaus um die Grenze von signifikantem und tendenziell signifikantem Niveau. Aus Gründen der Übersichtlichkeit wird hier lediglich das Gesamtmodell präsentiert.

Auf individueller Ebene stehen die Mathematikleistungen in allen drei Jahren in engem Zusammenhang mit dem Abschneiden im schriftlichen Mathematik-Abitur (höchst signifikanter Haupteffekt, Interaktionseffekte nicht signifikant). Das Geburtsland spielt ebenfalls eine Rolle: Im dezentralen Abitur (2007) werden junge Erwachsene mit Migrationshintergrund bei gleicher Leistung schlechter bewertet (signifikanter Haupteffekt). Dieser Effekt schwächt sich mit der Implementation des Zentralabiturs im Jahr 2008 ab (signifikanter Interaktionseffekt), ist allerdings vier Jahre später im Jahr 2011 wieder existent (Interaktionseffekt nicht signifikant). Während bei dezentraler Prüfungsorganisation kein Effekt des familiären Bildungshintergrundes auszumachen ist (Haupteffekt nicht signifikant), tritt dieser mit Einführung des Zentralabiturs tendenziell auf (tendenziell signifikanter Interaktionseffekt): Abiturientinnen und Abiturienten aus bildungsferneren Familien erhalten bei gleichen Leistungen im Jahr 2008 weniger Punkte im schriftlichen Mathematik-Abitur et vice versa. Allerdings scheint es sich wie bei Holmeier (2012) lediglich um einen kurzfristigen Effekt zu handeln, da 2011 kein Unterschied mehr zu beobachten ist (kein signifikanter Interaktionseffekt). In allen drei Jahren sind geschlechtsspezifische Differenzen nicht von Bedeutung (Haupteffekt und Interaktionseffekte nicht signifikant). Unter Kontrolle der Leistung werden demnach Schülerinnen und Schüler im schriftlichen Mathematik-Abitur nicht unterschiedlich beurteilt. Insgesamt vermag die Berücksichtigung der Struktur des Mehrebenensystems Schule (Ditton, 2007b; Fend, 2008) 14 Prozent der Varianz bezüglich der Punktzahl im schriftlichen Abitur im Leistungskurs Mathematik zu erklären. Weiteres Aufklärungspotential besteht bezüglich der Varianz des Geschlechtereffektes (signifikante Varianzkomponente).

Tabelle 4: Mehrebenenanalyse: Effekte der individuellen und aggregierten Mathematikleistung, des Geschlechts, Geburtslandes und der Bücheranzahl im Elternhaus
sowie der Zeit auf die Punktzahl im schriftlichen Mathematik-Abitur

Fixe Effekte	nicht stand. Koeffizienten (robuste Standardfehler)
Ebene 1	
Konstante	9.48 (1.31)***
Leistungstest	0.60 (0.11)***
Geschlecht (0 = weiblich, 1 = männlich)	-0.70 (0.57)n.s.
Geburtsland (0 = Deutschland, 1 = Ausland)	-2.01 (0.94)*
Bücheranzahl	0.06 (0.27)n.s.
Ebene 2	
Leistungstest	-0.14 (0.10)n.s.
Jahr2008 (2008 = 1)[1]	-0.97 (1.36)n.s.
Jahr2011 (2011 = 1)[2]	-2.16 (1.43)n.s.
Interaktionseffekte	
Jahr2008*Leistungstest	-0.15 (0.15)n.s.
Jahr2008*Geschlecht	-0.54 (0.80)n.s.
Jahr2008*Geburtsland	2.20 (1.03)*
Jahr2008*Bücheranzahl	0.55 (0.28)+
Jahr2011*Leistungstest	0.05 (0.13)n.s.
Jahr2011*Geschlecht	0.97 (0.84)n.s.
Jahr2011*Geburtsland	1.71 (1.04)n.s.
Jahr2011*Bücheranzahl	0.25 (0.29)n.s.
Zufällige Effekte	
Varianzkomponenten	
u_0	1.23 (1.11)n.s.
u_1 (Geschlecht)	0.89 (0.94)*
u_2 (Geburtsland)	0.25 (0.50)n.s.
u_3 (Bücheranzahl)	0.01 (0.10)n.s.
u_4 (Leistungstest)	0.01 (0.09)n.s.
R	8.87 (2.98)
Intraclass-Correlation	*0.14*

Anmerkungen: [1] 2008 im Vergleich zu 2007: negativer Wert: Abnahme von 2007 zu 2008. [2] 2011 im Vergleich zu 2007: negativer Wert: Abnahme von 2007 zu 2011.
Quelle: Eigene Berechnungen.

Die Punktzahl im schriftlichen Mathematik-Abitur ändert sich über die Jahre nicht, da auf Level 2 die Effekte der Jahre 2008 und 2011 jeweils im Vergleich zu 2007 nicht signifikant ausfallen. Zudem sind keine Referenzgruppeneffekte im Sinne des Big-Fish-Litte-Pond-Effekts festzustellen, da der Einfluss des mittleren Leistungsniveaus des Kurses auf die Abiturbeurteilung ebenfalls nicht signifikant ist.

6   Diskussion

Die Nachzeichnung der Entwicklung der Punktzahl sowohl im Mathematiktest als auch im schriftlichen Abitur im Mathematik-Leistungskurs erfolgte zunächst über den Vergleich der Mittelwerte der einzelnen Jahre. Im Jahr der Einführung zentraler Abiturprüfungen im Leistungskurs Mathematik (2008) zeigten die Schülerinnen und Schüler signifikant niedrigere Leistungen als im Jahr 2011. Damit ist zwar eine Steigerung im Zeitraum 2008 bis 2011 zu verzeichnen, der 5-Jahres-Vergleich (2007-2011) verdeutlicht jedoch keine signifikante Zunahme der Leistungen und damit keinen gegen den Zufall abgesicherten Unterschied zwischen dezentralem und zentralem Abitur. Bezüglich der im schriftlichen Mathematik-Abitur erreichten Punktzahl nimmt das Jahr 2008 ebenfalls eine Sonderposition ein, da dort, trotz der niedrigeren Leistungen im Mathematiktest, tendenziell eine höhere Punktzahl vergeben wurde als im Jahr 2011. Möglicherweise bewerteten in jenem Jahr die Lehrpersonen aufgrund der Einführung des Zentralabiturs etwas milder als in den beiden anderen Jahren oder es zeigen sich individuelle Bewertungsunterschiede zwischen den jeweils beteiligten Lehrpersonen. Da sich die Mathematikleistungen und die Abiturpunktzahl in der längerfristigen Perspektive nicht signifikant ändern und beim Jahr 2008 eine gegenläufige Entwicklung erfolgt, ist Hypothese 1 falsifiziert.

Die Höhe der Korrelationen zwischen Mathematiktest und Punktzahl im schriftlichen Mathematik-Abitur zwischen $r = .41^{***}$ und $r = .48^{***}$ decken sich mit Befunden zum Zusammenhang von mathematischer Testleistung und Halbjahresnote von Hochweber (2010) und Levin (2009) für die Sekundarstufe I. Sie fallen hingegen etwas geringer aus als bei Neumann et al. (2009) für Hamburger und Baden-Württemberger Abiturientinnen und Abiturienten berichtet, ebenfalls bei Verwendung der Halbjahreszensuren (vgl. für internationale Befunde Neumann et al., 2011). Entgegen der Erwartung (Hypothese 2) hat sich der Zusammenhang weder verstärkt noch übertrifft er die bei Holmeier (2012) berichteten Größenordnungen. Damit ist eine standardisierende Wirkung des Zentralabiturs aufgrund einer stärkeren Orientierung an einem externen, nicht schulspezifischen Kriterium nicht erkennbar. Ein Grund dafür könnte der Stellenwert subjektiver Persönlichkeits- und Begabungstheorien der Lehrpersonen bei der Bewertung sein (Ditton, 2007a).

Abschließend konnte die Berechnung von Mehrebenenanalysen Einflüsse auf die Punktzahl im schriftlichen Mathematik-Abitur in den Leistungskursen aufklären. Diese bleibt über die Zeit konstant und ändert sich nicht signifikant, sodass im dezentralen wie im zentralen Abitur ähnlich viele Punkte vergeben werden. Ein Effekt der mittleren Leistung auf Kursniveau ist nicht auszumachen, was im Gegensatz zu den Befunden der TOSCA-Studie, wo Hinweise auf einen Big-Fish-Little-Pond-Effekt vorliegen (Neumann et al., 2009), steht. In Übereinstimmung mit den Ergebnissen von Holmeier (2012) und Maaz et al. (2011) sowie mit Hypothese 3 spielt die individuelle Mathematikleistung der jungen Erwachsenen die größte Rolle bei der Bewertung der schriftlichen Abiturprüfung. Allerdings ist im Gegensatz zur vierten

Hypothese keine Steigerung des Einflusses über die Zeit festzustellen, sodass sich die Notengebung im dezentralen wie im zentralen Prüfsystem im selben Ausmaß an den Mathematikleistungen orientiert. Offen bleiben muss an dieser Stelle, welche strukturellen, intra- und interindividuellen Einflüsse die Entstehung und Entwicklung letzterer mitbestimmt haben (z. B. Ditton, 2007a).

Neben fachlichen Fähigkeiten ist von Bedeutung, ob die Schülerinnen und Schüler im Ausland geboren wurden. Bei dezentraler Prüfungsorganisation erhielten sie bei gleicher Leistung signifikant weniger Punkte in der schriftlichen Abiturprüfung in Mathematik. Die Einführung zentraler Prüfungen trug zur Verringerung der Benachteiligung zugewanderter junger Erwachsener bei. Da diese Entwicklung jedoch nicht von längerfristiger Dauer war und sich der Migrationshintergrund drei Jahre später erneut ungünstig auf die Abiturbeurteilung auswirkte, könnte die geringere Benachteiligung im Jahr 2008 mit allgemein milderen Bewertungen aufgrund der Implementation zentraler Prüfungen im Leistungskurs oder mit anderen an der Korrektur beteiligten Lehrkräften begründet sein. Die Benachteiligung der im Ausland Geborenen im schriftlichen Mathematik-Abitur kann als eine Fortsetzung der „Bildungsnachteile[n] von Schülern mit Migrationshintergrund" (Diefenbach, 2009, S. 452) gesehen werden.

Es ist kritisch anzumerken, dass der Migrationshintergrund in der vorliegenden Studie lediglich mittels des Geburtslandes der Abiturientinnen und Abiturienten (Deutschland oder ein anderes Land) erfasst wurde und somit eine Differenzierung nach Herkunftsland und Generation nicht möglich ist. In Deutschland geborene Jugendliche mit deutschen oder ausländischen Eltern sind in diesem Fall nicht zu unterscheiden.

In Bremer Mathematik-Leistungskursen ist im Zeitraum 2007 bis 2011 keine geschlechtsspezifische Benachteiligung festzustellen – und zwar unabhängig vom Prüfsystem. Dies steht im Gegensatz zu den Befunden von Holmeier (2012) für Bremen (2007 bis 2009) und Maaz et al. (2011) für Baden-Württemberg, laut denen Abiturientinnen im Mathematik-Leistungskurs bei schwächeren Leistungen bessere Noten erhalten. Die Differenzen zu den Resultaten von Holmeier (2012) sind vermutlich in der Unterschiedlichkeit der Stichproben und des Referenzjahres begründet.

Ein durch zentrale Abiturprüfungen nicht intendierter Effekt zeigt sich in der tendenziellen Bevorzugung von Schülerinnen und Schülern mit einem vorteilhaften familiären Bildungshintergrund im Jahr 2008: Sie erhielten bei gleichen Leistungen tendenziell mehr Punkte im schriftlichen Mathematik-Abitur. Dieser Einfluss verringerte sich in längerfristiger Perspektive jedoch wieder, sodass im Jahr 2011 kein Unterschied zum dezentralen Abitur bestand. Dies entspricht sowohl den Befunden von Holmeier (2012) als auch der TOSCA-Studie (Maaz et al., 2011). Zu bedenken ist, dass in den vorliegenden Analysen einzig die Anzahl der Bücher im Elternhaus zur Operationalisierung des familiären Bildungshintergrundes herangezogen werden konnte und eine Differenzierung zwischen Struktur- und Prozessmerkmalen, wie beispielsweise bei Bornkessel und Kuhnen (2011), nicht möglich war.

Hypothese 5, die von einer Abnahme leistungsfremder Faktoren über die Zeit ausgeht, ist zu verwerfen. Einerseits existieren weder im dezentralen noch im zentralen Abitur Differenzen in Abhängigkeit vom Geschlecht und familiären Bildungshintergrund (zumindest im Vergleich 2007 bis 2011). Andererseits dauert die bereits 2007 bestehende Benachteiligung von Abiturientinnen und Abiturienten mit Migrationshintergrund im Jahr 2011 an. Gerade letztem Aspekt muss weitere Beachtung geschenkt und über Lösungsstrategien nachgedacht werden. Dies beinhaltet unter anderem eine Sensibilisierung der Lehrpersonen – und zwar nicht erst am Ende der Sekundarstufe II, sondern bereits in der Grundschule, um u.a. der frühen Selektion von Kindern mit Migrationsgeschichte auf niedriger qualifizierende Sekundarschulen zu begegnen (Diefenbach, 2009).

Fazit

Es bleibt festzuhalten, dass sich die Implementation zentraler Abiturprüfungen in Bremer Mathematik-Leistungskursen in kurzfristiger Perspektive (2007 bis 2008) zwar positiv hinsichtlich der Benachteiligung von im Ausland geborenen Schülerinnen und Schülern auswirkte (Verringerung), jedoch mit negativen Folgen für Abiturientinnen und Abiturienten mit wenigen Büchern im Elternhaus einherging (tendenzielle Benachteiligung). Beide Gruppen erhielten bei gleicher Leistung mehr bzw. weniger Punkte im schriftlichen Mathematik-Abitur. In längerfristiger Perspektive (2007 bis 2011) kehrten sich diese Effekte um, sodass der „Ausgangszustand" und somit die Benachteiligungen von 2007 im dezentralen Abitur wiederhergestellt ist bzw. sind. Insgesamt zeichnen sich durch die Einführung des Zentralabiturs in Bremer Mathematik-Leistungskursen keine bedeutenden Veränderungen hin zu größerer Standardisierung und Vergleichbarkeit und damit Fairness der Abiturnote ab, da der hohe Einfluss der individuellen Mathematikleistungen sowie die nach Geschlecht und familiärem Bildungshintergrund gleiche Benotung auch im dezentralen Abitur Bestand hatte.

Kritisch anzumerken ist, dass die Analysen auf dem querschnittlichen Vergleich dreier Kohorten, die sich hinsichtlich der Zusammensetzung nach Geschlecht unterscheiden, basieren. Worauf die Differenzen zwischen den Jahren zurückzuführen sind und ob sich dadurch Einschränkungen für die Vergleichbarkeit der Befunde ergeben, müssen weitere Analysen klären. Darüber hinaus ist beim Vergleich mit der LAU- und TOSCA-Studie zu berücksichtigen, dass in Bremer Mathematik-Leistungskursen der Anteil der Abiturientinnen und Abiturienten mit Migrationshintergrund in etwa so groß wie unter Hamburger (Lehmann et al., 2012) jedoch annähernd doppelt so groß wie unter Baden-Württemberger Gymnasiastinnen und Gymnasiasten (Köller et al., 2004) ausfällt. Zudem konnte pro Jahr nur auf elf von maximal 19 Level 2-Einheiten zurückgegriffen werden, was die Repräsentativität einschränkt. In der Studie liegen zwar längsschnittliche Daten der Lehrpersonen vor, eine Zuordnung zu den jeweiligen Mathematik-Leistungskursen ist allerdings aufgrund der strikten Datenschutzbestimmungen nicht möglich. Dies böte eine ergänzende Perspektive auf potentielle Effekte der Implementation zentraler Abitur-prüfungen auf die Benotung.

7 Ausblick

Dass Noten nach wie vor wenig vergleichbar sind, zeigte eindrücklich der Vergleich der TOSCA- und LAU-Studie (Trautwein et al., 2007). Auch die vorliegende Studie gibt, zumindest für Bremer Mathematik-Leistungskurse, keine Hinweise auf die Realisierung der zu Beginn als „Fiktion" zitierten Vergleichbarkeit der Noten durch die Implementation des Zentralabiturs. Insofern gilt es, den Fokus neben Maßnahmen zur Erhöhung der Vergleichbarkeit der Noten und Abschlüsse auch darauf zu richten, wie die Chancengleichheit verschiedener Gruppen im Bildungssystem verbessert werden kann, damit meritokratische Prinzipien anstelle von Zensuren Schulerfolg und Lebenschancen beeinflussen.

Literatur

Asdonk, J. & Sterzik, C. (2011). Kompetenzen für den Übergang zur Hochschule. In P. Bornkessel & J. Asdonk (Hrsg.), *Der Übergang Schule-Hochschule. Zur Bedeutung sozialer, persönlicher und institutioneller Faktoren am Ende der Sekundarstufe II* (S. 191–249). Wiesbaden: Verlag für Sozialwissenschaften.

Baumert, J. & Watermann, R. (2000). Institutionelle und regionale Variabilität und die Sicherung gemeinsamer Standards in der gymnasialen Oberstufe. In J. Baumert, W. Bos & R. Lehmann (Hrsg.), *TIMSS/III. Dritte Internationale Mathematik- und Naturwissenschaftsstudie. Mathematische und naturwissenschaftliche Bildung am Ende der Schullaufbahn. Band 2: Mathematische und physikalische Kompetenzen am Ende der gymnasialen Oberstufe* (S. 317–372). Opladen: Leske + Budrich.

Bornkessel, P. & Kuhnen, S. U. (2011). Zum Einfluss der sozialen Herkunft auf Schulleistung, Studienzuversicht und Studienintention am Ende der Sekundarstufe II. In P. Bornkessel & J. Asdonk (Hrsg.), *Der Übergang Schule-Hochschule. Zur Bedeutung sozialer, persönlicher und institutioneller Faktoren am Ende der Sekundarstufe II* (S. 47–104). Wiesbaden: Verlag für Sozialwissenschaften.

Büchel, F., Jürges, H. & Schneider, K. (2003). Die Auswirkungen zentraler Abschlussprüfungen auf die Schulleistung – Quasi-experimentelle Befunde aus der deutschen TIMSS-Stichprobe. *Vierteljahreshefte zur Wirtschaftsforschung, 72* (2), 238–251.

Diefenbach, H. (2009). Der Bildungserfolg von Schülern mit Migrationshintergrund im Vergleich zu Schülern ohne Migrationshintergrund. In R. Becker (Hrsg.), *Lehrbuch der Bildungssoziologie* (S. 433–457). Wiesbaden: Verlag für Sozialwissenschaften.

Ditton, H (2007a) Der Beitrag von Schule und Lehrern zur Reproduktion von Bildungsungleichheit. In R. Becker & W. Lauterbach (Hrsg.), *Bildung als Privileg. Erklärungen und Befunde zu den Ursachen der Bildungsungleichheit* (2. aktualisierte Auflage, S. 243–271). Wiesbaden: VS Verlag für Sozialwissenschaften.

Ditton, H. (2007b). Schulqualität – Modelle zwischen Konstruktion, empirischen Befunden und Implementierung. In J. van Buer & C. Wagner (Hrsg.), *Qualität von Schule. Ein kritisches Handbuch* (S. 83–92). Frankfurt am Main: Peter Lang.

Fend, H. (2008). *Schule gestalten. Systemsteuerung, Schulentwicklung und Unterrichtsqualität.* Wiesbaden: Verlag für Sozialwissenschaften.

Gresch, C. (2012). *Der Übergang in die Sekundarstufe I. Leistungsbeurteilung, Bildungsaspiration und rechtlicher Kontext bei Kindern mit Migrationshintergrund.* Wiesbaden: Verlag für Sozialwissenschaften.

Hochweber, J. (2010). *Was erfassen Mathematiknoten? Korrelate von Mathematik-Zeugniszensuren auf Schüler- und Schulklassenebene in Primar- und Sekundarstufe.* Münster: Waxmann.

Holmeier, M. (2012). Vergleichbarkeit der Punktzahlen im schriftlichen Abitur. In K. Maag Merki (Hrsg.), *Zentralabitur. Die längsschnittliche Analyse der Prozesse und Wirkungen der Einführung zentraler Abiturprüfungen in zwei Bundesländern* (S. 289–320). Wiesbaden: Verlag für Sozialwissenschaften.

Ingenkamp, K. (2005). *Lehrbuch der Pädagogischen Diagnostik* (5. völlig überarbeitete Aufl.). Weinheim: Beltz.

Ingenkamp, K. (Hrsg.). (1972). *Die Fragwürdigkeit der Zensurengebung. Texte und Untersuchungsberichte* (3. Aufl.). Weinheim: Beltz.

Klieme, E. (2000). Fachleistungen im voruniversitären Mathematik- und Physikunterricht: Theoretische Grundlagen, Kompetenzen und Unterrichtsschwerpunkte. In J. Baumert, W. Bos & R. Lehmann (Hrsg.), *TIMSS/III. Dritte Internationale Mathematik- und Naturwissenschaftsstudie. Mathematische und naturwissenschaftliche Bildung am Ende der Schullaufbahn. Band 2: Mathematische und physikalische Kompetenzen am Ende der gymnasialen Oberstufe* (S. 57–128). Opladen: Leske + Budrich.

Köller, O., Watermann, R., Trautwein, U. & Lüdtke, O. (Hrsg.). (2004). *Wege zur Hochschulreife in Baden-Württemberg. TOSCA – Eine Untersuchung an allgemein bildenden und beruflichen Gymnasien.* Opladen: Leske + Budrich.

Kühn, S. M. (2012). Zentrale Abiturprüfungen im nationalen und internationalen Vergleich mit besonderer Perspektive auf Bremen und Hessen. In K. Maag Merki (Hrsg.), *Zentralabitur. Die längsschnittliche Analyse der Prozesse und Wirkungen der Einführung zentraler Abiturprüfungen in zwei Bundesländern* (S. 25–42). Wiesbaden: Verlag für Sozialwissenschaften.

Kultusministerkonferenz (2008). *Vereinbarung über Einheitliche Prüfungsanforderungen in der Abiturprüfung.* Verfügbar unter: http://www.kmk.org/fileadmin/veroeffentlichungen_beschluesse/2008/2008_10_24-VB-EPA.pdf [18.06.2012].

Lehmann, R., Vieluf, U., Nikolova, R. & Ivanov, S. (2012). LAU 13. Aspekte der Lernausgangslage und der Lernentwicklung – Klassenstufe 13 – Erster Bericht. In Behörde für Schule und Berufsbildung (Hrsg.), *LAU – Aspekte der Lernausgangslage und der Lernentwicklung. Klassenstufe 11 und 13* (S. 151–321). Münster: Waxmann.

Levin, A. (2009). *Qualitätsprobleme mathematischer Vergleichsarbeiten. Erfassung mathematischer Kompetenzen und psychometrische Modellierung einer landesweiten Prüfungsarbeit in Klassenstufe 10.* Münster: Waxmann.

Lintorf, K. (2012). *Wie vorhersagbar sind Grundschulnoten? Prädiktionskraft individueller und kontextspezifischer Merkmale.* Wiesbaden: Verlag für Sozialwissenschaften.

Maag Merki, K. (2012a). Forschungsfragen und theoretisches Rahmenmodell. In K. Maag Merki (Hrsg.), *Zentralabitur. Die längsschnittliche Analyse der Prozesse und Wirkungen der Einführung zentraler Abiturprüfungen in zwei Bundesländern* (S. 9–23). Wiesbaden: Verlag für Sozialwissenschaften.

Maag Merki, K. (2012b). Die Leistungen der Gymnasiastinnen und Gymnasiasten in Mathematik und Englisch. In K. Maag Merki (Hrsg.), *Zentralabitur. Die längsschnittliche Analyse der Prozesse und Wirkungen der Einführung zentraler Abiturprüfungen in zwei Bundesländern* (S. 259–288). Wiesbaden: Verlag für Sozialwissenschaften.

Maag Merki, K. & Oerke, B. (2012). Methodische Grundlagen der Studie. In K. Maag Merki (Hrsg.), *Zentralabitur. Die längsschnittliche Analyse der Prozesse und Wirkungen der*

Einführung zentraler Abiturprüfungen in zwei Bundesländern (S. 43–59). Wiesbaden: Verlag für Sozialwissenschaften.

Maaz, K., Baeriswyl, F. & Trautwein, U. (2011). *Herkunft zensiert? Leistungsdiagnostik und soziale Ungleichheiten in der Schule. Eine Studie im Auftrag der Vodafone Stiftung Deutschland.* Verfügbar unter http://www.vodafone-stiftung.de/publikationmodul/detail/ 33.html [29.06.2012].

Marsh, H. W. (1987). The big-fish-little-pond effect on academic self-concept. *Journal of Educational Psychology, 79* (3), 280–295.

Mullis, I. V. S. & Stemler, S. E. (2002). Analyzing Gender Differences for High Achieving Students on TIMSS. In D. F. Robitaille & A. E. Beaten (Hrsg.), *Secondary Analysis of the TIMSS Data* (S. 277–290). Dordrecht: Kluwer Academic Publishers.

Neumann, M., Trautwein, U. & Nagy, G. (2011). Do central examinations lead to greater grading comparability? A study of frame-of-reference effects on the University entrance qualification in Germany. *Studies in Educational Evaluation, 37* (4), 206–217.

Neumann, M., Nagy, G., Trautwein, U. & Lüdtke, O. (2009). Vergleichbarkeit von Abiturleistungen. Leistungs- und Bewertungsunterschiede zwischen Hamburger und Baden-Württemberger Abiturienten und die Rolle zentraler Abiturprüfungen. *Zeitschrift für Erziehungswissenschaft, 12* (4), 691–714.

Oelkers, J. & Reusser, K. (2008). *Qualität entwickeln – Standards sichern – mit Differenz umgehen. Bildungsforschung Band 27.* Berlin: Bundesministerium für Bildung und Forschung (BMBF).

Radtke, F.-O. (2004). Die Illusion der meritokratischen Schule. Lokale Konstellationen der Produktion von Ungleichheit im Erziehungssystem. *IMISBeiträge, 23*, 143–178.

Raudenbush, S. W., Bryk, A. S. & Congdon, R. (2004). *HLM 6 for Windows* [Computer software]. Lincolnwood, IL: Scientific Software International, Inc.

Schuler, H. (2006). Noten und Studien- und Berufserfolg. In D. H. Rost (Hrsg.), *Handwörterbuch Pädagogische Psychologie* (3. überarbeitete und erweiterte Aufl.) (S. 535–541). Weinheim: Beltz.

Sperlich, A. (2009). Managementaufgabe Studierendenauswahl – Private Hochschulen als Pioniere. In M. Bülow-Schramm (Hrsg.), *Hochschulzugang und Übergänge in der Hochschule: Selektionsprozesse und Ungleichheiten.* 3. Jahrestagung der Gesellschaft für Hochschulforschung in Hamburg, 2008 (S. 71–80). Frankfurt am Main: Peter Lang.

Stanat, P. & Edele, A. (2011). Migration und soziale Ungleichheit. In H. Reinders, H. Ditton, C. Gräsel & B. Gniewosz (Hrsg.), *Empirische Bildungsforschung – Gegenstandsbereich* (S. 181–192). Wiesbaden: Verlag für Sozialwissenschaften.

Trautwein, U. & Baeriswyl, F. (2007). Wenn leistungsstarke Klassenkameraden ein Nachteil sind. Referenzgruppeneffekte bei Übertrittsentscheidungen. *Zeitschrift für Pädagogische Psychologie, 21* (2), 119–133.

Trautwein, U., Köller, O., Lehmann, R. & Lüdtke, O. (Hrsg.). (2007). *Schulleistungen von Abiturienten. Regionale, schulformbezogene und soziale Disparitäten.* Münster: Waxmann.

Marko Neumann, Ulrich Trautwein

Schulleistungen und wissenschaftspropädeutische Bildung in der gymnasialen Oberstufe: Zentrale Befunde aus dem TOSCA-Projekt[1]

1   Einleitung

Verglichen mit den inzwischen für die Grundschule und die Sekundarstufe I vorliegenden Befunden zur Leistungsfähigkeit deutscher Schülerinnen und Schüler fällt die empirische Befundlage für das Leistungsniveau deutscher Abiturienten nach wie vor dünn aus. Die einzige Studie, die Hinweise zur internationalen Verortung deutscher Abiturienten erlaubt, ist die *Third International Mathematics and Science Study –* TIMSS/III aus dem Jahr 1995 (vgl. Baumert, Bos & Lehmann, 2000a, 2000b). Auch auf nationaler Ebene existiert bislang keine Untersuchung, die belastbare Aussagen zum Leistungsniveau der Abiturienten in den einzelnen Bundesländern ermöglicht. Für die von der Kultusministerkonferenz vor kurzem beschlossenen Bildungsstandards für die Allgemeine Hochschulreife ist eine ländervergleichende Überprüfung zum gegenwärtigen Zeitpunkt – anders als in der Primarstufe und der Sekundarstufe I – ebenfalls nicht vorgesehen. Ein klarer Mangel an Forschungsergebnissen ist weiterhin mit Blick auf die Bedeutung der in der Schule – und hierbei nicht zuletzt in der gymnasialen Oberstufe – erworbenen fachlichen Kompetenzen für ein erfolgreiches Studium und den gelingenden Übergang in die Arbeits- und Berufswelt zu konstatieren. Kritisch bewertet wird in diesem Zusammenhang ferner die nach Meinung einiger Beobachter zu starke Fokussierung auf die Untersuchung fachlicher Kompetenzen (insbesondere in den „Kernfächern" Deutsch, Mathematik und Fremdsprache), während Kompetenzen und Fähigkeiten in anderen studiennahen Bereichen wie Wissenschaftspropädeutik, selbstständigem Lernen, Selbstorganisation, überfachlichem Lernen, Interesse und Lernmotivation häufig zu kurz kämen (vgl. z.B. Huber, 2008).

Der Mangel an empirischen Befunden zu den Kenntnissen und Fähigkeiten deutscher Abiturienten und ihren weiteren Bildungsverläufen war der Ausgangspunkt des TOSCA-Projekts (*Transformation des Sekundarschulsystems und akademische Karrieren*; vgl. Köller et al., 2004). Im vorliegenden Beitrag soll zunächst ein kurzer Überblick über die Untersuchungsanlage des TOSCA-Projekts

---

1   Im vorliegenden Beitrag werden zentrale Ergebnisse des TOSCA-Projekts zusammenfassend dargestellt, die in umfassender Weise bereits in den beiden TOSCA-Ergebnisbänden von Trautwein, Köller, Lehmann und Lüdtke (2007) sowie Trautwein, Neumann, Nagy, Lüdtke und Maaz (2010) berichtet wurden. Der vorliegende Beitrag greift in Teilen auf Passagen aus diesen Berichtsbänden zurück. Die Autoren danken Michael Becker, Swantje Dettmers, Kathrin Jonkmann, Olaf Köller, Oliver Lüdtke, Kai Maaz, Gabriel Nagy und Rainer Watermann, deren Originalbeiträge die Basis des vorliegenden Beitrags darstellen.

gegeben werden. Anschließend werden zentrale Ergebnisse zum erreichten Kompetenzniveau der Abiturienten in den Bereichen Mathematik, Englisch und Naturwissenschaften vorgestellt, wobei auch Befunde aus der TIMSS/III-Oberstufenuntersuchung mit in die Ergebnisdarstellung einfließen. Neben der inhaltlichen (kriterialen) Einordnung der erreichten Leistungsstände soll auch auf Leistungsunterschiede zwischen Schülerinnen und Schülern, die ihr Abitur an unterschiedlichen Schulformen und in unterschiedlichen Bundesländern (Baden-Württemberg und Hamburg) erworben haben, eingegangen werden. Schließlich werden zentrale Befunde aus der TOSCA-Repeat-Studie (vgl. Trautwein et al., 2010) berichtet, die die Auswirkungen der in Baden-Württemberg und in der Zwischenzeit in ähnlicher Weise auch in mehreren anderen Bundesländern vollzogenen Neuordnung der gymnasialen Oberstufe untersucht. Neben den Ergebnissen für die Fachleistungen der Abiturienten wird dabei auch auf ausgewählte Befunde zu Veränderungen bei den wissenschaftsnahen Lern- und Arbeitsformen sowie zur selbst wahrgenommenen Studienvorbereitung der Abiturienten eingegangen. Der Beitrag schließt mit einem kurzen Ausblick.

2   Die Untersuchungsanlage des TOSCA-Projekts

Das am Max-Planck-Institut für Bildungsforschung in Berlin begonnene und nun federführend an der Universität Tübingen (Prof. Dr. Ulrich Trautwein) angesiedelte TOSCA-Projekt umfasst mittlerweile fünf Schülerkohorten (vgl. Tabelle 1). In der ersten TOSCA-Kohorte wurden im Jahr 2002 am Ende der Jahrgangsstufe 13 die Fachleistungen von rund 4700 baden-württembergischen Abiturienten aus allgemeinbildenden und beruflichen Gymnasien in den Bereichen Mathematik, Englisch sowie in naturwissenschaftlicher Grundbildung erfasst. Darüber hinaus wurden eine Reihe familiärer Hintergrundmerkmale und psychosozialer Aspekte sowie die persönlichen Lebensziele, Studien- und Ausbildungsaspirationen und beruflichen Interessen der Abiturienten erhoben. Um die weitere Entwicklung der Abiturienten nach dem Verlassen der Schule untersuchen zu können, wurden sie alle zwei Jahre erneut zu ihrer aktuellen Situation befragt. In einzelnen Teilpopulationen (z.B. Studierende eines naturwissenschaftlichen Studiengangs, Lehramtsstudierende oder Absolventen wirtschaftswissenschaftlicher Studiengänge) wurden zudem weitere Untersuchungen mit spezifischen Fragestellungen durchgeführt.

Im Jahr 2005 konnte ein Großteil der Erhebungsinstrumente der ersten TOSCA-Untersuchung im Abiturjahrgang der Hamburger Lernausgangslagen-Untersuchung (LAU-13; Lehmann et al., 2006; Trautwein et al., 2007) eingesetzt werden, wodurch erstmals ein repräsentativer Leistungsvergleich von Abiturienten aus unterschiedlichen Bundesländern möglich wurde.

Bei TOSCA-2006 handelt es sich um eine der baden-württembergischen Abiturientenkohorten, die in der neu geordneten baden-württembergischen Oberstufe das Abitur erwarb. Durch den Vergleich TOSCA-2006-Kohorte mit dem

TOSCA-2002-Abiturjahrgang konnten die Auswirkungen der Neuordnung in zentralen Teilbereichen empirisch überprüft werden (vgl. Trautwein et al., 2010). Der Untersuchungsschwerpunkt von TOSCA-10 liegt auf der Untersuchung des Übergangs von der Realschule in Baden-Württemberg in die berufliche Ausbildung und die gymnasiale Oberstufe (vgl. z.B. Trautwein, Nagy & Maaz, 2011). In TOSCA-Sachsen werden die Auswirkungen der Oberstufenreform in Sachsen, deren besondere Schwerpunkte in der Ausweitung der Belegverpflichtungen in den Naturwissenschaften und Fremdsprachen liegen, untersucht.

Tabelle 1: Anlage des TOSCA-Projektes

	2002	2003	2004	2005	2006	2007	2008	2009	2010	2011	2012
TOSCA-2002	1		2		3	3a	4		5	5a	6
TOSCA/LAU				1							
TOSCA-2006					1		2		3		4
TOSCA-10						1					
TOSCA-Sachsen								1a	1b	1c	

Quelle: modifiziert nach Trautwein et al., 2010, S. 28.

3 Schulleistungen in Mathematik, Englisch und Naturwissenschaft

In TOSCA wurden Leistungstests in den Bereichen Mathematik, Englisch und naturwissenschaftliche Grundbildung eingesetzt. Für den ebenfalls zentralen Kompetenzbereich Deutsch existierten zum Erhebungszeitpunkt keine geeigneten Instrumente, die neben einem rein sozialnormorientierten Vergleich auch eine inhaltlich-kriteriale bzw. sachnormorientierte Verortung der erreichten Lernstände (etwa im Rahmen von Kompetenzstufenmodellen) ermöglicht hätten.

3.1 Leistungen in Mathematik

Zur Erfassung der Mathematikleistungen kamen in TOSCA die Tests zur voruniversitären Mathematik und zur mathematischen Grundbildung aus der TIMSS/III-Studie (vgl. Baumert, Bos & Lehmann, 2000a, 2000b) zum Einsatz. Während es sich beim Test zu den voruniversitären Mathematikleistungen um einen curricular validen Test handelt, der die Lerninhalte der gymnasialen Oberstufe im engeren Sinn abbildet, orientiert sich der Test zur mathematischen Grundbildung eher an den Lerninhalten der Mittelstufe und ist dabei in Anlehnung an die angelsächsische *Literacy*-Konzeption durch einen besonderen Anwendungsbezug der Testaufgaben gekennzeichnet. Ein Vorteil beider Tests ist darin zu sehen, dass sie über die im Rahmen der TIMSS/III-Studie entwickelten Kompetenzstufenmodelle (vgl. Klieme, 2000; Klieme et al., 2000) auch eine inhaltliche Beschreibung des erreichten Kompetenzniveaus erlauben und man sich damit der Frage nähern kann, in welchem Maß in der gymnasialen Oberstufe Leistungsstandards erreicht werden, wie man sie mit der Vergabe des Abiturs weithin erwarten würde. Dabei ist allerdings herauszustellen, dass die (normativen) Antworten auf die Frage, über welche mathematischen Fähigkeiten ein Abiturient zwingend verfügen muss, zum Teil sehr kontrovers diskutiert werden. Während von einigen Beobachtern im Wesentlichen die sichere Beherrschung der bis zum mittleren Schulabschluss vermittelten mathematischen Stoffinhalte als ausreichend angesehen wird (vgl. z.B. Huber, 1998), setzen andere quasi das Leistungskursniveau der gymnasialen Oberstufe als wünschenswerte Zielmarke für alle Abiturienten an (vgl. im Überblick Neumann, 2010).

In TIMSS/III wurden sowohl in voruniversitärer Mathematik als auch in der mathematischen Grundbildung jeweils vier Stufen mathematischer Kompetenz unterschieden. Tabelle 2 weist die Verteilung auf die Kompetenzstufen für die an der TIMSS/III-Untersuchung teilnehmenden Schülerinnen und Schüler aus gymnasialen Oberstufen aus, die im internationalen Vergleich nur im Mittelfeld rangierten (vgl. Baumert, Bos & Watermann, 1998).

Tabelle 2: Verteilung der Leistungen deutscher Oberstufenschülerinnen und -schüler auf die Fähigkeitsniveaus voruniversitärer Mathematik in der TIMSS/III-Untersuchung (in %)

Fähigkeitsniveau	Abgewählter Grundkurs	Durchgehender Grundkurs	Leistungskurs	Insgesamt
I Ausführen von Routinen	57,3	29,4	5,7	24,2
II Anwendung elementarer Konzepte/Regeln	36,8	52,8	37,6	45,9
III Anwendung von Lerninhalten der Oberstufe	6,0	16,9	44,9	25,3
IV Selbstständiges Problemlösen	0,0	1,0	11,7	4,6

Quelle: Baumert, Bos & Watermann, 1998, S. 102.

Wie Tabelle 2 entnommen werden kann, erreichte in den Grundkursen weniger als ein Fünftel der Schülerinnen und Schüler ein Niveau, das einem hinreichend sicheren Umgang mit den mathematischen Lerninhalten der gymnasialen Oberstufe entspricht. Im Leistungskurs fiel dieser Anteil erwartungsgemäß deutlich höher aus, wenngleich auch hier über 40 Prozent der Schülerinnen und Schüler nicht über die Kompetenzstufen I und II hinauskamen. Etwas positiver gestaltete sich das Bild in der mathematischen Grundbildung (ohne Tabelle). Gleichwohl waren auch hier bei nennenswerten Anteilen der Schülerinnen und Schüler aus zur Hochschulreife führenden Bildungsgängen erhebliche Mängel selbst bei grundlegenden Rechenfähigkeiten festzustellen (vgl. Baumert, Bos & Watermann, 1998).

Mit Hilfe der Ergebnisse aus der TOSCA-Studie in Baden-Württemberg und der LAU-13-Untersuchung in Hamburg konnten die vorstehend aufgeführten Ergebnisse für Gesamtdeutschland weiter differenziert werden. So war erstmals ein direkter Bundesvergleich möglich, wobei gleichzeitig auch Leistungsunterschiede zwischen den Absolventen unterschiedlicher Hochschulzugangswege (allgemeinbildendes Gymnasium, berufliches Gymnasium, Gesamtschule) in den Blick genommen werden konnten. Die wichtigsten Befunde sollen im Folgenden überblicksartig dargestellt werden.

Die voruniversitären Mathematikleistungen der baden-württembergischen Abiturienten fielen insgesamt betrachtet deutlich besser aus als die Leistungen der Hamburger Oberstufenschülerinnen- und Schüler (vgl. Nagy et al., 2007) und lagen zudem über dem in TIMSS/III erzielten Bundesdurchschnitt (vgl. Watermann, Nagy & Köller, 2004). Der Leistungsvorsprung gegenüber den Hamburger Abiturienten betrug nahezu eine Standardabweichung und entspricht damit dem durchschnittlichen Lernfortschritt von deutlich über einem Schuljahr. Ähnlich deutliche Unterschiede ergaben sich auch innerhalb der Bundesländer beim Vergleich der unterschiedlichen Gymnasialzweige (vgl. in diesem Zusammenhang auch Köller, Baumert & Schnabel, 1999). Die höchsten Leistungen wurden jeweils an den allgemeinbildenden Gymnasien und den beruflichen Gymnasien mit technischer Ausrichtung erbracht, während die Leistungen an den anderen Gymnasialzweigen deutlich niedriger ausfielen (vgl. Nagy et al., 2007).

Tabelle 3 weist die Verteilung der in beiden Bundesländern an den unterschiedlichen Schulformen erbrachten Leistungen auf die vier Kompetenzstufen voruniversitärer Mathematik aus. Für die Grundkurse wird deutlich, dass mit Ausnahme der allgemeinbildenden und technischen Gymnasien Baden-Württembergs kaum nennenswerte Anteile auf die Kompetenzstufe III, d.h. die hinreichend sichere Anwendung von Lerninhalten der gymnasialen Oberstufe gelangten. An den Gesamtschulen, Aufbaugymnasien und Wirtschaftsgymnasien in Hamburg kamen drei Viertel und mehr der Abiturienten nicht über die niedrigste Kompetenzstufe des elementaren Schlussfolgerns hinaus. Sichtlich besser stellte sich das Bild für die Leistungskursen dar. Hier erreichten an den allgemeinbildenden und technischen Gymnasien Baden-Württembergs etwa 80 Prozent der Abiturienten mindestens die im Leistungskurs als Regelerwartung ansetzbare Kompetenzstufe III (vgl. Nagy et al., 2007) der Anwendung von Lerninhalten der gymnasialen Oberstufe. Fast jeder dritte baden-württembergische Leistungskursschüler aus einem allgemeinbildenden Gymnasium gelangte sogar auf die höchste Kompetenzstufe des selbstständigen Lösens mathematischer Probleme auf Oberstufenniveau. In Hamburg fanden sich deutlich niedrigere Leistungsniveaus, lediglich an den allgemeinbildenden und technischen Gymnasien erreichten hier 50 Prozent der Schülerinnen und Schüler und mehr im Leistungskurs ein Niveau, wie es nach Lehrplanvorgaben für die voruniversitäre Mathematik zu erwarten wäre. Ähnliche, in der Tendenz etwas positivere

Ergebnisse zeigten sich auch für den Bereich der mathematischen Grundbildung (ohne Tabelle). Hier erreichten in Baden-Württemberg mit Ausnahme der beruflichen Gymnasien der sozialpädagogischen Richtung an allen Gymnasialzweigen zwei Drittel oder mehr die angesetzten Leistungserwartungen, während dies an einigen Oberstufenrichtungen in Hamburg für zum Teil deutlich weniger als die Hälfte der Schülerinnen und Schüler zutraf (vgl. Nagy et al., 2007).

Tabelle 3: Verteilung der Leistungen Baden-Württemberger und Hamburger Oberstufenschülerinnen und -schüler auf die Fähigkeitsniveaus voruniversitärer Mathematik (in %)

Grundkurs		Baden-Württemberg						Hamburg				
		AG	WG	TG	ArG	EG	SG	GG	IGS	AufG	WG	TG
I	Ausführen von Routinen	14,0	45,9	14,1	58,9	57,3	67,9	48,3	74,2	78,7	91,3	55,4
II	Anwendung elementarer Konzepte und Regeln	56,8	48,8	62,7	34,8	40,6	32,1	45,3	24,8	20,3	8,5	41,3
III	Anwendung von Lerninhalten der Oberstufe	27,7	5,3	21,9	6,4	2,0	0,0	6,2	1,0	0,9	0,2	3,3
IV	Selbstständiges Problemlösen	1,6	0,0	1,2	0,0	0,0	0,0	0,0	0,0	0,0	0,0	0,0
Leistungskurs												
		AG	WG	TG	ArG	EG	SG	GG	IGS	AufG	WG	TG
I	Ausführen von Routinen	0,3	9,0	0,3	25,2	20,6	24,5	4,1	22,8	35,6	52,5	8,3
II	Anwendung elementarer Konzepte und Regeln	16,3	61,1	22,4	43,3	57,8	60,1	37,7	55,7	52,0	43,8	43,3
III	Anwendung von Lerninhalten der Oberstufe	52,0	28,8	63,6	31,5	21,6	15,4	48,2	21,2	12,4	3,8	42,5
IV	Selbstständiges Problemlösen	31,4	1,2	13,7	0,0	0,0	0,0	10,1	0,7	0,0	0,0	7,5

Anmerkungen: AG = Allgemeinbildendes Gymnasium, WG = Wirtschaftsgymnasium, TG = Technisches Gymnasium, ArG = Agrarwissenschaftliches Gymnasium, EG = Ernährungswissenschaftliches Gymnasium, SG = Sozialpädagogisches Gymnasium, GG = Grundständiges Gymnasium, IGS = Integrierte Gesamtschule, AufG = Aufbaugymnasium.
Quelle: Nagy et al., 2007, S. 106f.

Bezüglich der berichteten Leistungsunterschiede zwischen den Hamburger und Baden-Württemberger Abiturienten ist ergänzend herauszustellen, dass sich in Hinblick auf familiäre Hintergrundmerkmale und die kognitiven Grundfähigkeiten im Mittel keine bedeutenden Unterschiede fanden, die zur Erklärung der deutlichen

Leistungsunterschiede herangezogen werden könnten. Auch bei Berücksichtigung der höheren Leistungskursquote in Baden-Württemberg reduzierten sich die Leistungsunterschiede zwischen den Bundesländern nur um ein Sechstel. Klare Unterschiede in den familiären und kognitiven Schülermerkmalen zeigten sich jedoch innerhalb der beiden Bundesländer zwischen den allgemeinbildenden Gymnasien und den alternativen Oberstufenrichtungen, was auf substanzielle Differenzen in den schulformspezifischen Eingangsvoraussetzungen bereits zu Beginn der Oberstufe hindeutet (vgl. Maaz et al., 2007).

3.2   Leistungen in Englisch

Die Englischkompetenzen der Schülerinnen und Schüler wurden in TOSCA und LAU mit einer validierten Kurzform des *„Test of English as a Foreign Language – TOEFL"* erfasst. Der TOEFL wurde vom *Educational Testing Service* (ETS) in Princeton, New Jersey, entwickelt und umfasst die Bereiche Leseverständnis, Wortschatz, Grammatik, Orthografie und Hörverständnis. Eine ausreichende Punktzahl in diesem Test ist an vielen englischsprachigen Universitäten Voraussetzung für die Zulassung ausländischer Studierender, deren Muttersprache nicht Englisch ist. Bei der in TOSCA und LAU eingesetzten Paper and Pencil-Testform verlangten prestigeärmere staatliche amerikanische Universitäten einen Punktwert von 500, prestigereichere staatliche Universitäten einen Punktwert von 550 und die sehr prestigereichen privaten Universitäten (z.B. Columbia oder Yale) Punktwerte von mindestens 600. In gewisser Weise ist somit also auch mit dem TOEFL eine kriteriale Einordnung der erreichten Punktzahl möglich. In den letzten Jahren wurde überdies der Versuch unternommen, die TOEFL-Metrik auch in die einzelnen Kompetenzniveaus des Gemeinsamen Europäischen Referenzrahmens für die Sprachen (GER; vgl. Europarat, 2001) zu überführen (vgl. z.B. Tannenbaum & Wylie, 2005), so dass auch hier zumindest eine näherungsweise Einordnung der erreichten Testleistungen möglich ist (vgl. Jonkmann, Köller & Trautwein, 2007; Köller et al., 2006). Im GER werden für alle sprachlichen Teilkompetenzen drei große Referenzniveaus vorgegeben, wobei Niveaustufe A die elementare Sprachverwendung, Niveaustufe B die selbstständige Sprachverwendung und Niveaustufe C die kompetente Sprachverwendung repräsentiert. Alle Stufen werden jeweils nochmal in zwei Unterkategorien unterteilt. In den zukünftig durch die Bildungsstandards ersetzten einheitlichen Prüfungsanforderungen für das Abitur (EPA) werden als Zielbereiche für die Englischkompetenzen der Abiturienten die Niveaustufen B2 und C1 ausgegeben.

Anders als in Mathematik erbrachte der Leitungsvergleich in Englisch kaum Unterschiede zwischen den Baden-Württemberger und Hamburger Abiturienten. Wie Abbildung 1 entnommen werden kann ergaben sich im oberen Leistungsbereich sogar leichte Vorteile für die Hamburger Abiturienten. Ein sicherlich als erfreulich einzustufender Befund ist, dass in beiden Bundesländern über die Hälfte der

Abiturienten Englischkompetenzen aufwiesen, die zur Aufnahme eines Studiums an einer normalen staatlichen amerikanischen Universität gefordert werden.

Abbildung 1: Anteile der Schülerschaft in Hamburg und Baden-Württemberg, welche die kritischen TOEFL-Werte übertreffen

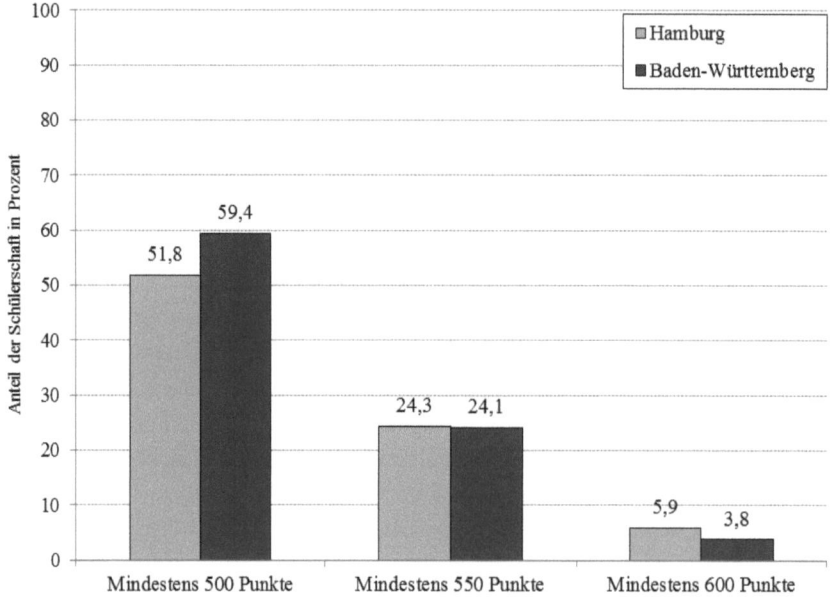

Quelle: Jonkmann, Köller & Trautwein, 2007, S. 130.

Gleichzeitig macht Tabelle 4 deutlich, dass diesbezüglich klare Unterschiede zwischen den einzelnen Gymnasialzweigen bestehen. Während an den allgemeinbildenden Gymnasien in beiden Bundesländern jeweils etwa zwei Drittel der Abiturienten den kritischen Wert von 500 Punkten erreichten oder übertrafen (in den Leistungskursen sogar deutlich über 80 %, ohne Abbildung), traf dies an den alternativen Hochschulzugangswegen nur für ein Sechstel bis zu einem Drittel der Schülerinnen und Schüler zu.

Tabelle 4: Anteil der Schülerschaft, die die kritischen TOEFL-Werte übertreffen, nach Bundesland und Richtung der gymnasialen Oberstufe (in %)

	Mindestens 500 Punkte	Mindestens 550 Punkte	Mindestens 600 Punkte
Hamburg			
Grundständiges Gymnasium	64,7	32,0	8,1
Integrierte Gesamtschule	30,5	11,3	2,2
Aufbaugymnasium	18,9	5,2	0,9
Wirtschaftsgymnasium	19,7	5,7	0,4
Technisches Gymnasium	22,3	12,6	1,0
Baden-Württemberg			
Allgemeinbildendes Gymnasium	71,3	31,9	5,4
Wirtschaftsgymnasium	34,2	7,6	0,4
Technisches Gymnasium	18,0	7,0	0,4
Ernährungswissenschaftliches Gymnasium	24,6	7,9	0,5
Agrarwissenschaftliches Gymnasium	36,4	8,0	0,0
Sozialpädagogisches Gymnasium	26,2	6,5	0,0

Quelle: Jonkmann, Köller & Trautwein, 2007, S. 130.

Ein vergleichbares Bild ergibt sich auch bei der Betrachtung der Verteilung der TOEFL-Leistungen auf die drei großen GER-Referenzniveaus (vgl. Abbildung. 2). Während die niedrigste Stufe A1/A2 (entspricht TOEFL-Werten $\leq$ 456) an den allgemeinbildenden Gymnasien nur in geringem Maß vertreten war, gelangten an einigen der alternativen Hochschulzugangswege mehr als ein Drittel, zum Teil mehr als die Hälfte der Schülerinnen und Schüler nicht über das Niveau der elementaren Sprachverwendung hinaus. Das höchste Niveau der kompetenten Sprachbeherrschung wurde zu substanziellen Teilen ausschließlich an den allgemeinbildenden Gymnasien erreicht. Schülerinnen und Schüler, die längere Zeit eine Schule im englischsprachigen Ausland besuchten, erreichten hierbei zu etwa zwei Dritteln die Niveaustufe C1/C2 (ohne Abbildung, vgl. Jonkmann et al., 2007). Inwieweit die für Hamburg und Baden-Württemberg berichteten Englischleistungen auch auf andere Bundesländer übertragbar sind, muss aufgrund fehlender Vergleichsuntersuchungen offen bleiben. Allerdings deuten die für die Mittelstufe vorliegenden Befunde aus der Überprüfung der nationalen Bildungsstandards auf deutliche Ost-Westunterschiede in den Englischleistungen an Gymnasien hin (vgl. Leucht, Frenzel & Pöhlmann, 2010).

Abbildung 2: Anteil der Abiturienten und Abiturientinnen auf den Referenzniveaus des GER nach Richtung der gymnasialen Oberstufe und Bundesland

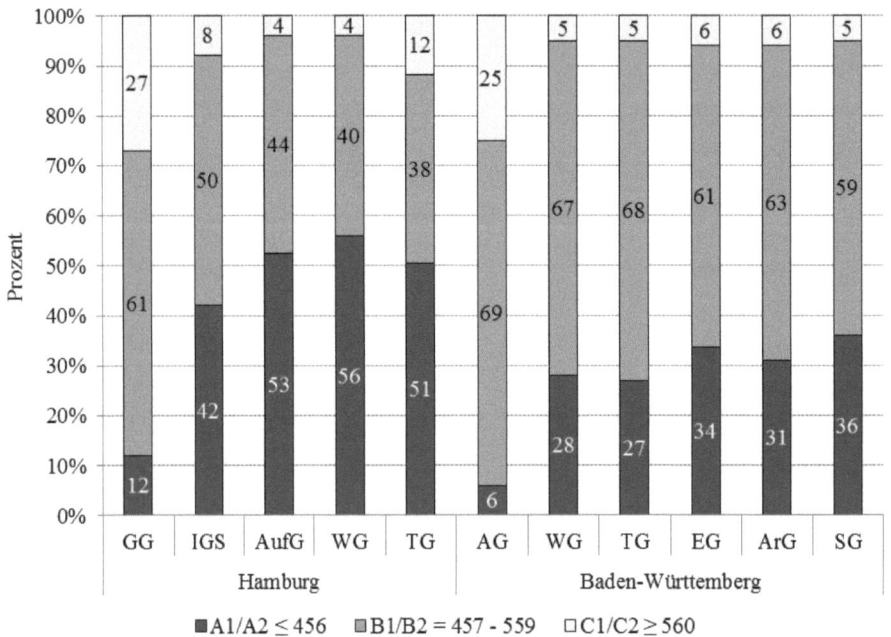

Anmerkungen: AG = Allgemeinbildendes Gymnasium, WG = Wirtschaftsgymnasium, TG = Technisches Gymnasium, ArG = Agrarwissenschaftliches Gymnasium, EG = Ernährungswissenschaftliches Gymnasium, SG = Sozialpädagogisches Gymnasium, GG = Grundständiges Gymnasium, IGS = Integrierte Gesamtschule, AufG = Aufbaugymnasium.
Quelle: Jonkmann, Köller & Trautwein, 2007, S. 134.

3.3 Leistungen in den Naturwissenschaften

Ebenso wie die Leistungen in Mathematik wurden in der TIMSS/III-Studie auch die naturwissenschaftlichen Kompetenzen mithilfe von zwei Tests mit unterschiedlichem Anspruchsniveau und unterschiedlicher Ausrichtung erfasst. So kam neben dem anwendungsbezogenen und eher an den Lerninhalten der Mittelstufe angelehnten naturwissenschaftlichen Grundbildungstest für das Fach Physik ein explizit an den Lerninhalten der gymnasialen Oberstufe ausgerichteter Test zum Einsatz (vgl. Klieme, 2000; Klieme et al., 2000). Im internationalen Vergleich lagen die deutschen Oberstufenschülerinnen und Schüler in diesem Test im Bereich des internationalen Durchschnitts (Baumert, Bos & Watermann, 1998). Tabelle 5 weist die Verteilung der von den deutschen Oberstufenschülern erbrachten Schülerleistungen auf die fünf im Rahmen der TIMSS-Studie gebildeten Niveaustufen voruniversitärer Physik aus. Positiv hervorzuheben sind hier die im Leistungskurs erzielten Leistungen. Immerhin knapp 60 Prozent der Schülerinnen und Schüler erreichten hier mindestens das Niveau der hinreichend sicheren Anwendung physikalischer

Lerninhalte der Oberstufe, während dies im Grundkurs nur etwa einem Viertel der Schülerinnen und Schüler gelang. Jeder sechste Leistungskursschüler erreichte die Ebene der hinreichend sicheren selbstständigen fachlichen Argumentation.

Tabelle 5: Verteilung der Leistungen deutscher Oberstufenschülerinnen und -schüler auf die Fähigkeitsniveaus voruniversitärer Physik in der TIMSS/III-Untersuchung (in %)

Fähigkeitsniveau	Grundkurs	Leistungskurs	Insgesamt
I Elementares Wissen	27,6	7,2	20,9
II Erklärung von Phänomenen	46,7	36,0	43,2
III Anwendung von Lerninhalten der Oberstufe	21,9	41,4	28,3
IV Selbstständige fachliche Argumentation	3,7	13,1	6,8
V Überwinden von Fehlvorstellungen	0,0	2,3	0,7

Quelle: Baumert, Bos & Watermann, 1998, S. 102.

Insgesamt eher positiv zu bewerten sind sicherlich auch die im Bereich der naturwissenschaftlichen Grundbildung erzielten Leistungen. So erreichten in TIMSS an den allgemeinbildenden Gymnasien immerhin knapp vier Fünftel der Oberstufenschülerinnen- und Schüler mindestens die als Regelerwartung ansetzbare Niveaustufe (vgl. Neumann & Nagy, 2007) der Anwendung elementarer Modellvorstellungen, etwa 30 Prozent gelangten bis auf die höchste Stufe der Anwendung physikalischer Fachkenntnisse (ohne Tabelle; vgl. Baumert, Bos & Watermann, 1998). Diese Befunde fanden sich in ähnlicher Weise auch in TOSCA und LAU (siehe Tabelle 6; vgl. Neumann & Nagy, 2007). Es zeigte sich jedoch auch, dass an den alternativen Hochschulzugangswegen in Hamburg und am sozialpädagogischen Gymnasium in Baden-Württemberg zwischen 30 und 50 Prozent nicht über die Kompetenzstufe II (Erklärung einfacher alltagsnaher Phänomene) hinauskamen und hier somit zum Teil fraglich erscheint, ob erwartbare Standards im Bereich der naturwissenschaftlichen Grundbildung noch in hinreichendem Maß erreicht werden.[2]

---

2 Der TIMSS/III-Test zu den voruniversitären Physikleistungen kam in TOSCA und LAU nicht zum Einsatz.

Tabelle 6: Verteilung der Leistungen Baden-Württemberger und Hamburger Oberstufen-schülerinnen und -schüler auf die Fähigkeitsniveaus naturwissenschaftlicher Grundbildung (in %)

		Baden-Württemberg						Hamburg				
		AG	WG	TG	ArG	EG	SG	GG	IGS	AufG	WG	TG
I	Naturwissenschaftliches Alltagswissen	0,7	0,9	0,0	0,0	1,7	3,6	1,8	4,6	5,4	10,4	4,6
II	Erklärung einfacher alltagsnaher Phänomene	11,0	16,6	5,3	15,8	16,9	30,4	18,4	25,3	30,7	38,6	25,3
III	Anwendung elemen-tarer naturwissen-schaftlicher Modell-vorstellungen	46,5	59,3	41,4	37,5	54,3	54,0	48,1	48,5	49,9	39,8	48,5
IV	Naturwissenschaftliche Fachkenntnisse	41,8	23,2	53,3	46,6	27,0	12,1	31,7	21,6	14,1	11,2	21,6

Anmerkungen: AG = Allgemeinbildendes Gymnasium, WG = Wirtschaftsgymnasium, TG = Tech-nisches Gymnasium, ArG = Agrarwissenschaftliches Gymnasium, EG = Ernährungswissenschaft-liches Gymnasium, SG = Sozialpädagogisches Gymnasium, GG = Grundständiges Gymnasium, IGS = Integrierte Gesamtschule, AufG = Aufbaugymnasium.
Quelle: Neumann & Nagy, 2007, S. 153.

4 Empirische Befunde zur Neuordnung der gymnasialen Oberstufe in Baden-Württemberg

4.1 Hintergründe und Zielstellungen der Neuordnung

Befragt man heutige Studienanfängerkohorten nach den von ihnen während der gymnasialen Oberstufe belegten Leistungskursfächern, wird man von einer Vielzahl Studierender keine klare Antwort mehr bekommen bzw. wird mit Rückfragen kon-frontiert, was denn genau mit „Leistungskursfächern" gemeint sei. Denn ein Groß-teil der gegenwärtigen Abiturienten in Deutschland hat die Oberstufe nicht mehr im herkömmlichen Kurssystem mit zwei fünfstündigen Leistungskursen und ergän-zenden Grundkursen durchlaufen, sondern hat in der Oberstufe je nach Bundes-land zwischen drei und sechs vierstündige Fächer auf erhöhtem Anforderungsni-veau belegt, von denen die zumeist als „Kern- oder Hauptfächer" herausgehobenen Fächer Deutsch, Mathematik und Fremdsprache in vielen Bundesländern ohne Ni-veaudifferenzierung im gemeinsamen Klassenverband unterrichtet werden (z.B. Ba-den-Württemberg, Bayern, Brandenburg, Thüringen, Sachsen-Anhalt, Mecklen-burg-Vorpommern, Schleswig-Holstein; vgl. im Überblick Huber & Kurnitzki, 2012; Trautwein et al., 2010).

Die Veränderungen im Kurssystem der gymnasialen Oberstufe gehen auf die Husumer Beschlüsse der KMK aus dem Jahr 1999 zurück, die den Bundesländern mehr Freiräume bei der Ausgestaltung ihrer Oberstufen einräumten (für eine umfassende Darstellung der Vorgeschichte der gegenwärtigen Neuordnung der Oberstufe vgl. Neumann, 2010). In Baden-Württemberg, wo als Erstes von den erweiterten Möglichkeiten Gebrauch gemacht wurde, wurde bereits im Schuljahr 2001/02 die Niveaudifferenzierung in den Kernfächern Deutsch, Mathematik und Fremdsprache aufgehoben und die Zahl der Abiturprüfungen von vier auf fünf erhöht, wobei schriftliche Prüfungen in den Kernfächern für alle Schülerinnen und Schüler verpflichtend sind. In diesen Fächern werden seither wieder alle Schülerinnen und Schüler im gemeinsamen Klassenverband unterrichtet, und zwar auf erhöhtem Anforderungsniveau. Als zentrale Zielstellungen der Neuordnung können die Anhebung und Angleichung des Kompetenzniveaus in den traditionell als „Kernbereiche des Gymnasiums" angesehenen Domänen Deutsch, Mathematik und Fremdsprache gesehen werden. „In dieser Fächergruppe sind solide Grundkompetenzen für alle wichtiger als Spezialisierungsmöglichkeiten für wenige" (Schavan, 2001, S. 52), lautete die komprimiert dargestellte Begründung der damaligen baden-württembergischen Kultusministerin Annette Schavan für die Abschaffung der Niveaudifferenzierung in den drei Kernkompetenzfächern. Als weitere Zielsetzungen der Neuordnung werden die Rücknahme verfrühter Spezialisierungen, die Verbesserung der Vergleichbarkeit der Abiturzeugnisse, Vereinfachungen in der Organisation des Kurssystems sowie die Stärkung der Naturwissenschaften (z.B. Sachsen) genannt. Zudem erhofft man sich durch die ausgeweiteten Beleg- und Prüfungsverpflichtungen in den Kernfächern auch positive Rückwirkungen auf die Anstrengungsbereitschaft in diesen Fächern bereits in der Mittelstufe (vgl. im Überblick Neumann, 2010). Vor allem in dünner besiedelten Flächenstaaten sind die aktuellen Veränderungen in der Ausgestaltung der Oberstufe auch vor dem Hintergrund rückläufiger Schülerzahlen zu sehen, die das Vorhalten eines umfassenden und differenzierten Kursangebots in kleineren Schulen nur unter großem finanziellem und personellem Aufwand erlauben würden. Im Folgenden werden zentrale Ergebnisse der TOSCA-Repeat-Studie berichtet, in der die beiden baden-württembergischen Abiturjahrgänge 2002 (altes System, TOSCA-2002) und 2006 (neues System, TOSCA-2006) vergleichend gegenübergestellt wurden (vgl. ausführlich Trautwein et al., 2010).

4.2   Ergebnisse zu Veränderungen bei den Fachleistungen

Ein erster Schwerpunkt der TOSCA-Repeat-Studie lag auf der Untersuchung von Veränderungen in den *Fachleistungen in Mathematik und Englisch*. Die Abschaffung der Differenzierung in Grund- und Leistungskurse und die dafür erfolgte Implementierung eines einheitlich vierstündigen Unterrichts auf erhöhtem Anforderungsniveau führte über alle Schülerinnen und Schüler hinweg betrachtet in beiden Fächern zu einem Anstieg der mittleren Unterrichtszeit, denn in den meisten Schulen hatte die Mehrzahl der Abiturienten vor der Neuordnung der Oberstufe den dreistündigen Grundkurs belegt. In Mathematik betrug der Anstieg der mittleren wöchentlichen Unterrichtzeit in der Gesamtstichprobe 7,8 Prozent (13,1 Minuten), in Englisch 7,1 Prozent (10,8 Minuten). An beruflichen Gymnasialzweigen, in denen vor der Neuordnung ein besonders geringer Anteil den Mathematik- bzw. Englischleistungskurs belegt hatte (agrar- und ernährungswissenschaftliches Gymnasium sowie sozialpädagogisches Gymnasium), zeigte sich ein deutlicherer Anstieg der mittleren Unterrichtzeit von bis zu 19,3 Prozent in Mathematik (vgl. Nagy et al., 2010) und bis zu 26,3 Prozent in Englisch (vgl. Jonkmann et al., 2010). In Englisch kam es überdies zu einem deutlichen Anstieg der abgelegten Abiturprüfungen von 46 auf 78 Prozent, während in Mathematik aufgrund der bereits vor der Neuordnung bestehenden Prüfungspflicht (schriftlich oder mündlich) keine nennenswerten Veränderungen auftraten.

Vor diesem Hintergrund wurde in beiden Fächern einerseits ein Anstieg des mittleren Leistungsniveaus und andererseits eine Reduktion von Leistungsunterschieden zwischen Schülerinnen und Schülern innerhalb einer Schule, aber auch zwischen Schulen und Gymnasialzweigen erwartet. Die Befunde für die voruniversitären Mathematikleistungen wiesen in die erwartete Richtung. So zeigte sich über alle Schülerinnen und Schüler hinweg betrachtet ein als moderat einzustufender Leistungsanstieg von 0,13 Standardabweichungen, der mit einem leichten Rückgang der Leistungsstreuung um etwa 4 Prozent verbunden war. Am allgemeinbildenden Gymnasium fiel der Leistungsanstieg mit 0,16 Standardabweichungen etwas höher aus, die Leistungsstreuung reduzierte sich hier um etwa 7 Prozent. Deutlich stärkere Leistungsanstiege zeigten sich in zwei der drei Gymnasialzweige, in denen die mittlere Unterrichtzeit besonders stark zugenommen hatte – agrarwissenschaftliches Gymnasium (0,65 Standardabweichungen) und sozialpädagogisches Gymnasium (0,48 Standardabweichungen) – während ein entsprechender Anstieg für das ernährungswissenschaftliche Gymnasium nicht beobachtet werden konnte. Darüber hinaus fand sich für die Wirtschaftsgymnasien ein statistisch signifikanter Anstieg (0,11 Standardabweichungen), während am technischen Gymnasium keine Leistungsveränderungen auftraten. Insgesamt deuteten die Befunde auch auf eine Annäherung der Mathematikleistungen zwischen den Schulen und Gymnasialzweigen hin (vgl. ausführlich Nagy et al., 2010). Anders stellte sich die Situation bei den Englischleistungen dar. Weder auf Ebene der Gesamtstichprobe noch bei Betrachtung der einzelnen Gymnasialzweige ließen sich hier statistisch signifikante Veränderungen in den im Mittel erreichten Lernständen feststellen. Allerdings konnte an den allgemeinbildenden Gymnasien auch in Englisch eine statistisch signifikante Abnahme der Leistungsstreuung um etwa 8 Prozent nachgewiesen werden, die in erster Linie aus einem Rückgang der Leistungsunterschiede innerhalb der Schulen resultierte (vgl. ausführlich Jonkmann et al., 2010). Inwieweit die vorstehenden Befunde auch auf andere Bundesländer übertragbar sind, lässt sich aufgrund der unterschiedlichen Ausgestaltung der Oberstufen und Rahmenbedingungen nur schwierig beurteilen und bedarf der weiteren Untersuchung.

4.3   Ergebnisse im Bereich Wissenschaftspropädeutik

Neben den Fachleistungen wurden in TOSCA-Repeat auch ausgewählte *wissenschaftspropädeutische* Aspekte und die von den Abiturienten *wahrgenommene Studienvorbereitung* durch die Oberstufe erfasst. Die Vermittlung wissenschaftspropädeutischer Kompetenzen wurde vor der Neuordnung der Oberstufe zu weiten Teilen dem Unterricht in den Leistungskursen zugeschrieben. In der neu geordneten Oberstufe soll unter anderem auch die „besondere Lernleistung", die in Form eines Seminarkurses oder der Teilnahme an einem anerkannten Wettbewerb (z.B. „Jugend forscht", „Bundeswettbewerb Mathematik") erbracht werden kann, studienrelevante Fähigkeiten und Arbeitsmethoden vermitteln, wenngleich die Erbringung einer besonderen Lernleistung in den meisten Bundesländern nicht verpflichtend vorgeschrieben ist (vgl. Huber & Kurnitzki, 2012). Befragt nach der Häufigkeit selbst ausgeführter wissenschaftsnaher Arbeitsformen, fanden sich zum Teil Vorteile für den TOSCA-2006-Jahrgang (vgl. Dettmers et al., 2010). So haben die TOSCA-2006-Abiturienten häufiger Referate gehalten, was sehr wahrscheinlich auf die im Zuge der Neuordnung ausgeweitete Einbringungspflicht für alternative Leistungsnachweise zurückzuführen ist. Deutlich zugenommen hat auch die Arbeit mit elektronischen Medien und dem Computer, was jedoch weniger als spezifische Folge der Neuordnung der Oberstufe zu werten sein dürfte, sondern sehr wahrscheinlich auf die generell gestiegene Bedeutung elektronischer Medien zurückzuführen ist. Diese Betrachtung korrespondiert auch mit dem leichten Rückgang, der bezüglich der Literaturrecherche in einer Bibliothek festgestellt werden konnte. Nach wie vor sehr niedrig fiel die Häufigkeit für das eigenständige Planen von Experimenten als klassischer Methode der Naturwissenschaften aus. In beiden TOSCA-Jahrgängen gab fast die Hälfte der Schülerinnen und Schüler an, während der gymnasialen Oberstufe „nie" ein Experiment geplant zu haben. In Bezug auf die globale Einschätzung der Vorbereitung auf das Studium durch die Oberstufe (einschließlich der Orientierung bei der Studienfachwahl) zeigten sich keine Unterschiede zwischen den beiden Abiturientenjahrgängen. Dies galt auch für die Selbsteinschätzung des Erwerbs wichtiger wissenschaftspropädeutischer Kompetenzen (z.B. Texte systematisch analysieren und in Diskussionen schlüssig argumentieren) in der Oberstufe. Von der Möglichkeit der Erbringung einer besonderen Lernleistung machten lediglich etwa 15 Prozent der Abiturienten aus TOSCA-2006 Gebrauch, die große Mehrheit in Form des sich über zwei Schulhalbjahre erstreckenden Seminarkurses. Die Bewertung des Seminarkurses durch die Abiturienten fiel insgesamt positiv aus. Gleichwohl fühlten sich diejenigen Schülerinnen und Schüler, die an einem Seminarkurs teilgenommen haben, nicht besser auf ein Studium vorbereitet als andere Schülerinnen und Schüler. Seminarkursteilnehmer beurteilten jedoch den Erwerb von wissenschaftsnahen Arbeitstechniken in der Oberstufe etwas positiver als die Nichtteilnehmer (vgl. Dettmers et al., 2010).

5   Fazit und Ausblick

Die Frage, über welche Kompetenzen und Fähigkeiten deutsche Abiturienten verfügen, ist nach wie vor nur unzureichend untersucht. Die vorliegenden Ergebnisse aus der TIMSS- und der TOSCA-Studie zeigen ein gemischtes Bild mit zum Teil erfreulichen (etwa für die Englischkompetenzen an den allgemeinbildenden Gymnasien oder die Physikleistungen im Leistungskurs) und weniger erfreulichen Ergebnissen (etwa mit Blick auf die in Hamburg erbrachten Mathematikleistungen). Für ein umfassenderes Bild bedarf es weiterer Untersuchungen in anderen Bundesländern unter Einbezug weiterer Leistungsdomänen (auch in den zum Teil eher als „randständig" angesehenen Fächern) und wissenschaftspropädeutischer Kompetenzaspekte. Ein besonderes Augenmerk ist dabei auch auf die aktuellen Veränderungen rund um das Abitur (Zentralabitur, Umstellung auf das 12-jährige Abitur sowie die Neuordnung des Kurssystems) zu legen, um zu belastbaren Aussagen über das Eintreten von gewünschten und unerwünschten Auswirkungen dieser Veränderungen zu gelangen.

Literatur

Baumert, J., Bos, W. & Lehmann, R. (2000a). *TIMSS/III. Dritte Internationale Mathematik- und Naturwissenschaftsstudie – Mathematische und naturwissenschaftliche Bildung am Ende der Schullaufbahn: Bd. 1. Mathematische und naturwissenschaftliche Grundbildung am Ende der Pflichtschulzeit.* Opladen: Leske + Budrich.

Baumert, J., Bos, W. & Lehmann, R. (2000b). *TIMSS/III. Dritte Internationale Mathematik- und Naturwissenschaftsstudie – Mathematische und naturwissenschaftliche Bildung am Ende der Schullaufbahn: Bd. 2. Mathematische und physikalische Kompetenzen am Ende der gymnasialen Oberstufe.* Opladen: Leske + Budrich.

Baumert, J., Bos, W. & Watermann, R. (1998). *TIMSS/III: Schülerleistungen in Mathematik und den Naturwissenschaften am Ende der Sekundarstufe II im internationalen Vergleich; Zusammenfassung deskriptiver Ergebnisse.* Berlin: Max-Planck-Institut für Bildungsforschung.

Dettmers, S., Trautwein, U., Neumann, M. & Lüdtke, O (2010). Aspekte von Wissenschaftspropädeutik. In U. Trautwein, M. Neumann, G. Nagy, O. Lüdtke & K. Maaz (Hrsg.), *Schulleistungen von Abiturienten: Die neu geordnete gymnasiale Oberstufe auf dem Prüfstand* (S. 243–266). Wiesbaden: VS Verlag für Sozialwissenschaften.

Europarat. (2001). *Gemeinsamer europäischer Referenzrahmen für Sprachen: Lernen, lehren, beurteilen.* Berlin: Langenscheidt.

Huber, L. & Kurnitzki, S. (2012). Individuelle Schwerpunktsetzung auf der gymnasialen Oberstufe?! Vorhaben und Wahlmöglichkeiten in den Bundesländern sechs Jahre nach der KMK-Vereinbarung. *TriOS. Forum für schulnahe Forschung, Schulentwicklung und Evaluation. Themenheft: Wissenschaftspropädeutik,* 1/2012. Berlin: LIT Verlag.

Huber, L. (1998). Allgemeine Studierfähigkeit, basale Fähigkeiten, Grundbildung. Zur aktuellen Diskussion um die Oberstufe. In R. Messner, E. Wicke & D. Bosse (Hrsg.), *Die Zukunft der gymnasialen Oberstufe. Beiträge zu ihrer Weiterentwicklung* (S. 150–181). Weinheim und Basel: Beltz.

Huber, L. (2008). Kanon oder Interesse? Eine Schlüsselfrage der Oberstufenreform. In J. Keuffer & M. Kublitz-Kramer (Hrsg.), *Was braucht die Oberstufe? Diagnose, Förderung und selbstständiges Lernen* (S. 20–35). Weinheim: Beltz.

Jonkmann, K., Köller, O. & Trautwein, U. (2007). Englischleistungen am Ende der Sekundarstufe II. In U. Trautwein, O. Köller, R. Lehmann & O. Lüdtke (Hrsg.), *Schulleistungen von Abiturienten: Regionale, schulformbezogene und soziale Disparitäten* (S. 113–142). Münster: Waxmann.

Jonkmann, K., Trautwein, U., Nagy, G. & Köller, O. (2010). Fremdsprachenkenntnisse in Englisch vor und nach der Neuordnung der gymnasialen Oberstufe in Baden-Württemberg. In U. Trautwein, M. Neumann, G. Nagy, O. Lüdtke & K. Maaz (Hrsg.), *Schulleistungen von Abiturienten: Die neu geordnete gymnasiale Oberstufe auf dem Prüfstand* (S. 181–214). Wiesbaden: VS Verlag für Sozialwissenschaften.

Klieme, E. (2000). Fachleistungen im voruniversitären Mathematik- und Physikunterricht: Theoretische Grundlagen, Kompetenzstufen und Unterrichtsschwerpunkte. In: J. Baumert, W. Bos & R. Lehmann (Hrsg.), *Dritte Internationale Mathematik- und Naturwissenschaftsstudie – Mathematische und naturwissenschaftliche Bildung am Ende der Schullaufbahn. Bd. 2. Mathematische und physikalische Kompetenzen am Ende der gymnasialen Oberstufe* (S. 57–128). Opladen: Leske + Budrich.

Klieme, E., Baumert, J., Köller, O. & Bos, W. (2000). Mathematische und naturwissenschaftliche Grundbildung: Konzeptuelle Grundlagen und die Erfassung und Skalierung von Kompetenzen. In J. Baumert, W. Bos & R. Lehmann (Hrsg.), *TIMSS/III. Dritte Internationale Mathematik- und Naturwissenschaftsstudie – Mathematische und naturwissenschaftliche Bildung am Ende der Schullaufbahn: Bd. 1. Mathematische und naturwissenschaftliche Bildung am Ende der Pflichtschulzeit* (S. 85–133). Opladen: Leske + Budrich.

Köller, O., Baumert, J. & Schnabel, K. U. (1999). Wege zur Hochschulreife: Offenheit des Systems und Sicherung vergleichbarer Standards. Analysen am Beispiel der Mathematikleistungen von Oberstufenschülern an integrierten Gesamtschulen und Gymnasien in Nordrhein-Westfalen. *Zeitschrift für Erziehungswissenschaft, 2* (3), 385–422.

Köller, O., Trautwein, U., Cortina, K. S. & Baumert, J. (2006). Rezeptive Kompetenzen in Englisch am Ende der gymnasialen Oberstufe. Verankerung deutscher Abiturienten am Gemeinsamen Europäischen Referenzrahmen für die Sprachen. *Unterrichtswissenschaft, 34* (3), 239–255.

Köller, O., Watermann, R., Trautwein, U. & Lüdtke, O. (Hrsg.) (2004). *Wege zur Hochschulreife in Baden-Württemberg. TOSCA – Eine Untersuchung an allgemein bildenden und beruflichen Gymnasien.* Opladen: Leske + Budrich.

Lehmann, R. H., Vieluf, U., Nikolova, R. & Ivanov, S. (2006). *LAU 13. Aspekte der Lernausgangslage und Lernentwicklung – Klassenstufe 13.* Hamburg: Behörde für Bildung und Sport, Amt für Bildung.

Leucht, M., Frenzel, J. & Pöhlmann, C. (2010). Die sprachlichen Kompetenzen in den Ländern: Der Ländervergleich im Fach Englisch. In O. Köller, M. Knigge & B. Tesch (Hrsg.), *Sprachliche Kompetenzen im Ländervergleich. Überprüfung der Erreichung der Bildungsstandards für den Mittleren Schulabschluss für Deutsch und die erste Fremdsprache in der neunten Jahrgangsstufe* (S. 97–105). Münster: Waxmann.

Maaz, K., Gresch, C., Köller, O. & Trautwein, U. (2007). Schullaufbahnen, soziokulturelle Merkmale und kognitive Grundfähigkeiten. In U. Trautwein, O. Köller, R. Lehmann & O. Lüdtke (Hrsg.), Schulleistungen von Abiturienten: Regionale, schulformbezogene und soziale Disparitäten (S. 43–70). Münster: Waxmann.

Nagy, G., Neumann, M., Becker, M., Watermann, R., Köller, O., Lüdtke, O. & Trautwein, U. (2007). Mathematikleistungen am Ende der Sekundarstufe II. In U. Trautwein, O. Köller, R. Lehmann & O. Lüdtke (Hrsg.), *Schulleistungen von Abiturienten: Regionale, schulformbezogene und soziale Disparitäten* (S. 71–112). Münster: Waxmann.

Nagy, G., Neumann, M., Trautwein, U. & Lüdtke, O. (2010). Voruniversitäre Mathematik-leistungen vor und nach der Neuordnung der gymnasialen Oberstufe in Baden-Württemberg. In U. Trautwein, M. Neumann, G. Nagy, O. Lüdtke & K. Maaz (Hrsg.), *Schulleistungen von Abiturienten: Die neu geordnete gymnasiale Oberstufe auf dem Prüfstand* (S. 147–180). Wiesbaden: VS Verlag für Sozialwissenschaften.

Neumann, M. & Nagy, G. (2007). Naturwissenschaftliche Grundbildung am Ende der Sekundarstufe II. In U. Trautwein, O. Köller, R. Lehmann & O. Lüdtke (Hrsg.), *Schulleistungen von Abiturienten: Regionale, schulformbezogene und soziale Disparitäten* (S. 143–159). Münster: Waxmann.

Neumann, M. (2010). Innovation oder Restauration – Die (Rück-?)Reform der gymnasialen Oberstufe in Baden-Württemberg. In U. Trautwein, M. Neumann, G. Nagy, O. Lüdtke & K. Maaz (Hrsg.), *Schulleistungen von Abiturienten: Die neu geordnete gymnasiale Oberstufe auf dem Prüfstand* (S. 37–90). Wiesbaden: VS Verlag für Sozialwissenschaften.

Schavan, A. (2001). Klassenverbände in der gymnasialen Oberstufe? *Pädagogik, 53* (1), 52.

Tannenbaum, R. J. & Wylie, C. W. (2005). *Mapping test scores onto the Common European framework: Setting standards of language proficiency on the Test of English as a Foreign Language (TOEFL), the Test of Spoken English (TSE), the Test of Written English (TWE), and the Test of English for International Communication (TOEIC).* Princeton, NJ: ETS.

Trautwein, U., Köller, O., Lehmann, R. & Lüdtke, O. (Hrsg.). (2007). *Schulleistungen von Abiturienten: Regionale, schulformbezogene und soziale Disparitäten.* Münster: Waxmann.

Trautwein, U., Nagy, G. & Maaz, K. (2011). Soziale Disparitäten und die Öffnung des Sekundarschulsystems. Eine Studie zum Übergang von der Realschule in die gymnasiale Oberstufe. *Zeitschrift für Erziehungswissenschaft, 14* (3), 445–463.

Trautwein, U., Neumann, M., Nagy, G., Lüdtke, O. & Maaz, K. (Hrsg.). (2010). *Schulleistungen von Abiturienten: Die neu geordnete gymnasiale Oberstufe auf dem Prüfstand.* Wiesbaden: VS Verlag für Sozialwissenschaften.

Watermann, R., Nagy, G. & Köller, O. (2004). Mathematikleistungen in allgemein bildenden und beruflichen Gymnasien. In O. Köller, R. Watermann, U. Trautwein & O. Lüdtke (Hrsg.), *Wege zur Hochschulreife in Baden-Württemberg. TOSCA – eine Untersuchung an allgemein bildenden und beruflichen Gymnasien* (S. 205–283). Opladen: Leske + Budrich.

Ludwig Huber

Zur Studierfähigkeit gehört auch Interesse

1 Einleitung

Die Diskussion über die gymnasiale Oberstufe wird gegenwärtig beherrscht von Schlagworten wie „Standardisierung", „Leistungssicherung", „Kompetenzentwicklung", „Schlüsselqualifikationen" unter den Modernisierern, oder, bei den Traditionsbewahrern, „Grundkenntnisse", „Kernfächer", „vertiefte Allgemeinbildung" oder „Kanon". „Interesse" kommt darunter auf beiden Seiten nicht vor.[1] Das Thema scheint weder für die Bildungspolitik im Allgemeinen noch für die Oberstufenpädagogik relevant. Ist es völlig obsolet?

Ähnlich denkt man bei „Studierfähigkeit" zunächst an Beherrschung von Studientechniken oder Methoden des wissenschaftlichen Arbeitens, wohl auch an basale Fähigkeiten oder Schlüsselkompetenzen, vielleicht auch an Orientierungswissen. Das ist auch richtig und notwendig. Aber auf die Gesamtheit der Situationen gesehen, die in einem Studium bewältigt werden müssen, ist, so meine Behauptung, noch etwas anderes erfordert als diese Kompetenzen: Interesse. Das klingt trivial, ist aber doch nicht unstrittig; der Alltagsweisheit, dass aller Studienerfolg von der Motivation abhängt, steht die andere entgegen, dass letztlich nicht das Wollen, sondern Leistungsfähigkeit und -ergebnis zählen.

Also gilt es doch, wenn man dieses Thema wieder in Erinnerung rufen will, sich der Bedeutung von „Interesse" zu vergewissern. Das Folgende ist der Versuch, dies durch eine pädagogisch interessierte Sichtung einschlägiger Literatur zu tun. Daran schließt sich die Frage an, wie es um die Entwicklung dieser Studienvoraussetzung in der heutigen gymnasialen Oberstufe steht und welche Empfehlungen dazu an die Adresse von Schule und Hochschule zu geben sind.

2 Studieren: eine komplexe Aufgabe

Der Begriff der Studierfähigkeit erscheint häufig auf die Bewältigung der Anforderungen beschränkt, die sich mit dem Studienanfang stellen und vor allem an ihm beobachtet werden: Orientierung, wissenschaftliches Arbeiten, Selbstorganisation, Kommunikation usw. Er muss aber auf den ganzen Studienverlauf bezogen und entwickelt werden. Ein Blick auf die typischen Phasen – vom Zugehen auf das Studium (Studienentscheidung, -wahl) und der Eingangsphase über die ganze Strecke

---

1   Jüngstes Beispiel: In der Tagungsdokumentation der Friedrich-Ebert-Stiftung „Bildungskanon heute" (2012) findet sich unter fast 30 Beiträgen kein Gedanke an „Interesse".

mit ihren Fortschritten und Krisen (Durchhalten) bis zum Abschluss und „Fort-gang" im einen oder anderen Sinne – offenbart , welche Fülle von „Entwicklungs-aufgaben" darin zu bewältigen ist. Die „Bologna"-Reform mag inzwischen insge-samt für eine stärkere Strukturierung der Studiengänge gesorgt haben; sie hat, je nach lokaler Ausführung, mehr Belegpflichten definiert, eine stärkere Sequenzie-rung oder auch Gruppierung der Veranstaltungen, oft nur äußerlich, herbeigeführt, insbesondere dichtere Termine und Fristen für Studienleistungen und Prüfungen gesetzt usw. Aber immer noch ist, wenn auch nach Größe der Fächer und Hoch-schulen unterschiedlich, die Zahl der Optionen, zwischen denen die Studierenden zu wählen haben, und die Menge der Entscheidungen, die sie treffen müssen, ge-waltig, die Unübersichtlichkeit groß (vgl. Multrus et al., 2011, S. 10ff.). Die Annah-me scheint gerechtfertigt, dass die Studierenden einen Kompass brauchen, um darin einen erfolgreichen Kurs steuern zu können: sie müssen wissen, was sie wollen und warum, also: ein Interesse (oder Interessen) haben. Den Beweis dafür zu führen, ist allerdings nicht einfach:

Studium ist ein komplexer Vorgang: Sehr viele Faktoren wirken auf Verlauf und Erfolg oder Misserfolg ein und interagieren dabei auch untereinander, und dies alles in fachspezifischen bzw. kontextspezifischen Brechungen. Besonders deutlich tritt dies immer wieder in Erklärungsversuchen zum Studienabbruch hervor (vgl. Schrö-der-Gronostay, 1999, S. 224). Was aus dem Studium wird bzw. zu machen ist, ergibt sich jedenfalls nicht einfach aus dem Produkt von gegebenen äußeren Studienbe-dingungen und mitgebrachten subjektiven Voraussetzungen in Gestalt von Intelli-genz, Vorwissen oder Können (Kompetenzen). Ein maßgeblicher intervenierender Faktor ist, wie sich das Subjekt zu diesen Bedingungen verhält: In welchen Tätig-keiten, curricularen und extracurricularen, engagiert es sich? Das ist die Frage nach *involvement*, das als sehr wichtig für Kompentenzentwicklung, soziale Integration und Bindung an die Hochschule gleichermaßen angesehen wird (seit Tinto, 1975 als ein gegen Studienabbruch wirkender Faktor immer wieder untersucht; Hauptge-genstand des großen National Survey of Student Engagement z.B. 2004, 2011). Wie weit hat und entwickelt der/die Studierende bestimmte Ziele und einen darauf be-zogenen Plan – eine *Strategie*, gleich ob nun auf ein Karriereziel oder einen inhalt-lichen Gewinn zielend? Wie weit übt er oder sie Selbstreflexion – *Metakognition*, in der die tatsächlichen Verläufe und Lernfortschritte mit den eigenen Konzepten ver-glichen werden? Wie weit sind sie darauf aus, Möglichkeiten, die im studierten Fach bzw. im Lernumfeld Hochschule insgesamt stecken, auszuschöpfen und unvermeid-liche Durststrecken in diesem zu überstehen – werden sie bei alledem und in ihrem Lernstil von einem spezifischen *Interesse* geleitet? Um die Bedeutung von Interesse soll es im Folgenden vor allem gehen (zu Studienstrategien und Metakognition vgl. Huber, 2012).

3 Zur Bedeutung von „Interesse" im Studium

3.1 Vorüberlegungen

Die generelle Bedeutung von Interesse für das Lernen ist theoretisch und empirisch gut genug begründet, um nach ihr auch bezogen auf das Studium zu fragen (vgl. Prenzel et al., 1998; Krapp & Weidenmann, 2001, S.220ff.). Demnach stellt ein Interesse des Lernenden, verstanden als „die besondere Beziehung einer Person zu einem (Lern-) Gegenstand" (Krapp & Weidenmann, 2001, S.220), eine entscheidende Voraussetzung für fruchtbares, auch emotional engagiertes Lernen dar. Diese Form der intrinsischen Motivation geht nach übereinstimmender Meinung anders als die extrinsische „mit dem Einsatz tiefergehender Lernstrategien" einher und bewirkt eine stärkere Zielbindung und eine „ausgeprägte und stabile Aufgabenorientierung" (ebd., S. 225, sowie Schiefele & Urhahne, 2000; Ditton, 1998, S. 56) und diese wiederum erbringt stärkere Leistungen und Wissenszuwächse als die bloße Leistungsmotivation (Krapp & Weidenmann, 2001, S. 225). Auch auf den generellen, gut erforschten Einfluss hoher Selbstbestimmtheit auf Arbeitszufriedenheit und Wohlbefinden generell soll verwiesen werden (Deci, 1993; Deci & Ryan, 2002, S. 53).

Was die Bedeutung von Interesse für das Studium betrifft, sind die empirischen Befunde nicht so eindeutig wie nach diesen Erkenntnissen zunächst zu erwarten: Eigentlich müssten sich die zu postulierenden Einflüsse von Interesse deutlich zeigen in der Aufnahme des Studiums, in der Bereitschaft, es durchzuhalten, im Studienerfolg im engeren Sinne (Studienleistung, vermittelt durch tieferes Lernen) und generell in der Studienzufriedenheit. Beim Versuch, einschlägige Untersuchungen daraufhin zu sichten, erfährt der Pädagoge rasch, dass sich diese Hoffnung nicht so leicht erfüllt. Die Schwierigkeiten beginnen mit der Definition bzw. den Maßen für Studien*erfolg* im Sinne von Abschluss*leistungen* (achievement). Prüfungsnoten werden – besonders ausgeprägt in Deutschland – gemäß nach Land, Hochschultyp und Fach(traditionen) unterschiedlichen Maßstäben vergeben und auf Grund unterschiedlicher Verfahren, die ihrerseits unterschiedliche Ausschnitte aus dem Leistungsspektrum (Faktenwissen, Problemlösefähigkeiten, Handlungskompetenzen) erfassen. Sie sind daher als Indikator so fragwürdig, dass es plausibel ist, wenn man sich lieber auf den von Studierenden selbst empfundenen und bekundeten Leistungsfortschritt oder Kompetenzzuwachs bezieht (so z.B. Nagy et al., 2012; Rebenstorf & Bülow-Schramm, 2012), obwohl auch dessen Verlässlichkeit durch psychologische Faktoren oder unterschiedliche Vergleichsmaßstäbe beeinträchtigt sein kann. Die Studien*dauer* andererseits sagt für sich allein nichts über die Güte des Studiums aus, sondern nur in Relation zu erreichten oder nicht erreichten Zielen.

Auf diesen Studienerfolg wirken – die nächste Schwierigkeit – abgesehen von den wechselnden äußeren Umständen und Bedingungen vonseiten der Subjekte eine Fülle von Faktoren ein, unter denen Interesse nur einer ist: kognitives Potential (IQ) und zuvor erreichtes Niveau der Schulleistungen, Persönlichkeitsmerkmale wie vor allem die auf den Skalen für „the big five" (Neurotizismus, Extraversion,

Erfahrungsoffenheit, Verträglichkeit, Gewissenhaftigkeit) gemessenen und schließlich Interessen nach Richtung und Intensität. Es ist selten und daher ein großes Verdienst, wenn einmal alle diese drei Säulen zusammen in ihrer Bedeutung für die Prognose des Studienerfolgs gemessen und ins Verhältnis zueinander gesetzt werden (wie von Nagy et al., 2012); meist werden bivariate Relationen dargestellt.

Schließlich ist, wenn es um die Bedeutung von bei Studieneintritt mitgebrachten Dispositionen für den Erfolg des Studiums am Ende insgesamt geht, zu bedenken, welch lange und ereignisreiche Strecke zwischen diesen Zeitpunkten liegt (s.o.). Über sie hin können die subjektiven Faktoren sich verändern und untereinander interagieren; vor allem aber wären langfristige Panelstudien notwendig, um diesen Weg zu verfolgen. Abgesehen von Studien, in denen die prognostische Qualität von Abiturnoten vs. Tests und Aufnahmegespräche in Relation auch zum Abschlusserfolg gemessen worden ist, sind mir solche Studien, die dies auch für die Persönlichkeitsvariablen und Interesse täten, aus Deutschland nicht bekannt. In dieser Hinsicht komplexe Untersuchungen beschränken sich im Allgemeinen auf die ersten Streckenabschnitte bis zu (früher) einer Zwischenprüfung/Vordiplom oder (jetzt) zur Mitte der Regelstudienzeit.

Auch nur etwa diesen Zeitraum erfassen korrespondierend dazu die Untersuchungen zum negativen Studienerfolg, dem Studien*abbruch*, der schon früher größtenteils und in der Bologna-Struktur noch verstärkt in diesem Studienabschnitt vollzogen wird.

Dies vorausgeschickt, seien nun einige ausgewählte Befunde betrachtet.

3.2 Studienaufnahme

Es versteht sich von selbst, dass die Entscheidung für ein Studium und die Wahl eines Faches erleichtert werden, wenn schon ein berufs- oder fachspezifisches Interesse existiert – und nicht schwerwiegende andere Gründe oder aber Zugangsbeschränkungen dagegen stehen (vgl. Lewin et al., 1994; Müller, 2001, S. 73).

Das scheint aber eher ein Glücksfall:

> Nur knapp ein Fünftel (18 Prozent) der angehenden Studienberechtigten hat [1/2 Jahr vor dem Abitur] bereits klare Vorstellungen über den weiteren Werdegang und freut sich diese nach dem Erwerb der Hochschulreife endlich in die Realität umsetzen zu können. (Heine & Quast, 2009, S.18; vgl. Stübig, 2010)

Der in der Studentenforschung wiederkehrende Befund, dass die überwältigende Mehrheit aller Studierenden Interesse am Studium allgemein und am Fach im Besonderen als primäres Motiv der Studienentscheidung angibt (75-80 Prozent im Schnitt, mit ebenfalls wiederkehrenden Abstufungen nach Fächern), sagt leider über die Stärke dieses Interesses wenig, dafür umso mehr über die Anerkennung der

Norm, dass ein solches Interesse leitend sein sollte. Aufschlussreicher ist da schon, dass Studienabbrecher sich im Rückblick als unsicherer schon bei der Studientscheidung sehen, sie hatten seltener einen ausgeprägten Fachwunsch bzw. ließen sich darin von Anderen leiten oder befinden sich häufiger nicht in ihrem Wunschfach (z.B. wegen eines Numerus Clausus) (Gronostay-Schröder, 1999, S. 224f.; vgl. Pohlenz & Tinsner, S. 45; Derboven & Winker, 2010, S. 16f.).[2] Frühzeitig Interesse zu wecken ist daher eine wichtige Aufgabe der Schule, um in Studienaufnahme und richtige Fachwahl hineinzuführen.

3.3   Studienleistungen und -erfolg

Soweit Studienerfolg durch erreichte Noten im Abschluss definiert wird, sind, wie schon gesagt, komplexe Längsschnittuntersuchungen, die die Bedeutung der subjektiven Variablen, also auch des Interesses, mit ausweisen würden, in Deutschland nicht zu finden. Häufiger sind, aus pragmatischen Gründen, Untersuchungen am und bis zum Vordiplom: Hier zeigte sich z.B. bei Schiefele et al. (2003, S. 22), dass die Note zwar unmittelbar nur korreliert mit Abiturnote, Wettbewerbsmotivation und Anstrengung (Leistungsmanagement), letztere aber ihrerseits beeinflusst ist durch Studieninteresse und Leistungsmotivation. Bei Vergleichen mit studienbegleitenden Benotungen finden sich mit Fortschreiten in höhere Studienabschnitte und in spezialisiertere fachliche Schwerpunkte höhere Korrelationen mit Interesse von z.B. $r = .33$ (Krapp, 1997, zitiert von Müller, 2001, S.76, und Müller selbst, S. 196f.).

Muss man daraus schon schließen, dass nur andere Faktoren (Intelligenz, Vorwissen, Kompetenzen, Leistungsmotivation usw.) für den Studienerfolg zählen? Nein, dazu sind Prüfungsnoten als Maß zu fragwürdig (s.o. 2.1): Wie Interesse so wird auch deep level learning, ein theoretisch noch besser fundiertes Konzept, in Untersuchungen mit Prüfungsnoten als Maß nicht als „Moderator" der Leistungsergebnisse greifbar. Offenbar wird tieferes Wissen bzw. Können, in dem das eine wie das andere sich manifestieren sollte, in den üblichen Prüfungen nicht (genügend) abgerufen (vgl. Müller, 2001, S. 83 mit Hinweisen auf Schiefele et al., 1993; Krapp, 1997). Zieht man als anderes Maß für Studienerfolg Selbsteinschätzungen der Studierenden von ihrem Kompetenzzuwachs heran, so ergeben sich deutliche Zusammenhänge zwischen diesem und deep level learning, das ja zumeist mit einem eigenen Interesse verbunden ist (so im USuS-Projekt, vgl. Rebenstorf & Bülow-Schramm, 2012). Eines der Untersuchungsergebnisse von Nagy et al. (2012, S. 30) besagt, dass bivariate Analysen kleine, aber signifikante Zusammenhänge zwischen dem Niveau spezifischer Interessen und dem (selbst eingeschätzten) Lernzuwachs und der Studienzufriedenheit aufzeigten; allerdings traten diese zurück, wenn auch

---

2   Oder umgekehrt: Bei hoher Fachidentifikation (= man würde dasselbe Fach wieder wählen, so ca. 75 Prozent der Studierenden) denken nur wenige (2-3 Prozent) über Fachwechsel oder Studienabbruch nach, sonst ca. 20 Prozent an das eine oder das andere (Multrus et al., 2011, S. 20).

die kognitiven Fähigkeiten und die o.g. Persönlichkeitsmerkmale in Rechnung gezogen wurden.

3.4 Studienabbruch

Wie Studienerfolg, so ist auch Studienabbruch ein komplexer und prozesshafter Vorgang, auf den viele objektive und subjektive Faktoren einwirken. Als wichtigster der von Studierenden bekundeten Abbruchgründe treten in deutschen Untersuchungen Leistungsprobleme hervor: Überforderung, Lernschwierigkeiten, nicht bestandene Prüfungen o.ä., so für ca. ein Drittel der jeweils Befragten (Heublein et al., 2010; vgl. Derboven & Winker, 2010; ähnlich auch Pohlenz & Tinsner, 2004). Aber: „Neben diesen Studienabbrechern beenden 18 Prozent ihr Studium vor allem deshalb nicht erfolgreich, weil ihre Studienmotivation sehr stark zurückgegangen ist" (Heublein u.a. 2010, S. 19). Studienabbrecher befinden sich häufiger als Nichtabbrecher von vornherein nicht in ihrem Wunschfach (z.B. wegen dessen Zulassungsbeschränkungen) und daher in größerer Distanz zum Studium überhaupt (Gronostay-Schröder, 1999, S. 224ff.; vgl. Pohlenz & Tinsner, 2004, S. 53f.). Umgekehrt wirkt sich Interessenkongruenz, verstanden als Passung des eingebrachten Interessenprofils einer Person mit von ihr wahrgenommenen Merkmalen ihrer Lernumgebung, hier also des Faches, deutlich in höherer Studienzufriedenheit und geringerer Abbruchneigung aus (Nagy et al., 2012, 27f.). Höhere Ausprägung von Interesse, Nähe bzw. Identifikation mit dem Fach, überhaupt Engagement (involvement) helfen offenbar zu ihrem Teil, die Abbruchneigung zu überwinden. Mit Ditton kann man folgern, „dass das substantielle Lernergebnis stärker an kognitive Voraussetzungen und das Zutrauen in das eigene Können, dagegen die Aufrechterhaltung des Lernprozesses (sc. Verzicht auf Studienabbruch) mehr an den Wertbezug" (sc. Interesse, subj. Relevanz) gekoppelt zu sein scheint" (Ditton, 1998, S. 56). Mit einer Wechselbeziehung beider Faktoren ist allerdings zu rechnen. In den empirischen Untersuchungen stößt man hier im Übrigen auf eine Lücke: Die zur Frage nach Abbruchgründen komplementäre Frage nach Gründen, das Studium fortzusetzen (etwa: Warum sind Sie trotz Überforderungen, Schwierigkeiten oder Misserfolgen beim Studium geblieben), wird m.W. kaum gestellt, weder in den Abbruch- noch in den Absolventenstudien.

Nicht ausgeschlossen ist ein paradoxes Verhältnis zwischen erwünschtem Interesse und Erfolg auch hier: „Enttäuschte Erwartungen" können sich auch ergeben, wenn das Interesse an bestimmten Aspekten eines Faches ausgeprägt ist, diese aber in der Studienrealität, besonders durch Curriculum und Lehrverhalten, nicht eingelöst werden (wenn z.B. stattdessen abstrakte Themen, Mengen von Faktenwissen, praxisferne Aufgaben forciert werden); solche Diskrepanzen werden z.B. aus Ingenieurstudiengängen berichtet (Derboven & Winker, 2010, S. 28ff.). Eine solche Inkongruenz gibt allerdings Anlass zu einer kritischen Befragung beider Seiten: nicht nur der Interessenausprägung der Studierenden, sondern auch der Beschaffenheit der Lernumgebung im Fachbereich.

3.5 Studienzufriedenheit

Die Zusammenhänge zwischen Interesse und Studienzufriedenheit scheinen nach beiden Seiten insgesamt hoch – „scheinen" deswegen, weil die Untersuchungen dazu vielfach methodisch kritikwürdig sind (vgl. Müller, 2001, S. 80). Immerhin gibt es Befunde wie diesen: 40 Prozent der Studienanfänger führen gutes Befinden im Studium auf hohes Interesse an den jeweiligen Studieninhalten zurück und können negative Einflüsse und Probleme im Studium dann auch besser kompensieren (Lewin et al, 1984, S. 82). Auch hier gelten Wechselbeziehungen zwischen Interesse und Leistungen. Erfolgserlebnisse, ob nun auf Benotungen oder auf Kompetenzerfahrungen, beruhend, steigern ebenfalls die Studienzufriedenheit, aber auch wiederum das Interesse und umgekehrt. Die Wahrnehmung der Lernumwelt fällt deutlich kritischer aus, wenn die Studierenden sich nicht in einem ihrem Interesse entsprechenden Studiengang finden; da stellen sich von Anfang an Integrationsschwierigkeiten ein (Müller, 2001, S. 194).[3] Interessenkongruenz (s.o.) „emerged as a powerful predictor of satisfaction" (Nagy et al., 2012, S. 26). Studienzufriedenheit in diesem Sinne wiederum dürfte sich auch auf höhere Studienleistungen förderlich auswirken.

Aus diesen gemischten Befunden kann man als vorsichtige Schlussfolgerungen ziehen: Passung und Grad des Interesses stellen zum einen für den Studienerfolg qua Leistung oder Kompetenzzuwachs zwar nicht den wichtigsten Faktor, aber doch einen der unmittelbar und vor allem mittelbar daran mitwirkenden Faktoren dar (der vielleicht noch deutlicher als solcher hervortreten würde, wenn Komplexität und Nachhaltigkeit des Kompetenzerwerbs besser erfasst würde): Zum anderen sind sie von besonderem Einfluss auf die Studienzufriedenheit und die Ausdauer, das Studium nicht abzubrechen. Genauere Forschung dazu wäre allerdings notwendig, genauer insbesondere auch in der Operationalisierung des Interesses. Die oben herangezogenen Untersuchungen arbeiten überwiegend mit dem „Hexagon" berufsbezogener Interessen bzw. Orientierungen nach Holland (1985): R = realistic, I = investigative, A = artistic, S = social, E = enterprising, C = conventional. So gut dies auch theoretisch begründet, in Tests umgesetzt und empirisch in der Erforschung von Berufswahlen und -verläufen bewährt ist, so sehr bleibt doch noch zu fragen, ob damit das Interesse an bestimmten Fächern, ihren jeweiligen Fragestellungen, Konzepten und Methoden spezifisch genug beschrieben ist. Unbeschadet dessen legitimieren die vorliegenden Befunde über die relative Bedeutung des Interesses für

---

3 Paradoxe Effekte sind auch hier möglich: Die Wahrnehmung der Lernkultur könnte auch bei theoretisch gegebener Passung des Fachgebietes kippen, wenn die faktischen Angebote nicht zum inhaltlichen Interesse stimmen. Vgl. Derboven & Winker (2010): An sich Technikzentrierte oder -engagierte brechen ab, weil ihnen die Stoffe des Ingenieurstudiums zu abstrakt, zu wenig welthaltig sind.

das Studium es hinreichend, auf die eingangs gestellte Frage zurückzukommen, wie weit die gymnasiale Oberstufe hilfreich ist, diese Voraussetzung für das Studium zu entwickeln.

4 Bedingungen für die Entstehung von Interesse in der Oberstufe

Wie es keine Technologie zur Herstellung von „Bildung" gibt, so ist auch die Entstehung von Interesse nicht technisch verfügbar. Aber von Interessentheorien aus kann doch die Frage gestellt werden, ob die gymnasiale Oberstufe wenigstens die hinreichenden Bedingungen der Möglichkeit der Entstehung von Interesse zur Verfügung stellt.

4.1 Förderliche Umstände für die Entstehung von Interesse

Die Voraussetzungen für die Entstehung von Interessen überhaupt erscheinen vielfältig und nicht berechenbar: Sie können bei irgendwelchen Tätigkeiten, an Aufmerksamkeit weckenden Gegenständen, aus Leistungserfahrungen erwachsen, in irgendeinem *glücklichen Moment* entspringen, in dem eine latente individuelle Orientierung und individuell wahrgenommene Reize der Umwelt so zusammentreffen, dass das Interesse aktiviert und die Situation oder Aufgabe interessant wird. Überraschung, kognitive Diskrepanz, ein praktisches Problem können dabei auslösend wirken (*catch*-Komponente, vgl. Mitchell, 1993; nach Müller, 2001, S. 54f.). Diese allgemeinste Vorbedingung, ein solcher glücklicher Moment (kairós), kann – und wird hoffentlich – sich nicht nur vor und außerhalb der Schule, sondern auch in jedem Unterricht immer wieder einmal ergeben, auch in der Behandlung pflichtmäßiger Themen; deren Interessantheit unter vielfältigen Aspekten hervorzukehren ist Sache eines guten Lehrers.

Aber damit aus dem situationalen ein individuelles, beständigeres Interesse wird, müssen *weitere Bedingungen* hinzutreten (*hold*-Komponente). Die elementarste: ein *Handlungszusammenhang*. Nach Dewey (1913) entsteht Interesse überhaupt in einem solchen, im selbstinitiierten Handeln, in der aktiven Auseinandersetzung mit einem Gegenstand (vgl. Müller, 2001, S. 26ff.; Grotlüschen, 2010). Dies weitergeführt: Die zu bearbeitende Aufgabe, der zu erlernende Gegenstand, die zu erwerbende Kompetenz muss für den Lernenden subjektiv bedeutsam, in einer Zielperspektive relevant, der weitere Weg einschätzbar werden (Müller, 2001, S. 55). Förderliche Umstände dafür können empirisch belegt werden; seit den Arbeiten von Deci et al. werden sie immer wieder auf die drei Nenner Autonomie, Kompetenzerfahrung, soziale Einbindung gebracht (vgl. Deci & Ryan, 1993). Prenzel (1994) formuliert daraus drei Hinweise für die Gestaltung des Lehrens und Lernens:

Durch das Anbieten von Spielräumen und durch Hinweise auf Wahlmöglichkeiten Lernenden die Möglichkeit geben, sich selbstbestimmt
handelnd zu erleben; durch informierende Rückmeldungen und durch
individuelle Bezugsnormen Lernenden die Möglichkeit geben, die eigene Kompetenz zu erfahren, durch partnerschaftlichen und kooperativen
Umgang Lernenden die Möglichkeit geben, sich persönlich als angenommen und sozial einbezogen zu empfinden. (Prenzel, 1994, S. 1329)

Hartinger & Fölling-Albers (2002, S. 104ff.) arbeiten in diesem Licht besonders die
Potentiale von äußerer und innerer Differenzierung, Leistungsrückmeldung gemäß
individuellen Bezugsnormen, handlungsorientiertem und offenem Unterricht, ko-
operativem und situiertem Lernen heraus. Ob diese Bedingungen, ob so gestaltete Lernsituationen im normalen Betrieb der gymnasialen Oberstufe häufiger oder
häufig genug anzutreffen sind, ist schon eher zweifelhaft. Teiluntersuchungen wie
TiMSS (vgl. Baumert et al., 1998, 2000), alltägliche Eindrücke und das Hörensagen
geben zu Skepsis Anlass, aber verlässliche allgemeine Aussagen darüber sind nicht
möglich. Projektphasen oder -wochen sind, so viel ist sicher, normalerweise schon
quantitativ so beschränkt bzw. an den Rand des Schuljahres gedrängt, dass sie für
die Erfüllung dieser Anforderungen, die ja durchgehend beachtet werden müssten,
nicht aufkommen können.

4.2   Bedeutung von Wahlmöglichkeiten

Eine Bedingung allerdings lässt sich weiter verfolgen, weil sie nicht nur für das
Handeln innerhalb des Unterrichts, sondern auch für die Unterrichtsstruktur, das
Curriculum gilt. In allen Ansätzen der Interessentheorie kommt der Selbstbestimmtheit oder Autonomie des Handelns bzw. Lernens eine zentrale Bedeutung zu,
also konkret der Möglichkeit, Wahlen oder Entscheidungen für sich selbst zu treffen
und die gewählten Wege länger zu verfolgen. Interesse konkretisiert und festigt sich
in solchen selektiven Entscheidungen:

Welche Gegenstände dem Menschen […] begegnen und wie er sie aufnimmt […], das charakterisiert seine Eigenart. Da bei der Fülle des Be-
gegnenden Auswahl nötig ist und da stets nur wenige Subjekt-Gegen-
stands-Bezüge mit besonderer Intensität realisiert werden können, ist
diese Wahl persönlichkeitsbestimmend. (Schiefele, 1986, 156f)

Es gibt zwar auch noch andere Faktoren der Identität, aber es „ist nur schwer vorstellbar, wie Identität ganz ohne Interesse Bestand haben könnte" (Schiefele, 1986,
S. 156f.). Oder: „Wer kein Interesse hat, ist nicht gebildet" (ebd., S. 159).

In dieser Hinsicht ist gewiss zu begrüßen, wenn Schülerinnen und Schüler hier
und da die Wahl haben, über welches Thema, womöglich aus einer Zahl von vorgegebenen Themen, sie ein Referat oder eine Hausarbeit schreiben. Aber darin darf

sich in unserer Perspektive auf das Studium hin die Selbstbestimmung in der gymnasialen Oberstufe nicht erschöpfen. Diese sollte davon ausgehen, dass – hoffentlich – schon in der Sekundarstufe I vielleicht durch schulische Könnenserfahrungen, vielleicht durch außerschulische Aktivitäten, vielleicht durch beides Interessen angebahnt wurden, die die Schülerinnen und Schüler nun durch Wahlmöglichkeiten weiter verfolgen oder auch bewusst verlagern können sollten. Kurswahlen nach Interesse sind die der Sekundarstufe II gemäße Form einer äußeren Differenzierung, die zu besserer „Passung" von Lernendem und Lernumgebung führen kann (wenn sie nicht allzu sehr durch extrinsische Motive überlagert wird; vgl. Hartinger & Fölling-Albers, 2002, S. 106f.). Eine interessenbestimmte Wahl von Lernorten, Kursen und Schwerpunkten hat darüber hinaus auch eine soziale Implikation: Sie führt einen mit ähnlich interessierten Anderen zusammen und kann so Kompetenzerfahrung und soziale Einbindung steigern (vgl. Köller et al., 2000, zu Leistungskursen und allgemein Krapp & Weidenmann, 2001, S. 235; Prenzel, 1998, S. 361; Hartinger & Fölling-Albers, 2002, S. 146).

Vor diesem Hintergrund betrachtet haben sich die Rahmenbedingungen auf der gymnasialen Oberstufe durch deren Restauration, wie sie die Kultusministerkonferenz 2006 eingeleitet hat, bedenklich verschlechtert. Dazu seien aus einer eben abgeschlossenen Bestandsaufnahme (Huber & Kurnitzki, 2012; vgl. Trautwein et al., 2010; Neumann, 2010) nur einige Befunde zu den Grundtendenzen referiert, sehr ausgewählt und komprimiert; für die – verwirrende – Fülle der Varianten nach Bundesländern im Einzelnen ist hier kein Raum.

4.3 Wahlmöglichkeiten im Kurssystem der gymnasialen Oberstufe

Bei der Zusammenstellung ihres individuellen Curriculums müssen die Schülerinnen und Schüler mit der überall obligatorischen Trias der „Haupt-" oder „Kernfächer" Deutsch, Mathematik, eine Fremdsprache beginnen. In vielen Ländern sind diese mit je vier Wochenstunden gleichmäßig vorgegeben, also nicht mehr wie früher Grund- und Leistungskurs nach Gewichtung differenzierbar, und sie sind Prüfungsfächer im Abitur. Hier bleibt also nur die Wahl, welche Fremdsprache es sein soll, auch sie allerdings durch weitere Bestimmungen noch eingeschränkt.

Jenseits der Trias hat man im nächsten Schritt mit der Wahl ein oder zwei weitere aus dem Kreis der durch Stundenzahl oder „Anforderungsniveau" herausgehobenen Fächer festzulegen, aus denen in der Regel auch das vierte (von vier oder fünf) der Prüfungsfächer hervorgeht. Die Wahl und alle weiteren Entscheidungen werden eingeschränkt durch Belegpflichten, die auf jeden Fall in diesem oder im nächsten Wahlschritt aus den zweistündigen Grundkursen erfüllt werden und insgesamt drei Aufgabenfelder, auch in der Auswahl der Prüfungsfächer für das Abitur abdecken müssen. Mit diesen ersten beiden Wahlschritten wird wegen der genannten Vorgaben auch über den Rest der Wahlen schon weitgehend entschieden.

Was diese Vorschriften theoretisch noch an Wahlfreiraum lassen, wird in der Realität weiter eingeschränkt durch die Restriktionen des Angebots, das die einzelnen Schulen je nach Kapazität und Nachfrage vornehmen müssen, je kleiner die Oberstufen sind, desto mehr.

Die bloße Auflistung der (noch) vorhandenen Wahlmöglichkeiten täuscht dabei noch insofern, als die Fächer unterschiedliches Volumen haben. Etwas überpointiert gesprochen: Je höher das Volumen einer Art von Fächern ist (weil vier- oder fünfstündig und/oder auf erhöhtem Anspruchsniveau unterrichtet und/oder weil Abiturprüfungsfach), desto weniger Wahl gibt es dort – und umgekehrt.

4.4 Besondere Lernleistung und Seminarkurs als Spielraum?

In diesem dichten Gefüge scheint so etwas wie eine Seitentür zur Wahl von Lern- und Leistungsmöglichkeiten nach eigenem Interesse theoretisch durch die von der KMK zugelassene Einbringung einer *Besonderen Lernleistung* geöffnet; als eine solche kann gelten „ein umfassender Beitrag aus einem von den Ländern geförderten Wettbewerb, eine Jahres- oder Seminararbeit, die Ergebnisse eines umfassenden, auch fachübergreifenden Projektes oder Praktikums in Bereichen, die schulischen Referenzfächern zugeordnet werden können" (KMK, 2006, Ziffer 7.6). Festzustellen ist aber, dass nur ein verschwindend geringer Prozentsatz von Schülerinnen und Schülern durch dieses Türchen hindurchgeht. Nach unserer Umfrage bei den Kultusministerien lag in den (sechs) Ländern, aus denen Daten dazu überhaupt vorliegen bzw. uns mitgeteilt wurden, der Anteil der Fälle, in denen die besondere Lernleistung als Abiturprüfungsfach gewählt wurde, an der Gesamtzahl der Abiturprüfungen des Landes bei im Durchschnitt 1,5 bis 2 Prozent.[4] Warum das so ist, kann man einstweilen nur vermuten: Für die Schülerinnen und Schüler bedeutet die Entscheidung für die besondere Lernleistung statt eines normalen Fachs häufig, je nachdem wann sie sie verbindlich treffen müssen, ein höheres Risiko bezüglich der Note und immer einen höheren Arbeitsaufwand; für die Lehrerinnen und Lehrer, zumal, wenn sie auch mit ungewöhnlicheren Themen einverstanden sind, kann sich eine höhere Belastung durch Betreuung und Korrektur ergeben. In der Praxis jedenfalls bestehen hier offenbar hohe Hürden und wenig ausdrückliche Ermunterung.

Eine zweite Seitentür könnte der *Seminarkurs* öffnen, der von der KMK-Vereinbarung nicht erwähnt, aber in vielen Ländern eingeführt ist. Grundsätzlich scheint das Potential des Seminarkurses bzw. -faches oder seiner Äquivalente beträchtlich: als eines Gestaltungsraumes, in dem Fachgrenzen überwunden, Themen des Unterrichts gemeinsam bestimmt, die Methoden vielfältig variiert und jedenfalls Themen für eigene Arbeiten von den Schülerinnen und Schülern individuell gewählt und

---

4 Nur in Thüringen, wo der *Seminarkurs* verpflichtend ist und eine besondere Lernleistung einschließt, nutzt laut Kultusministerium „der überwiegende Teil" der Schülerinnen und Schüler die Möglichkeit, diesen als fünftes Abiturprüfungsfach einzubringen.

verfolgt werden können. Faktisch dürfte das formale Ziel, die Einübung von Methoden des wissenschaftlichen Arbeitens, weit über die inhaltlichen Varianten dominieren, die eventuell nur das Übungsmaterial für jene darstellen; eine länderübergreifende vergleichende Untersuchung der Praxis der Seminarkurse steht aber noch aus (vgl. Huber & Kurnitzki, 2012). Kritikwürdig ist, dass die Seminarkurse jenen Typ von Problemlösung darstellen, bei dem eine Aufgabe, die an sich nach allen allgemeinen Zielsetzungen für die gymnasiale Oberstufe in jedem Fach anzunehmen und zu bearbeiten wäre, an einen einzelnen besonderen Kurs delegiert wird. Obendrein ist dieser vielfach fakultativ und für eine so bedeutende Aufgabe mit seinen in der Regel nur zwei Wochenstunden über manchmal weniger als vier Halbjahre kärglich ausgestattet!

4.5 Folgen für die Individuen – ein Beispiel

Damit anschaulicher wird, wie alle die genannten Vorgaben sich für die Individuen auswirken, haben wir uns fünf Schülerinnen und Schüler mit unterschiedlichen Interessen (und korrespondierenden Abneigungen) ausgedacht und sie auf einen fiktiven Weg durch die Oberstufen von vier Ländern – Bayern, Sachsen, Hamburg und Niedersachen – geschickt (vgl. Huber & Kurnitzki, 2012). Ein Beispiel – leider nur eines – sei hier vorgestellt:

Anna sei am aktuellen politischen Geschehen interessiert und immer auf dem neuesten Stand. Sie möchte später mal die Welt ein Stückchen besser machen und hat im Zusammenhang damit Interesse an Sozialwissenschaften. Außerschulisch ist sie bei Attac aktiv. Dank ihrem Elternhaus hat sie historische Bücher gelesen und ist an geschichtlichen Entwicklungen interessiert. Nach dem 10. Schuljahr war sie für ein Jahr in Amerika und hat deshalb sehr gute Englischkenntnisse, welche sie auch weiter ausbauen möchte. Sie geht zwar gerne in Museen, möchte aber selbst nicht künstlerisch oder gar musikalisch tätig werden. Naturwissenschaften liegen ihr gar nicht. Sie möchte daher, nehmen wir an, ihre individuellen Schwerpunkte in Englisch, Politik, Sozialwissenschaften und Geschichte setzen. Als Schülerin einer Oberstufe in Bayern kann Anna ihr Interesse speziell an Politik(wissenschaft) so nicht realisieren, schon gar nicht in einem Kurs mit mehr Volumen (etwa fünfstündig) oder auch nur auf höherem Anspruchsniveau vertiefen, sondern nur in ihrem Fächerspektrum den im weitesten Sinne sozialwissenschaftlichen Flügel gegenüber den anderen etwas verstärken. Auch nicht speziell politikwissenschaftlich, aber insgesamt etwas homogener. stimmiger, ist der Lernkontext, den ihr der Profilbereich „Politik und Geschichte" in Hamburg mit seinen Vertiefungsmöglichkeiten bietet. Ganz geringe Spielräume für eine solche Orientierung zeigt Sachsen. Insgesamt kann beobachtet werden, dass die sozialwissenschaftlichen Fächer, die in den 70er und 80er Jahren einen größeren Anteil am Curriculum erobern konnten, durch die Rekanonisierung am stärksten zurückgedrängt oder durch Integration in ein Verbundfach gewissermaßen eingebunden worden sind.

So ähnlich geht es anderen Schülern mit ihren jeweils anderen Interessen: an Physik und Wissenschaftstheorie, an Wirtschaft oder Sport, an etwas ausgefalleneren Fremdsprachen, z.B. Chinesisch oder Japanisch, Polnisch oder Türkisch, oder an Kunst. Schülerinnen und Schüler mit ausgeprägterem Interesse an einer Art Spezialisierung haben es überall nicht leicht.

5 Schluss

Der Raum für eigene Wahlen bzw. Entscheidungen, in denen Schülerinnen und Schüler Interessen selbstbestimmt verfolgen und verantwortlich ausprobieren könnten, ist auf der gymnasialen Oberstufe, jedenfalls was die Wahl von Fächern oder Kursen und deren Gewichtung angeht, äußerst eingeschränkt. Für individuelle Schwerpunktsetzungen, die nicht mit den von der Schule vorgegebenen Gewichtungen übereinstimmen, gibt es allenfalls kleine Nischen. Etwa von der Sekundarstufe I her mitgebrachte Interessen lassen sich in diesem Fall nicht weiterführen; etwa unter den Möglichkeiten der Sekundarstufe II doch entwickelte intrinsische Interessen werden im weiteren Verlauf durch die überwältigende Orientierung auf die Abiturprüfung überlagert, die ihrerseits im Zeichen des Zentralabiturs auch inhaltlich uniformierend wirkt (vgl. Maué in diesem Band). Es verwundert daher nicht, wenn Stübig (2010) in einer kleinen Abiturientenbefragung (N = 138) darauf stößt, dass jeder Zweite unsicher über seine eigenen Interessen bzw. Fähigkeiten ist; bei Heine & Quast (2009, S. 21) sind es 29 bzw. 26 Prozent der Befragten, die sich ein halbes Jahr vor dem Abitur noch über ihre persönlichen Fähigkeiten bzw. über die eigenen Interessen im Unklaren sind und dadurch Schwierigkeiten bei der weiteren Bildungs- und Lebensplanung erleben.

Im Verhältnis zu der oben beleuchteten Bedeutung von Interesse für eine befriedigende Bewältigung des Studiums sind diese Zustände bedenklich. Was kann man zur Abhilfe empfehlen?

5.1 Empfehlungen an die Adresse der Schule, speziell die gymnasiale Oberstufe

Studien- und Berufsberatung für alle rechtzeitig vor dem Abitur in allen erdenklichen Formen sowie Schnupperstudien und Praktika sind zu wünschen (vgl. die Beiträge in diesem Band). Sie können das Übel mindern. Aber um es bei der Wurzel zu packen, müsste die gymnasiale Oberstufe erneut gründlich reformiert werden, um alles zu tun, damit Interesse entwickelt und erprobt werden kann.

Langfristig wird m.E. der gesellschaftliche Wandel solche Veränderungen der gymnasialen Oberstufe unausweichlich machen; die immer noch zunehmende Heterogenität der Lernvoraussetzungen auch bei Gymnasiasten und der Anspruch auf Individualisierung und Selbstbestimmung der Jugendlichen werden dazu drängen.

Kurzfristig sind aber die gesellschaftlichen Kräfte nicht zu sehen, die sich dazu formieren würden, dem Interesse und der Individualisierung vor der Standardisierung Priorität zu geben und solche Reformen der Reform zu beschleunigen.

Wenn man sich, insoweit resignierend, daher in den gesetzten Rahmen fügt, muss man danach sehen, welche Möglichkeiten für die Förderung individueller Schwerpunkte sich gleichsam in den Fugen des Systems finden und nutzen lassen:

- Innerhalb von Kursen können LehrerInnen wenigstens bei Hausaufgaben oder bei der Verteilung von Einzelleistungen auf individuelle Interessen Rücksicht nehmen oder gar mit SchülerInnen gemeinsam beraten, woran in den von Prüfungsanforderungen und Lehrplänen belassenen Freiräumen des Unterrichts gearbeitet werden soll; das spricht für Formen Offenen Unterrichts (Hartinger & Fölling-Albers, 2002, 140ff.), auch auf der Oberstufe.
- In fächerübergreifenden Lernzusammenhängen, in Profilen oder Projekten können SchülerInnen leichter ihrem individuellen Interesse gemäß mit je unterschiedlichen Themen und Fachperspektiven wirksam werden oder unterschiedliche Rollen einnehmen; das spricht für komplexere Formen der Unterrichtsorganisation.
- Mehr oder minder unabhängig von den gebotenen und belegten Kursen, näher an oder ferner von ihnen könnten größere Arbeiten von einzelnen oder Teams noch mehr als bisher gefördert werden: in der Form von Facharbeiten oder von Besonderen Lernleistungen, wenn man die Hürden davor ausräumt, für regelmäßige Unterstützung sorgt und den Lehrenden den größeren Zeitaufwand für die Betreuung auch auf ihr Deputat anrechnet.
- Mehr Kooperation zwischen Schulen könnte helfen, Kapazitätsgrenzen ihrer Angebote zu überwinden, z.B. weniger nachgefragte Kurse doch wenigstens schulübergreifend zu realisieren oder in kompakten Siedlungsräumen interessierte Schüler durch konzertierte Programme zu Schulwechsel je nach Profilen zu ermuntern.
- „Arbeitsgemeinschaften" können im Prinzip Interessengemeinschaften sein. Sie haben zwar nach Stundenvolumen und Prüfungsrelevanz eine von vornherein marginale Stellung. Aber die Einrichtung auch von eventuell sehr kleinen und die Zulassung von vielleicht auch im Wesentlichen von den SchülerInnen selbst geleiteten Arbeitsgemeinschaften könnte ein wenn auch schmaler Weg für die Verfolgung von individuellen, auch auf außerunterrichtliche Gegenstände gerichteten Interessen sein.
- Auf deutschen Oberstufen kaum genutzt, in amerikanischen Colleges durchaus verbreitet sind größere individuelle Lernvorhaben, für die sich Schülerinnen und Schüler statt Teilnahme an einem sie nicht interessierenden Unterricht entscheiden dürfen. Als Voraussetzung dafür sind Lernverträge (learning contracts) zu entwickeln, die die Pflichten beider Seiten festlegen.

5.2   Empfehlungen an die Adresse der Hochschule

Wenn und solange Schule zur Entwicklung von Interesse und Studienstrategien nicht genügend beiträgt, muss die Hochschule eine Lernumgebung bereitstellen, in der dies zu einem Teil nachgeholt werden kann; vor allem in der *Eingangsphase*. Sie sollte Studienberatung und Förderung von Selbstklärung als auch ihre Aufgabe begreifen, die in die Eingangsphase hinein fortgesetzt werden muss. Wichtige Formen dafür sind Eingangsprojekte oder Orientierungseinheiten, wenn sie nicht nur auf die Vermittlung von Fertigkeiten und Techniken zielen, sondern es ermöglichen, fachliche Interessantheiten und berufliche Perspektiven zu erkunden, Studienstrategien zu antizipieren, Lernstile bewusst zu unterscheiden, Metakognition (z.B. durch Lernportfolios) zu üben (vgl. Wildt, 2001; Huber, 2010; und viele Beiträge in Webler, 2012). Ein besonders interessantes Modell dafür bietet das sog. Leuphana-Semester an der Universität Lüneburg.

Für die Gestaltung des weiteren Studiums jenseits der Eingangsphase gelten ähnliche Empfehlungen wie für die Oberstufe, von „offenen" Veranstaltungsformen, die interessengemäße Wahl von Themen und Arbeitsformen vorsehen, z.B. Forschendes Lernen oder Projektstudien, bis zu Lernkontrakten für individuelle Vorhaben alternativ zu sonst vorgegebenen Modulen. Dass die Prüfungsverfahren so entwickelt werden müssen, dass sie komplexen Kompetenzen, wie sie in interessiertem und tiefem Lernen erworben werden, gerecht werden, sagt sich leicht, ist aber eine der schwersten Aufgaben in diesem Zusammenhang. Sie muss aber in Angriff genommen werden – nicht nur aus Interesse am „Interesse".

Literatur

Baumert, J., Bos, W. & Watermann, R. (1998). *TiMSS/III – Schülerleistungen in Mathematik und den Naturwissenschaften am Ende der Sekundarstufe II im internationalen Vergleich*. Berlin: Max-Planck-Institut für Bildungsforschung.

Baumert, J., Bos, W. & Lehmann, R. (Hrsg.). (2000). *TIMSS/III: Dritte Internationale Mathematik- und Naturwissenschaftsstudie – Mathematische und naturwissenschaftliche Bildung am Ende der Schullaufbahn. Bd. 2: Mathematische und physikalische Kompetenzen am Ende der gymnasialen Oberstufe*. Opladen: Leske + Budrich.

Deci, E.I. & Ryan, R.M. (1993). Die Selbstbestimmungstheorie der Motivation und ihre Bedeutung für die Pädagogik. *Zeitschrift für Pädagogik 39* (2), S. 223–238.

Deci, E.I. & Ryan, R.M. (2002). *Handbook of Self-Determination Research*. Rochester, NY: University of Rochester Press.

Derboven, W. & Winker, G. (2010). *Ingenieurwissenschaftliche Studiengänge attraktiver gestalten. Vorschläge für Hochschulen*. Berlin, Heidelberg: Springer Verlag.

Dewey, J. (1913). *Interest and effort in education*. Carbondale: Southern Illinois University Press.

Ditton, H. (1998). Studieninteresse, kognitive Fähigkeiten und Studienerfolg. In J. Abel & C. Tarnai (Hrsg.), *Pädagogisch-psychologische Interessenforschung in Studium und Beruf* (S. 45–62). Münster: Waxmann.

Erdsiek-Rave, U. & John-Ohnesorg. M. (Hrsg.). (2012). *Bildungskanon heute*. Berlin: Friedrich-Ebert-Stiftung.

Grotlüschen, A. (2010): *Erneuerung der Interessetheorie: Die Genese von Interesse an Erwachsenen- und Weiterbildung.* Wiesbaden: VS Verlag für Sozialwissenschaften.

Hartinger, A. & Fölling-Albers, M. (2003). *Schüler motivieren und interessieren. Ergebnisse aus der Forschung, Anregungen für die Praxis.* Bad Heilbrunn: Klinkhardt.

Heine, C. & Quast, H. (2009). Studierneigung und Berufsausbildungspläne. Studienberechtigte 2008 ein halbes Jahr vor Schulabgang. *HIS: Forum Hochschule, 2009* (4).

Hessler, G. Oechsle, M. & Scharlau, I. (Hrsg.). *Studium und Beruf!* Bielefeld: transcript Verlag (in Vorber.).

Heublein, U., Hutzsch, C., Schreiber, J., Sommer, D. & Besuch, G. (2010). Ursachen des Studienabbruchs in Bachelor- und in herkömmlichen Studiengängen. Ergebnisse einer bundesweiten Befragung von Exmatrikulierten des Studienjahres 2007/08. *HIS: Forum Hochschule, 2010* (2).

Holland, J.L. (1985). *Making Vocational Choices: A Theory of Careers.* Englewood Cliffs/N.J.: Prentice Hall.

Huber, L. (2008). Kanon oder Interesse? Eine Schlüsselfrage der Oberstufen-Reform. In J. Keuffer & M. Kublitz-Kramer (Hrsg.), *Was braucht die Oberstufe?* (S. 20–35) Weinheim: Beltz.

Huber, L. (2010). Anfangen zu studieren. Einige Erinnerungen zur „Studieneingangsphase". *Das Hochschulwesen 58* (4+5), S. 113-120.

Huber, L. (2012, in Vorber.). Selbststeuerung im Studium. Zur Bedeutung von Studienstrategien und Metakognition. In G. Hessler, M. Oechsle, & I. Scharlau (Hrsg.). *Studium und Beruf!* Bielefeld: transcript Verlag.

Huber, L. & Kurnitzki, S. (2012). Individuelle Schwerpunktsetzung auf der gymnasialen Oberstufe?! Vorgaben und Wahlmöglichkeiten in den Bundesländern fünf Jahre nach der KMK-Vereinbarung. *TriOS. Forum für schulnahe Forschung, Schulentwicklung und Evaluation, 7* (1).

KMK (Ständige Konferenz der Kultusminister) *Vereinbarung zur Gestaltung der gymnasialen Oberstufe in der Sekundarstufe II.* Beschluss der Kultusministerkonferenz vom 7.7.1972 in der Fassung vom 2.6.2006. Bonn 2006 (Typoskript).

Köller, O., Baumert, J. & Schnabel, K. (2000). Zum Zusammenspiel von schulischem Interesse und Lernen im Fach Mathematik. Längsschnittanalysen in den Sekundarstufen I und II. In U. Schiefele & K.-P. Wild (Hrsg.). *Interesse und Lernmotivation. Untersuchungen zu Entwicklung, Förderung und Wirkung* (S. 163-182). Münster: Waxmann.

Krapp, A.(1997). Interesse und Studium. In H. Gruber & A. Renkl (Hrsg.). *Wege zum Können* (S. 45-58). Bern: Huber.

Krapp, A. & Weidenmann, B. (Hrsg.). (2001). *Pädagogische Psychologie. Ein Lehrbuch* (4. vollständig überarbeitete Auflage). Weinheim: Beltz.

Lewin, K., Leszczensky, M, Piesch, R. & Schacher, M. (1984*). Analyse der Situation der Studienanfänger im Wintersemester 1983/84 – Studienwünsche und Studienwahl, Berufserwartungen.* Hannover: HIS (HIS-Hochschulplanung 54).

Lewin, K., Heublein, U., Sommer, D., Cordier, H. & Andermann, H. (1994): Studienbeginn im Wintersemester 1993/94. In *HIS-Kurzinformation A 6/199.* Hannover: HIS.

Mitchell, M. (1993). Situational interest. Its multifaced structure in the secondary school mathematics classroom. *Journal of Educational Psyhology 85*, S. 424-436.

Müller, F. H. (2001). *Studium und Interesse.* Münster: Waxmann.

Multrus, F., Ramm M. & Bargel, T. (2011). *Studiensituation und studentische Orientierungen. 11. Studierendensurvey an Universitäten und Fachhochschulen.* Bonn/Berlin: BMBF.

Nagy, G., Trautwein, U., Roberts, B.W. & Lütcke, O. (2012; in Vorber.). *It's more than Ability! Personality and Interest Congruence Predict Academic Success at University.* Typoskript.

Neumann, M. (2010). Innovation oder Restauration – Die (Rück-?)Reform der gymnasialen Oberstufe in Baden-Württemberg. In U. Trautwein, M. Neumann, G. Nagy, O. Lüdtke & K. Maaz (Hrsg.), *Schulleistungen von Abiturienten. Die neu geordnete gymnasiale Oberstufe auf dem Prüfstand* (S. 37-90). Wiesbaden: VS Verlag für Sozialwissenschaften.

National Survey of Student Engagement (2004). *Pathways to Collegiate Success. Annual Survey Results.* Verfügbar unter: http://nsse.iub.edu/2004_annual_report/pdf [27.07.2012].

National Survey of Student Engagement (2011). *Annual results. Fostering Student Engagement Campuswide.* Verfügbar unter: http://nsse.iub.edu/html/annual_results.cfm [27.07.2012].

Pohlenz, P. & Tinsner, K. (2004). *Bestimmungsgrößen des Studienabbruchs. Eine empirische Untersuchung zu Ursachen und Verantwortlichkeiten.* Potsdam: Universität.

Prenzel, M. (1994). Mit Interesse in das dritte Jahrtausend. Pädagogische Überlegungen. In N. Seibert & H.J. Serve (Hrsg.), *Bildung und Erziehung an der Schwelle zum dritten Jahrtausend* (S. 1314-1339). München: PimS.

Prenzel, M. (1998). Interest Research Concerning the Upper secondary Level, College, and Vocational Education. An Overview. In L. Hoffmann, A, Krapp, K.A. Renninger & J. Baumert (Hrsg.), *Interest and Learning. Proceedings of the Seeon Conference on Interest and Gender* (S. 355-366). Kiel: IPN (*Institut für die Pädagogik der Naturwissenschaften*).

Rebenstorf, H. & Bülow-Schramm, M. (2012, in Vorber.). Ergebnisse des BMBF-Projektes USuS: Was fördert den Studienerfolg? In G. Hessler, M. Oechsle, & I. Scharlau (Hrsg.). *Studium und Beruf!* Bielefeld: transcript Verlag.

Schiefele, H. (1986): Interesse – Neue Antworten auf ein altes Problem. *Zeitschrift für Pädagogik 32* (2), S. 153–162.

Schiefele, U., Krapp, A. & Schreyer, I. (1993). Metaanalyse des Zusammenhangs von Interesse und schulischer Leistung. *Zeitschrift für Entwicklungspsychologie und Pädagogische Psychologie 25*, S. 120–146.

Schiefele, U. & Urahne, D. (2000). Motivationale und volitionale Bedingungen der Studienleistung. In U. Schiefele & K.-P. Wild (Hrsg.), *Interesse und Lernmotivation* (S. 183-206). Münster: Waxmann.

Schiefele, U., Streblow, L., Ermgassen, U. & Moschner, B. (2003). Lernmotivation und Lernstrategien als Bedingungen der Studienleistung. Ergebnisse einer Längsschnittstudie. *Zeitschrift für Pädagogische Psychologie 176* (3/4), S. 185-198.

Schröder-Gronostay, M. (1999). Studienabbruch – Zusammenfassung des Forschungsstandes. In H.-D. Daniel & M. Schröder-Gronostay (Hrsg.), *Studienerfolg und Studienabbruch* (S. 209-240). Neuwied: Luchterhand.

Stübig, F. (2010). Interesse entwickeln und erproben. In S. Boller & R. Lau (Hrsg.), *Innere Differenzierung in der Sekundarstufe II. Ein Praixhandbuch für Lehrer/innen* (S. 169–170). Weinheim: Beltz.

Tinto, V. (1975): Dropout from higher education: A theoretical synthesis of recent research. *Review of Educational Research 45*, S. 89–125.

Trautwein, U., Neumann, M., Nagy, G., Lüdtke, O. & Maaz, K. (2010a): Institutionelle Reform und individuelle Entwicklung: Hintergrund und Fragestellungen der Studie TOSCA-Repeat. In U. Trautwein, M. Neumann, G. Nagy, O. Lüdtke & K. Maaz (Hrsg.), *Schulleistungen von Abiturienten. Die neu geordnete gymnasiale Oberstufe auf dem Prüfstand* (S. 15-36). Wiesbaden: VS Verlag für Sozialwissenschaften.

Webler, W.D. (Hrsg.). (2012). *Studieneingangsphase? Das Bachelor-Studium braucht eine neue Studieneingangsphase!* (2 Bände). Bielefeld: Universitätsverlag Webler.

Wildt, J. (2001). *Hochschuldidaktische Aspekte einer Reform der Studieneingangsphase.* Verfügbar unter: http://www.his.de/publikation/seminar/Tagung2001/Wildt.pdf [27.02.2012]

Teil 3

Der Weg ins Studium:
Information, Beratung, Entscheidung

Heike Spangenberg, Julia Willich

Zum Einfluss des Entscheidungs- und Informationsverhaltens auf die Studienaufnahme

1   Einleitung und Fragestellung

Mit Erwerb der Hochschulreife besteht für Abiturientinnen und Abiturienten häufig zum ersten Mal die Notwendigkeit, eine autonome bildungsbiografische Entscheidung zu treffen. Das Spektrum der fachlichen und beruflichen Optionen ist dabei groß. Mehr als 350 Hochschulen bieten gut 9.000 grundständige Studiengänge an. Hinzu kommen gut 300 Ausbildungsberufe. Diese Alternativenvielfalt birgt zugleich das Risiko von Fehlentscheidungen, die spätere Korrekturen in Form von Wechseln und Abbrüchen notwendig machen. Das Hinauszögern der Entscheidung oder eine sehr lange Suche nach der geeigneten Qualifizierung können die Folge sein. Zusätzlich verunsichernd wirkt das Wissen um die generelle Bedeutung und langfristigen Auswirkungen von Bildungsentscheidungen (Kristen, 1999). Im Bildungssystem formal erworbene Qualifikationen und Zertifikate sind zentrale Determinanten der Verteilung individueller Lebenschancen (Geißler, 1987) z.B. in Bezug auf Einkommen, die berufliche Positionierung und Beschäftigungschancen (Hillmert, 2011).

Durch Entwicklungen (und zum Teil auch nur politisch induzierte Verschlagwortung) wie die Studienstrukturreform oder die Exzellenzinitiative, die zunehmende Internationalisierung von Lehrinhalten und Bildungsabschlüssen, die damit einhergehende Flexibilisierung und gesteigerte Mobilität von Studierenden, veränderte Mediennutzung sowohl auf Seiten der Suchenden als auch bei denjenigen, die die Informationen über Studien- und Ausbildungsalternativen zur Verfügung stellen, hat die Entscheidungssituation, in der sich Studienberechtigte in der Regel am Ende ihrer Schulzeit wiederfinden, eher an Komplexität gewonnen, als dass sie einfacher geworden wäre. Nicht zuletzt die Tatsache, dass sich gerade mit dem Abitur oder der Fachhochschulreife eine Vielzahl von Bildungs- und Berufsoptionen auffächert und Berufsabschlüsse nach wie vor entscheidend zur Frage der Teilhabe an gesellschaftlichen Gütern beitragen, macht den Übergang von der Schule in den weiteren Berufs- und Lebensweg zu einer hochkomplexen – unter Umständen mit großen Unsicherheiten behafteten – Situation.

In unserem Beitrag werden wir das Informationsverhalten und den Entscheidungsstand von Abiturient(inn)en ein halbes Jahr vor Erwerb der Hochschulreife in ihrem Einfluss auf die Studienaufnahme bis dreieinhalb Jahre nach Schulabschluss betrachten. Wann beginnen Abiturient(inn)en mit der Informationssuche und welche Quellen nutzen sie? Welche Schwierigkeiten und Probleme berichten sie? Welche Faktoren tragen zu einer späten Bildungsentscheidung bei? Begünstigt eine frühe Informationssuche einen schnellen Studienstart?

2 Der Prozess-Charakter von Bildungs- und Lebensentscheidungen

Viele handlungs- und entscheidungstheoretische Ansätze aus der Soziologie, der Ökonomie oder Pädagogik legen einen situativ-teleologischen Fokus auf die Modellierung von (Bildungs-)Entscheidungen. In Rational-Choice-Modellen beispielsweise wird das Individuum in einer Situation gedacht, in der es zu einem bestimmten Zeitpunkt und unter rationaler Abwägung bestimmter Bedingungen zu entscheiden hat. Im Gegensatz dazu berücksichtigten ressourcentheoretische Ansätze stärker die historische Perspektive und schnallen dem Individuum einen mehr oder weniger reichhaltig gepackten Rucksack voller Mitbringsel der Primärfamilie und Geschenke verschiedener gesellschaftlicher Etikettierungsagenturen auf die Schultern. Doch auch hier richtet sich der Blick meist nur auf die konkrete – wenn auch dank eines gekonnten Blickes in den Rucksack historisch begründ- und herleitbare – Entscheidungssituation selbst. Eine auf die Erklärung von Übergängen und Prozessualität von Entscheidungen stärker ausgerichtete Sichtweise bietet die beispielsweise von Martin Kohli (z. B. 1985) vertretene lebenslauftheoretische Perspektive. Entscheidungen werden hier im Zusammenhang ganzer Lebensverläufe und mehr oder weniger „typischer" Übergänge betrachtet. Ein Kompromiss zwischen beiden Herangehensweisen – eine Perspektive, die nicht das gesamte Leben in den Blick nimmt, der konkreten nachschulischen Bildungsentscheidung aber ihren Prozesscharakter zugesteht – ist ein Ansatz, der den Weg von der eigentlichen Problemstellung bis zur letztlich getroffen Entscheidung und darüber hinaus als Stufenmodell erfasst.

Mit Stufenmodellen, wie dem hier zugrunde gelegten Entscheidungsphasenmodell von Birker (1997) oder dem Rubikon-Modell (Heckhausen & Heckhausen, 2006) ist eine (partielle) Abkehr von der Fokussierung einer konkreten *Situation*, in der sich eine Person mit konkreten *Eigenschaften* befindet, hin zu einem *Entscheidungsprozess*, innerhalb dessen sich Personen in bestimmter Art und Weise *verhalten*, verbunden. So kann dem Prozesscharakter von Entscheidungen stärker Rechnung getragen werden, ohne individuelle oder soziodemographische Parameter außen vor zu lassen.

Während Heckhausen & Heckhausen (2006) in ihrem motivationspsychologischem Rubikon-Entscheidungsmodell lediglich vier Phasen unterscheiden (Abwägen, Planen, Handeln und Bewerten), schlägt Birker (1997) eine weitere Differenzierung vor. Er unterscheidet sechs Phasen, die wir als theoretischen Rahmen der hier zu bearbeitenden Fragestellung zugrunde legen wollen:

In der *Anregungsphase* wird die Entscheidungsnotwendigkeit erkannt. Die *Suchphase* dient im Wesentlichen der Informationsbeschaffung. Die *Auswahl- und Optimierungsphase* führt zur *Realisationsphase*, dem eigentlichen Entschluss, der in der *Kontrollphase* geprüft und in der *Selbstreflexionsphase* retrospektiv bewertet wird (ebenda).

3 Datengrundlage

Um dem Prozesscharakter der Bildungsentscheidung empirisch gerecht zu werden, verwenden wir Daten der für Deutschland und alle 16 Bundesländer repräsentativen HIS-Studienberechtigtenbefragung 2006 (Heine, Spangenberg & Willich, 2007). Schulabsolvent(inn)en, die 2006 die Hochschulreife an einer allgemeinbildenden oder beruflichen Schule erwarben, wurden dreimal schriftlich-postalisch befragt, und zwar ein halbes Jahr vor (N=12007), ein halbes Jahr nach (N=5240) und dreieinhalb Jahre nach Schulabschluss (N=3480). Im Mittelpunkt der ersten Erhebung, die noch während der Schulzeit stattfand, standen Fragen zum Zeitpunkt des Informationsbeginns über Studien- und Ausbildungsalternativen, zu bislang genutzten Informationsquellen und der Einschätzung des jeweiligen Informationsgehalts, zu Schwierigkeiten und Problemen bei der Entscheidungsfindung sowie zum Entscheidungsstand. In der zweiten Erhebung, ein Jahr später, wurden u.a. die aktuell verfolgten Tätigkeiten sowie (weitere) Studien- und Ausbildungspläne thematisiert. 2009 wurden die Schulabsolvent(inn)en abschließend zu ihren seit Erwerb der Hochschulreife realisierten Studien- und Ausbildungsentscheidungen, zu ihren weiteren Plänen, aber auch retrospektiven Bewertungen des gewählten Bildungsweges befragt.

In die Analysen wurden ausschließlich Schulabsolvent(inn)en einbezogen, die das Abitur erworben haben, um eine hinsichtlich ihres bisherigen Bildungsweges weitgehend homogene Gruppe zu erhalten. Personen mit einer Fachhochschulreife haben häufig bereits vor oder parallel zur Schulzeit eine Berufsausbildung absolviert, sind also im Entscheidungsprozess bereits weiter fortgeschritten und in der Regel fachlich stärker orientiert. Darüber hinaus sind sie hinsichtlich der sich ihnen bietenden Studien- und Ausbildungsalternativen stärker eingeschränkt als Abiturient(inn)en.

4 Sechs Phasen des Entscheidungsprozesses

4.1 Anregungsphase

Der erste Schritt auf dem Weg zur Studienentscheidung ist das Erkennen einer Entscheidungsnotwendigkeit. Sicher haben sich viele Schülerinnen und Schüler bereits frühzeitig mit der Frage der Werdegangsplanung auseinandergesetzt – nicht wenige werden überhaupt den Weg auf das Gymnasium gewählt haben, weil sie eine grobe Vorstellung davon hatten, einmal studieren zu wollen oder es zumindest formal zu können.[1] Diese allgemeine Ausrichtung soll jedoch unterschieden werden von dem Zeitpunkt, an dem die Schülerinnen und Schüler tatsächlich erkennen, dass

---

1   63 Prozent der Abiturient(inn)en des Jahrgangs 2005/06 gaben ein halbes Jahr vor Schulabschluss als einen von maximal drei Gründen, die Hochschulreife zu erwerben, an, dass sie Voraussetzung für eine Studienaufnahme sei.

eine konkrete Entscheidung zu treffen und ein mehr oder weniger systematischer Weg zu dieser Entscheidung hin beschritten werden muss. Wann beginnen angehende Studienberechtigte, sich aktiv und konkret mit dem Übergang von der Schule in den weiteren Bildungs- und Berufsweg auseinanderzusetzen?

Lediglich 12 Prozent der befragten Schülerinnen und Schüler haben sich bereits vor dem Eintritt in die gymnasiale Oberstufe bzw. die zur Hochschulreife führende berufliche Schule über Studien- und Ausbildungsalternativen informiert (ohne Abbildung). Für mehr als zwei Fünftel der Befragten (43 %) war dies zumindest zu Beginn der Oberstufe Thema. Knapp die Hälfte der Befragten (40 %) beschäftigte sich erst im (zum Zeitpunkt der Befragung laufenden) letzten Schuljahr vor Erwerb des Abiturs mit diesen Fragen. Fünf Prozent haben sich ein halbes Jahr vor Schulabschluss noch nicht konkret damit auseinandergesetzt. Männer und Frauen unterscheiden sich hier signifikant voneinander – männliche Befragte machen die Studienentscheidung später zum Thema (43 % im ersten Halbjahr des letzten Schuljahres, 8 % erst später vs. Frauen: 39 % und 3 %).

Dass ein Großteil der angehenden Studienberechtigten erst vergleichsweise spät in die Anregungsphase eintritt, ist an sich zunächst nicht unbedingt bemerkenswert. Erst mit Blick auf den Informationsstand ein halbes Jahr vor Erwerb der Hochschulreife gewinnt dieser Umstand an Bedeutung: Insgesamt fühlt sich nicht einmal jede/r dritte Studienberechtigte hinreichend auf die anstehende Bildungsentscheidung vorbereitet (s. Abb. 1).

Abbildung 1: Informationsstand über Studien- und Ausbildungsalternativen nach Informationsbeginn (in v. H., Abiturient(inn)en 2006 ein halbes Jahr vor Schulabschluss)

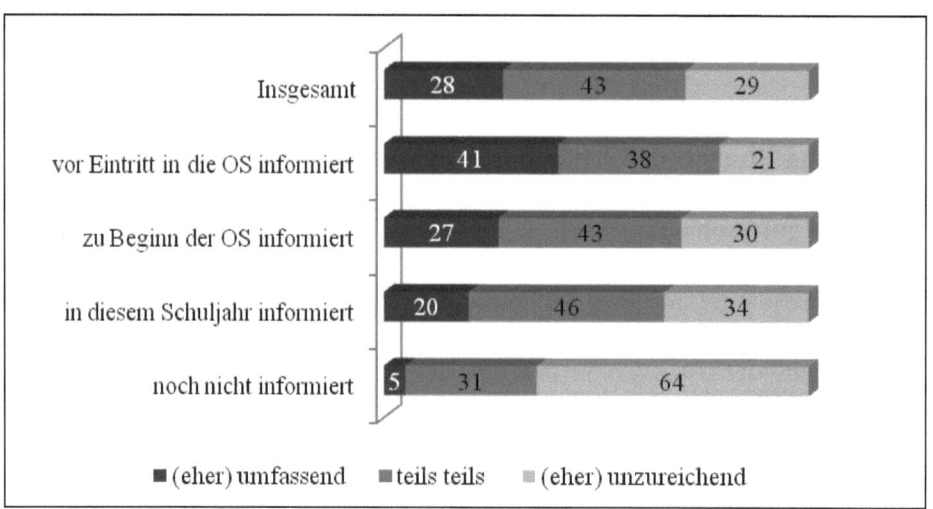

Quelle: HIS-Studienberechtigtenbefragung 2006

Zwei Fünftel fühlen sich zumindest teilweise, ein knappes Drittel kaum oder gar nicht hinreichend vorbereitet. An dieser Stelle zeigt sich ein deutlicher Zusammenhang mit dem Beginn der aktiven Informationsbeschaffung. Während sich immerhin zwei von fünf Studienberechtigten, die sich bereits vor dem Eintritt in die Oberstufe mit der Frage auseinandersetzten, gut oder sehr gut informiert fühlen, trifft dies bei den Schülerinnen und Schülern, die erst im letzten Schuljahr ein Problembewusstsein entwickeln und die Sache angehen, auf lediglich einen halb so großen Anteil zu. Schüler und Schülerinnen, die sich noch nicht mit der Frage beschäftigt haben, sind nur sehr selten gut vorbereitet (5%). Zwei Drittel dieser Gruppe fühlen sich nicht einmal teilweise gut, sondern schlecht oder sehr schlecht informiert. Bis hierher kann demnach festgehalten werden, dass der Zeitpunkt des Einstiegs in die Anregungsphase in deutlichem, fast linearem Zusammenhang steht mit dem subjektiven Gefühl bzw. der Einschätzung, hinreichend auf den anstehenden Übergang in das weitere Berufs- und Bildungssystem vorbereitet d.h. informiert zu sein.

4.2 Suchphase

Insbesondere im Hinblick auf die Studienentscheidung dürfte die Suchphase einen ganz besonderen Stellenwert haben. Neben zahlreichen Ausbildungsberufen stehen den angehenden Studienberechtigten unzählige Studiengänge mit je nach Hochschulart und Hochschulort unterschiedlichen Schwerpunkten und Besonderheiten zur Verfügung. Neben der grundsätzlichen Studienentscheidung stehen also Fachwahl, Hochschulwahl (auch: Wohnortwahl und Wohnartwahl) an und müssen mit den eigenen Interessen, Begabungen und Fähigkeiten möglichst in Einklang gebracht werden. Die Informationen sind zahlreich, in unterschiedlicher Art und Qualität zugänglich und machen die anstehende Entscheidung im Grunde genommen zu dem, was sie ist: Ein wichtiger und zum Teil hochkomplexer Entscheidungsprozess.

Die sowohl in quantitativer als auch qualitativer Hinsicht wichtigste Informationsquelle für die nachschulische Bildungsentscheidung ist das Internet. Nahezu alle Befragten greifen hierauf zur Informationsbeschaffung zurück; 77 Prozent geben an, auf diesem Weg in (sehr) hohem Maße hilfreiche Informationen erhalten zu haben. Zu beachten gilt es hierbei allerdings, dass es sich beim Internet um ein Medium handelt, hinter dem sich verschiedenste Institutionen verbergen können. Eltern und Verwandte werden zwar ähnlich häufig einbezogen, können jedoch in deutlich geringerem Maße nützliche Hilfestellung geben (44 %). Andere Informationsquellen wie die Angebote der Arbeitsagentur, Informationstage an Hochschulen oder Studienberatungen werden – zumindest an diesem Punkt des Informations- und Entscheidungsprozesses – deutlich seltener herangezogen. Ihr Informationsgehalt wird zudem vorwiegend kritischer beurteilt.

Vor allem beim Eintritt in die Suchphase fühlen sich die Studienberechtigten mit Sorgen belastet, die mit der Komplexität der Entscheidungssituation in direktem

Zusammenhang stehen. Einerseits sind diese Sorgen in die Zukunft gerichtet und hängen mit den damit verbundenen Unsicherheiten zusammen: Die schwer absehbare Entwicklung auf dem Arbeitsmarkt (51 %) und die Frage, welche Qualifikationen und Kompetenzen in Zukunft wichtig sein werden (29 %), spielen hierbei eine zentrale Rolle. Gleichzeitig bereitet es einem Großteil der Schülerinnen und Schüler Schwierigkeiten, die schwer überschaubare Zahl der sich nach dem Schulabschluss bietenden Möglichkeiten (46 %) mit den eigenen Fähigkeiten (35 %) und den eigenen Interessen (29 %), über die zu diesem Zeitpunkt häufig noch Unklarheit besteht, in Einklang zu bringen. Nur ein kleiner Teil der Befragten (7 %) gibt ein halbes Jahr vor dem Verlassen der Schule an, im Hinblick auf die Entscheidungsfindung keinerlei Schwierigkeiten oder Probleme zu haben (ohne Abbildung).

Deutlich zeigt sich darüber hinaus ein Zusammenhang zwischen dem Gefühl des Überfordertseins mit der Vielzahl der sich bietenden Berufs- und Bildungsalternativen und der Unsicherheit bezüglich der eigenen Interessen auf der einen und dem zum Befragungszeitpunkt aktuellen Stand der Zukunftsplanung auf der anderen Seite (siehe Abb. 2). Je fester die Bildungsentscheidung, desto seltener werden diese Aspekte als belastend empfunden. Man könnte auch sagen, dass Personen, die ein halbes Jahr vor dem Verlassen der Schule die Suchphase bereits (weitgehend) abschließen konnten, im Prozess der nachschulischen Bildungs- und Berufsplanung mittlerweile tatsächlich einen entscheidenden Schritt weiter sind.

Abbildung 2: Probleme bei der Entscheidungsfindung nach Stand der Zukunftsplanung ein halbes Jahr vor dem Abitur (in v. H., Abiturient(inn)en 2006 ein halbes Jahr vor Schulabschluss)

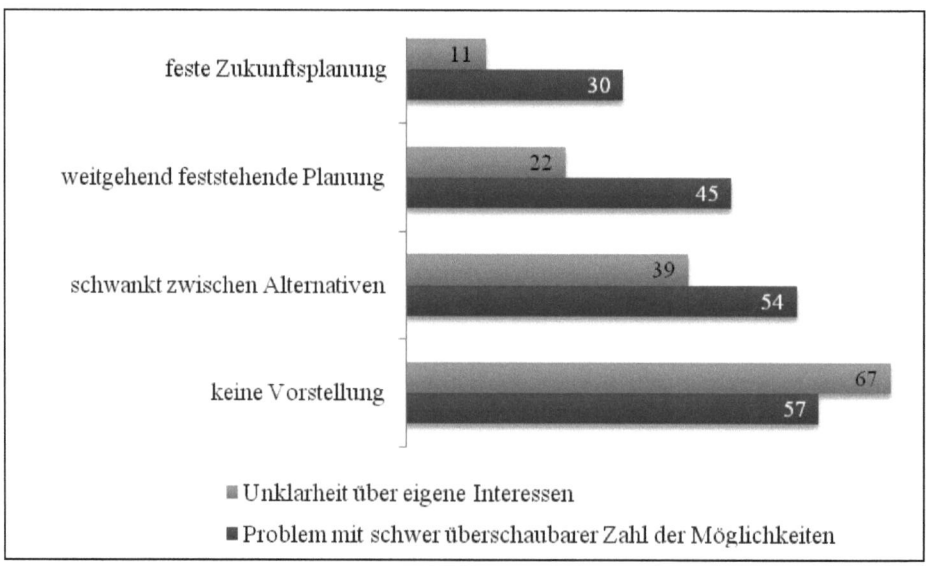

Quelle: HIS-Studienberechtigtenbefragung 2006

Hier zeigt sich zum einen, dass die Bildungs- und Berufswahl in den seltensten Fällen als Entscheidungssituation, sondern vielmehr als Entscheidungsprozess zu betrachten ist und auch von den Schülerinnen und Schülern als solcher betrachtet wird. Zum anderen bestätigt sich die Annahme, dass es in der Suchphase des Entscheidungsprozesses vor allem darum geht, Informationen in einem ersten Schritt zu sammeln und in einem zweiten auf das Wesentliche und zur Entscheidung Führende zu reduzieren.

4.3 Auswahl- und Optimierungsphase

Ein halbes Jahr vor dem Schulabschluss steht die Zukunftsplanung für knapp die Hälfte der Abiturientinnen und Abiturienten fest. Bei 17 Prozent ist die Planung weitgehend abgeschlossen. Knapp ein Drittel der Schülerinnen und Schüler (29 %) schwankt jedoch zu diesem Zeitpunkt noch zwischen Alternativen. Und knapp jeder und jede Zehnte hat noch keinerlei konkrete Vorstellungen davon, wie es nach dem Schulabschluss weitergehen könnte.

Welche Faktoren beeinflussen den Entscheidungsstand im letzten Schuljahr vor Erwerb der Hochschulreife und welche Bedeutung kommt der Suchphase zu? In Tabelle 1 werden die Ergebnisse zweier logistischer Regressionsmodelle präsentiert. Berichtet wird jeweils die Richtung des Effekts und das Signifikanzniveau. Abhängige Variable ist eine noch nicht vorhandene Vorstellung vom weiteren Bildungs- und Berufsweg im Vergleich zu festen und weitgehend festen Vorstellungen oder zumindest dem Schwanken zwischen Alternativen (s.o.). Im ersten Modell sind zunächst die soziodemografischen und bildungsbiografischen Merkmale der Abiturientinnen und Abiturienten enthalten. Mit Ausnahme des Migrationshintergrundes erweisen sie sich alle als signifikante Determinanten des Standes der Zukunftsplanung. Die Erklärungskraft des Modells ist jedoch sehr gering (Pseudo-R^2=0.04). Sie steigt deutlich bei Hinzunahme des Zeitpunkts des Informationsbeginns. Erwartungsgemäß haben die Abiturientinnen und Abiturienten, die sich erst im letzten Schuljahr oder noch gar nicht in die Suchphase begeben haben, eine signifikant größere Chance, noch keine Vorstellung über ihren weiteren Bildungs- und Berufsweg zu haben, als diejenigen, die vor Eintritt oder zu Beginn der gymnasialen Oberstufe mit dem Einholen von Informationen begonnen haben. Mit anderen Worten: Der Übertritt in die Auswahl- und Optimierungsphase setzt eine hinreichend lange Suchphase voraus.

Tabelle 1: Einflussfaktoren des Entscheidungsstandes (logistische Regressionsmodelle, Abiturient(inn)en 2006 ein halbes Jahr vor Schulabschluss)

	Modell 1	Modell 2
Abhängige Variable: Stand der Zukunftsplanung ein halbes Jahr vor Schulabschluss (keine Vorstellung=1; (weitgehend) feststehend, schwanke zwischen Alternativen=0)		
Unabhängige Variablen:		
Mann (Referenz Frau)	+***	+
Akademikerkind (Ref. kein Elternteil Akademiker(in))	+***	+*
Migrationshintergrund[1] (Ref. kein Migrationshintergrund)	-	-
Gesamtabschlussnote	+***	+***
Allgemeinbildende Schule (Ref. berufliche)	+*	+*
Informationsbeginn (Ref. vor Eintritt in die Oberstufe)		
- zu Beginn der Oberstufe		+
- in diesem Schuljahr		+***
- noch nicht		+***
N	8933	8933
Pseudo-R^2	0.04	0.11

Anmerkungen:
*** signifikant auf 0,1 Prozent-Niveau, ** sign. auf 1 Prozent-Niveau,
* sign. auf 5 Prozent-Niveau
1) ausländische Staatsangehörigkeit oder eine andere als die deutsche Sprache (und deutsch) wird normalerweise im Elternhaus gesprochen.
Quelle: HIS-Studienberechtigtenbefragung 2006

Bei Kontrolle des in Abschnitt 4.1 berichteten späteren Informationsbeginns bei Abiturienten hebt sich der in Modell 1 ermittelte signifikante Geschlechtereffekt auf. Die Gesamtabschlussnote bleibt hingegen eine zentrale Determinante des Entscheidungsstandes. Notenschlechte Abiturientinnen und Abiturienten benötigen demnach eine längere Suchphase als ihre notenbesseren Mitschüler(innen). Sie beklagen besonders oft eine zu geringe Unterstützung durch die Schule (35 %). Ihre Eignung und ihre Fähigkeiten sind 42 Prozent dieser Befragten unklar. Dies ist jedoch eine zentrale Voraussetzung, um eine nachhaltige Bildungsentscheidung treffen zu können.

4.4 Realisationsphase

Nach dem Erlangen des Schulabschlusses und dem Prüfen verschiedener Bildungs- und Berufsalternativen kommt es zur eigentlichen Entscheidung, die dann in der Realisationsphase umgesetzt wird. Zur Bestimmung der individuellen und kontextuellen Faktoren, die bei der Auswahl einer Alternative wirksam werden, bedarf es der Einbeziehung weiterer theoretischer Ansätze. Im Rahmen dieser Arbeit soll der Fokus jedoch auf dem generellen Ablauf des Entscheidungsprozesses liegen.

Betrachtet man die ein halbes Jahr vor dem Schulabschluss geäußerte Studienabsicht der Abiturientinnen und Abiturienten und setzt sie zu dem Status Quo ein halbes Jahr nach Schulabschluss in Relation, ergibt sich folgendes Bild:

Knapp drei Fünftel der Abiturientinnen und Abiturienten (59 %), die ein halbes Jahr vor dem Schulabschluss die sichere Absicht zur Aufnahme eines Studiums äußerten, haben diesen Schritt in dem darauf folgenden Jahr tatsächlich umgesetzt. Ein weiteres Drittel plant die Studienaufnahme weiterhin sicher für die Folgezeit. Lediglich acht Prozent haben in dieser Übergangsphase ihre Meinung geändert und ziehen ein Studium nur noch alternativ in Erwägung bzw. schließen diesen Schritt für sich mittlerweile aus.

Weniger konsistent verhält es sich bei denjenigen, die noch ein halbes Jahr vor dem Schulabschluss die Aufnahme eines Studiums für sich ausschlossen: 20 Prozent von ihnen haben mittlerweile mit dem Studieren begonnen, weitere 23 Prozent planen diesen Schritt sicher für die Folgezeit. Für weitere 7 Prozent kommt dieser Schritt mittlerweile zumindest als eine Alternative infrage. Nur 50 Prozent der Studienberechtigten dieser Gruppe sind in dem Jahr zwischen Schulabschluss und möglichem Studienbeginn bei ihrem Nein geblieben (ohne Abbildung).

Ein halbes Jahr nach dem Verlassen der Schule haben 73 Prozent der Abiturientinnen und Abiturienten ein Studium aufgenommen. Sechs Prozent sind zu diesem Zeitpunkt noch unentschlossen. Die (nicht-akademische) Berufsausbildungsquote liegt bei 25 Prozent.

Entscheidender als die Studierquote ist für die hier zu klärende Frage die Art der Tätigkeit ein halbes Jahr nach dem Verlassen der Schule vor dem Hintergrund der ein Jahr zuvor geäußerten Festigkeit der Qualifizierungsabsicht. Hier zeigt sich deutlich, dass fehlende Vorstellungen bezüglich der Zeit nach dem Schulabschluss zu einer deutlichen Verlagerung, eventuell auch Verlängerung der Übergangsphase führen. 80 Prozent der Befragten, die ein halbes Jahr vor dem Erwerb der Hochschulreife bereits feste Zukunftspläne hatten, befinden sich ein Jahr später im Studium oder einer Berufsausbildung (s. Abbildung 3). In der Gruppe derjenigen, die noch keine konkreten Vorstellungen hatten, liegt dieser Anteil bei lediglich 36 Prozent. 30 Prozent befinden sich im Wehr- oder Wehrersatzdienst – dieser Schritt innerhalb der Bildungsbiographie erklärt den insgesamt späteren Informationsbeginn vieler männlicher Abiturienten des Abschlussjahrgangs 2006. Daneben variiert aber auch der Anteil derer, die sich zum Zeitpunkt der zweiten Befragung im Praktikum oder im Ausland befinden, die jobben oder sonstigen Tätigkeiten nachgehen, fast linear mit der Sicherheit der Bildungsentscheidung ein halbes Jahr vor Erwerb der Hochschulreife. Sowohl für Männer als auch für Frauen lässt sich dieser Zusammenhang feststellen.

Abbildung 3: Tätigkeiten ein halbes Jahr *nach* Schulabschluss nach Stand der Zukunftsplanung ein halbes Jahr *vor* dem Abitur (in v. H., Abiturient(inn)en 2006 ein halbes Jahr nach Schulabschluss)

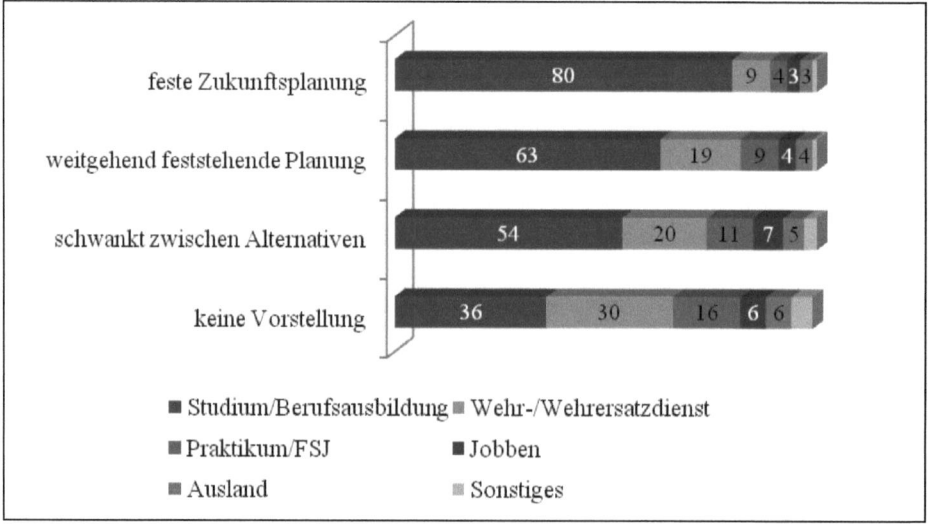

Quelle: HIS-Studienberechtigtenbefragung 2006

Sichtbar wird angesichts der Verlagerung der Realisationsphase bei jenen Abiturientinnen und Abiturienten, die vergleichsweise spät mit der Informationssuche über Studien- und Berufsausbildungsalternativen begonnen bzw. eine Bildungsentscheidung getroffen haben, dass die Suchphase einer bestimmten Dauer bedarf und nicht (wesentlich) durch besonders effiziente Entscheidungen abgekürzt werden kann.

4.5 Kontrollphase

In der Kontrollphase wird überprüft, inwieweit die Umsetzung der Entscheidung in der Realisationsphase erfolgreich verlaufen ist. Darüber hinaus werden in dieser Phase Entscheidungen zum Teil revidiert, zum Teil korrigiert und den äußeren Erfordernissen und individuellen Bedürfnissen angepasst. Wenn im Fall einer Studienentscheidung Korrekturen notwendig werden, kann es zum Studienfach-, Hochschulwechsel und im extremsten Fall zum Studienabbruch kommen.

Und auch an dieser Stelle zeigt sich die Bedeutung einer guten Entscheidungsvorbereitung für die Qualität und Nachhaltigkeit einer Studienentscheidung. Zwischen der Entschlossenheit für ein bestimmtes Studium und der Nachhaltigkeit der Entscheidung (mit Blick auf die ersten dreieinhalb Jahre nach Erwerb der Hochschulreife) zeigt sich ein deutlicher Zusammenhang: Nur 15 Prozent der Befragten, deren Bildungsentscheidung ein halbes Jahr vor dem Schulabschluss bereits (weitgehend) feststand und die sich unmittelbar im Wintersemester 2006/07 immatrikulierten, haben in den darauf folgenden drei Jahren das Studienfach und/oder die Art des von ihnen angestrebten Abschlusses gewechselt. Dies trifft auf 23 Prozent derjenigen zu, die im letzten Schuljahr zwischen Alternativen schwankten oder die noch keine feste Vorstellung hatten, aber ebenfalls schon im Wintersemester 2006/07 ein Studium begannen. Verlagerten sie den Immatrikulationszeitpunkt hingegen um ein Jahr nach hinten, reduzierte sich der Anteil der nachträglichen Korrekturen in Form von Fach- bzw. Abschlusswechseln merklich auf 13 Prozent. Auch die Abiturientinnen und Abiturienten, die noch in der Schulzeit eine (weitgehend) feste Entscheidung getroffen hatten, wechselten seltener, wenn sie die Such- sowie Auswahl- und Optimierungsphase ein Jahr länger ausdehnten. Bei der Interpretation der Ergebnisse muss allerdings berücksichtigt werden, dass sich – angesichts der Rechtszensierung des Beobachtungszeitraums – mit einer späteren Studienaufnahme die insgesamt betrachtete Studiendauer verkürzt und damit das Risiko eines Wechsels sinkt. Studienfach- und Abschlusswechsel werden aber in der Regel in einer frühen Studienphase vorgenommen, sodass dennoch der Zusammenhang zwischen der Dauer und Festigkeit der Studienentscheidung einerseits und ihrer Nachhaltigkeit andererseits deutlich wird.

4.6 Selbstreflexionsphase

Die Selbstreflexionsphase dient dazu, die getroffene Bildungsentscheidung mit einigem zeitlichen Abstand und vor dem Hintergrund neuer Wissens- und Erfahrungsbestände zu bewerten. Erneut zeigt sich: Je fester der Entschluss für ein bestimmtes Studium bereits früh getroffen wurde, desto höher ist die Zufriedenheit mit diesem Schritt. 83 Prozent derjenigen, deren Bildungsentscheidung ein halbes Jahr vor Schulabschluss bereits feststand, würden – noch einmal vor die Wahl gestellt – dreieinhalb Jahre später die gleiche Wahl treffen. Dies trifft auf 76 Prozent der Befragten, die zum ersten Zeitpunkt zwischen Alternativen schwankten und lediglich auf 72 Prozent der Studienberechtigten, die vor dem Schulabschluss noch keine Vorstellung von ihrer (Bildungs-)Zukunft hatten, zu.

5   Fazit und Ausblick

Die Übergangsphase von der Schule ins Studium ist durch hohe Komplexität gekennzeichnet und zum Teil mit großen Unsicherheiten behaftet. Gut jede/r vierte Studienberechtigte fühlt sich ein halbes Jahr vor dem Verlassen der Schule nur unzureichend auf die anstehende Bildungsentscheidung vorbereitet. Knapp die Hälfte der Abiturienten und Abiturientinnen setzt sich frühestens im letzten Schuljahr vor dem Verlassen der Schule aktiv und konkret mit der eigenen Studien- und Berufswahl auseinander. Fehlende Vorstellungen über die berufliche Zukunft vor

Schulabschluss gehen mit einer dem Abitur nachgelagerten Orientierungsphase einher. Eine insgesamt längere Übergangsphase ist die Folge.

Umgekehrt könnte man also sagen: Je früher der Informationsbeginn, desto höher der Informationsstand, desto sicherer die Bildungsabsichten, desto tragfähiger und nachhaltiger die Bildungsentscheidung auch über einen längeren Zeitraum nach dem Schulabschluss. Dennoch zeigt sich, dass auch die Studienberechtigten, die sich frühzeitig informieren und schon zu Schulzeiten feste Pläne bezüglich ihrer beruflichen Qualifizierung schmieden, im Studienverlauf in nennenswertem Umfang Korrekturen am Studienfach und -abschluss vornehmen. Eine gewisse Zeit des sich Ausprobierens beispielsweise in Praktika, bei Auslandsaufenthalten und in Freiwilligendiensten nach dem Abitur kann unter Umständen zu mehr Nachhaltigkeit der Entscheidung beitragen. Aber auch noch während der Schulzeit bestehen in Form von Schnupperstudium, Praktika und sozialem Engagement Möglichkeiten, die eigenen Interessen und Fähigkeiten besser kennenzulernen.

Insgesamt lässt das empirische Datenmaterial den Prozesscharakter der Entscheidungsfindung deutlich erkennen. Die frühzeitige Auseinandersetzung mit möglichen Bildungs- und Berufsalternativen, mit den eigenen Fähigkeiten, Kenntnissen, Potenzialen und Interessen führt mit höherer Wahrscheinlichkeit zu einer sicheren Bildungsabsicht, die auch mehrere Jahre nach dem Abitur tragfähig und aus ganz subjektiver Sicht „richtig" ist. Der Übergang in Hochschulstudium oder Berufsausbildung ist ein anspruchsvoller und selbstreflexiver Prozess, in dem Studienberechtigte sich selbst kennenlernen und das Wissen über sich und mögliche Bildungs-, Berufs- und Lebensperspektiven in einem Destillat zusammenführen. Je höher die Konzentration dieses Destillats, desto „besser" oft die getroffene Entscheidung. Mit Blick auf die Prozesshaftigkeit dieser wichtigen Statuspassage sind Fragen der Studienwahlvorbereitung, des berufskundlichen Unterrichts und der allgemeinen Lebensplanung bereits während der Schule in ihrer Bedeutsamkeit kaum zu unterschätzen.

Literatur

Birker, K. (1997). *Führungsstil und Entscheidungsmethoden*. Berlin: Cornelsen.

Geißler, R. (1987). Soziale Schichtung und Bildungschancen. In R. Geißler (Hrsg.), *Soziale Schichtung und Lebenschancen in der Bundesrepublik Deutschland*. (S. 79-110). Stuttgart: Enke.

Heine, Ch., Spangenberg, H., Willich, J. (2007). Studienberechtigte 2006 ein halbes Jahr vor Schulabgang. Studierbereitschaft und Bedeutung der Hochschulreife. In *HIS: Forum Hochschule* 2.

Heckhausen, J. & Heckhausen, H. (2006). *Motivation und Handeln*. 3. überarb. Aufl. Berlin, Heidelberg: Springer.

Hillmert, S. (2011). Bildung und Lebensverlauf – Bildung im Lebensverlauf. In R. Becker (Hrsg.), *Lehrbuch der Bildungssoziologie* (S. 223-244). Wiesbaden: VS Verlag.

Kohli, M. (1985). Die Institutionalisierung des Lebenslaufs. Historische Befunde und theoretische Argumente. *Kölner Zeitschrift für Soziologie und Sozialpsychologie, 37*, S. 1-29.

Kristen, C. (1999). Bildungsentscheidungen und Bildungsungleichheit – ein Überblick über den Forschungsstand. *Arbeitspapiere – Mannheimer Zentrum für Europäische Sozialforschung, Nr. 5*.

Johanna Witte, Gabriele Sandfuchs

Transparenz für Studienanfänger: Internetdarstellungen von Bachelorstudiengängen

1 Einleitung

1.1 Gegenstand und empirische Basis

Im Mittelpunkt dieses Beitrags steht die Frage der Transparenz von grundständigen Studienangeboten für Studieninteressierte und -anfänger. Für diese ist das Internet heute vorrangige Informationsquelle, sodass der Internetdarstellung von Studienangeboten zentrale Bedeutung zukommt (vgl. Spangenberg & Willich in diesem Band). Sind diese Darstellungen schwer auffindbar, unübersichtlich, veraltet, fehlerhaft, widersprüchlich, nicht zielgruppenorientiert verfasst oder auch einfach viel zu lang, so stellt dies eine nicht zu unterschätzende Hürde bei der Studienorientierung und -wahl dar. Gleichwohl ist das häufige Vorliegen genau dieser Defizite ein zentrales Resultat einer eingehenden Dokumentenanalyse von 20 bayerischen Bachelorstudiengängen anhand der im Februar 2010 dazu im Netz verfügbaren Informationen.

Das Ergebnis ist ein unerwarteter Zufallsbefund einer Studie, die sich vor dem Hintergrund der Studierendenproteste des Sommers 2009 („Bildungsstreik") eigentlich mit der Studierbarkeit von Bachelor- und Masterstudiengängen beschäftigte (Witte et al., 2010; Witte et al., 2011).[1] Gerade im Bereich der Transparenz waren die größten Defizite vorzufinden. Diese bezogen sich sowohl auf die Richtigkeit und Aktualität der – insbesondere im Internet – zur Verfügung gestellten Informationen als auch auf die Verständlichkeit und Übersichtlichkeit der Studiengänge und ihrer Darstellung. Rückfragen bei den Studiengangsverantwortlichen an den Hochschulen ergaben, dass es selten klare Zuständigkeiten für den Webauftritt der Studiengänge gab und dass es an Personalressourcen dafür mangelte.

Die bestätigenden Rückmeldungen auf der Tagung „Übergang Schule-Hochschule", die diesem Buch zugrunde liegen, deuten auf die Generalisierbarkeit des Befundes für deutsche Bachelorstudienangebote insgesamt hin. Eine zeitgleiche Analyse sämtlicher dualen und berufsbegleitenden Studiengänge in Deutschland durch das Hochschul-Informations-System Hannover (HIS) kommt zu einem sehr ähnlichen Ergebnis (Minks, Netz & Völk, 2011, S. 98f.). Hier heißt es:

---

1 Dieser Beitrag reflektiert allein die Meinung der Autorinnen und stellt nicht die Sichtweise des Bayerischen Staatsinstituts für Hochschulforschung und Hochschulplanung (IHF) dar, an dem die zugrunde liegende Studie entstand. Wir danken allen Mitautoren der Studie: Sandra Mittag, Thorsten Lenz, Sven Brummerloh und Lydia Hartwig sowie den wissenschaftlichen Hilfskräften Dennis Reichel, Susanne Hitzler und Nelly Heim für ihre Arbeiten, die diesen Beitrag erst ermöglicht haben.

Auch die Qualität der recherchierten Internetseiten von Hochschulen lässt Wünsche offen: Wichtige Informationen fehlen häufig ganz oder sind auf verschieden tiefe Ebenen der meist institutionell und nicht nutzerorientiert gegliederten Internetauftritte der Hochschulen verteilt. (Minks et al., 2011, S. 99).

Es ist von einem „vorherrschenden Halbdunkel" die Rede, „in dem sich [in diesem Fall] Weiterbildungssuchende bewegen müssen" (ibid.).

Ramm, Multrus und Bargel (2011, S. 68f.) identifizieren in ihrem bundesweit repräsentativen Studierendensurvey in Bezug auf das Wintersemester 2009/2010 die im Vergleich zu Diplomstudiengängen unklarere Gliederung und die weniger klaren und abgestimmten Prüfungsanforderungen bei gleichzeitig stärkerer Reglementierung als wesentliche Ursachen für das Überforderungsgefühl von Bachelorstudierenden.

Die Zunahme der Studiengangsvielfalt war ein angestrebtes und breit geteiltes Ziel hochschulpolitischer Akteure in Deutschland, das im Zuge der Umstellung auf Bachelor- und Masterstudiengänge vom Bundesministerium für Bildung und Forschung, den Wissenschaftsministerien der Länder, dem Wissenschaftsrat und der Hochschulrektorenkonferenz verfolgt wurde. Zu diesem Zweck wurden mit der 4. Novelle des Hochschulrahmengesetzes (§ 9) im Jahre 1998 die nivellierenden Rahmenprüfungsordnungen für die neuen Abschlüsse abgeschafft und durch Akkreditierung als ein Qualitätssicherungssystem ersetzt, das besser zu dem neuen Paradigma von Wettbewerb, Vielfalt und Anpassungsfähigkeit an Veränderungen in Arbeitsmarkt und Wissenschaft zu passen versprach (Witte, 2006, S. 169–171). Die mangelnde Transparenz von Studienangeboten ist somit nicht unbedingt als spezifisches oder neu aufgetretenes Defizit von Bachelor- (und Master-)studiengängen zu bewerten. Aber mit der politisch erwünschten Erhöhung der curricularen Vielfalt ist es noch wichtiger als vorher geworden, die Studienangebote transparent darzustellen. Dieser Beitrag will für die Problematik sensibilisieren und Lösungsmöglichkeiten aufzeigen.

Die Studie, die die empirische Basis für diesen Beitrag liefert, wurde am Bayerischen Staatsinstitut für Hochschulforschung und Hochschulplanung (IHF) vom Sommer 2009 bis Herbst 2011 unter Beteiligung von sechs Wissenschaftlern und drei wissenschaftlichen Hilfskräften durchgeführt (Witte et al., 2010; Witte et al., 2011). Im Zentrum standen die Konzeptionen und die Studierbarkeit von 20 bayerischen Bachelor- und zudem vier Masterstudiengängen. Bei der Auswahl der Studiengänge wurde darauf geachtet, dass die wichtigsten in die Reform einbezogenen Fächergruppen sowohl an Universitäten als auch Fachhochschulen ausgewogen vertreten waren. Es wurden nur Bachelorstudiengänge untersucht, die schon insgesamt mindestens 50 Absolventen aufweisen konnten, und damit eine angemessene Erfahrung mit den neuen Studienstrukturen widerspiegelten. Gleichwohl konnte eine solche qualitative Fallstudie selbstverständlich nicht repräsentativ sein. Angestrebt waren vielmehr exemplarische und aussagekräftige Ergebnisse. Die Curricula wurden dazu umfassend analysiert und auch quantitativ ausgewertet, z.B. zu Aspekten wie Modulgrößen und Prüfungsdichte. Diese Dokumentenanalyse fand im Winter 2009/2010 statt. Darauf aufbauend wurden im Winter 2010/11 die Studiengangsgestalter und Studierendenvertreter der Bachelorstudiengänge schriftlich befragt (vgl. Abschnitt 3).

1.2   Untersuchungsdimensionen und Gliederung

Die Untersuchungsdimensionen der zugrunde liegenden Studie wurden auf Basis der zum Projektbeginn vorhandenen empirischen Ergebnisse und hochschulpolitischen Diskussionen zu den Defiziten von Bachelor- und Masterstudiengängen festgelegt und umfassten u.a. deren curriculare Konzeptionen und ihren Aufbau bzw. ihre innere Gliederung, die dabei für Studierende vorzufindenden Freiheitsgrade, d.h. die relative Größe der Pflicht-, Wahlpflicht- und Wahlbestandteile, die Formulierung von Learning Outcomes und die Prüfungsdichte und -gestaltung. Auch die Ausgestaltung der Modularisierung – Modulverständnis, Zahl und Umfang der Module – war Gegenstand der Untersuchung. Daneben wurden Aspekte wie zu vermittelnde Schlüsselqualifikationen, Praxisbezug und Internationalität betrachtet. Zuletzt wurden auch die Zulassung und die Anerkennung von Studienleistungen in den Blick genommen. Dies sind größtenteils Aspekte, die auch für Studierende bei der Entscheidung für einen Studiengang von Belang sind und über die daher Informationen im Internet vorzufinden oder erschließbar sein sollten. Die Schwierigkeiten, die selbst für ein neunköpfiges Forscherteam damit verbunden waren, mit erheblichem Zeitaufwand zentrale Informationen über Studiengänge zu destillieren, erlauben Rückschlüsse auf die Transparenz der Studiengänge für Studieninteressenten und -anfänger.

Dieser Beitrag konzentriert sich auf den Aspekt der Transparenz von Bachelorstudiengängen. Er gliedert sich wie folgt: Zunächst werden die unerwarteten Befunde der Curriculumanalyse im Bereich Transparenz der Bachelorstudiengänge dargestellt und reflektiert (Abschnitt 2), dann folgen die Ergebnisse der Befragungen von Studiengangsgestaltern und Studierendenvertretern der analysierten Studiengänge zu diesem Thema (Abschnitt 3). Das Auseinanderfallen der Ergebnisse zwischen Curriculumanalyse und den Sichtweisen der Lehrenden und Studierenden wird in Abschnitt 4 diskutiert. Der Beitrag schließt mit einer Reflexion über Verbesserungsmöglichkeiten.

2   Ergebnisse der Curriculumanalyse

Die oben schon genannte Vielfalt von Bachelorstudiengängen war denn auch fast der einzige verallgemeinerbare Befund der Curriculumanalyse und zwar „nicht nur inhaltlich, sondern in jeglicher Hinsicht: Studiengangsaufbau und

-gliederungsprinzipien, Größe der Pflichtanteile im Vergleich zu Wahlpflicht- und Wahlanteilen, Modulverständnisse, Modulgrößen, Prüfungsdichten, Prüfungsarten, Anerkennungsmodalitäten, Zulassung, Grad der Berufsorientierung sowie" auch die Transparenz – also „die Zugänglichkeit und Aussagekraft der verfügbaren Informationen" – variierten „erheblich." (Witte et al., 2011, S. 5). Über die Aussage hinaus, dass jeder Bachelorstudiengang ein Unikat ist, waren kaum Generalisierungen möglich. Verbreitete Erwartungen an Bachelorstudiengänge wie die, dass diese generell besonders berufsorientiert oder international seien, bestätigten sich nicht. Strukturelle und inhaltliche Gemeinsamkeiten, die bei Diplomstudiengängen gleicher Fachrichtungen noch vorausgesetzt werden konnten, existieren nicht mehr.

Eine repräsentative Befragung des HIS von Studienberechtigten des Jahres 2010 ein halbes Jahr vor Schulabgang gibt dazu zu bedenken:

> Im Hochschulbereich hat sich (…) mit der Studienstrukturreform im Zuge des Bologna-Prozesses das Studienfachangebot deutlich verbreitert; zudem können die angehenden Studienberechtigten nicht mehr auf den Erfahrungshorizont vorangegangener Generationen zurückgreifen. (Lörz, Quast & Woisch, 2011, S. 13)

Die Autoren weisen außerdem darauf hin, dass „eine große Optionsvielfalt (…) [von Studieninteressierten] anscheinend nur dann als positiv empfunden" wird, „wenn hinsichtlich der zahlreichen Alternativen auch ausreichende und zuverlässige Informationen vorliegen" (ibid., S. 19).

Vor diesem Hintergrund kommt der Transparenz – verstanden als Verständlichkeit und Übersichtlichkeit der Studiengänge selbst und ihrer Darstellung (Abschnitt 2.1) sowie der Aktualität und Richtigkeit der im Internet verfügbaren Informationen (Abschnitt 2.2) – große Bedeutung zu, sie wird zur besonderen Herausforderung für die Studiengangsgestalter.

2.1 Defizite bei der Verständlichkeit und Übersichtlichkeit der Darstellung

Ein verbreitetes Defizit der untersuchten Bachelorstudiengänge war das Fehlen übersichtlicher Kurzdarstellungen der Studiengänge, die Ziele, Aufbau, Besonderheiten und ggf. durch das Studium zu eröffnende Berufsperspektiven umrissen hätten. Stattdessen waren diese Informationen vielfach verteilt auf Studien- und Prüfungsordnungen, Modulhandbücher, Studienpläne und Studienführer. Aussagekräftige Informationen zu den Zielen des Studiengangs und den damit verbundenen Berufsperspektiven waren dabei unterrepräsentiert.

Die genannten Dokumente waren generell durch eine mangelnde Orientierung an der Fragerichtung und den Aufnahmekapazitäten von Studieninteressenten gekennzeichnet. Stattdessen dominierten die Eigenlogiken dieser Dokumenttypen, die sich aus ihrer ursprünglichen Bestimmung ableiten lassen: Die rechtliche Logik und das Ziel der Rechtssicherheit in den Studien- und Prüfungsordnungen, das Ziel der Erfüllung von Bologna-Auflagen in den Modulhandbüchern, die Ziele der Vollständigkeit und der Sicherung einer reibungslosen Ablauforganisation in den Studienplänen.

Im Hinblick auf die Aufnahmekapazitäten von Studieninteressenten, die sich ja von mehreren infrage kommenden Studiengängen ein Bild machen wollen und daher auf einen schnellen Überblick angewiesen sind, war die schiere Länge und Komplexität vieler Unterlagen ein Problem. Ein Studienführer für einen universitären Maschinenbau-Studiengang mit 172 Seiten, dem die letzten Änderungen im Umfang von einer Seite in roter Warnschrift mit dem Hinweis vorangestellt sind, dass keinerlei rechtliche Gewähr übernommen werde, stellt zwar einen Extremfall dar, der aber dennoch symptomatisch ist.

Ein weiteres häufiges Defizit war die verwirrende Benutzerführung auf den einschlägigen Websites der Hochschulen, die das Auffinden von Informationen erschwerte. So entstand oft der Eindruck, dass der Webauftritt der Hochschulen unzureichend gepflegt und zu wenig Augenmerk auf seine Gestaltung gelegt wurde.

Um die Darstellung im Internet diesbezüglich zu bewerten, wurden bei jedem Studiengang die Linkaufrufe (Klicks) gezählt, die man benötigt, um an die relevanten Informationen für Studieninteressierte zu gelangen. Ausgangspunkt war dabei immer die Startseite der Hochschule. Von dort wurden die Klicks bis zu einer Übersichtsseite des entsprechenden Studiengangs gezählt. Diese diente als neuer Ausgangspunkt, von dort wurden dann die Klicks bis zu Studien- und/oder Prüfungsordnung und Modulhandbuch registriert. Es ist dabei davon auszugehen, dass kurze Verlinkungswege (niedrige Klickzahlen) tendenziell die Übersichtlichkeit erhöhen. (Witte et al., 2011, S. 76)[2]

Bei 14 von 20 Studiengängen brauchte man mehr als zwei Klicks, um von der Hochschul- zur Studiengangs-Homepage zu gelangen. Ebenfalls bei 14 von 20 Studiengängen waren mehr als zwei Klicks notwendig, um von der Studiengangs-Homepage zu Dokumenten wie der Studien- und Prüfungsordnung, dem Modulhandbuch und dem Studienplan zu gelangen. Teilweise fehlten die Verlinkungen oder zentrale Informationen waren gar nicht vorhanden (Witte et al., 2011, S. 144f.). So gab es für drei der 20 Studiengänge kein Modulhandbuch im Netz, für 14 keinen Studienführer, für sechs keine grafische Darstellung.

Problematisch ist aus unserer Sicht die Zentralität der Studien- und Prüfungsordnungen als Medium der Studiengangsdarstellung überhaupt.[3] Studien- und Prüfungsordnungen sind nicht das geeignete Instrument, um Studieninteressierten und -anfängern einen unkomplizierten Einblick in Ziele, Inhalte und Struktur eines Studienangebots zu verschaffen. Häufig waren Studien- und Prüfungsordnungen zudem überlang und schwer verständlich aufgebaut und formuliert. Die Regelungen

---

2 „Hierbei sei darauf hingewiesen, dass diese Aussage nicht uneingeschränkt zutrifft, denn es ist durchaus vorstellbar, dass durch einen benutzerfreundlichen Aufbau der Internetseiten auch bei langen Verlinkungswegen die Informationen sehr anschaulich gestaltet werden können." (ibid.)

3 Zum schwierigen Verhältnis von Bachelor- und Masterstudiengängen und dem überlieferten Prüfungsrecht vergleiche Wex (2002).

waren nicht selten verteilt auf eine allgemeine und eine Studiengangsprüfungsordnung. Manchmal kam auch noch eine Fakultäts- oder Fachprüfungsordnung hinzu. Es war zudem noch teilweise Praxis, statt einer integrierten Lesefassung mehrere Änderungsordnungen nebeneinander ins Netz zu stellen. Dies war in vier der 20 Fälle so. Nicht immer war die aktuellste Fassung der Studien- und Prüfungsordnung überhaupt im Netz (vgl. Abschnitt 2.2). Oftmals gab es zusätzlich detaillierte Studienpläne als Anlagen der Prüfungsordnungen, manchmal auch separate Studienordnungen.

2.2 Defizite bei der Richtigkeit und Aktualität der zur Verfügung gestellten Informationen

Ein weiteres verbreitetes Problem waren Inkonsistenzen zwischen verschiedenen Informationen. Diese fanden sich bei insgesamt sieben der 20 Studiengänge, z.B. in Form von Widersprüchen zwischen Studien- und Prüfungsordnung und Modulhandbuch (sechs von 20 Fällen) oder zwischen Modulübersicht und Studienführer (ein Fall). In fünf Fällen war gar kein Modulhandbuch – oder ein Äquivalent in Form einer Datenbank oder einzeln verlinkter Modulbeschreibungen – online, in zwei weiteren war es unvollständig.

In drei von 20 Fällen standen nur veraltete Versionen der Studien- und Prüfungsordnung im Netz. Dies wurde auf Nachfrage so erklärt, dass die Bachelorstudiengänge häufig überarbeitet werden und sich die hochschulinternen Prozesse vom entsprechenden Beschluss des Fachbereichsrats über die Beschlussfassung im Akademischen Senat bis zur Bearbeitung durch die Rechtsabteilung der Hochschule lange hinziehen können. Auch wird die Pflege der Websites nicht immer nachgehalten, sodass dies gar nicht aufgefallen war. Für den Studieninteressenten gibt es in einem solchen Fall keine Möglichkeit, die mangelnde Aktualität der Informationen als Grund für vorgefundene Inkonsistenzen, z.B. mit dem Modulhandbuch, überhaupt zu identifizieren.

Tabelle 1: Transparenz der Darstellungen bayerischer Bachelorstudiengänge im Internet – Universitäten-1 (Stand Februar 2010)

Studiengang	Anzahl Klicks ab Hochschul-Homepage bis Übersichtsseite Studiengang	Anzahl Klicks ab Übersichtsseite bis StPrO Studiengang	Anzahl Klicks ab Übersichtsseite bis Modulhandbuch	Keine Änderung der StPrO oder Änderung integriert	Modulhandbuch	Studienplan	Kein Widerspruch StPrO – Modulhandbuch	Grafische Darstellung	Broschüre, Flyer etc. online	Studienführer	Keine Unklarheiten	Probleme
Bachelor Universitäten												
TUM, Elektro- und Informationstechnik	4	2	1		x^1	x	x	x			x	Studienführer und Modulübersicht nicht konsistent
Uni Erlangen-Nürnberg, Maschinenbau	7	3	1		x	x			x	x		Alte Studienordnung, die weiter gilt, aber veraltete Angaben macht
TUM, Informatik	4	4	1	x	x^2	x	x	x	x		x	
Uni Augsburg, Physik	4	1	1	x	x	x	x				x	
LMU, Pharmaceutical Sciences	2	2	-	x	-	x	x	x	x		x	Kein Modulhandbuch
KU Eichstätt / Ingolstadt, Betriebswirtschaftslehre	4	-	2	x	x	x			x	x	x	PrO von Übersichtsseite nicht zu erreichen, Unklarheiten bzgl. einiger Module, widersprüchliche Angaben zwischen PrO und Modulhandbuch, teilweise Unterlagen der alten Studiengangsstruktur online
Uni Regensburg, Betriebswirtschaftslehre	4	3	-	x	-	x			x	x	x	Widerspruch zwischen Modulkatalog und StPrO bzgl. Wahlmodulen, kein Modulhandbuch, nur Modulkatalog
LMU, Betriebswirtschaftslehre	2	2	5	x	x	x	x			x	x	Modulhandbuch sehr schwer zu finden, Systematik in Anlage 2 zur StPrO unübersichtlich, keine konsistente Nummerierung zwischen Modulhandbuch und Anlage 2, Studienplan schwer lesbar

Tabelle 1: Transparenz der Darstellungen bayerischer Bachelorstudiengänge im Internet – Universitäten-2 (Stand Februar 2010)

Studiengang	Anzahl Klicks ab Hochschul-Homepage bis Übersichtsseite Studiengang	Anzahl Klicks ab Übersichtsseite bis StPrO Studiengang	Anzahl Klicks ab Übersichtsseite bis Modulhandbuch	Keine Änderung der StPrO oder Änderung integriert	Modulhandbuch	Studienplan	Kein Widerspruch StPrO – Modulhandbuch	Grafische Darstellung	Broschüre, Flyer etc. online	Studienführer	Keine Unklarheiten	Probleme
Uni Bamberg, European Economic Studies	3	1	2	x	x[1]	x	x	x	x		x	Für einige Module keine oder nur lückenhafte Beschreibung (einheitliches Modulhandbuch wird angefertigt)
Uni Passau, European Studies	4	3	3	x	x	x	x	x	x		x	
Uni Würzburg, Modern China	4	3	-	x	x	x	x					Modulhandbuch nicht online, Teilprüfungsleistungen nicht ermittelbar
Uni Bayreuth, Philosophy and Economics	4	3	3	x	x	x	x		x			Zuordnung verschiedener Lehrveranstaltungen auf Website zu Modulen unklar

Tabelle 2: Transparenz der Darstellungen bayerischer Bachelorstudiengänge im Internet – Fachhochschulen (Stand Februar 2010)

Studiengang	Anzahl Klicks ab Hochschul-Homepage bis Übersichtsseite Studiengang	Anzahl Klicks ab Übersichtsseite bis StPrO Studiengang	Anzahl Klicks ab Übersichtsseite bis Modulhandbuch	Keine Änderung der StPrO oder Änderung integriert	Modulhandbuch	Studienplan	Kein Widerspruch StPrO – Modulhandbuch	Grafische Darstellung	Broschüre, Flyer etc. online	Studienführer	Keine Unklarheiten	Probleme
Bachelor Fachhochschulen												
HS München, Elektro- und Informationstechnik	3	3	2	x	x	x	x	x	x		x	Zum Zeitpunkt der Auswertung noch alte StPrO online, die mit Studienplan und Modulhandbuch nicht konsistent war
G.-S.-Ohm-HS Nürnberg, Elektro- und Informationstechnik	6	2	2	x	x	x	x	x			x	
HS Regensburg, Maschinenbau	3	2	1		x	x	x	x	x		x	
HS Ingolstadt, Informatik	2	2	-	x	x	x	x	x	x		x	Modulhandbuch nicht online
HS Ingolstadt, Betriebswirtschaft	2	2	1	x	x					x		Einzelne Abweichungen in Beschreibung der Veranstaltungsart zwischen Modulhandbuch und StPrO, sonst klare Struktur
HS Ansbach, Betriebswirtschaft	2	5	-	x	x[2,3]	x	x	x	x		x	Modulbeschreibungen der Online-Datenbank nicht vollständig, nur wenig Informationen online
HS Deggendorf, International Management	2	6	-	x	-	x				x		StPrO sehr schwer zu finden, kein Modulhandbuch, nur Modulbeschreibungen auf CD-ROM, die Inkonsistenzen zur StPrO aufweisen, Studienplan nicht online
HS München, Soziale Arbeit	3	1	2	x	x	x		x	x	x		Widersprüche zwischen Modulhandbuch und StPrO

Anmerkungen zu den Tabellen 1, 2 und 3: [1] Für jedes Modul wurde ein einzelnes Pdf-Dokument ins Internet eingestellt. [2] Anstelle eines Modulhandbuchs im üblichen Pdf-Format gab es eine Datenbank mit den Moduldarstellungen. [3] Ein Modulhandbuch in Pdf-Format wurde ab Wintersemester 2010/2011 bereitgestellt.
Quelle: Witte et al., 2011, S. 144–145.

2.3 Reflexion

Die Zunahme der Studiengangsvielfalt war politisch gewünscht – wenn auch nicht vollständig reflektiert. Denn neben Wettbewerb, Vielfalt und Innovation war Vergleichbarkeit ein zentrales Ziel des Bologna-Prozesses – wobei vorrangig an die Vergleichbarkeit von Studiengängen zwischen verschiedenen Staaten des Europäischen Hochschulraums gedacht wurde. Dass die Vergleichbarkeit von Studiengängen innerhalb Deutschlands, die durch die Rahmenprüfungsordnungen vor Beginn des Bologna-Prozesses hoch war, durch deren Abschaffung reduziert werden würde, rutschte aus dem Blickfeld der hochschulpolitischen Diskussion, da in Deutschland Ende der 1980-er Jahre das Ziel, den wettbewerblichen Charakter des deutschen Hochschulsystems zu stärken, im Vordergrund stand. Die Ziele Vielfalt und Vergleichbarkeit wurden – übrigens auch auf europäischer Ebene – nicht bewusst abgewogen (Witte, 2008).[4]

Da durch die Zunahme der Vielfalt von Curricula auch die Anzahl der Studiengänge abnahm, die durch die Zentralstelle zur Vergabe von Studienplätzen verteilt wurden, nahm die Häufigkeit direkter Bewerbungen von Studieninteressenten bei den Hochschulen zu. Durch die Instrumente, die im Zuge des Bologna-Prozesses den Hochschulen neu an die Hand gegeben wurden, wie dem European Credit Transfer System (ECTS), Modularisierung und Modulhandbüchern, sowie der Nutzung von „Learning Outcomes", stieg die inhaltliche und formale Komplexität von Studiengängen. All dies erhöhte die Notwendigkeit transparenter Informationen über Studienangebote.

Doch dieser Aufgabe gerecht zu werden, ist für die Hochschulen nicht leicht, denn im Zuge des Bologna-Prozesses haben sich durch die neugewonnenen Freiheiten auch die Anforderungen an die Curriculumentwicklung signifikant erhöht. Schon von dieser werden beträchtliche Energien und viel Zeit absorbiert. Es gibt dazu wenige Handreichungen von der Politik. Die Vorgaben, die oftmals von den Verwaltungen der Hochschulen selbst entwickelt werden, um ein Mindestmaß an Einheitlichkeit der innerhochschulischen Umsetzung zu gewährleisten, werden selten als hilfreich empfunden.[5] Hinzu kam, dass die Konsensbildung in den Fachgesellschaften hinterherhinkte, sodass die Fakultäten, Fachbereiche und Lehrenden an vielen Orten das Rad neu erfanden. Diese Faktoren trugen dazu bei, dass der Blick nach innen dominierte.

Ein strukturelles Problem, das eine weitere Ursache für die Überforderung auf allen Seiten darstellt, ist, dass die neuen Bologna-Instrumente (Modulhandbücher und die darin zu formulierenden „Learning Outcomes", ECTS) üblicherweise nicht

---

4 Ein ähnliches Phänomen finden wir auch in Frankreich mit der Abschaffung der *maquettes* und ihrer Ersetzung durch ein komplexes Qualitätssicherungsverfahren, ebenfalls im Zuge der Umsetzung des Bologna-Prozesses.

5 Als Beispiel mag die Verwaltungsvorgabe einer großen bayerischen Hochschule gelten, dass die Credit-Zahlen sämtlicher Module durch drei teilbar sein müssen, für sie also drei, sechs oder neun etc. Credits vergeben werden müssen. Die Vorgabe wird vielfach als fachfremd empfunden, Kompatibilität mit anderen Hochschulen ist dadurch nicht gewährleistet.

die alten Instrumente – wie die Studien- und Prüfungsordnung und Semesterwochenstunden – ersetzen, sondern noch hinzu treten, was zu einer Häufung von Schriftstücken und einem Nebeneinander verschiedener Gestaltungslogiken führt.

Zusätzlich noch zu überlegen, wie man das eigene Studienangebot anderen anschaulich erklären kann, fällt dabei leicht unter den Tisch. Auch können sich die Studiengangsgestalter der jeweiligen Besonderheiten der von ihnen gewählten Gestaltungsformen mangels Überblick über die äußerst vielfältige, neu entstehende Studienlandschaft kaum vollends bewusst sein. Die Zuständigkeiten für die Web-Präsenz sind oftmals unklar oder – auf Fakultäts- und Fachbereichsebene – gar nicht vorhanden, die Lehrenden damit zeitlich und inhaltlich überfordert.

Zur Intransparenz trägt nicht zuletzt auch die Tatsache bei, dass die Studiengänge in der Einführungsphase – vielfach in Reaktion auf Klagen und Proteste der Studierenden – mehrfach überarbeitet wurden. Diese Veränderungen im Netz „nachzuhalten", ist eine zusätzliche Herausforderung.

3   Ergebnisse der Befragungen

Angesichts dieser Situation überrascht es, wie positiv die ‚Studiengangsgestalter' und insbesondere die Studierendenvertretungen ihre eigenen Studiengänge bewerteten (Witte et al., 2011, S. 76f.).[6]

So schätzten die Studiengangsgestalter ihre Studiengänge im Hinblick auf die inhaltliche Eindeutigkeit der Regelungen (z.B. in Studien- und Prüfungsordnung, Studienplan und Modulhandbuch) zu 89 Prozent positiv ein (vgl. Abbildung 1). Unter dieser Aussage sind die Prozentanteile für die Werte 1-3 auf einer sechsstufigen Antwortskala zusammengefasst. Auf die Frage, inwieweit sie das Regelwerk ihres Studiengangs als verständlich einschätzen (z.B. in Studien- und Prüfungsordnung, Modulhandbuch, Studienplan), antworteten ebenfalls 89 Prozent im positiven Bereich. Bei der Frage, inwieweit der Studiengang in den verschiedenen Medien (Internet, Handbücher etc.) klar und übersichtlich dargestellt sei, gab es immerhin 79 Prozent positive Antworten.

---

6   Dieser Abschnitt beruht maßgeblich auf den Arbeiten von Sandra Mittag, die Mitautorin des zugrundeliegenden Berichts ist. Befragt wurden die Studiengangsgestalter und Studierendenvertretungen der 20 Bachelorstudiengänge, die auch in der Dokumentenanalyse untersucht worden waren. An der Befragung beteiligten sich 19 der 20 angefragten Studiengangsgestalter und 16 von 20 Studierendenvertretungen. Unter Studiengangsgestaltern fassen wir Studiendekane, Studiengangskoordinatoren und andere Personen, die an der Studiengangsgestaltung maßgeblich beteiligt waren. Bei den Studierendenvertretungen handelt es sich um die zu den jeweiligen Studiengängen gehörigen Fachschaften, zu denen der Kontakt über die Landes-ASten-Konferenz hergestellt wurde. Sie wurden gebeten, den Fragebogen „nicht nur auf der Basis ihrer jeweiligen persönlichen Erfahrungen, sondern vor dem Hintergrund ihres Wissens um die Situation der Studierenden in ihrem Studiengang insgesamt" (ibid., S. 12) zu beantworten. „13 Fragebögen wurden im Team und drei von Einzelpersonen ausgefüllt" (ibid., S. 13).

Abbildung 1: Gesamteinschätzungen der Studiengangsgestalter zu ihren Studiengängen (Prozentanteile für die Werte 1-3 auf der sechsstufigen Antwortskala zusammengefasst als positive Antwort)

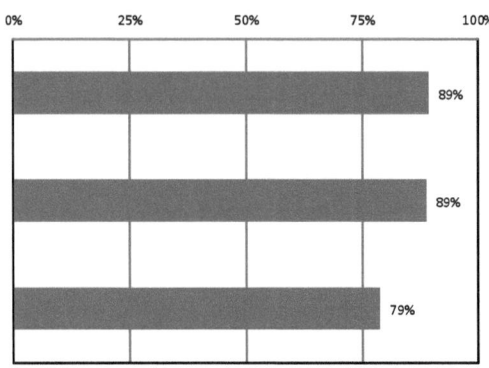

Inwieweit sind aus Ihrer Sicht die Regelungen Ihres Studiengangs **inhaltlich eindeutig** (z.B. in Studien- und Prüfungsordnung, Modulhandbuch, Studienplan)? *n* =19 — 89%

Inwieweit ist aus Ihrer Sicht das Regelwerk Ihres Studiengangs **verständlich** (z.B. in Studien- und Prüfungsordnung, Modulhandbuch, Studienplan)? *n* =18 — 89%

Inwieweit ist Ihr Studiengang Ihrer Meinung nach in den verschiedenen Medien (Internet, Handbücher etc.) **klar und übersichtlich dargestellt**? n=19 — 79%

Quelle: Witte et al., 2011, S. 78.

Die Urteile der Studierendenvertretungen waren durchweg noch zustimmender (vgl. Abbildung 2): Die inhaltliche Eindeutigkeit der Regelungen wurde von 93 Prozent der Befragten positiv bewertet, die Verständlichkeit ebenfalls von 93 Prozent sowie die Klarheit und Übersichtlichkeit der Darstellung von 79 Prozent. Allerdings gab es hier Kritik im Detail. Zum Beispiel bemängelte bei der Möglichkeit, „Kritikpunkte bezüglich verschiedener Teilaspekte der Transparenz ihres Studiengangs zu nennen" (ibid., S. 83), die Mehrheit der Studierendenvertreter die mangelnde Aktualität der Informationen: neun von 16 kreuzten an, dass die Regelungen nicht immer aktuell und/oder auf unterschiedlichem Stand seien. Knapp die Hälfte meinte, dass die „Informationen zum Studiengang auf zu viele verschiedene Quellen verteilt" seien. Etwa ein Drittel fand „die Studieninformationsmaterialien insgesamt zu unübersichtlich". Auch bezüglich des Internetauftritts gab es kritische Stimmen: Jeweils etwa die Hälfte der Studierendenvertretungen meinte, „dass der Internetauftritt unübersichtlich aufgebaut sei, wichtige Informationen schwer zu finden sowie die Informationen auf zu viele Sites bzw. Dokumente verteilt" seien. Jeweils ein Drittel hielt „die Studien- und Prüfungsordnung für inhaltlich schwer verständlich" bzw. wünschte „sich eine integrierte Lesefassung der Studien- und Prüfungsordnung" (d.h. ein Dokument, das alle Änderungen integriert) (vgl. ibid., S. 83).

Abbildung 2: Gesamteinschätzungen der Studierendenvertretungen zu ihren Studiengängen (Prozentanteile für die Werte 1-3 auf der sechsstufigen Antwortskala zusammengefasst als positive Antwort)

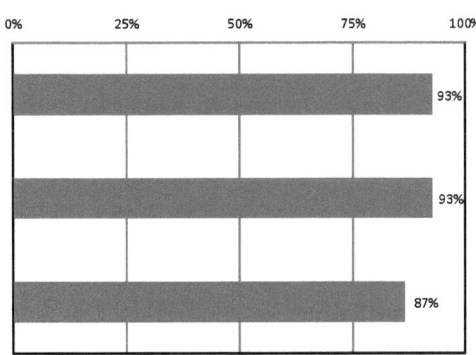

Inwieweit sind aus Ihrer Sicht die Regelungen Ihres Studiengangs **inhaltlich eindeutig** (z.B. in Studien- und Prüfungsordnung, Modulhandbuch, Studienplan)? *n* = 14 — 93%

Inwieweit ist aus Ihrer Sicht das Regelwerk Ihres Studiengangs **verständlich** (z.B. in Studien- und Prüfungsordnung, Modulhandbuch, Studienplan)? *n* = 14 — 93%

Inwieweit ist Ihr Studiengang Ihrer Meinung nach in den verschiedenen Medien (Internet, Handbücher etc.) **klar und übersichtlich dargestellt**? *n* = 15 — 87%

Quelle: Witte et al., 2011, S. 79.

4 Erklärungsansätze für das Auseinanderfallen der Ergebnisse von Dokumentenanalyse und Befragungen

Auch wenn sich in der Kritik der Studierenden im Einzelnen die Befunde der Dokumentenanalyse teilweise wiederfinden, so ist doch insgesamt das Urteil der Studiengangsgestalter wie der Studierendenvertretungen zur Transparenz ihrer Studiengänge erstaunlich positiv. Hierfür gibt es verschiedene Erklärungsansätze: Vielleicht stellt sich die Situation für jemanden, der nicht systematisch den Webauftritt analysiert und auch noch andere Informationsquellen als das Internet zur Hand hat, weniger dramatisch dar. Dies mag für Studiengangsgestalter wie Studierendenvertreter gleichermaßen gelten; beide sind schon länger an ihrer Hochschule und mit ihrem Studiengang aufgrund eigener Erfahrung bestens vertraut.

Bei den Studiengangsgestaltern liegt zudem die Möglichkeit strategischen Antwortverhaltens auf der Hand, da die Befragung durch ein dem Wissenschaftsministerium unterstelltes Bayerisches Staatsinstitut als Aufforderung verstanden werden konnte, seinen eigenen Studiengang zu evaluieren und sich damit letztlich selbst ein Zeugnis auszustellen. Unterstellt man jedoch strategisches Antwortverhalten, so überrascht umso mehr das insgesamt positive Urteil der Studierendenvertreter, denn diese hätten die Befragung doch als Chance auffassen können, ihrer – im Rahmen des Bildungsstreiks lautstark geäußerten – Kritik prominent Gehör zu verschaffen. Eine mögliche Erklärung hierfür ist, dass die Fachschaften systematisch positiver über die neuen Studiengänge urteilen als die Allgemeinen Studierendenausschüsse, die die Studierendenproteste des Sommers 2009 vorrangig organisiert hatten. Eine weitere Möglichkeit ist, dass zwischen Sommer 2009 und dem Befragungszeitpunkt im Winter 2010/11 schon deutliche Verbesserungen der Studienbedingungen realisiert worden waren.

Das Urteil der Studierendenvertreter ließe sich über das oben Genannte hinaus damit erklären, dass sie systematisch die Perspektive von Studieninteressierten gar nicht und die von Studienanfängern nur eingeschränkt vertreten – ähnlich wie Gewerkschaften nicht geeignet sind, die Interessen von Arbeitslosen zu vertreten. Studierendenvertreter verfügen außerdem über andere und zusätzliche Informationsquellen als jemand, der sich allein im Netz über einen ihm unbekannten Studiengang informiert.

Aus Gesprächen mit Studiengangsgestaltern wurde deutlich, dass diese darüber hinaus die Möglichkeiten zur Information in speziellen Veranstaltungen für Studienanfänger sowie ihre eigene Ansprechbarkeit in Sprechstunden oder per E-Mail und Telefon hoch bewerten und daher Defiziten des Internetauftritts ggf. weniger Gewicht beimessen.

Zuletzt ist der zeitliche Abstand zwischen der Dokumentenanalyse mit Stichtag im Februar 2010 und den Befragungen im Winter 2010/11 eine mögliche Erklärung für die Differenzen. In diesem Zeitraum könnten signifikante Verbesserungen eingetreten sein. Von Verbesserungen berichteten auch 12 der 19 Studiengangsgestalter, allerdings bezogen sich diese kaum auf die von uns vorgefundenen Fehler und Inkonsistenzen und deckten sich auch nicht mit den Erfahrungen der Studierenden, die keine signifikanten Veränderungen in diesem Zeitraum bemerkten.

So bleiben strategisches Antwortverhalten, mangelndes Problembewusstsein und mangelnde Repräsentanz der Betroffenen die plausibelsten Erklärungsansätze für die Differenzen zwischen den Ergebnissen der Dokumentenanalyse und der Befragungen.

5 Ansatzpunkte für Verbesserungen

Vorweg soll gesagt werden, dass die dieser Studie zugrunde liegenden Dokumentenanalysen zum Zeitpunkt der Drucklegung fast drei Jahre zurückliegen, und sich deshalb seitdem schon Vieles verbessert haben kann. Die Rückmeldungen der Zuhörer während der diesem Band zugrunde liegenden Tagung deuten jedoch darauf hin, dass die Befunde bis heute verbreitete Defizite widerspiegeln. Daher sollen Überlegungen dazu angestellt werden, welche Ansatzpunkte für Verbesserungen es gibt.

Aus dem bisher Gesagten wird deutlich, dass es zuvorderst darum gehen muss, die Verantwortlichen für die Problematik überhaupt zu sensibilisieren. Schon hierin liegt ein Grundproblem, denn klare Verantwortlichkeiten für die Internetpräsenz des einzelnen Studiengangs, seine Einbettung in ein Gesamtkonzept der Hochschule zur Darstellung ihres Studienangebots und die Kohärenz zwischen den Darstellungen verschiedener Studiengänge bestehen vielfach nicht. Aus diesen Beschreibungen wird schon klar, dass diese Aufgaben nicht von einer Einzelperson bewältigt werden können, sondern Zusammenarbeit erfordern: Zusammenarbeit zwischen den inhaltlich mit den Studiengängen Befassten und denjenigen, die Experten für die Darstellung sind, sowie Zusammenarbeit zwischen den verschiedenen Ebenen der Hochschule. Es muss also darum gehen, Verantwortlichkeiten zu klären und zu schaffen, und sicher auch teilweise neue Stellen einzurichten, wie dies in informellen Gesprächen mit den Studiengangsgestaltern vielfach als Wunsch zum Ausdruck gebracht wurde. Von letzteren wurde auch der Gedanke geäußert, dass es hilfreich sein könne, wenn von zentraler Stelle Instrumente und Formatvorlagen zur Lehrveranstaltungs-, Modul-, und Prüfungsverwaltung bereitgestellt würden.

Insgesamt scheint eine Professionalisierung des gesamten Aufgabenkomplexes von der Entwicklung bis zur Darstellung von Studiengängen vonnöten. Weiterbildungen in diesem Bereich im deutschsprachigen Raum werden bereits angeboten,[7] ihre Akzeptanz und Nutzung sind aber sicher ausbaufähig.

Minks et al. (2011, S. 98) weisen in diesem Zusammenhang darauf hin, dass in den im Kontext des Bologna-Prozesses im Jahre 2005 von den europäischen Wissenschaftsministern verabschiedeten und vom Dachverband der europäischen Universitäten mitgetragenen „Standards und Leitlinien für die Qualitätssicherung im Europäischen Hochschulraum" klare Anforderungen an die Hochschulen im Bereich Transparenz formuliert sind:

> Bei der Erfüllung ihrer öffentlichen Rolle sind Hochschulen verpflichtet, Informationen zu den von ihnen angebotenen Programmen, den im Vorfeld definierten Qualifikationszielen dieser Programme („learning outcomes"), den Abschlüssen, den Unterrichts-, Lern- und Beurteilungsverfahren und den Studienmöglichkeiten, die den Studierenden zur Verfügung stehen, zu bieten [...] Diese Informationen sollten genau, unparteiisch, objektiv und leicht zugänglich sein und nicht nur als Marketingmöglichkeit genutzt werden. (HRK, 2006, S. 29f. in Minks et al., 2011, S. 98)

Diese Standards sind prinzipiell auch Grundlage für die Akkreditierung von Studiengängen an deutschen Hochschulen. Auf der Website des Akkreditierungsrates heißt es hierzu:

> Die Standards and Guidelines for Quality Assurance in the European Higher Education Area (ESG) sind der gemeinsame Bezugspunkt für die Qualitätssicherung auf europäischer Ebene. (...) Der Akkreditierungsrat hat die ESG in seinen Regeln für die Akkreditierung umfassend berücksichtigt. (Akkreditierungsrat, 2012)

Wie kann es sein, dass diesen Anforderungen an die Transparenz – insbesondere was die leichte Zugänglichkeit betrifft – dann in akkreditierten Studiengängen so unzureichend genügt wird? Eine aktuelle Analyse der niedersächsischen Evaluationsagentur ZEvA (Zentrale Evaluations- und Akkreditierungsagentur Hannover)

---

7 Ein Beispiel ist das „Certificate for Advanced Studies" in Strategie- und Curriculumentwicklung der Universität Bern, vergleiche http://www.zuw.unibe.ch/content/weiterbildungsangebote_zentrum_zuw/hochschuldidaktik/cas_strategie__curriculum/index_ger.html

von 1380 Studiengängen mit dem „Ziel festzustellen, inwieweit die Studienreform durch Programmakkreditierung wirksam gesteuert werden konnte" (Suchanek et al., 2012, S. 89), kommt zu Ergebnissen, die zugleich Lösungsvorschläge beinhalten. Was die Wirkung der Programmakkreditierung insgesamt betrifft, schließt die Studie, dass diese mehr „Anpassung als innovative Mitwirkung" bewirkt habe (ibid, S. 92), und folgert:

> Alle Anstrengungen sollten deshalb darauf gerichtet sein, die Hochschulen beim Aufbau eines eigenen Qualitätsmanagementsystems zu unterstützen. Die von den Hochschulen vermisste Beratung kommt auch jetzt noch nicht zu spät. (ibid.)

Für die Bologna-Reform insgesamt meinen die Autoren, dass diese „weniger von unzureichenden institutionellen Möglichkeiten und fehlender Unterstützung durch die Hochschulleitung beeinträchtigt" sei „als vielmehr von einer nur schwach ausgeprägten Motivation der Lehrenden. Die geringe Motivation wiederum" hänge „damit zusammen, dass im Unterschied zum Erfolg in der Forschung engagierte und erfolgreiche Lehre nur geringfügig zur wissenschaftlichen Reputation" beitrage (ibid., S. 92f.). Die Autoren empfehlen folgerichtig, dass „die Leistungen in Lehre und Betreuung der Studierenden in gleicher Weise karriererelevant werden" sollten „wie Forschung und Entwicklung" (ibid.). Diese Schlussfolgerungen lassen sich mühelos auf die Leistungen und Aufgaben in der Studiengangsentwicklung und -darstellung übertragen, die bisher noch viel weniger als die Lehre zu den wahrgenommenen und honorierten Aufgaben von Lehrenden gehört.[8] Es sollte also nach Wegen gesucht werden, auch diesen Aufgaben Wertschätzung entgegenzubringen und ihre Erfüllung zu honorieren.

Literatur

Akkreditierungsrat (2012). Verfügbar unter:
    http://www.akkreditierungsrat.de/index.php?id=37&L=1htt......Fadmin.php%3Fvwar_
    root%3D%20%20%2F%2Fvwar%2Fconvert%2Fmvcw.php%3Fstep%3D1 [19.11.2012]
HRK (2006). Standards und Leitlinien für die Qualitätssicherung im Europäischen Hochschulraum. Deutsche Übersetzung der „Standards and Guidelines for Quality Assurance in the European Higher Education Area" der European Association for Quality Assurance in Higher Education (ENQA). *Beiträge zur Hochschulpolitik*, 9/2006. Bonn: Hochschulrektorenkonferenz. Verfügbar unter:
    http://www.qe.uni-stuttgart.de/akkreditierung/systemakkreditierung/kriterien/2006-09_
    Standards_und_Leitlinien.pdf [18.11.2012]

---

8   Und das, obwohl nach Art. 55 Abs. 2 Bayerisches Hochschulgesetz die Studienreform und – unter der Überschrift „Studienberatung"– auch die Unterrichtung über „Inhalte, Aufbau und Anforderungen eines Studiums" (Art. 60) zu den Aufgaben der Hochschulen gehören sowie nach Art. 9 Hochschulpersonalgesetz "Studienreform und Studienberatung" ausdrücklich zu den Aufgaben (auch) der Professoren zählen.

Lörz, M., Quast, H. & Woisch, A. (2011). *Bildungsintentionen und Entscheidungsprozesse: Studienberechtigte 2010 ein halbes Jahr vor Schulabgang.* HIS Forum Hochschule 14/2011. Hannover: Hochschul-Informations-System.

Minks, K.-H., Netz, N. & Völk, D. (2011). *Berufsbegleitende und duale Studienangebote in Deutschland: Status quo und Perspektiven.* HIS Forum Hochschule 11/2011. Hannover: Hochschul-Informations-System.

Ramm, M., Multrus, F. & Bargel, T. (2011). *Studiensituation und studentische Orientierungen. 11. Studierendensurvey an Universitäten und Fachhochschulen.* Bonn/Berlin: Bundesministerium für Bildung und Forschung.

Suchanek, J., Pietonka, M., Künzel, R. & Futterer, F. (2012). *Bologna (aus)gewertet: Eine empirische Analyse der Studienstrukturreform.* Gesellschaft – Wirtschaft – Medien Band 3. Göttingen: V & R unipress.

Wex, P. (2002). *Bachelor und Master: Prüfungsrecht und Prüfungsverfahren.* Sonderdruck aus dem Handbuch Hochschullehre. Berlin: Raabe Verlag.

Witte, J. (2006). *Change of degrees and degrees of change: Comparing adaptations of European higher education systems in the context of the Bologna process.* Promotionsschrift. Enschede: Universiteit Twente. Verfügbar unter: http://www.utwente.nl/mb/cheps/publications/Publications%202006/2006wittedissertation. pdf [18.11.2012]

Witte, J. (2008). Aspired convergence, cherished diversity: Dealing with the contradictions of Bologna. *Tertiary Education and Management, 14* (2), 81–93.

Witte, J., Sandfuchs, G., Lenz, Th., Brummerloh, S. & Hartwig, L. (2010). *Stand und Perspektiven bayerischer Bachelorstudiengänge: Zwischenbericht an das Bayerische Staatsministerium für Wissenschaft, Forschung und Kunst.* München: Bayerisches Staatsinstitut für Hochschulforschung und Hochschulplanung. Verfügbar unter: http://www.ihf.bayern.de/?download=Zwischenbericht_IHF_Bachelorstudiengaenge.pdf [19.11.2012]

Witte, J., Sandfuchs, G., Mittag, G. & Brummerloh, S. (2011). *Stand und Perspektiven bayerischer Bachelor- und Masterstudiengänge.* Studien zur Hochschulforschung Nr. 82. München: Bayerisches Staatsinstitut für Hochschulforschung und Hochschulplanung. Verfügbar unter: www.ihf.bayern.de/?Publikationen:Studien_zur_Hochschulforschung [18.11.2012]

Birgit Nieskens

Eignungsabklärung, Beratung und Bewerberauswahl bei Lehramtsinteressierten – Konzepte, Verfahren und Perspektiven

1 Einleitung

Der Übergang von der Schule in die Lehrerausbildung wird derzeit verstärkt unter dem Aspekt der Zugangssteuerung gesehen. Im Mittelpunkt der öffentlichen Diskussion stehen dabei meist zwei plakative Fragen: „Wie gewinnt man die besten Köpfe für die Schule?" und „Wie hält man ungeeignete Personen vom Lehrerberuf ab?". In Fachkreisen tritt immer öfter eine dritte Frage hinzu: „Wie kann man die Zugangssteuerung so gestalten, dass die dazu eingesetzten Verfahren der Beratung und Eignungsabklärung bereits einen ersten Baustein der Lehrerbildung darstellen – und zwar einer Lehrerbildung, die auf Selbstverantwortung für die eigene Kompetenzentwicklung setzt?".

Als Antworten auf diese Fragen werden derzeit neue Ansätze und Verfahren der Beratung, Eignungsabklärung und Bewerberauswahl entwickelt und erprobt oder vorhandene institutionell verankert. Angesichts der Breite der Thematik ist es nicht verwunderlich, dass sich die gefundenen Lösungen an den Hochschulen und in den einzelnen Bundesländern sehr heterogen darstellen (vgl. Nieskens & Demarle-Meusel, 2012). Noch vielfältiger und unübersichtlicher wird das Bild, wenn man die internationale Szene mit in den Blick nimmt (z.B. McKinsey, 2007; Weyand, Justus & Schratz, 2012). Objektive Bestandsaufnahmen werden dadurch erschwert, dass es an präzisen Begrifflichkeiten fehlt und unterschiedliche, nicht selten ideologische Positionen und persönliche wie institutionelle Präferenzen und Interessenlagen einer unvoreingenommenen Analyse im Weg stehen. In der Folge bleiben auch die gewählten Lösungen zumeist hinter dem zurück, was angesichts des Forschungsstandes möglich wäre.

Die Intention dieses Beitrags ist es deshalb, die Ziele und Interessenlagen der unterschiedlichen Akteure zu beleuchten und einige begriffliche Klärungen vorzunehmen. Davon ausgehend werden vorhandene Konzepte und Verfahren analysiert und danach befragt, wie verbreitet sie sind und wie sie sich in die aktuellen Reformen der Lehrerausbildung und Lehrerleitbilder einfügen lassen.

2 Ziele und Interessenlagen unterschiedlicher Akteure

Die jeweiligen Interessen und Positionen der Akteure im Übergang von der Schule in die Lehrerbildung haben Einfluss auf die Entwicklung und den Einsatz von

Verfahren zur Eignungsabklärung, Beratung oder Auswahl. Sie sollen im Folgenden in Bezug auf ihre Ziele und bevorzugten Verfahren unterschieden werden.

Die *Schulabgängerinnen und Schulabgänger* haben ein Interesse an Informationen über den Beruf und an Verfahren, mit deren Hilfe sie eine Studien- und Berufswahl treffen können, die zu ihren Interessen und Fähigkeiten passt und demzufolge erfolgreich und mit Freude ausgeübt werden kann. Ihre intrinsische Motivation wird gestärkt, wenn sie sich selbstverantwortlich für den Lehrerberuf entscheiden können und ihnen durch das Verfahren oder eine begleitende Beratung Entwicklungspotenziale für das Studium aufgezeigt werden.

Die *abgebende Schule* sucht ebenfalls nach Verfahren, die den Schülerinnen und Schülern eine gute Berufsorientierung mit berufsfeldbezogenen Informationen, frühzeitigem Kontakt zur Hochschulumwelt und Gelegenheiten zur Erkundung eigener Potenziale geben. Gelegentlich werden dazu von der Schule selber konkrete Beratungsangebote für Schülerinnen und Schüler bereit gestellt, die den Lehrerberuf ins Auge fassen (z.B. in Hamburg).[1] Angebote dieser Art werden aus pädagogischer Fürsorge und nicht zuletzt deshalb gemacht, weil sie ein Indikator für die Schulqualität sind und das Image der Schule fördern. In manchen Fällen geschieht dies auch als Verantwortungsübernahme für den Lehrernachwuchs.[2]

Die *aufnehmende Institution*, also die Hochschule, hat ein Interesse an Verfahren zur Gewinnung motivierter, leistungsfähiger Studierender, um die Dropout-Quote der Hochschule zu senken und deren Reputation zu erhöhen (vgl. dazu im Überblick Schuler & Hell, 2008; Köller in diesem Band). Mit Blick auf die Lehrerbildung spielt zusätzlich die spätere Bewährung der Studierenden im Beruf eine Rolle, da mit der Wahl dieses Studiums in der Regel bereits eine Entscheidung über den künftigen Beruf getroffen wird. Trotz des Anspruchs der Polyvalenz erfordern die meisten Lehramtsstudiengänge auch heute noch eine sehr frühe Festlegung auf den Lehrerberuf (Bauer et al., 2011). Dieses Faktum steht allerdings nicht bei allen Hochschulen im Vordergrund, so dass sie die Lehrerbildung im engeren Sinn an die Studienseminare delegieren und sich auf ihre Verantwortung für die wissenschaftliche Ausbildung zurückziehen. Vor diesem Hintergrund ist es plausibel, dass sich die meisten Hochschulen für die professionsbezogene Beratung oder gar Auswahl der Studierenden nicht zuständig fühlen. Verstärkt wird dies dadurch, dass sich in vielen Ländern die Verantwortung für die Lehrerbildung auf zwei Ministerien verteilt, was die Betrachtung der Lehrerbildung über alle Phasen hinweg als Kontinuum erschwert.

Im Idealfall ist die Studierendenauswahl (Perspektive der Hochschule) und Studienwahl (Perspektive der Bewerberinnen und Bewerber) eine Partnerschaft oder Austauschbeziehung (Schuler & Hell, 2008, S. 15f.). Beide Seiten bemühen sich, den attraktivsten Partner zu finden. Keinesfalls sollten hochschuleigene

---

1 Verfügbar unter: http://www.zlh-hamburg.de/projekte/beratungsmodul-fur-oberstufenschulerinnen -mit-interesse-am-lehrerberuf/ [Zugriff: 01.08.2012].
2 Zum Beispiel mit dem Schülercampus der ZEIT-Stiftung, für den Schülerinnen und Schüler mit Migrationshintergrund durch ihre Lehrkräfte geworben werden, verfügbar unter: www.mehr-migranten-werden-lehrer.de [Zugriff: 10.08.2012].

Auswahlverfahren als „Einbahnstraße" verstanden werden, mittels derer sich Hochschulen aus dem Potenzial der Studieninteressierten in hoch selektiver Weise „bedienen" können. Im Sinne einer „Bringschuld" der Hochschulen geht es um Transparenz und ein klar umrissenes Profil, das nicht primär auf Abschreckung setzt, sondern die jeweiligen Anforderungen und Ziele des Studiengangs in nachvollziehbarer Weise begründet und kommuniziert (Heine et al., 2006, S. 16).

Etwas später in der Ausbildungsbiografie von Lehrkräften kommt eine weitere aufnehmende Institution dazu, das *Studienseminar*. Dieses bietet über die zweite Staatsprüfung in der Regel die letzte Gelegenheit, „ungeeignete" zukünftige Lehrkräfte via Note juristisch abgesichert vom Lehrerberuf abzuhalten. Die Studienseminare wissen aber auch um die Problematik dieser späten Selektion, um verlorene Ausbildungsjahre mit entsprechenden (finanziellen und psychischen) Kosten und fehlenden echten Berufsalternativen für die im Lehrerberuf Gescheiterten. Sie haben deshalb ein großes Interesse an einer frühzeitigen Eignungsabklärung, damit nicht letztlich sie allein es sind, denen die Verantwortung für selektive Maßnahmen zugeschoben wird.[3] Da die Studienseminare zunehmend häufiger auch an der Phase des Übergangs in das Lehrerstudium und an den Praxisphasen der universitären Ausbildung beteiligt sind, bieten sich ihnen hier auch neue Tätigkeitsfelder, in denen sie ihre beraterische Kompetenz einbringen können (z.B. Eignungspraktikum in Nordrhein-Westfalen und phasenverschränkte Ausbildung in Rheinland-Pfalz). Sie wünschen sich dafür unterstützende Verfahren, die klare Warnsignale an „ungeeignete" Studieninteressierte aussenden.

Der vierte Akteur beim Übergang in die Lehrerbildung ist das jeweilige *Bundesland*, vertreten durch die Schul- und Kultusministerien. Als zukünftiger Dienstgeber hat das Land ein großes Interesse daran, der Öffentlichkeit qualifizierte und fähige Lehrkräfte zur Verfügung zu stellen und betrachtet die Gestaltung des Übergangs deshalb als Maßnahme zur Qualitätssicherung im Bildungswesen und zur Gewinnung neuer Lehrkräfte. Gerade in Zeiten zunehmenden Mangels an grundständig ausgebildeten Lehrkräften in bestimmten Schulformen und Fächern steht die „Rekrutierung" immer mehr im Mittelpunkt. Bundesländer lancieren deshalb gerne Informationskampagnen (z.B. „Gute Lehrer braucht das Land" (Niedersachsen) oder „Lehrer/Lehrerin in Brandenburg – ein Beruf mit Zukunft"). Hinzu kommt eine neue Entwicklung: die Verankerung der Eignungsabklärung in den Lehrerausbildungsgesetzen mancher Länder als Baustein zu einem neuen Lehrerleitbild (vgl. dazu auch Abschnitt 5).

Ein fünfter Akteur gewinnt derzeit zunehmend an Gewicht: die *Stiftungen*. Eine Vielzahl an unterschiedlichen Stiftungen beschäftigt sich mit Fragen der Lehrerausbildung und der Gewinnung geeigneter Lehrkräfte. Fast alle Stiftungen haben ihre Wurzeln in großen Unternehmen und Wirtschaftsverbänden und verfolgen eigene Ziele: Sie entwickeln etwa Förderprogramme für besonders begabte

---

3   Der Bundesverband der Studienseminare (BAK) hat 2008 eines der ersten Themenhefte zur Eignungsabklärung im Lehrerberuf herausgegeben und sich auch immer wieder an Tagungen zum Thema beteiligt.

Lehramtsstudierende, möchten junge Menschen mit Migrationshintergrund für den Lehrerberuf gewinnen oder für die so genannten MINT-Fächer (Mathematik-Informatik-Naturwissenschaft-Technik) werben und qualifizieren. Zugleich repräsentieren die Stiftungen auch ein gesellschaftliches Interesse am Lehrerberuf, ist die Qualität der Lehrerarbeit doch die Voraussetzung für den wirtschaftlichen und wissenschaftlichen Erfolg des Landes. Durch Förderprogramme und Studien möchten die Stiftungen Einfluss auf die Lehrerausbildung nehmen oder – vermittelt über gute geeignete Lehrkräfte – die Schülerinnen und Schüler stärken als zukünftige Arbeitnehmer für ihre geldgebenden Unternehmen.

In gewisser Weise sind auch *Forscherinnen und Forscher* Akteure in der Diskussion um die Steuerung des Zugangs zum Lehrerberuf. Als Beispiele seien die Forschungen von Rauin und Meier (2007) und Schaarschmidt (2005) erwähnt: Ihnen zufolge würde ein hoher Prozentsatz von Lehramtsstudierenden den Beruf aus überwiegend extrinsischen Motiven ergreifen und so ungünstige Verhaltens- und Erlebensmuster aufweisen, dass sie als Risikogruppen für beruflichen Misserfolg und frühzeitigen Berufsausstieg gelten müssen (Rauin & Meier, 2007; Schaarschmidt, 2005). Nachdem die Ergebnisse der Studien in den Medien prominent berichtet wurden, wurde in der Öffentlichkeit der Ruf nach Auswahlverfahren für den Einstieg in das Lehramtsstudium immer lauter. Zumindest jedoch sollte versucht werden, über Beratungsmaßnahmen „Ungeeignete" von diesem Beruf fernzuhalten.

Im Gegenzug begannen andere Wissenschaftlerinnen und Wissenschaftler davor zu warnen, die Rettung vor „schlechten Lehrkräften" in verschärfter Selektion am Übergang von der Schule zur Hochschule zu sehen: Eingangsmerkmale ins Studium würden eine untergeordnete Rolle spielen, es gelte vielmehr die Ausbildung zu verbessern (vgl. Mägdefrau, 2008). Auch für diese Position findet sich empirische Unterstützung, insbesondere bezüglich der Erwerbbarkeit von fachlichem und fachdidaktischem Wissen (Blömeke et al., 2010). Auch bezüglich personaler und psychosozialer Kompetenzen, die im Zuge eines Hochschulstudiums viel schwieriger beeinflusst werden können, wurden Studienangebote konzipiert und implementiert (vgl. Bosse et al., 2012).[4] Wenn man schon von „Eignung" sprechen möchte, dann mit dem Zusatz, dass auch sie „lernbar" oder „entwickelbar" wäre, so der Tenor dieser Sichtweise (vgl. Lehberger & Schaarschmidt, 2009).

Zwischen diesen beiden Positionen wäre eine dritte anzusiedeln, die einerseits die Bedeutung von Lernprozessen stark gewichtet, aber auch die personalen Voraussetzungen für den Erfolg der Lernprozesse in den Blick nimmt. Gestützt wird diese Position von empirischen Befunden, die belegen, dass auch die Art und Weise, wie die Ausbildungsangebote genutzt werden, von den Persönlichkeitsmerkmalen und Interessen abhängt, die eine Person bereits mit ins Studium bringt (Angebots-Nutzungs-Modelle; z.B. Lipowsky, 2011). Eine zum Lehrerberuf passende Interessenstruktur wäre u.a. eine wichtige Bedingung für nachhaltiges Lernen in Studium und Beruf, wie sich in Längsschnittstudien zeigen ließ (z.B. Mayr, 2010). Zu meinen,

---

4   http://www.uni-kassel.de/einrichtungen/zlb/basiskompetenzen/ [Zugriff: 01.08.2012].

alles wäre relativ einfach lern- und entwickelbar – auch Motive und psychosoziale Basiskompetenzen – ist aus dieser Position betrachtet eine „Illusion" (Mayr & Neuweg, 2006). Vertreter dieser Position unterscheiden zwischen Eignung (die man mehr oder weniger hat) und Kompetenz (die man bei entsprechender Eignung entwickeln kann) und würden eine Mischstrategie aus Laufbahnberatung und allenfalls auch Bewerberauswahl einerseits und einer optimierten, auf die individuellen Lernvoraussetzungen abgestimmten Lehrerbildung wählen.

3 Begriffliche Klärung: Eignung für den Lehrerberuf

Berufliche Eignung meint die Gesamtheit aller Merkmale und Eigenschaften, die einen Menschen befähigen, eine bestimmte Tätigkeit erfolgreich auszuüben. Eignung meint also immer Eignung *wessen wofür* (Schuler & Höft, 2006). Bei der Bestimmung von Eignung geht es um die Person, die Eignungsmerkmale wie Wissen, Können, Erfahrung, körperliche Leistungsfähigkeit mitbringt, und um den Arbeitsplatz oder Beruf, den es zu beschreiben gilt.

Eignungsmerkmale werden mittels diverser Verfahren der Eignungsdiagnostik festgestellt. Zur Bestimmung des Berufs müssen die tätigkeitsspezifischen Berufsanforderungen beschrieben werden. Eignung entspricht also einer allgemeinen Passung zwischen Person und Beruf (Passung zwischen Person und Umwelt als „Matching-Prozess" oder „Fitting"; vgl. Holland, 2007). Zwischen den beiden Begriffen *Eignung* und *Passung* wird in den Berufswahltheorien selten systematisch unterschieden. Wird in der Berufsinteressenforschung eher von Passung gesprochen, findet in der Diskussion um den Lehrerberuf derzeit überwiegend der Begriff Eignung Verwendung. Aus der Perspektive der Nutzerinnen und Nutzer zeigt sich allerdings ein Unterschied: Der Begriff Eignung akzentuiert eher den skeptisch-kritischen Blick der Hochschule bzw. des Bildungssystems auf die Lehramtsinteressierten und suggeriert, dass selektive Maßnahmen gesetzt würden, um nur „Geeignete" ins Lehramtsstudium eintreten zu lassen. Beim Begriff der Passung wird deutlicher, dass die an einer Lehrerlaufbahn interessierte Person selbst die Akteurin ist, die letztlich die Frage zu beantworten hat: „Passen" ich und der Lehrerberuf zusammen?

In der Lehrerbildung wird zumeist der berufspsychologische Eignungsbegriff verwendet, der die Dimension der Zufriedenheit berücksichtigt. Eignung ist also gekennzeichnet durch die berufliche Leistungshöhe und den Grad der Zufriedenheit mit dem Beruf (vgl. im Überblick Förster, 2008, S. 46). Bei der Eignung für den Lehrerberuf stellt sich nun die Frage nach der Beschreibung der Berufsanforderungen. Wie lässt sich der Beruf beschreiben? Was sind die Anforderungen, für die die Eignung geprüft werden kann?

Der Lehrerberuf unterliegt einem ständigen Wandel. Zunehmend an Gewicht gewinnt etwa die Schulentwicklung mit den entsprechenden neuen Berufsaufgaben wie Projektmanagement und Evaluation. Auch Entwicklungen wie das Konzept der

Inklusion, das erst 2009 durch die Ratifizierung der UN-Behindertenrechtskonvention im deutschen Bundestag ein zentrales pädagogisches Thema wurde, erfordern eine Erweiterung bisheriger Kompetenzen von Lehrkräften. Ähnliches gilt für die Lehrerausbildung. Uhl (2009) geht davon aus, dass nach der Bologna-Reform mehr Unterschiede zwischen den Lehramtsstudiengängen bestehen als vorher. Das bedeutet, es gibt auch nicht die *eine* Lehrerausbildung, für die man Geeignete auswählt. Eine Annäherung an eine Definition von Eignung für den Lehrerberuf kann demnach eher so lauten:

Eignung meint bei einer studieninteressierten Person das Vorliegen von Dispositionen und Kompetenzen, die erwarten lassen, dass sie nach Durchlaufen der (derzeitigen) Lehrerausbildung den Lehrerberuf (unter den voraussichtlichen Bedingungen) erfolgreich und berufszufrieden ausüben und sich kontinuierlich weiterentwickeln wird (vgl. Nieskens & Demarle-Meusel, 2012, S. 7).

Das Ziel der *Eignungsabklärung* ist es dann, „gut geeignete" Personen in das Lehramtsstudium und in weiterer Folge in den Lehrerberuf zu bringen bzw. „weniger geeignete" Personen von einer solchen Laufbahn fernzuhalten. Dabei gibt es allerdings keine klare Trennung in „Geeignete" und „Ungeeignete". Es geht vielmehr um eine – mit vielerlei Unwägbarkeiten verbundene – Prognose späterer Berufsbewährung.

Hier zeigt sich ein weiteres Problem: Die Eignung für den Lehrerberuf wird für eine sehr lange Zeitphase vorausgesagt. Zwischen dem Eintritt in das Studium und der ersten Tätigkeit als „richtiger" Lehrkraft liegen etliche Jahre der universitären und seminaristischen Ausbildung. Für die Eignungsbestimmung kommen für den Lehrerberuf also nur Merkmale in Frage, die eine solche langfristige Prognose erlauben und auch die mögliche Beeinflussung durch die Aus- und Weiterbildung mit einbeziehen. Es ist deshalb notwendig, Eignung je nach berufsbiografischer Phase anders zu definieren. Bezieht man die Eignungsdefinition auf den Berufseinstieg, würde z.B. der Passus über die Lehrerausbildung entfallen, da diese bereits abgeschlossen ist und damit keine Gelegenheit mehr besteht, in ihr etwas zu lernen.

4 Verfahren im Überblick

Für die Gestaltung des Übergangs von der Schule in die Lehrerausbildung werden an den Hochschulen derzeit neben Auswahlverfahren und Beratungsansätzen überwiegend Verfahren zur Selbstabklärung der Eignung genutzt (vgl. im Überblick Nieskens & Demarle-Meusel, 2012).

Daneben gibt es vereinzelt Ansätze mit dem Schwerpunkt auf Beratung (vgl. Bosse et al., 2012). Im Folgenden werden die Verfahren beschrieben und – mit Blick auf die Gütekriterien – unterschieden.

4.1   Verfahren zur Auswahl von Lehramtsstudierenden

An den meisten Hochschulen findet eine – sofern ausreichend viele Bewerbungen vorliegen – lehrerberufsunspezifische Selektion über die Abiturnote statt, obwohl es keine empirischen Belege für die Prognosetauglichkeit von guten Noten für den Berufserfolg von Lehrkräften gibt. Fächerspezifische Auswahlverfahren kommen fast überall dort vor, wo Kunst, Musik, Sport oder Sprachen für das Lehramt gelehrt werden.[5] Einige Hochschulen (z.B. Magdeburg) haben zudem phoniatrische Abklärungen zur Voraussetzung gemacht oder, wie die Universität Potsdam und die TU München, berufsspezifische Auswahlgespräche oder Eignungsfeststellungsverfahren in Kombination mit Motivationsschreiben (vgl. Nieskens & Demarle-Meusel, 2012) entwickelt. Diese erfassen die Motivation und das Interesse an den Berufsaufgaben, werden allerdings überwiegend mit den „problematischen" Bewerberinnen und Bewerbern geführt. Assessments werden in Deutschland derzeit nur an der Universität Passau erprobt, im deutschsprachigen Ausland dagegen kommen sie häufiger vor (vgl. z.B. Bieri Buschor & Schuler Braunschweig, 2011; Mayr & Neuweg, 2009).

Auswahlgespräche erfahren eine hohe Akzeptanz, Hochschullehrende identifizieren sich mit den von ihnen ausgewählten Personen und fühlen sich eher für deren Förderung verantwortlich (Heine et al., 2006). Negativ zu Buche schlägt der hohe Personal- und Zeitaufwand, auch kann es zu Konflikten kommen, wenn die auswählenden Personen zugleich auch eine Beraterfunktion haben (vgl. Mayr & Neuweg, 2009). Die Objektivität der Verfahren ist zudem nur mit einer hohen Standardisierung und guten Vorbereitung der Durchführenden gewährleistet.

4.2   Verfahren zur Selbsterkundung und Beratung

Hierunter fallen Verfahren zur Laufbahnberatung, Selbsteinschätzung oder Self-Assessments.[6] Als onlinebasiertes Self-Assessment (OSA) wird ein Verfahren mit psychodiagnostischen Komponenten (z.B. Fragebögen) bezeichnet, das den Studieninteressierten eine Rückmeldung zum Grad der Übereinstimmung ihrer persönlichen Merkmale mit den Anforderungen einzelner Studiengänge bzw. Berufe – im vorliegenden Fall also des Lehrerberufs – gibt. Self-Assessments können auch simulative Komponenten und Arbeitsproben enthalten, aus deren Ergebnissen eine möglichst realistische Vorschau auf Anforderungen im Studium bzw. im Beruf möglich ist. Mit onlinebasierten Self-Assessments erkunden sich interessierte Personen eigenverantwortlich und anonym. Sie werden über ihre Stärken und Schwächen

---

5   Es gibt einen Trend, die fächerspezifische Eignung auch für sozialwissenschaftliche und naturwissenschaftliche Fächer zu erfassen, allerdings eher über Self-Assessments (vgl. Nieskens & Demarle-Meusel, 2012).

6   Selbsterkundungsverfahren oder Selbsteinschätzungsverfahren kann als Übersetzung für Self-Assessment verstanden werden. In der Diskussion um den Lehrerberuf ist der Begriff Selbsterkundungsverfahren der gebräuchlichere, für die übrigen Studienfächer und in der Wirtschaft verwendet man eher den Begriff Self-Assessment.

sowie die Passung zum Beruf Lehrerin oder Lehrer informiert. Im Gegensatz zu Verfahren der Fremdselektion wird jedoch keine Empfehlung zu einer Entscheidung gegeben, sondern werden allenfalls Vorschläge unterbreitet, wie und mit welchem Aufwand den festgestellten Schwächen (kompensatorisch) zu begegnen ist.

Für den Lehrerberuf finden unterschiedliche Self-Assessments Anwendung: OSAs, mit denen man die Eignung für ein Fach erkunden kann (z.B. Mathematik und Politikwissenschaft an der Universität Bremen); OSAs, die neben dem Lehramt Studienalternativen eröffnen (z.B. www.was-studiere-ich.de in Baden-Württemberg) und Verfahren, mit denen man die personalen Voraussetzungen für den Lehrerberuf in den Blick nimmt (Fit für den Lehrerberuf oder Career Counselling for Teachers; vgl. dazu auch Rothland & Tirre, 2011).[7]

Das am weitesten verbreitete und inhaltlich umfassendste ist das Laufbahnberatungsprogramm Career Counselling for Teachers (www.cct-germany.de). CCT möchte den Lehrerberuf als attraktiven und herausfordernden Beruf präsentieren und dazu animieren, die persönliche Eignung zu überprüfen und auch in späteren Berufsjahren Entwicklungsmöglichkeiten im Beruf zu erkunden (zum Beispiel eine Leitungsfunktion). Zu diesem Zweck bietet CCT neben Informationstexten und Reportagen zum Lehrerberuf eine Reihe von Self-Assessments an. Diese stützen sich auf die üblicherweise in der Laufbahnberatung bzw. Eignungsabklärung verwendeten diagnostischen Zugänge: Die meisten der angebotenen Verfahren erfassen *Eigenschaften*, z.B. über Persönlichkeits- und Interessenfragebögen, einige wenige Verfahren thematisieren die *Biographie*, u.a. indem sie pädagogische Vorerfahrungen erheben. Die in CCT verwendeten diagnostischen Verfahren zielen auf Merkmale, die sich in der Berufspsychologie und speziell in den Forschungen zum Lehrerberuf als bedeutsam herausgestellt haben (zusammenfassend Mayr, 2011; vgl. auch Rothland & Tirre, 2011).

4.3 Vergleich von Verfahren zur Auswahl und Selbsterkundung nach den Gütekriterien

Eines sollte allen Verfahren gemeinsam sein: die Orientierung an bestimmten Gütekriterien. Neben Objektivität und Zuverlässigkeit geht es um die prognostische Gültigkeit oder Validität des jeweiligen Verfahrens. Weitere wichtige Prüfsteine der Brauchbarkeit eignungsdiagnostischer Verfahren sind Fairness (keine der definierten Bewerbergruppen werden systematisch benachteiligt oder bevorzugt), Transparenz (genaue und leicht zugängliche Informationen über Ziele, Kriterien, Instrumente und Prozedere), Akzeptanz (Wahrnehmung als objektiv, fair und transparent), Praxistauglichkeit und Ökonomie (Verfahren müssen handhabbar und „robust" sein, der (zusätzliche) Nutzen muss erkennbar sein; vgl. dazu ausführlich Heine et al., 2006). Die Gütekriterien sind allerdings je nach Verfahren unterschiedlich

---

7 www.coping.at [Zugriff: 01.08.2012].

wichtig. Das soll in einem Vergleich zwischen CCT und PArcours, dem derzeit elaboriertesten und meistdiskutierten Auswahlverfahren, gezeigt werden.[8]

PArcours ist ein aufwändiges multimodales Assessment, das u.a. eine Selbstpräsentation, eine Gruppendiskussion und ein Rollenspiel beinhaltet. Es wird (derzeit noch freiwillig) an der Universität Passau an einem Tag zwischen Immatrikulation und Vorlesungsbeginn durchgeführt (Wirth & Seibert, 2011). PArcours bringt den Studieninteressierten ausführliche, in einem persönlichen Gespräch übermittelte Rückmeldungen sowie Empfehlungen bezüglich der Laufbahnwahl und der Möglichkeiten, eventuelle Defizite zu beheben. Die Ansprüche an die Objektivität und Zuverlässigkeit des Verfahrens sind – spätestens ab dem Zeitpunkt, wo es zu Selektionszwecken genutzt wird – entsprechend hoch, da die Eignungsfeststellung, die durch Beobachter ausgesprochen wird, einmalig und zu einem sehr frühen Zeitpunkt erfolgt. Die Kriterien für die Beurteilung als Grundlage der Eignungsfeststellung durch die Beobachter im PArcours bedürfen einer hohen Standardisierung, um die Fairness und Praxistauglichkeit zu gewährleisten.

Die Ansprüche an die Reliabilität sind in Beratungsverfahren mit Selbstentscheidung wie CCT deutlich weniger wichtig. Die Eignungsabklärung kann dort über einen längeren Zeitraum erfolgen, die Ergebnisse können immer wieder abgerufen oder Verfahren erneut durchlaufen werden, um Veränderungen, z.B. durch das Aufsuchen von Praxissituationen, sichtbar zu machen. Zudem werden die Merkmale (u.a. die psychische Stabilität) durch Hinzuziehen weiterer Indikatoren, wie pädagogischer Vorerfahrungen oder Erfahrungen in einem Eignungspraktikum, noch näher abgeklärt. Dafür erhält das Kriterium Akzeptanz mehr Gewicht. Ohne Akzeptanz wird ein optionales Verfahren nicht genutzt oder – bei institutioneller Verpflichtung – nur schnell „durchgeklickt".

Auch Transparenz und Ökonomie spielen eine große Rolle. Personen sind nur dann bereit, sich mit einem Self-Assessment umfänglich auseinander zu setzen, wenn es anonym ist, sie die Ziele dahinter erkennen und für sich einen Mehrgewinn bei der Orientierung für den Lehrerberuf ersehen.[9] Da bei CCT eine persönliche Beratung nicht immer vorgesehen ist, muss die Rückmeldung der Ergebnisse entsprechend vorsichtig sein. Es gibt keinen CCT Gesamtwert „Eignung". Im Gegensatz zu Verfahren der Fremdselektion wie PArcours wird keine Empfehlung zu einer Entscheidung gegeben, sondern werden allenfalls Vorschläge unterbreitet, wie und mit welchem Aufwand den festgestellten Schwächen (kompensatorisch) zu begegnen ist.

Um an die in der Einleitung gestellten Fragen anzuknüpfen: Ein selektiv angelegtes Verfahren wie PArcours sucht eher Antworten auf die Frage „Wie hält man ungeeignete Personen vom Lehrerberuf ab?", während ein Laufbahnberatungsprogramm

---

8 http://www.phil.uni-passau.de/index.php?id=4678 [Zugriff: 01.08.2012].
9 Auch wenn Self-Assessments verpflichtend eingeführt sind, erfolgt die Durchführung anonym. Die Hochschule erhält lediglich eine Bestätigung, dass das Verfahren durchlaufen wurde. Eine Nutzung der Daten zu Forschungszwecken oder als Gruppendaten für die Weiterentwicklung des Studienangebots – zum Beispiel für die Etablierung bedarfsgerechter Lehrveranstaltungen – ist jedoch möglich.

wie CCT eher die Attrahierung und Selbstverantwortung für die eigene Eignungsabklärung der Lehramtsinteressierten im Blick hat. Welche dieser Positionen derzeit bildungspolitisch verfolgt wird, soll im Folgenden kurz dargestellt werden.
Allerdings schließen sich diese Positionen nicht unbedingt aus. Diercks (2012) kann
zeigen, dass sich durch den Einsatz von „Selbstselektion" vor einer Fremdselektion
die Eignungs- und Selektionsquote erheblich steigern lässt. Die Bereitstellung von
Angeboten zur Erkundung der eigenen Passung für den Beruf kann eine Voraussetzung dafür sein, dass sich geeignete Kandidaten überhaupt bewerben und Ungeeignete von der Bewerbung absehen. Je besser und frühzeitiger die Selbstauswahl, desto besser wird später die Personalauswahl.

5   Ausblick: Entwicklung in den Bundesländern

Mit Blick auf die aktuelle Entwicklung zur Gestaltung des Übergangs von der
Schule in die Lehrerausbildung wird deutlich, dass derzeit eher die Position der
Länder an Gewicht gewinnt. Gibt es nur an wenigen Hochschulen hochschuleigene
Verfahren zur Eignungsabklärung, Beratung oder Auswahl für den Lehrerberuf,
findet man z.B. in Hamburg, Rheinland-Pfalz, Nordrhein-Westfalen und Baden-
Württemberg eine gesetzliche, zum Teil mit großem Ressourcenaufwand betriebene
Verankerung der Eignungsabklärung mit Auswirkung auf die Entwicklung an den
Hochschulen, etwa durch die Erhöhung der Praxisphasen (vgl. Weyland, 2012).
    Wie bereits dargestellt, haben die Länder zwei zentrale Ziele: die Attrahierung
des Lehrerberufs zur Gewinnung von gutem Lehrernachwuchs und die Qualitätssicherung im Bildungswesen. Sie folgen damit der Vorstellung von Lehrerbildung
und Lehrersein als einem berufsbiographischen, reflektierten Prozess (vgl. auch Terhart, 2000). So schreibt etwa das Land Rheinland-Pfalz in einer Informationsbro-
schüre für Interessierte am Lehrerberuf „Die Selbsterkundung ist wesentlicher Bestandteil der Lehrerinnen- und Lehrerbildung!". Selbsterkundungsverfahren werden
dort als Weg zum eigenen beruflichen Profil als Lehrerin oder Lehrer empfohlen,
sie sollen Entwicklungsschritte deutlich machen und zur Verantwortungsübernahme für die Ausbildung anregen (http://cct.rlp.de). Ähnliches findet sich im neuen
Lehrerleitbild in Nordrhein-Westfalen, dort werden (zukünftige) Lehramtsstudierende als selbstverantwortliche Lerner betrachtet, die es in ihrem Reflexionsprozess
zu unterstützen gilt.[10]
    Angesichts der genannten Ziele und Entwicklungen ist es nicht verwunderlich,
dass sich die Länder, die die Eignungsabklärung für den Lehrerberuf institutiona-
lisieren, *gegen* Selektionsverfahren und *für* Beratungsprogramme mit Selbsterkun-
dungscharakter entscheiden (Nieskens & Demarle-Meusel, 2012). Dass sie dafür auf
onlinebasierte Verfahren zurückgreifen, hat sicherlich auch ökonomische Gründe.
Konsens besteht auch darüber, dass die Selbstreflexion mit Beratung und Dokumentation der Eignungsreflexion durch Portfolios oder Praktikumstagebücher verknüpft

---

10 http://www.schulministerium.nrw.de/ZBL/Wege/Eignungspraktikum/ [Zugriff: 01.08.2012].

und damit ausbildungsbegleitend angelegt wird. Mit diesem Vorgehen werden auch die Ziele und Interessen weiterer Akteure berücksichtigt, z.B. der Studieninteressierten, denen sich Gelegenheiten zur Erkundung der Passung für den Lehrerberuf anbieten, und der Schulen und Studienseminare, die sich wie in Nordrhein-Westfalen vorgesehen bereits sehr frühzeitig in die Beratung zur Eignungsabklärung einbringen können.

Literatur

Bauer, J., Diercks, U., Retelsdorf, J., Kauper, T., Zimmermann, F. & Köller, O. (2011). Spannungsfeld Polyvalenz in der Lehrerbildung. Wie polyvalent sind Lehramtsstudiengänge und was bedeutet dies für die Berufswahlsicherheit der Studierenden? *Zeitschrift für Erziehungswissenschaft, 14* (4), 629–649.

Bieri Buschor, C. & Schuler Braunschweig, P. (2011). Check-point Assessment Centre für angehende Lehramtsstudierende. Empirische Befunde der prognostischen Validität und zur Übereinstimmung von Selbst- und Fremdeinschätzung eignungsrelevanter Merkmale. *Zeitschrift für Pädagogik, 57* (5), 695–710

Blömeke, S., Suhl, U., Kaiser, G., Felbrich, A. & Schmotz, Ch. (2010). Lerngelegenheiten und Kompetenzerwerb angehender Mathematiklehrkräfte im internationalen Vergleich. *Unterrichtswissenschaft, 38* (1), 29–50.

Bosse, D., Dauber, H., Döring-Seipel, E. & Nolle, T. (2012). (Hrsg.). *Professionelle Lehrerbildung im Spannungsfeld von Eignung, Ausbildung und beruflicher Kompetenz.* Bad Heilbrunn: Klinkhardt.

Diercks, J. (2012). Die Bedeutung der Bewerberselbstauswahl für die Rekrutierung im öffentlichen Dienst. In T. Helmke & A. Kühte (Hrsg.), *Engpass Personal im öffentlichen Dienst: Handlungsbedarf, Strategien und praxisorientierte Konzepte vor dem Hintergrund des demografischen Wandels* (S. 130–146). Berlin: Wissenschaftlicher Verlag.

Förster, F. (2008). *Personale Voraussetzungen von Grundschullehramtsstudierenden. Eine Untersuchung zur prognostischen Relevanz von Persönlichkeitsmerkmalen für den Studien- und Berufserfolg.* Münster: Waxmann.

Heine, C., Briedis, K., Didi, H.-J., Haase, K. & Trost, G. (2006). *Auswahl- und Eignungsfeststellungsverfahren beim Hochschulzugang in Deutschland und ausgewählten Ländern. Eine Bestandsaufnahme.* Hannover: HIS.

Holland, J. L. (1997). *Making vocational choices. A theory of vocational personalities and work environments.* Odessa, FL: Psychological Assessment Resources, Inc.

Lehberger, R. & Schaarschmidt, U. (2009). Eignungsberatung für Lehramtsstudierende. Rückmeldungen und Angebote zum Kompetenzausbau. *Journal für Schulentwicklung,* 4/2009, 46–53.

Lipowsky, F. (2011). Theoretische Perspektiven und empirische Befunde zur Wirksamkeit von Lehrerfort- und -weiterbildung. In E. Terhart, H. Bennewitz &. M. Rothland (Hrsg.), *Handbuch der Forschung zum Lehrerberuf* (S. 398–417). Münster: Waxmann.

Mayr, J. (2010). Selektieren und/oder qualifizieren? Empirische Befunde zu guten Lehrpersonen. In J. Abel & G. Faust (Hrsg.), *Wirkt Lehrerbildung? Antworten aus der empirischen Forschung* (S. 73–89). Münster: Waxmann.

Mayr, J. (2011). Der Persönlichkeitsansatz in der Lehrerforschung. Konzepte, Befunde und Folgerungen. In E. Terhart, H. Bennewitz & M. Rothland (Hrsg.), *Handbuch der Forschung zum Lehrerberuf* (S. 125–148). Münster: Waxmann.

Mayr, J. (2012). Ein Lehrerstudium beginnen? Ein Lehrerstudium beginnen lassen? Laufbahnberatung und Bewerberauswahl konstruktiv gestalten. In B. Weyand, M.

Justus & M. Schratz (Hrsg.), *Auf unsere Lehrerinnen und Lehrer kommt es an. Geeignete Lehrer/-innen gewinnen, (aus-)bilden und fördern.* Essen: Edition Stifterverband.

Mayr, J. & Neuweg, G. H. (2006). Der Persönlichkeitsansatz in der Lehrer/innen/forschung. Grundsätzliche Überlegungen, exemplarische Befunde und Implikationen für die Lehrer/innen/bildung. In M. Heinrich & U. Greiner (Hrsg.), *Schauen, was 'rauskommt. Kompetenzförderung, Evaluation und Systemsteuerung im Bildungswesen* (S. 183–206). Wien: Lit.

Mayr, J. & Neuweg, G. H. (2009). Lehrer/innen als zentrale Ressource im Bildungssystem: Rekrutierung und Qualifizierung. In W. Specht (Hrsg.), *Fokussierte Analysen bildungspolitischer Schwerpunktthemen* (S. 99–119). Graz: Leykam.

Mädgefrau, J. (2008). Selektive Assessments zu Beginn des Lehramtsstudiums. *Kritische Anmerkungen Paradigma* 1/2008, 17–23. Verfügbar unter: http://www.uni-passau.de/fileadmin/dokumente/einrichtungen/zlf/paradigma/paradigma01-08_vers_04.pdf [Zugriff: 01.08.2012].

McKinsey & Company (2007). *How the world's best-performing schoolsystems come out on top.* Verfügbar unter: http://www.mckinsey.com/clientservice/socialsector/resources/pdf/ Worlds_School_Systems_Final.pdf [13.08.2012].

Nieskens, B., Mayr, J. & Meyerdierks, I. (2011). CCT – Career Counselling for Teachers: Evaluierung eines Online-Beratungsangebots für Studieninteressierte. *Lehrerbildung auf dem Prüfstand, 4* (1), 8–32.

Nieskens, B. & Demarle-Meusel, H. (2012). *Für den Lehrerberuf geeignet ? Eine Bestandsaufnahme zu Eignungsabklärung, Beratung und Bewerberauswahl für das Lehramtsstudium.* Bonn: Deutsche Telekom Stiftung. Verfügbar unter: http://www.telekom-stiftung.de/zeit-konferenzen [01.06.2012].

Rauin, U. & Meier, U. (2007). Subjektive Einschätzungen des Kompetenzerwerbs in der Lehramtsausbildung. In M. Lüders & J. Wissinger (Hrsg.), *Forschung zur Lehrerbildung. Kompetenzentwicklung und Programmevaluation* (S. 103–132). Münster: Waxmann.

Rothland, M. & Tirre, S. (2011). Selbsterkundung für angehende Lehrkräfte: Was erfassen ausgewählte Verfahren der Eignungsabklärung? *Zeitschrift für Pädagogik, 57* (5), 655–673.

Schaarschmidt, U. (2005). (Hrsg.). *Halbtagsjobber? Psychische Gesundheit im Lehrerberuf. Analyse eines veränderungsbedürftigen Zustandes.* Weinheim: Beltz.

Schuler, H. & Höft, S. (2006). Konstruktorientierte Verfahren der Personalauswahl. In H. Schuler (Hrsg.), *Lehrbuch der Personalpsychologie* (S. 101–144). Göttingen: Hogrefe.

Schuler, H. & Hell, B. (2008). Studierendenauswahl und Studienentscheidung aus eignungsdiagnostischer Sicht. In H. Schuler & B. Hell (Hrsg.), *Studierendenauswahl und Studienentscheidung* (S. 11–17). Göttingen: Hogrefe.

Terhart, E. (2000). *Perspektiven der Lehrerbildung in Deutschland. Abschlussbericht der von der Kultusministerkonferenz eingesetzten Kommission.* Weinheim: Beltz.

Uhl, S. (2009). Der Bologna-Prozess und die Lehrerausbildung: Ziele, Folgen, Empfehlungen. In Humboldt Gesellschaft (Hrsg.), *Der Bologna-Prozess und Beiträge aus einem Umfeld* (S. 63–71). Mannheim: Humboldt-Gesellschaft.

Weyand, B., Justus, M. & Schratz, M. (Hrsg.). (2012). *Auf unsere Lehrerinnen und Lehrer kommt es an. Geeignete Lehrer/-innen gewinnen, (aus-)bilden und fördern.* Essen: Edition Stifterverband.

Weyland, U. (2012): *Expertise zu den Praxisphasen in der Lehrerbildung in den Bundesländern.* Hamburg: Landesinstitut für Lehrerbildung und Schulentwicklung. Verfügbar unter: http://li.hamburg.de [15.08.2012]

Wirth, R. & Seibert, N. (2011). PArcours – ein eignungsdiagnostisches Verfahren für Lehramtsstudierende der Universität Passau. *Lehrerbildung auf dem Prüfstand, 4* (1), 48–63.

Daniel Wilhelm

Erwachsen werden an der Uni – Übergang als Statuspassage

1   Einleitung

Angesichts einer andauernden Debatte um Studienbedingungen, Abbruchquoten und Studiendauer gewinnt die Frage nach dem Studieneinstieg immer mehr an Brisanz. Vieles ist über die Probleme des Studienanfangs bereits geschrieben worden. Auffällig ist allerdings, dass hierbei nur sehr selten die Lebenswelten und die Perspektiven der Studienanfängerinnen und Studienanfänger im Fokus stehen. Von zahlreichen Studien, die sich mit Lernbedingungen an Universitäten oder der Vorbereitung auf das Hochschulstudium durch die Schule beschäftigen, wenden sich vergleichsweise wenige Untersuchungen der von Studierenden selbst entwickelten studentischen Kultur und den durch den Statuswechsel erst entstehenden und zu bewältigenden Aufgaben zu. Der Studienbeginn stellt zwar formal den Vollzug der Statuspassage an die Hochschule dar, der hier angestoßene Entwicklungsprozess des Erwachsenwerdens ist damit aber noch lange nicht abgeschlossen, denn die Studieneingangsphase erfordert eine intensive Auseinandersetzung mit den eigenen Bildern und Konzepten als Studentin oder Student sowie mit den Anforderungen des gewählten Studiengangs und der Institution selbst. Der Beitrag gibt – in Anlehnung an das Konzept von Havighurst (1948) – einen Einblick in die verschiedenen Entwicklungsaufgaben in den Lebensphasen Schule und Studium, verweist auf Unterstützungsbedarfe sowie -angebote und endet mit einem zu jetzigen Ansätzen divergent verlaufenden Denkanstoß.

2   Die Lebenswelt junger Studierender und ihre Entwicklungsaufgaben

In Beratungsgesprächen mit Studierenden zeigt sich häufig genug, dass die Gründe, hinter den curricularen Vorgaben des Faches zurückzubleiben, das Fach aufzugeben und zu wechseln oder gar das Studium abzubrechen, deutlich vielschichtiger sind, als sie in den Erhebungen von HIS (Hochschul-Informations-System) und anderen Studien angeführt werden.

Die Zeit zwischen dem 18. und 27. Lebensjahr, in der junge Erwachsene heute meist studieren (Isserstedt et al., 2010), schließt das Ende der Adoleszenz sowie das frühe Erwachsenenalter ein. Sie wird von Arnett (1994) beschrieben als „emerging adulthood", eine Phase, in der sich die jungen Menschen nicht mehr als Jugendliche fühlen, sich aber auch noch nicht als Erwachsene sehen.

Die Phase der „emerging adulthood" ist schon per se mit einer Reihe von Anforderungen verbunden, die von Seiten der jungen Erwachsenen („emerging adults") gemeistert werden müssen. Havighurst (1948) entwickelte hierzu ein Konzept der Entwicklungsaufgaben, in dem er davon ausgeht, dass in jedem Lebensabschnitt eine Reihe von speziellen altersentsprechenden Aufgaben zu bewältigen sind. Für die Zeitspanne zwischen dem 18. und dem 30. Lebensjahr formuliert er folgende zentrale Aufgaben, denen sich jeder Mensch, unabhängig seiner Bildungsbiographie, stellen muss: die Suche nach und das Zusammenleben mit einem Partner bzw. einer Partnerin, die Suche nach einer passenden sozialen Gruppe, die Übernahme staatsbürgerlicher Verantwortung, der Einstieg in das Berufsleben, die Gründung eines eigenen Haushalts sowie, wenn auch heute, im Jahr 2012, und hierzulande nicht mehr durchgängig in diesem Lebensabschnitt, die Gründung und Versorgung einer eigenen Familie.

Dies sind Aufgaben, mit denen sich nach Havighurst jede(r) in der Zeit der „emerging adulthood" auseinandersetzen muss und deren Bewältigung Einfluss auf die Entwicklungsaufgaben in der nächsten Lebensphase nimmt. Der Eintritt ins Studium und der damit verbundene Statuswechsel erweitern dieses Aufgabenensemble nicht nur, sondern wirken sich teilweise erheblich auf die Bewältigung der anderen Aufgaben aus.

Aktuelle Studien zeigen, dass drei der genannten Entwicklungsaufgaben für junge Erwachsene besonders relevant sind, nämlich der Aufbau einer Partnerschaft, die Gründung eines eigenen Haushalts und der Berufseinstieg (Seiffge-Krenke & Gelhaar, 2006).

2.1 Berufseinstieg

Um die emotionalen, intellektuellen und sozialen Anforderungen verstehen zu können, die mit den drei genannten Entwicklungsaufgaben – aber auch mit denen, die durch den Status als Studierende hinzukommen – verbunden sind, hilft es, zunächst die Differenzen zwischen dem Studierenden-Status und dem schulischen Status näher zu betrachten.

Großmaß und Hofmann (2007, S. 800) beschreiben die Schulzeit als „eine Zeit der geteilten Verantwortung". Entscheidungen werden nicht alleine getroffen, sondern meistens mit Eltern oder Lehrkräften abgestimmt, sofern die Entscheidungen nicht in Gänze von diesen getroffen werden. Bedeutsam für Wahlalternativen, die während der Schulzeit autark getroffen werden können, ist, dass sie nicht von immenser Tragweite sind. Hier können die Jugendlichen wenig falsch machen, ob sie sich nun für Englisch als Leistungskurs entscheiden oder doch lieber den Fokus auf die Biologie legen. Der einmal getroffene Entschluss nimmt nur begrenzt oder keinen Einfluss auf die weitere Berufslaufbahn.

Mit dem Erwerb des Abiturs allerdings steht erstmals eine Entscheidung von tragender Bedeutung an. In Entscheidungsfindungsworkshops für Abiturientinnen und Abiturienten ist immer wieder zu hören, dass die Entscheidung für ein bestimmtes Studienfach als ein Schritt empfunden wird, der unwiderruflichen Einfluss auf das ganze Berufsleben hat. Es handelt sich bei der Studienwahl in der Tat um eine Entscheidung mit besonderer Bedeutung, denn: zu der Tatsache, dass es sich hier um eine Aufgabe mit hohem Schwierigkeitsgrad handelt, die trotz geringer Erfahrung in Entscheidungsfragen zu lösen ist, kommt erschwerend die individuelle Relevanz der Entscheidung hinzu. Für die „emerging adults" ist die erfolgreiche Bewältigung der Studien- und Berufswahl von immenser Bedeutung. Ein Scheitern wird mit sozialen und emotionalen Konsequenzen assoziiert. Die jungen Erwachsenen werden somit nicht langsam an diesen Entscheidungsprozess herangeführt, sondern gleich mit einer sehr bedeutungsvollen Aufgabe konfrontiert (Seiffge-Krenke & Gelhaar, 2006).

2.2   Gründung eines Haushalts

Eine weitere Entwicklungsaufgabe, die als sehr wichtig empfunden wird, ist die Gründung eines eigenen Haushalts. Auch für den Lebensunterhalt und die Wohnsituation bietet der Schüler-Status noch einen „Schonraum". Nur die Wenigsten müssen für ihr Einkommen selbst sorgen und in der Regel haben sie zu Schulzeiten nur geringe Erfahrungen mit der Planung des Lebensunterhalts sammeln können.

Der Studienbeginn ist für viele mit dem Auszug aus dem eigenen Elternhaus verbunden. Sollte daran noch ein Wohnortwechsel geknüpft sein, bedeutet dies häufig nicht nur Abstriche bei dem bisher gewohnten Lebensstandard machen zu müssen, sondern auch Abschied von dem bekannten sozialen Umfeld zu nehmen. Wo sich während der Schulzeit die Nah-Beziehungen durch die Peergroup auf Grund von Klassenzugehörigkeit oder durch die Familie noch quasi natürlich ergeben haben, müssen sich Studierende nun einen neuen Freundeskreis selbständig aufbauen. Großmaß und Hofmann (2007) weisen hier zurecht darauf hin, dass der Wechsel in ein neues Umfeld und die Notwendigkeit, sich am Hochschulstandort zu orientieren sowie den Alltag selbst zu gestalten, viel Kraft kosten und dass dadurch ein großes Stück emotionale Sicherheit verloren geht.

2.3   Aufbau einer Partnerschaft

Darüber hinaus kann ein Umzug auch Einfluss auf bestehende Paarbeziehungen haben, denn nicht immer lässt es sich realisieren, dass beide Partner am selben Ort studieren können. Während es sich zu Schulzeiten noch wesentlich um Liebesbeziehungen handelte, nehmen diese nun immer mehr die Form von Partnerschaften an, die mit gemeinsamen Zukunftsentwürfen verbunden sind. Eine Fernbeziehung greift hier empfindlich in die Entwicklung der Partnerschaft ein und ist nicht gerade hilfreich für die Festigung einer Beziehung. Daher führt ein getrennter Studienweg auch häufig genug zu einem getrennten Lebensweg. Da die Etablierung einer festen Paarbeziehung nun aber immer bedeutender wird, ist eine Trennung nicht mehr nur mit Liebeskummer verbunden, sondern wird als persönliche Enttäuschung erlebt. Die jungen Erwachsenen machen teilweise zum ersten Mal die Erfahrung, dass ihre Zukunftsvorstellungen brüchig werden und sich nicht immer realisieren lassen (Seiffge-Krenke & Gelhaar, 2006; Großmaß & Hofmann, 2007).

2.4   Weitere Aufgaben

Neben den drei genannten Entwicklungsaufgaben, denen sich jeder „emerging adult" ausgesetzt sieht, stehen Studierende vor weiteren Aufgaben, die ganz spezifisch an den Studierendenstatus gekoppelt sind. So ist die Hochschule für die meisten ein unbekanntes Milieu, dessen Regeln und Gepflogenheiten sie erst noch erlernen müssen. Eine besondere Herausforderung, sich der neuen Umgebung und ihrer Gewohnheiten anzupassen, ist dies für Studierende, deren soziale Herkunft wenig Bezug zum Hochschulkontext aufweist und denen somit geeignete Vorbilder und Bezugspersonen fehlen.

Hinzu kommt, dass nicht nur die Hochschule als Gesamtinstitution ihre eigenen Gebräuche und Rituale hat, sondern in jeder Fakultät eine eigene Fachkultur herrscht, die man erst erlernen und verinnerlichen muss. So gibt es beispielsweise gravierende Unterschiede in der Art und der Häufigkeit der Kommunikation, sowohl zwischen den Kommilitoninnen und Kommilitonen als auch mit den Professorinnen und Professoren. Der fachspezifische Habitus spiegelt sich z.B. auch heute noch besonders gut sichtbar in der jeweiligen Kleidung der Fakultätsangehörigen wider. Wo in den geistes- und sozialwissenschaftlichen Fächern Jeans und T-Shirts unter den Studierenden weit verbreitet sind, sind in den Rechts- und Wirtschaftswissenschaften oder der Medizin häufiger Stoffhosen und (Polo-)Hemden vertreten (Liebau & Huber, 1985).

Neben dem neu zu erlernenden akademischen Habitus existiert an der Hochschule eine völlig andere Lernkultur, die ebenso wie der akademische Habitus besonders für Studierende aus bildungsfernen Schichten eine massive Herausforderung darstellt. Selbstgesteuertes Lernen und ein hohes Maß an Eigeninitiative werden vorausgesetzt. Die Entscheidung, ob und wie gelernt wird, wird nicht länger durch die Lehrerinnen und Lehrer z.B. mittels Hausarbeiten gesteuert und Lernkontrolle und Motivation durch persönliche Rückmeldungen des Lehrenden fallen an der Hochschule eher gering aus (Großmaß & Hofmann, 2007).

3   Der Umgang mit den Anforderungen

Die an sie gestellten Anforderungen lernen Studierende erst nach und nach kennen, teils als Herausforderungen oder Irritation, teils aber auch in Form von Problemen, zu deren Lösung sie Unterstützung benötigen. Hier von Seiten der Hochschulen Unterstützungsangebote zu machen, ist besonders wichtig, da diese Phase der persönlichen Weiterentwicklung oftmals nicht mehr von der Familie begleitet wird und besonders in der Studieneingangsphase Unterstützung durch ein soziales Netz nicht zu erwarten ist, da es, wenn überhaupt vorhanden, noch im Aufbau oder brüchig ist. Fehlen ausreichende Coping-Strategien, um den Anforderungen der allgemeinen Entwicklungsaufgaben und der speziell durch den Studierendenstatus auftretenden Aufgaben gerecht zu werden, kann dies zu Isolation und Vereinsamung oder bei besonders gravierendem Ausmaß auch zu (psychischen) Problemen wie Depressionen oder übermäßigem Alkohol- und Drogenkonsum führen. Solche Probleme zeigen dass diese Studierenden oft nicht über Handlungsmöglichkeiten verfügen, die für einen erfolgreichen Umgang mit den Anforderungen ihrer Studiensituationen nötig wären (Großmaß & Hofmann, 2007; Keupp, 2011)

Es sind nicht unbedingt die hier vorgestellten Erkenntnisse, die Hochschulen dazu veranlassen, verstärkt Unterstützungsangebote für die Studieneinstiegsphase zu machen. Betrachtet man die Palette der Angebote an den deutschen Hochschulen, so zeigt sich, dass Angebote zur persönlichen Unterstützung und (Weiter-) Entwicklung kaum eine Rolle spielen, dass aber viel Aufwand betrieben wird, um Studieninteressierte und Studierende mit ausreichenden Informationen zu den Studiengängen zu versorgen sowie literale und mathematische Kompetenzen zu vermitteln. Dies soll sicherstellen, dass die Studienfachwahlen auf sorgfältig ausgewählten Informationen basieren, und dazu beitragen, die Differenzen in der heterogenen Studienanfängerschaft durch die Vermittlung von Kompetenzen auszugleichen. Letztlich bleibt aber die Frage offen, ob die Angebote der Hochschulen weit genug greifen, um die Kompetenzen zu vermitteln, die für einen erfolgreichen Studienbeginn erforderlich sind, d.h. Kompetenzen in den Bereichen „Wissen und Information", „Methoden und Techniken", „Auseinandersetzung mit der eigenen Person", „Soziale Kontakte" sowie „Unterstützung von außen"; (Bentler & Bührmann, 2005). Es bleibt festzustellen: In einigen Bereichen, wie der Vermittlung von (noch fehlendem) Fachwissen und Studieninformationen oder von Methoden und Arbeitstechniken, sind Hochschulen mit Angeboten schnell bei der Hand. Weniger Aufmerksamkeit aber finden Angebote, die auf individuelle Persönlichkeitsentwicklung oder auf zur Vermittlung von sozialen Kompetenzen zielen.

4   Praxisimplikationen

Um die beschriebenen Entwicklungsaufgaben, die mit dem Eintritt in das Studium verbunden sind, meistern zu können, bedarf es insbesondere sozialer Kompetenzen sowie eines ausreichenden Maßes an sozialem Kapital. Wo diese Voraussetzungen fehlen, werden gezielte Beratungs- und Unterstützungsangebote benötigt, die genau diese Anforderungen in den Fokus nehmen. Die Studierenden erleben bei der Bewältigung von Entwicklungsaufgaben eine Spannung zwischen „individuellem

Wollen" auf der einen und „gesellschaftlichem Sollen" auf der anderen Seite. Gerade diese Diskrepanz muss im Beratungsprozess herausgearbeitet werden und Lösungsansätze zur Minderung dieser Spannung entwickelt werden (Keupp, 2011). Beratungsangebote, die sich dieser Thematik annehmen, können nur von gut qualifiziertem Personal mit einschlägiger Beratungserfahrung durchgeführt werden. Da die von Havighurst (1948) postulierten Entwicklungsaufgaben keine Fakultätsspezifika enthalten, können diese Angebote gut auf zentraler Ebene angesiedelt werden.

Anders gestaltet sich die Situation bei den fachspezifischen Aufgaben, wie dem Erlernen der Fachkultur, des wissenschaftlichen Arbeitens in der jeweiligen Disziplin und der Sozialisation in den akademischen Habitus. Um authentisch den jeweiligen Habitus vermitteln und die Besonderheiten der spezifischen Fachkultur kennenlernen zu können, bedarf es Angebote in der jeweiligen Disziplin, die nicht zentral, sondern dezentral von Seiten der Fakultäten entwickelt und organisiert werden müssen – von Mitarbeiterinnen und Mitarbeitern, die alle fachlichen Entwicklungen und Veränderungen unmittelbar miterleben. Neben Beratungsangeboten und Workshops zu bestimmten Themen helfen hierbei unter anderem Einführungsveranstaltungen, Arbeitsgruppen und Partys. Aber auch die Arbeitsatmosphäre in den Fachbibliotheken und der Vortragsstil der Professorinnen und Professoren sind hierfür von Bedeutung.

5 Ausblick

Während der gesamten Studienzeit, aber besonders in den ersten Semestern, können unvorhersehbare Dinge passieren und die Studierenden nicht planbare Identitäts- und Umwelterfahrungen machen. So können Ziele und Wünsche, um derentwillen man ursprünglich ein Studium aufgenommen hat, sich verändern oder völlig aus dem Blick geraten. Daher sollte die Berufs- und Studienwahl als Teil der Identitätsentwicklung verstanden werden, in dem den Studierenden Zeit und Möglichkeit eingeräumt werden, Entscheidungen zu treffen, die sie korrigieren können und dürfen, ohne mit gravierenden Konsequenzen rechnen zu müssen.

Durch massive Veränderungen im Bildungssystem – Verkürzung der Schulzeit auf zwölf Jahre, Studiengänge die nach drei Jahren zu einem berufsqualifizierenden Abschluss führen, um nur ein paar Beispiele zu nennen – ist es zu einer extremen Beschleunigung der Phase des „emerging adulthood", also der Übergangsphase vom Jugendlichen zum Erwachsenen, gekommen. Die Freiheitsgrade für ein experimentelles Erproben von Identitäten sind dadurch stark zurückgegangen. Die immer größer werdende Kohorte von Studierenden in der psychosozialen und psychologischen Beratung sowie die steigenden Abbruch- und Fachwechselquoten zeigen uns die Kosten dieser Entwicklung (Keupp, 2011).

Nicht nur Keupp (2011, S. 3) macht sich stark für „eine Kultur des Aufwachsens, die die Verwirklichungschancen für ein selbstbestimmtes Leben fördert", auch Horst Hippler, Präsident der Hochschulrektorenkonferenz, hat jüngst in einem

Fernsehbeitrag gefordert, flexible Studienzeiten zu schaffen, die es den Studierenden ermöglichen, mit unterschiedlicher Studiendauer zu studieren. Denn Studierende benötigen nicht nur Fachwissen, sie müssen auch gebildet und in der Lage sein, Verantwortung im Berufsleben und für die Gesellschaft zu übernehmen.

Dies kann aber nur gelingen, wenn es zu einem Umdenken in der Bildungspolitik kommt. Ein Hochschulstudium ist weit mehr als eine Qualifizierung für einen Beruf; hier geht es um Wissenserwerb, der nach individuellen Zeitläufen und Bedingungen geschehen sollte. Die jungen Studierenden, die sich noch längst nicht als Erwachsene verstehen, benötigen einen Lern- und Entwicklungsraum, in dem sie sich nicht nur Fachwissen aneignen können, sondern auch für sich und vor allem über sich etwas lernen können.

Schon vor mehr als 200 Jahren fragte der Philosoph und Pädagoge Jean-Jacques Rousseau: „Ist es aber nötig und möglich, dass ein Kind alles lernt, was ein Erwachsener wissen muss?" Auf unseren Kontext übertragen könnte die Antwort lauten, dass nicht gleich im ersten Semester alles Wissen und alle Kompetenzen erworben werden müssen, sondern dass es genügen sollte (und sogar die bessere Alternative sein kann), wenn die Hochschulen den Rahmen zum bestmöglichen Gelingen zur Verfügung stellen und den Studierenden die Zeit und die Möglichkeiten geben, im selbstbestimmtem Tempo und in selbstgestalteten Prozessen zu lernen und sich zu entwickeln.

Literatur

Arnett, J. J. (1994). Are College Students Adults? Their Conceptions of the Transition to Adulthood. *Journal of Adult Development, 1* (4), 213–224.

Bentler, A. & Bührmann, T. (2005). Beratung im Übergang. Schnittstellen von Schule und Studium sowie von Studium und Beruf. *REPORT, 28* (1), 81–188.

Großmaß, R. & Hofmann, R. (2007). Übergang ins Studium – Entwicklungsaufgabe und Statuspassage im Spiegel von Beratungserfahrungen. *Verhaltenstherapie und Psychosoziale Praxis, 39* (4), 799–805.

Havighurst, R. J. (1948). *Developmental task and education.* New York: McKay.

Hippler, H. (2012). Interview in der Tagesschau der ARD vom 14.08.2012 um 20:00 Uhr. Verfügbar unter: http://www.tagesschau.de/multimedia/sendung/ts36098.html [15.08.2012].

Heublein, U. Hutzsch, C. Schreiber, J. Sommer, D. & Besuch, G. (2010). *Ursachen des Studienabbruchs in Bachelor- und in herkömmlichen Studiengängen. Ergebnisse einer bundesweiten Befragung von Exmatrikulierten des Studienjahres 2007/08.* HIS: Forum Hochschule.

Isserstedt, W., Middendorff, E., Kandulla, M., Borchert, L., Leszczensky, M. (2010). *Die wirtschaftliche und soziale Lage der Studierenden in der Bundesrepublik Deutschland 2009. 19. Sozialerhebung des Deutschen Studentenwerkes durchgeführt durch HIS Hochschul-Informations-System.* Berlin: Bundesministerium für Bildung und Forschung.

Keupp, H. (2011). *Von der (Un-)Möglichkeit erwachsen zu werden. Verwirklichungschancen für Heranwachsende.* Verfügbar unter: http://www.eaf-bund.de/fileadmin/user_upload/ Dokumentationen/2011_Doku_Heranwachsende_in_Familien.pdf. [01.08.2012].

Teil 4

Die Studieneingangsphase:
Erfahrungen, Konzeptionen, Probleme

Dominic Orr

Hochschulzulassung im internationalen Vergleich und die quantitative Bedeutung von alternativen Routen

1 Einleitung

In den letzten Jahren haben viele Hochschulsysteme in Europa die Regelung des Hochschulzugangs überdacht und in den meisten Fällen Reformen durchgeführt. Diese Reformen wurden in Deutschland im März 2009 entscheidend vorangetrieben durch den Beschluss der KMK (KMK, 2009) zur Vereinbarung einheitlicher Kriterien für den Hochschulzugang beruflich qualifizierter Bewerber(innen).[1] Das Ziel, alternative Wege in die Hochschule zu ermöglichen, wurde bereits in der offiziellen Bologna-Erklärung der Hochschulminister(innen) des Europäischen Hochschulraums von 2005 zum Ziel gesetzt (Bologna Minister, 2005) und in den darauf folgenden Erklärungen immer wieder erwähnt. Mit diesem Instrument sollten die Hochschulsysteme Europas eine maximale Ausschöpfung von Talenten und Fähigkeiten fördern, die zum Grundstein der Wissensgesellschaft mit ihrer Fokussierung auf Kreativität und Innovation gehört (Bologna Minister, 2009).

Dieser Beitrag präsentiert vergleichende Daten zum Ausmaß und zu den Effekten der alternativen Wege in die Hochschule, die in vielen Ländern Europas angeboten werden. Die Analyse basiert auf dem Versuch einer vergleichenden Strukturierung der verschiedenen Übergänge in die Hochschule, die im Rahmen der EUROSTUDENT-Studie unternommen wurde.

2 Hauptmotive für die Öffnung der Hochschulen

Grundsätzlich gibt es zwei Hauptmotive für das Angebot an alternativen Wegen in die Hochschule: (i) die Verbesserung der Inklusion im Allgemeinen und (ii) die Öffnung der Hochschule für lebenslanges Lernen. Dabei wird der jeweilige Abbau von bestimmten strukturellen Hindernissen fokussiert (siehe Tabelle 1).

---

1 Für eine frühe Diskussion der Notwendigkeit der Reform in Deutschland siehe Teichler und Wolter (2004).

Tabelle 1: Hauptmotive

Motiv	anvisierte Hindernisse
Inklusion: Selektion im regulären Zulassungssystem entgegen wirken	ungerechte Verteilung der Studierchancen; Benachteiligung „bildungsferner" Schichten durch das reguläre Zulassungssystem (z.B. Schule)
Lebenslanges Lernen: Ältere Personen zum Studium zuzulassen unabhängig von ihren schulischen Leistungen	ältere Personen, die noch nicht studiert haben, haben „ungerade" Bildungsbiographien
↖ *quantitative Dimension* ↗	

Quelle: Eigene Darstellung.

Bei dem Motiv der Inklusion geht es darum, alternative Chancen anzubieten, die strukturellen Benachteiligungen im Schulsystem entgegen wirken. Dieses Problem ergibt sich v.a. durch eine zu enge Kopplung zwischen Schulabschluss und Hochschulzulassung. Man kann annehmen, dass dieses Problem besonders relevant ist in stark hierarchisierten Schulsystemen mit nur wenigen Schultypen, die für den Hochschulzugang qualifizieren. Es wurde beispielsweise in der PISA-Studie gezeigt, dass Schulsysteme mit einer starken Differenzierung zwischen den einzelnen Schulen auch eine stärkere soziale Schieflage bei der individuellen Schulleistung vorzeigen (OECD, 2010). Dies könnte dazu führen, dass sich Schüler(innen) aus niedrigeren Sozialschichten seltener über den regulären Weg für den Hochschulzugang qualifizieren können, weil ihre Schule nicht auf den Hochschulzugang fokussiert ist (z.B. sie sind seltener an Gymnasien).

Das Motiv der Inklusion kann auch dazu führen, dass ältere Personen für die Öffnung der Hochschulzulassung ins Visier rücken. Hier geht es darum, dieser Gruppe eine zweite Chance auf ein Hochschulstudium anzubieten. Gleichzeitig wird häufig anerkannt, dass diese Personen einen Werdegang hinter sich haben, der zum Teil als Nachweis der Studierfähigkeit anerkannt werden kann. Das Motiv des lebenslangen Lernens führt zum Vorhaben, Personen, die bereits im Arbeitsmarkt sind, eine Möglichkeit anzubieten, sich höher zu qualifizieren. So hat das Motiv auch einen starken beruflichen Bezug.

Es ist anzunehmen, dass eine quantitative Dimension förderlich für die Öffnung des Hochschulzugangs ist. Dabei geht es darum, mehr Personen auf einen Studienplatz zu bringen, was einen Zuwachs vor allem für den Teil der Bevölkerung bedeutet, der bisher weniger an der Hochschulbildung teilgenommen hat. Diese Option ist insbesondere relevant, wenn die Selektivität im Schulsystem dazu führt oder dazu geführt hat, dass es zu wenig Studienbewerber(innen) gibt, wenn also entweder das Hochschulsystem stark expandiert (Angebotsseite) oder die Nachfrage abnimmt. Zum Beispiel ist zukünftig eine geringer werdende Zahl von Studienbewerber(inne)n im Alter von 18 bis 24 Jahren aufgrund des demographischen Rückgangs der Anzahl von Personen in diesem typischen Studienalter zu erwarten.[2]

3 Vergleich der Übergänge in die Hochschule

Die Bestrebungen zur Öffnung der Hochschule für hochschulferne Schichten und Erwachsenenstudierende führen zur Einführung von alternativen Wegen in die Hochschule. Die Gestaltung dieser alternativen Wege hängt sowohl von den Motiven zur Öffnung als auch von der grundsätzlichen Organisation der Hochschulzulassung in einem Bildungssystem ab. Im Rahmen der EUROSTUDENT-Studie wurde ein Grundschema der Hochschulzugangswege entwickelt, das den Vergleich der organisatorischen Struktur der Hochschulzulassung ermöglicht (siehe Abbildung 1).

Die unterste Ebene der Grafik beschreibt die Grundbildung, die Studieninteressierte besitzen. Diese Grundausbildung wird innerhalb des Schulsystems erworben. Der Sekundarabschluss II (ISCED 3A)[3] gilt in allen betrachteten Ländern als direkter und regulärer Weg zur Hochschule (A-level, Abitur, Matura, Maturita usw.). Obwohl dieser Abschluss in vielen Ländern traditionell einen wissenschaftsorientierten Schwerpunkt hat, gibt es zunehmend Kurse, die eine berufliche Orientierung haben und gleichzeitig für ein Hochschulstudium qualifizieren. Beispiele hierfür sind das *Baccalauréat* mit technisch-beruflicher Ausrichtung in Frankreich, die *middelbaar beroepsonderwijs* in den Niederlanden sowie die beruflich und akademisch orientierten *National Vocational Qualifikations level 3 (NVQs)* in England und Wales und die allgemeinbildende *Berufsmaturität* in der Schweiz. Diese Qualifikationen beschränken die Zulassung allerdings häufig auf Fachhochschulen oder ähnliche Hochschultypen.

---

2   Vergleiche Europop-Prognose in der Eurostat-Datenbank.
3   Der „International Standard Classification of Education" (ISCED) wurde von der UNESCO zur Klassifizierung und Charakterisierung von Schultypen und Schulsystemen entwickelt (vgl. UNESCO 1997). Der Hinweis auf ISCED-Niveaus in diesem Grundschema dient lediglich als Orientierungshilfe. In EUROSTAT und EUROSTUDENT (2009, S. 56f.) wurde das ISCED-Schema für einen Vergleich auf Basis von amtlichen Statistiken aus den Bologna-Staaten verwendet. Die analytische Tiefe dieses Vergleichs ist jedoch sehr beschränkt, weshalb hier ein neues Schema, das mehr auf die Organisation der Hochschulzugangswege abstellt, entwickelt wurde.

Abbildung 1: Grundschema der organisatorischen Struktur der Hochschulzulassung

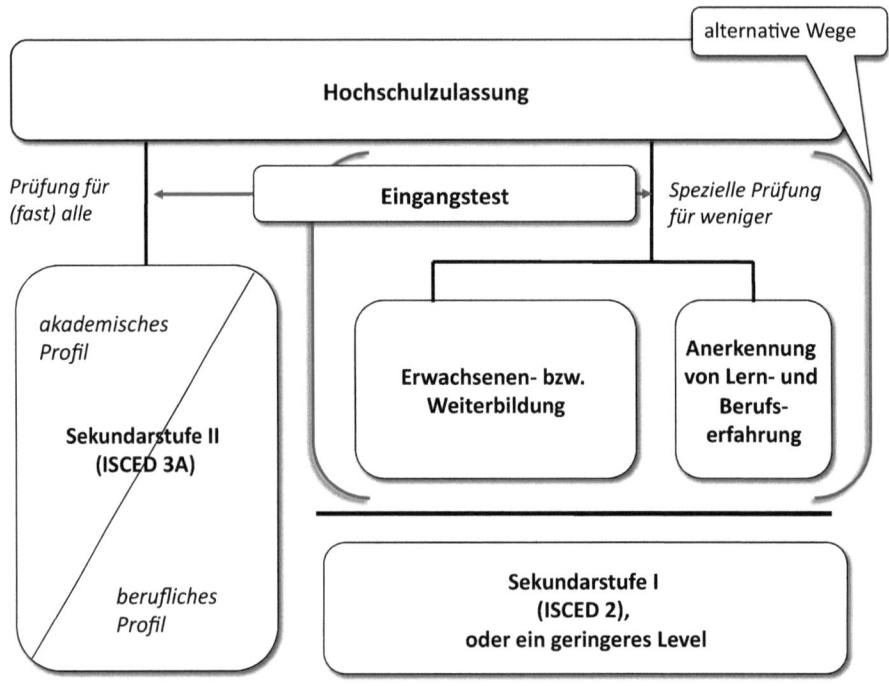

Quelle: Nach Orr & Riechers, 2010.

Der postsekundäre nicht-tertiäre Sektor (meist ISCED 4A) ermöglicht den Hochschulzugang durch *Erwachsenen- und Weiterbildung* nach dem Ende der Schulpflicht. Hier werden i.d.R. die Qualifikationen, die an der Schule hätten erworben werden können, nachgeholt. In vielen Fällen haben die Teilnehmer(innen) eine Ausbildungs- oder Berufsphase hinter sich oder sie sind parallel zur Teilnahme am Kurs erwerbstätig.

Als besonderer Weg in die Hochschule kann die Anerkennung von Kompetenzen und vorangegangenen Lern- und Berufserfahrungen angesehen werden (accreditation of prior learning – APR). Die Bewerber(innen) haben in der Regel nur den Sekundarabschluss I oder ein zumindest geringes Bildungsniveau im Schulsystem erreicht. Es ist häufig von der Politik einer Hochschule abhängig, ob und in welchem Umfang alternative Hochschulzugangswege angeboten werden. In Schweden und Norwegen jedoch sind die Hochschulen verpflichtet diese Möglichkeiten anzubieten. In Spanien muss ein Teil der Studienplätze für hochschulferne Schichten reserviert werden.

Bei der Regelung des Hochschulzugangs spielen der Aufbau des gesamten Bildungssystems und insbesondere das Verhältnis zwischen den Schulen der Sekundarstufe und den Hochschulen eine wesentliche Rolle. Grundsätzlich gibt es hier zwei Regelungstypen für die Organisation der Hochschulzulassung (Waterkamp, 2000; Bancherus, 2010):

- *Berechtigungsmodell*: Im ersten Fall erwerben erfolgreiche Absolvent(inn)en der Sekundarstufe oder eines bestimmten allgemeinbildenden Schultyps (z.B. Gymnasium) ein Recht auf Hochschulzulassung. Deshalb spricht man häufig von einer Hochschulberechtigung. In diesem Fall ist das Verhältnis zwischen Schulabschluss und Hochschulzugang sehr eng und wesentlich für die Zulassung zum Studium ist die abgebende Schule.
- *Prüfungsmodell*: Im zweiten Fall entscheidet in letzter Instanz das Ergebnis einer Zugangsprüfung über die Hochschulzulassung, die entweder zentral-staatlich oder hochschulspezifisch ist. In diesem Fall handelt es sich um eine Regelung der aufnehmenden Hochschule, die entweder die Prüfung selbst durchführt oder die Bedingung der Zulassung anhand des Prüfungsergebnisses bestimmt. Der erfolgreiche Abschluss der Sekundarstufe ist dennoch häufig eine Voraussetzung für die Prüfungsteilnahme. So ist im Vergleich zum Berechtigungsmodell das Verhältnis zwischen Schule und Hochschule viel loser.

Eine Analyse der Eurostat-Daten differenziert nach ISCED-Klassifizierung liefert eine Möglichkeit, grob einzuschätzen, welche Länder zu welchem der zwei grundsätzlichen Modelle gehören.[4] Abbildung 2 zeigt den Anteil von Schulabgänger(inne)n der Sekundarstufe, die die Schule mit einer Qualifikation verlassen, die grundsätzlich *nicht* als Hochschulzulassungsqualifikation gilt.[5] Wenn dieser Anteil hoch ist, findet eine relative starke Auslese innerhalb des Schulsystems statt, aber für die erfolgreichen Absolvent(inn)en findet in der Regel keine weitere Selektion statt. Umgekehrt, wenn dieser Anteil niedrig ist, findet eine relative schwache Auslese innerhalb des Schulsystems statt und es ist anzunehmen, dass andere Instrumente zwischen Schulabgang und Hochschuleintritt diese Funktion übernehmen – siehe Abbildung 2.

---

4   Vergleiche die Ergebnisse mit der Fallstudie-Analyse von Bancherus (2010).
5   Diese Daten müssen mit Vorsicht interpretiert werden, weil es bekanntlich Probleme mit der bisherigen Klassifikation von Qualifikation bei ISCED-1997 gibt. Ab 2014 wird eine neue Klassifikation benutzt werden: ISCED-2011.

Abbildung 2: Anteil der Absolvent(inn)en der Sekundarstufe, die keine grundsätzliche Zulassungsqualifikation für das Hochschulsystem erworben haben (nach ISCED-Schema), 2009 und Durchschnittsanteil für 2000 bis 2009

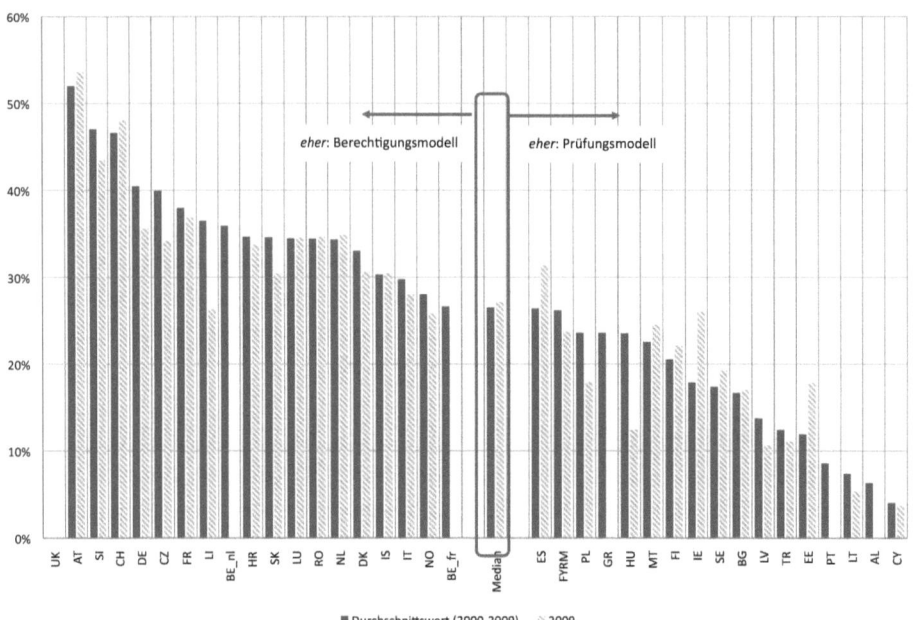

Anmerkungen: Die Personen haben folgende Abschlüsse nicht absolviert (vgl. ISCED 1997): Abschlussqualifikation Sek. II, entwickelt für den direkten Zugang zur Hochschulbildung (ISCED 3A); Abschlussqualifikation Sek. II generell; Abschlussqualifikation Sek. II akademisch. Keine Daten für Großbritannien, das jedoch dem Prüfungsmodell zuzurechnen ist.
Quelle: Eigene Berechnungen, Eurostat-Datenbank.

- Die Länder links vom Medianwert sind in der Regel Länder, die ein Berechtigungsmodell haben (z.B. Österreich, Frankreich, Italien, Schweiz, Deutschland, Niederlande, Belgien, Dänemark, Norwegen).
- Die Länder rechts vom Medianwert sind in der Regel Länder, die ein Prüfungsmodell haben (z.B. Irland, Finnland, Spanien, Portugal, Griechenland, Schweden).

So sind dann die Regelungen zur Anerkennung von Lern- und Berufserfolgen im Kontext der jeweiligen Modelle zu verstehen. In einem System mit einem Berechtigungsmodell kann die Anerkennung als Ersatz für eine sonstige Berechtigung gelten. In einem System mit Prüfungsmodell kann die Anerkennung gelten als (i) Voraussetzung für die Prüfung anstelle des Sekundarabschlusses oder als (ii) Berechtigung für eine spezielle Prüfung, die die Zulassung für Personen ohne den regulären Schulabschluss regelt.

4 Ausmaß und Effekte der alternativen Wege in die Hochschule

Der „Bologna Process Implementation Report", der den Ministern aus den 47 Bolgona-Ländern in Bukarest im Jahr 2012 präsentiert wurde, enthält Daten zum Anteil der Länder, die zumindest einen alternativen Weg in die Hochschule gesetzlich vorsehen (Eurydice, Eurostat & Eurostudent, 2012). Von den 47 Bologna-Ländern haben 22 solche Routen (in der Regel Anerkennung von Lern- und Berufserfahrung). Die 25 Länder, in denen die Zulassung den Besitz eines Oberstufen-Sekundarschulabschlusses ersatzlos voraussetzt, sind mehrheitlich nicht EU-Mitgliedsländer sowie neue Mitgliedsländer plus Italien und Griechenland (Eurydice, Eurostat & Eurostudent, 2012, S. 78). Dieser Unterschied zwischen Ländern mit und ohne alternative Zugangswege lässt sich nicht mit Verweis auf Abbildung 2 und den Unterschied zwischen Berechtigungs- und Prüfungsmodell erklären. Vielmehr suggeriert der Unterschied die Bedeutung von historischen Entwicklungen in der EU. Allerdings, die theoretische Möglichkeit der Hochschulzulassung über einen alternativen Weg sagt wenig über die tatsächliche Benutzung dieser Routen für den Hochschulzugang aus.

Die vergleichende Datenerhebung von EUROSTUDENT enthält auch Daten über die Zugangswege der Studierenden in den europäischen Hochschulsystemen. Anhand des Schemas in Abbildung 1 können die Anteile dann auch zwischen den Ländern verglichen werden. Der Vergleich (einer Auswahl) von neun europäischen Ländern, die an EUROSTUDENT IV teilgenommen haben, zeigt einige Unterschiede auf (siehe Abbildung 3).

Abbildung 3: Anteil der nationalen Studierenden eines Landes (ISCED 5a), die über die jeweiligen Zugangswege in die Hochschule gelangen, 2009/2010 (in %)

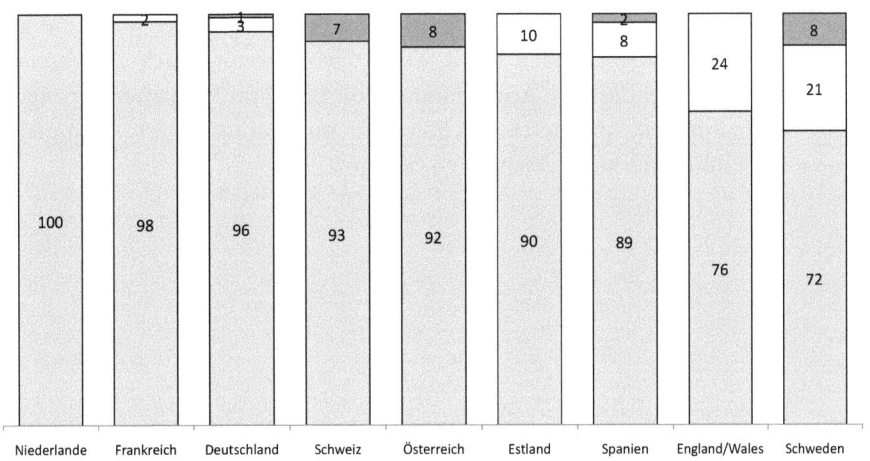

Quelle: Eigene Berechnung, EUROSTUDENT 2011 Datensatz.

Im Allgemeinen ist festzustellen, dass die überwiegende Mehrheit der Studieren-den über den regulären Zugangsweg in die Hochschule (Abschlussqualifikation Sek. II) gelangen. Dies auch unabhängig davon, ob die organisatorische Regulie-rung eher einem Berechtigungs- oder einem Prüfungsmodell zuzuordnen ist (vgl. Abbildung 2). Auffallend ist jedoch, dass die Länder mit einem Anteil von 10 Pro-zent oder mehr Studierenden, die eine alternative Route (Erwachsenen- und Wei-terbildung, Anerkennung von Lern- und Berufserfahrung sowie spezielle Prüfun-gen) gewählt haben, eher dem Prüfungsmodell zuzurechnen ist (Estland, Spanien, England/Wales, Schweden). Diese Tendenz gilt auch für die Mehrheit der Länder, die an EUROSTUDENT teilgenommen hat (Orr, Gwosc & Netz, 2011). Der Zu-sammenhang zwischen Prüfungsmodell und einem hohen Anteil an Studierenden, die alternative Routen in die Hochschule wählen, ist ebenfalls plausibel, weil es qua Prüfungsmodell Systeme sind, in denen die Kopplung zwischen Schulabschluss und Hochschulzugang weniger ausgeprägt ist. Damit ist es systemkohärent, Zulassungs-wege jenseits des Schulabschlusses anzubieten.

Gleichwohl: Die Länder Schweiz, Österreich, Spanien und Schweden haben den höchsten Anteil von Studierenden, die über eine Anerkennung von Lern- und Be-rufserfahrung oder eine spezielle Prüfung in die Hochschule gelangen. So dient die Unterscheidung zwischen Berechtigungs- und Prüfungsmodell nicht grundsätzlich zur Erklärung der Nutzung von alternativen Wegen. Jedoch ist das Angebot alterna-tiver Routen auch im System mit Berechtigungsmodell plausibel, denn es steht für das Motiv, die Abhängigkeit zwischen Schulleistung und Hochschulzulassung auf-zuheben.

Im Rahmen der EUROSTUDENT-Datenerhebung werden die Daten zum Hoch-schulzugang sowohl standardisiert als auch nationalspezifisch erhoben. Daher gibt es die Möglichkeit, die Ergebnisse aus Abbildung 3 nationalspezifisch zu rekonstru-ieren. Tabelle 2 zeigt diese Unterschiede exemplarisch für vier Länder.

Sie zeigt, dass für einen kleinen Anteil der Studierenden dieser Weg eine wich-tige Rolle für die Studienchancen spielt. Die Differenzierung nach Studierenden-typ zeigt insbesondere, dass die Anerkennung von Lern- und Berufserfahrung eine wichtige Maßnahme ist, um die Hochschulen für unterrepräsentierte Gruppen wie Personen aus bildungsfernen Schichten zu öffnen.

Tabelle 2: Daten und national-spezifische Kurzbeschreibung zum Anteil „Anerkennung von Lern- und Berufserfahrung"

Land	APR+ Alle Studie-rende (in %)	APR+ Alle Studie-rende absolut (Schätzung)	APR+ Studierende aus bildungs-ferner Schicht (in %)	Kurzcharakterisierung und ggf. nationale Bezeichnung
Schweiz	6,6	10.531	11,7	Eid. Fähigkeitszeugnis / certificat fédéral de capacité, danach Eignungsprüfung für Fachhochschule, Anerkennung liegt in der Autonomie der Hochschulen.
Österreich	8,0	19.871	19,1	1) Berufsreifeprüfung häufig in Kombi-nation mit beruflicher Ausbildung, 2) Studienberechtigungsprüfung, berufl. oder außerberufl. Vorbildung als Voraussetzung, Anerkennung liegt in der Autonomie der Hochschulen.
Spanien	2,0	29.475	3,8	Prueba de acceso, Anerkennung liegt in der Autonomie der Hochschulen, aber ein bestimmter Anteil der Plätze muss dafür vorgesehen sein.
Schweden	7,7	27.990	11,3	Arbetslivserfarenhet (Arbeitserfahrung), Validering av reell kompetens (Anerken-nung von Kompetenzen). Hierfür müssen nach Gesetz Studienplätze reserviert werden.

Quelle: Eigene Darstellung, EUROSTUDENT 2011 Datensatz für Anteile und Eurostat-Datenbank für Absolutwerte.

In der Schweiz gibt es neben dem regulären Weg über die gymnasiale Maturität auch die doppelt qualifizierenden Abschlüsse Berufsmaturität und Fachmaturität, die jeweils als besonderer Weg in die Fachhochschule vorgesehen sind (Bundesamt für Statistik, 2010). Daneben haben Absolvent(inn)en einer drei- bis vierjährigen Lehre auch die Möglichkeit einer Hochschulzulassung *ohne Maturität*, also eine Alternative zur normalen Zulassungsberechtigung. Diese Zulassung liegt in der Autonomie der Hochschulen und wird sowohl von den Fachhochschulen als auch von den Universitäten angeboten.[6] In vielen Hochschulen werden nur Anwärter(innen) akzeptiert, die mindestens 25 Jahre alt sind. Nach den Daten von EUROSTUDENT IV gelangen 6,6 Prozent der Studierenden und 11,7 Prozent der Studierenden aus bildungsfernen Schichten über diesen Weg in die Hochschule.

---

6   http://www.crus.ch/information-programme/anerkennung-swiss-enic/zulassung/ohne-maturitaetszeugnis.html. [Zugriff: 20.10.2012].

Neben der Abendschule zum Nachholen der Matura gibt es in Österreich drei Hauptwege in die Hochschule. Die *Berufsreifeprüfung* kann von Personen abgelegt werden, die zumindest eine Lehre abgeschlossen haben. Das Mindestalter beim Erwerb der Zulassung beträgt 19 Jahre. Die Berufsreifeprüfung gilt als vollwertiger Ersatz für die Matura. Die Vorbereitung auf die Prüfung kann berufs- und berufsausbildungsbegleitend erfolgen. Absolvent(inn)en erwerben die allgemeine Hochschulberechtigung. Daneben gibt es die *Studienberechtigungsprüfung*, die für die Zulassung zu Studiengängen in bestimmten Fachrichtungen berechtigt, und die *Fachhochschulbefähigung*, die eine Zulassung zum Fachhochschulstudium ermöglicht. Bei allen Optionen kann die Anerkennung von vorhergehenden Leistungen Teilprüfungen ersetzen.[7] Nach den Daten von EUROSTUDENT IV gelangen 8,0 Prozent der Studierenden und 19,1 Prozent der Studierenden aus bildungsfernen Schichten über diesen Weg in die Hochschule.

In Spanien spielt die Zulassungsprüfung – die *prueba de accesso* – eine entscheidende Rolle bei dem tatsächlichen Erfolg von Studienanwärter(innen). Seit 2008 ist dies eine besondere Zulassungsprüfung für die über 25-jährigen. Die Vorbereitung erfolgt durch spezielle Vorbereitungskurse an Hochschulen, in Kollegs sowie online. Jede Hochschule muss etwa 3 Prozent ihrer Studienplätze für die erfolgreiche AbsolventInnen der Prüfung reservieren.[8] Sie können zudem zusätzliche Zulassungsbedingungen individuell setzen. Nach den Daten von EUROSTUDENT IV gelangen 2 Prozent der Studierenden und 3,8 Prozent der Studierenden aus bildungsfernen Schichten über diesen Weg in die Hochschule.

Die Anerkennung von Kompetenzen erworben im Laufe der Lebens- und Berufsbiographie – *reell kompetens* – ist ein wichtiges Ziel für die Bildungspolitik in Schweden (spätestens seit 2003) und die Erfahrungen der Hochschulen wurde 2009 evaluiert (Högskoleverket, 2009). Dieser Weg in die Hochschule ist grundsätzlich für alle Personen offen und nicht nur für Bewerber(innen), die 25 Jahre und älter sind. Dies, weil Schweden eine Politik des Mainstreaming verfolgt und nicht der Zielgruppen spezifischen Maßnahmen (Eurydice, Eurostat & Eurostudent, 2012, S. 79). Auch hier war ursprünglich eine Prüfung der Studierfähigkeit als alternativer Weg in die Hochschule vorgesehen (die SweSAT). Für viele Hochschulen und Studiengänge hat sich diese Prüfung jedoch mittlerweile als zusätzliches Kriterium für die Hochschulzulassung etabliert und verfehlt damit ihren ursprünglichen Zweck (Orr & Riechers, 2010, S. 13). Der Verband schwedischer Hochschulen empfiehlt als Basisvoraussetzung für die Hochschulzulassung eine grundständige Schulbildung oder drei Berufsjahre (Sveriges universitets- och högskoleförbund, 2012). Darüber hinaus entscheiden die Hochschulen autonom über die Zulassung aufgrund der Anerkennung von Lern- und Berufskompetenzen. Die Universität Lund bietet beispielsweise ein Formular für Studienanwärter(innen) an, das sie mit relevanten Erfahrungen und Kompetenzen ausfüllen sollen.[9] Nach den Daten von EURO-

---

7   http://www.arbeiterkammer.com/online/berufsreifepruefung-6250.html. [Zugriff: 20.10.2012].
8   http://www.accesomayores25.com/universidades.html. [Zugriff: 20.10.2012].
9   https://www.antagning.se/Global/Faktablad_Brand/13_REKO%20blankett.pdf.
    [Zugriff: 2010.2012].

STUDENT IV gelangen in Schweden 7,7 Prozent der Studierenden und 11,3 Prozent der Studierenden aus bildungsfernen Schichten über diesen Weg in die Hochschule.

Obwohl alle vier Länder im Einzelnen unterschiedliche Zulassungsverfahren verwenden, sind auch Gemeinsamkeiten sichtbar. Die Zuordnung zu einem Berechtigungs- oder Prüfungsmodell erklärt keine Unterschiede in den einzelnen Verfahren. Vielmehr wird in allen vier Ländern ein klarer Bezug zwischen beruflichem Werdegang und Hochschulreife hergestellt. Das heißt, sie bieten Personen mit einer beruflichen Ausbildung und Erfahrung im Beruf die Möglichkeit, das Nachholen des allgemeinbildenden Abschlusses der schulischen Oberstufe zu vermeiden. Stattdessen wird in den Systemen angenommen, dass auch die Erfahrung im Beruf zur Studierfähigkeit führen kann. In drei der Länder, aber nicht in Schweden, wird die Zulassung jedoch nicht ohne eine bestimmte Prüfung gewährt. In Schweden haben die Hochschulen freie Hand, was zu Fragen der Qualitätssicherung geführt hat. In der Evaluation des alternativen Zulassungssystems in Schweden hat man deshalb eine besondere Betreuung der betroffenen Studierenden und ein statistisches Monitoring ihres Studienverlaufs gefordert (Högskoleverket, 2009).

In Spanien und der Schweiz spielt das Alter der Studienanwärter(innen) eine entscheidende Rolle bei der Zulassung, weil die Personen mindestens 25 Jahre alt sein müssen. Auch in Schweden war dies bis 2008 der Fall mit dem Programm „25:4". Berechtigt für diesen Zulassungsweg waren Personen, die mindestens 25 Jahre alt waren mit mindestens vier Jahren Berufserfahrung (Orr & Riechers, 2010, S. 14). Dies suggeriert, dass diese Initiativen besonders vom Konzept des Lebenslangen Lernens motiviert sind. In Österreich war die Öffnung der Hochschulen hingegen vom Ausbau des neuen Fachhochschulsektors beeinflusst, in dem etwa ein Drittel der Studiengänge berufsbegleitend angeboten wird. Das heißt, die Fachhochschulen sollen u.a. den früheren Eintritt in den Arbeitsmarkt ermöglichen, ohne dass diese Erwerbstätigen auf eine höhere Bildung verzichten müssen. Insgesamt wird deutlich, dass die alternativen Wege eine Öffnung der Hochschulen in Richtung Berufswelt bedeuten.

5   Diskussion und Herausforderungen

Der Vergleich der Hochschulzugangswege in Europa erweist sich als schwierig, weil sich die Länder sowohl in der Bedeutung der Bildungsebenen (Schulbildung und Hochschulbildung), der Bildungssektoren (berufliche und allgemeinbildende Sektoren), als auch in der Autonomie der Hochschulen unterscheiden. Trotz dieser Unterschiede gibt es jedoch allgemeine Tendenzen, die in diesen unterschiedlichen Bildungssystemen zum Vorschein kommen.

Dieser Beitrag hat ein analytisches Gerüst angeboten, anhand dessen der Vergleich und die Erkennung von Unterschieden und Ähnlichkeiten möglich sind. Die Einordnung von Bildungssystemen in Berechtigungs- und Prüfungsmodelle für die

Hochschulzulassung (Abbildung 2) erlaubt zumindest eine Einschätzung der allgemeinen Bedeutung der Schulbildung als Selektionsfilter für die Hochschulzulassung. Allerdings wird die Balance zwischen abgebender Schule und aufnehmender Hochschule in den meisten Bildungssystemen gerade neu konfiguriert. Anstelle der passiven Aufnahme der vorselektierten Schulabsolventen nehmen die Hochschulen eine aktivere Rolle in der Studienzulassung ein, insbesondere bei den alternativen Wegen. Die Beschreibung der Organisation der Hochschulzulassung anhand des Grundschemas (Abbildung 1) und die Quantifizierung der Anteile von Studierenden, die über die verschiedenen Wege in die Hochschule gelangen, ermöglichen einen standardisierten Vergleich (Abbildung 3). Zu erkennen ist, dass die Mehrheit der Studierenden über den regulären Weg des Sekundarschulabschlusses in die Hochschule kommt. Gleichwohl gibt es Länder, in denen mehr als jeder Zehnte aufgrund einer außerhalb der Schule erworbenen Qualifikation zum Hochschulstudium zugelassen wird. In den wenigsten Ländern ist der Anteil der Studierenden, die über eine Anerkennung ihres beruflichen und biographischen Werdegangs zum Studium gelangen, hoch.

Für ein ausreichendes Verständnis dieser Systeme müssen auch national-spezifische Informationen berücksichtigt werden, die den Weg im Kontext des Bildungssystems beschreiben (Tabelle 2). Nicht Gegenstand dieser Studie war eine Untersuchung der Frage, welche Qualifikation zur Zulassung in welcher Hochschule berechtigt. Die Beantwortung dieser Frage würde die tatsächlichen Effekte der Öffnung des Hochschulzugangs besser einschätzen lassen. Allerdings, wie bereits die Kurzbeschreibungen der alternativen Wege in den vier Ländern zeigten, wird eine Antwort zunehmend schwerer. Die Öffnung der Zugangswege geschieht in Europa im Kontext von mehreren zeitgleichen Trends: der Versuch, bislang hochschulferne Schichten in die Hochschule zu bringen, der Versuch, ältere Personen auf dem Arbeitsmarkt zu ermutigen, zurück in die Hochschule zu gehen, der demographische Wandel mit einem abnehmenden Bevölkerungsanteil im typischen Studienalter[10] und – besonders wichtig – die zunehmende Autonomie der Hochschulen.[11] So ist eine Aufhebung oder zumindest eine erhebliche Lockerung der bisherigen Zulassungsbedingungen für das Hochschulstudium in den meisten europäischen Ländern zu beobachten. Diese Entwicklung überlässt den Hochschulen einen größeren Freiraum für Zulassungsentscheidungen.

Diesen Freiraum verstehen die meisten Hochschulen im Kontext ihres Selbstverständnisses, d.h. innerhalb der profilbildenden Frage: „Was bin ich?" Sie können sich anhand der verwendeten Kriterien für die Hochschulzulassung auf dem „Hochschulmarkt" positionieren. Damit könnten manche Hochschulen auf das neue nicht-traditionelle Klientel fokussieren (auch mit anderen pädagogischen Lern- und Betreuungskonzepten), während andere Hochschulen diese Gruppe nicht einschreiben. Deshalb hat die frühere spanische Regierung eine Hochschulstrategie

---

10 Laut Eurostats Europop-2010-Datensatz wird die Veränderung im Bevölkerungsanteil der 18- bis 24-jährigen bis 2020 für Deutschland auf minus 15 Prozent und für Europa (EU-27) auf minus 13 Prozent eingeschätzt.

11 Vergleiche: http://www.university-autonomy.eu/ [Zugriff: 20.10.2012].

für das Land entwickelt, die die soziale Verantwortung der Hochschulen betonte, auch im Kontext des zunehmenden Wettbewerbs der Hochschulen untereinander (Spanish Ministry of Education, 2010). So sollten die Hochschulen Profile bilden, die nicht allein auf eine Elite fokussieren, sondern auch die Diversität des sozialen und biographischen Hintergrunds hervorheben.

Das Ziel der Öffnung der Hochschulen, das von vielen europäischen Ländern geteilt wird, hat auch zur Folge, dass zunehmend viele Zugangswege prinzipiell für die Hochschulzulassung qualifizieren. In England und Wales wird dieses Ziel schon lange im Kontext der autonomen Stellung der Hochschulen verfolgt. Eine nationale Evaluation kritisiert jedoch die damit einhergehende fehlende Transparenz bei den Zulassungskriterien, die für Studieninteressierte verwirrend sein kann (Schwartz, 2004). Verwirrende Informationen über die Qualifikationswege für die Hochschulzulassung könnten manche Studieninteressierten von einer Bewerbung abhalten.

Deshalb kann die Frage nach dem Effekt der Öffnung der Hochschulzulassung für die Chancengerechtigkeit aller an einem Studium Interessierter nicht ohne weitere Untersuchungen geklärt werden. Es ist zu hoffen, dass dieser Aufsatz eine hilfreiche Grundlage für solche Untersuchungen bieten konnte.

Literatur

Bologna Minister (2005). *Bergen Communiqué.*

Bologna Minister (2009). *Leuven Communiqué.*

Bancherus, U. (2010). Hochschulzulassung und Kapazitätsplanung in Westeuropa – eine Bestandsaufnahme. *Die Hochschule*, 19 (2), 40–56.

Bundesamt für Statistik (2010). *Maturitäten und Übertritte an Hochschulen.* Neuchatel: BFS.

EUROSTAT & EUROSTUDENT (2009). *The Bologna Process in Higher Education in Europe – Key indicators on the social dimension and mobility.* Luxembourg: Eurostat.

Eurydice, Eurostat & Eurostudent (2012). *Bologna Process Implementation Report.* Brussels: EACEA.

Högskoleverket (2009). *Reell kompetens vid bedömning av behörighet och tillgodoräknanden (21 R).* Stockholm: Högskoleverket.

KMK (2009). *Vereinbarung einheitlicher undefined Kriterien für den Hochschulzugang beruflich qualifizierter Bewerber.* http://www.kmk.org/fileadmin/veroeffentlichungen_beschluesse/2009/2009_03_06-Hochschulzugang-erful-qualifizierte-Bewerber.pdf. [Zugriff am 20.10.2012].

OECD (2010). *PISA 2009 Results: Overcoming Social Background: Equity in Learning Opportunities and Outcomes (Volume II).* Paris: OECD.

Orr, D. & Riechers, M. (2010). *Organisation des Hochschulzugangs in sieben europäischen Ländern: Eine vergleichende Betrachtung.* Hannover: HIS.

Orr, D., Gwosc, C. & Netz, N. (2011). *Social and Economic Conditions of Student Life in Europe.* Bielefeld: W. Bertelsmann.

Schwartz, S. (2004). *Fair admissions to higher education: recommendations for good practice.* http://www.admissions-review.org.uk/downloads/finalreport.pdf: Admissions to Higher Education.

Spanish Ministry of Education (2010). *Estrategia Universidad 2015 – The contribution of Spanish universities to socio-economic progress.* Madrid: Spanish Ministry of Education.

Sveriges universitets- och högskoleförbund (2012). *Reviderade rekommendationer om bedömning av reell kompetens för grundläggande behörighet*. Stockholm: Sveriges universitets- och högskoleförbund.

Teichler, U. & Wolter, A. (2004). Zugangswege und Studienangebote für nicht-traditionelle Studierende. *Die Hochschule*, (2), 64–80.

UNESCO (1997). *International Standard Classification of Education (ISCED)* http:\\www. uis.unesco.org/Education/Pages/international-standard-classification-of-education.aspx [Zugriff: 20.10.2012]

Waterkamp, D. (2000). *Organisatorische Verfahren als Mittel der Gestaltung im Bildungswesen. Ein Ansatz der Strukturierung aus der Sicht der Vergleichenden Erziehungswissenschaft.* Waxmann: Münster.

Salome Adam

Studienbeginn, Studienbedingungen und Studienprobleme

Die Hochschule als ein Ort des programmierten Chaos der Massenabfertigung

1 Einleitung

Die meisten Hochschulen in der Bundesrepublik Deutschland sind ausgelastet – oder wohl eher bereits komplett überlastet. Dies ist ein Fakt und keine Gefühlsregung gestresster Studierender. Im Jahr 2011 haben laut Statistischem Bundesamt über 516.890 Personen ein Studium aufgenommen. Im Vergleich dazu waren es im Referenzjahr 2005 nur 356.076 (Statistisches Bundesamt, 2012). Das heißt, innerhalb von nur sechs Jahren gab es eine Steigerung der Studienanfängerzahlen um 160.814 Studierenden bzw. 45,16 Prozent. Im Zeitraum 2011 – 2015, der zweiten Phase des Hochschulpakts 2020, wird zusätzlich zur Referenzmarke von 2005 mit jeweils 535.000 Erstsemestern zu rechnen sein und bis 2025 gar mit 1,1 Millionen (Berthold et al., 2012).

Für diese Erhöhung der Studienanfängerzahlen sind unterschiedliche Gründe zu nennen. Zum einen haben mehrere Bundesländer die Schulzeit verkürzt. Beginnend im Jahr 2007 mit Sachsen-Anhalt kommen die sogenannten doppelten Entlassjahrgänge. Dieses Phänomen wird bis mindestens 2014 mit unterschiedlichem Ausmaß Bedeutung haben (vgl. Tab. 1).

Tabelle 1: Übersicht der doppelten Abiturjahrgänge

Jahr	Bundesland
2007	Sachsen-Anhalt
2008	Mecklenburg-Vorpommern
2009	Saarland
2010	Hamburg
2011	Bayern, Niedersachsen
2012	Baden-Württemberg, Berlin, Bremen
2013	Nordrhein-Westfalen, Hessen I
2014	Hessen II
2016	Schleswig-Holstein

Quelle: Statistische Veröffentlichungen der Kultusministerkonferenz. (2005): Vorausberechnung der Schüler- und Absolventenzahlen 2003 bis 2020. Dokumentation Nr. 173. S. 56.

Zum anderen tragen die Aussetzung der Wehrpflicht und die gestiegene Anzahl ausländischer Studierender zu einem Anstieg der Studierendenzahlen bei. Insgesamt ist zu bilanzieren, dass die Zahl der Personen, die die Hochschulzugangsberechtigung erwerben und danach auch ein Studium aufnehmen (= Studierquote), steigt.

Bei Betrachtung dieser Zahlen stellt sich die Frage, inwiefern die Hochschulen in der Bundesrepublik überhaupt noch in der Lage sind, diese hohe Anzahl an Studierenden aufzunehmen und gleichzeitig ein qualitativ hochwertiges Studium zu gewährleisten, wenn die finanziellen Zuweisungen konstant sind oder eine sinkende Tendenz aufweisen, obwohl es einen offensichtlichen Mehrbedarf gibt? Zu untersuchen gilt, welche Probleme sich an Hochschulen strukturell abzeichnen, in der Studieneingangsphase und im Studium direkt.

Ich werde versuchen, diese Fragen zu beantworten und Lösungsansätze aufzuzeigen. Denn die oben genannten Zahlen zeigen, dass ein Studium nicht mehr nur einem kleinem elitären Kreis, sondern beginnend mit dem Öffnungsbeschluss der Ministerpräsidenten, Kultus- und Finanzminister im Jahr 1977 einer immer größeren Anzahl an Personen (Bultmann & Weitkamp, 1999) zur Verfügung steht. Für diese über zwei Millionen Studierende, die seit dem Wintersemester 2010/2011 (Statistisches Bundesamt, 2011) an Hochschulen in Deutschland eingeschrieben sind, trägt die Gesellschaft – und in ihr vor allem die Landesregierungen und Bundesregierung – ein hohes Maß an Verantwortung, ihnen eine gute Bildung zu garantieren. Gute Bildung[1] ist elementar für eine liberale Gesellschaft. Das Bildungssystem formt und prägt die heranwachsende Generation und legt wichtige Grundlagen für die gesamte gesellschaftliche Entwicklung im globalen Kontext. Das heißt: Wird an dieser Stelle versagt, folgen negative Auswirkungen für die gesamte Gesellschaft – für Jahrzehnte.

Im Folgenden werde ich zuerst den Studienbeginn beleuchten und später die Studienbedingungen im Allgemeinen. Jedoch möchte ich an dieser Stelle hervorheben, dass nicht die große Anzahl an Studierenden das Problem ist, sondern die akut zunehmende und durchaus politisch beabsichtigte Unterfinanzierung der Hochschulen und der Bildungseinrichtungen insgesamt. Die Unterfinanzierung der Hochschulen hat ihren Ursprung im Jahr 1977, als mit dem damaligen Öffnungsbeschluss gleichzeitig die Bildungsausgaben und der Stellenbestand auf dem Niveau von 1975 festgesetzt wurden. Der Grund hierfür war, dass man damals davon ausging, dass die Studierendenzahlen nur in der 80er Jahren steigen und spätestens in der 90ern demographisch bedingt wieder rapide absinken würden (Bultmann & Weitkamp, 1999). Dass diese Kalkulation bei Weitem nicht aufging, ist mittlerweile allgemein bekannt, jedoch wurde bisher kein schlüssiges Konzept entwickelt, um

---

1 Gute Bildung wird aus ihrer Funktion heraus als ein Menschenrecht verstanden – „Sie soll die volle Entfaltung der menschlichen Persönlichkeit bzw. das Bewusstsein über die menschliche Persönlichkeit ermöglichen und damit das Selbstbewusstsein von Individuen fördern und die Partizipation am gesellschaftlichen Leben ermöglichen. Sie soll bestehenden sozialen Ungleichheiten entgegenwirken und Armut bekämpfen helfen. Schließlich soll Bildung als ökonomischer Faktor durch Steigerung der Produktivität zu einem besseren Leben beitragen." (vgl. Achelpöhler et al., 2007 und die dort angegebene Literatur sowie Overwien & Prengel, 2007).

das grundsätzliche Unterfinanzierungsproblem, das seit über 30 Jahren besteht und sich in den vergangenen Jahren nochmals verschärfte, anzugehen.

Die Hochschulen werden spätestens seit 1993 als „Dienstleistungsbetrieb" verstanden. Die Betriebswirtschaft wurde dadurch zur Leitwissenschaft erhoben und an den Hochschulen zählt nur noch „Effizienz, Autonomie, Professionalität" (Bultmann & Weitkamp, 1999, S. 10). In diesem Kontext werden fehlende Ressourcen als ein Weg verstanden, die Entwicklung an Hochschulen durch scharfe Konkurrenzbedingungen zu verstärken. So sagte Roman Herzog: „Mittelknappheit ist nicht nur ein beklagenswerter Zustand für die Hochschulen, sondern sie kann auch ein Motor für notwendige Neuerungen sein" (Karpen, 1998, S. 25). Dieses Verständnis von Hochschule und Hochschulfinanzierung ist die Ursache der meisten Probleme im hochschulpolitischen Kontext.

2 Der Studienbeginn

Diese Phase des Studienbeginns ist für alle Studierenden sehr unterschiedlich und wenig vergleichbar. Sie ist abhängig von Erfahrungen, Hintergründen und Einflüssen. Daher ist es schwierig, an dieser Stelle zu verallgemeinern. Ich werde dies dennoch mit der Hilfe von Thesen versuchen, um systematische Probleme aufzuzeigen.

2.1 Probleme des Studienbeginns

Für die Abiturientinnen und Abiturienten gibt es wenig Orientierungspunkte, ob und wenn ja, was und wo genau sie eigentlich studieren sollen, obwohl der Druck hoch ist, zu studieren.
Soll ich studieren? Das ist eine Frage, deren Antwort oft davon abhängt, welchen sozialen Bildungshintergrund die Eltern haben. Gerade einmal 24 von 100 Nicht-Akademikerkindern beginnen ein Studium. Dem gegenüber stehen 71 von 100 Akademikerkindern, die ein Studium aufnehmen (Isserstedt et al., 2010).

Die Ursachen für dieses Phänomen sind vielfältig. Kinder aus nicht-akademischen Familien scheitern überwiegend im Vorfeld an der Schwelle zum Übergang in die Sekundarstufe II (Abb. 1). Weiterhin ist eines der Hauptprobleme, dass das Studienangebot extrem vielfältig ist, genauso aber auch Beratungsangebote und sogenannte Studienfachfinder. Gerade an Schulen fehlt meist eine gut ausgebildete Person, die eine gute Studienfachberatung anbieten bzw. durchführen könnte.

Dadurch wissen einige nicht, wohin mit ihren Sorgen, Nöten und Ängsten. Denn was ist heutzutage ein Studium? Was sind Modulhandbücher? Bekomme ich mit diesem Bachelor auch einen Master? Alles Fragen, bei denen häufig die Eltern oder die Lehrerinnen und Lehrer, die in der Zeit der Studienentscheidung meist die Hauptansprechpartner sind, nicht richtig beantworten können, weil sie oft noch in

Abbildung 1: Bildungsbarrieren: Fünf Schwellen der Bildungsbeteiligung 2008

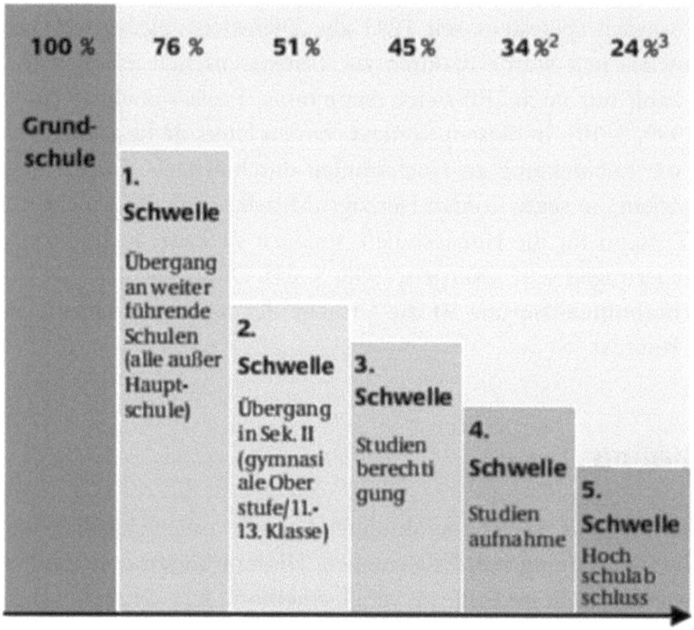

Quelle: Deutsches Studentenwerk. (2010). 19. Sozialerhebung

einem anderen System oder gar nicht studiert haben. Hinzu kommt, dass die Fragen häufig auch durch die Hochschulen selbst nicht beantwortet werden können. Die Hochschulen haben es in den vergangenen Jahren geschafft, irgendwie einige Teile der Bologna-Reform umzusetzen. Dabei haben sie jedoch ein derartiges Maß an Kreativität entwickelt, das häufig kaum jemand mehr weiß, was und wie jetzt eigentlich studiert wird. Die Frage, wie dies potentielle Studienanfängerinnen und -anfänger, die sehr häufig gerade aus der Schule kommen, wissen und verstehen sollen, wird in diesem Kontext kaum gestellt. Obwohl gerade die Sensibilität seitens der Hochschulen notwendig wäre, aus der Perspektive von künftig Lernenden zu denken und Transparenz sowie Verständlichkeit herzustellen, alles Merkmal einer Qualitätskultur von Hochschulen.

Zuletzt kommt das „Lotteriespiel" mit den Zugangs- und Zulassungsbedingungen hinzu. Die „Zentrale Vergabestelle für Studienplätze" (ZVS), die früher einmal die Studierenden in den begehrten Fächern wie Medizin, Pharmazie und Biologie verwalten sollte, hat ausgedient. An ihrer Stelle stehen jetzt verschiedene miteinander konkurrierende Systeme, die alle aus unterschiedlichen Gründen nicht funktionieren. In diesem Chaos ist es hoch anspruchsvoll, wenn Studienanfängerinnen und –anfängern sich wohlüberlegt ihr Studienfach aussuchen sollen, wo sie doch mit einer Vielzahl komplizierter und intransparenter Zugangs- und Zulassungsverfahren konfrontiert sind, die sich beständig ändern und sie umso mehr verunsichern. Häufig führt dies dazu, dass Personen, die sich entschieden haben zu studieren, gleich mehrere Bewerbungen abschicken, um sicher zu gehen, auch irgendwo einen Platz zu finden. Dies hat wiederum zur Folge, dass die einzelnen Hochschulen nicht wissen, wie viele der zugelassenen BewerberInnen ihr Studium antreten werden, weshalb zur Verhinderung frei bleibender Studienplatzkontingente die einzelnen Studiengänge teilweise doppelt und dreifach „überbucht" werden, d.h. es werden deutlich mehr Zulassungen erteilt, als „Plätze" vorhanden sind. Manchmal kommen dadurch viel zu viele Studierende in einen Studiengang, was fatale Folgen für alle Studierenden und die Hochschule insgesamt hat. Manchmal bleiben aber auch trotzdem viele Plätze frei und müssen in aufwändigen Nachrückverfahren neu besetzt werden.

Zum Chaos mit dem Zugangs- und Zulassungssystem und den überfüllten Hochschulen kommt an einigen Orten noch das Problem der Wohnungsnot hinzu. Das kann natürlich potentiell Studienanfängerinnen und -anfänger noch wesentlich stärker verunsichern, gerade wenn es keine angemessene Studien- oder Sozialberatung gibt. Jedoch kann auch eine Sozialberatung nicht helfen, wenn in einigen Städten die Wohnungen bzw. Zimmer so teuer sind, dass das nach Abzug der Miete überbleibende BAföG, dessen Höchstsatz aktuell bei 670 Euro liegt [2], nicht mehr zum Leben reicht.

Die Studierenden bilden eine inhomogene Gruppe, mit der viele Hochschulen nicht umgehen können.
Nachdem die Studierenden diese Schwellen überwunden und ein Studium aufgenommen haben, werden sie feststellen, dass die Hochschule strukturell mit ihnen überfordert ist. Studierende sind ist nicht gleich Studierende. Alle bringen andere Talente, Kompetenzen, Neigungen, Voraussetzungen und Hintergrundwissen mit bzw. befinden sich in unterschiedlichen Lebensumständen. Die Homogenitätserwartungen der Hochschulen widersprechen jedoch dieser Realität. Um sogenannte „Qualitätsverluste" zu verhindern, haben Hochschulen enge Vorstellungen von „Normalstudierenden." Daher führen Abweichungen von den „Normalitätserwartungen" der Hochschulen zu Problemen (Leichsenring, 2011).

Die Wissenschaft ist in den Bereichen „Diversity-Management" und „Neue Lehr- und Lernkonzepte" schon viel weiter, jedoch werden solch neuartige Konzepte an den Hochschulen nicht systematisch und nachhaltig umgesetzt.

2.2 Lösungsansätze

Damit die Vielzahl der genannten Problemen gelöst werden kann, wäre erstens eine wesentlich bessere Beratungsstruktur insbesondere an den Schulen notwendig, an denen eine Hochschulzugangsberechtigung erworben werden kann. Die Beraterinnen und Berater müssen regelmäßig und nach einheitlichen Standards geschult sowie nach Möglichkeit weitergebildet werden. Kostenpflichtige private Studienberatungsdienste sind abzulehnen, da Beratungen allen unabhängig von ihrem sozialen

---

2 Dieser Satz gilt für Studierende, die nicht mehr bei ihren Eltern leben (Deutsches Studentenwerk, 2012).

Status zur Verfügung stehen müssen. Natürlich muss es auch ein gutes Netzwerk der Studienberaterinnen und -berater an der Hochschule vor Ort geben, die sowohl allgemeine als auch fachspezifische Fragen beantworten können, beispielsweise, ob man lieber an einer Universität oder an einer Fachhochschule studieren sollte. Neben der Studienberatung müssen zusätzliche Angebote, die Einblick in den Hochschulalltag geben, wie das Schnupperstudium, Schülerstudium, „Jugend forscht" oder Ähnliches ausgebaut werden. Diese Angebote können eine Studienentscheidung vereinfachen, befördern oder in richtige Bahnen lenken.

Zweitens wäre eine Art „Studienneigungstest" hilfreich. Dieser sollte nicht den Hochschulen zur Verfügung stehen, um zu erkennen, was welche Person kann. Vielmehr sollte er den potentiell Studierenden kostenfrei zugänglich sein, um zu sehen, welche Fachgebiete ihnen liegen oder ob ihnen bestimmte Kompetenzen fehlen, die sie im Vorfeld noch erwerben sollten. Dabei gilt es zu beachten, dass der Test keine abschreckende Funktion haben darf. Solche Tests könnten auch für interessierte Berufstätige hilfreich sein, um eine Orientierung zu erlangen.

Drittens könnten die Hochschulen für das erste Studienjahr ein allgemeines *Studium Generale* anbieten, in dem die Studierenden durch mehrere Studienprogramme „schnuppern" können, um danach zu entscheiden, in welchem Bereich sie weiter arbeiten möchten. Voraussetzung für ein sinnvolles *Studium Generale* wäre, dass Studienleistungen aus dem *Studium Generale* im später gewählten Studiengang anerkannt werden.

Es muss viertens kompetenzorientierte *Curricula* bzw. Lehr- und Lernpläne an Schulen, Hochschulen und in den Berufsausbildungen geben, die nach einheitlichen Standards verfasst werden. In der BRD prallen unterschiedliche Bildungssysteme aufeinander, die häufig an Inhalten orientiert sind. Um formelle, informelle und non-formelle Lernleistungen vergleichbar zu machen und somit Übergänge zwischen den einzelnen Systemen zu vereinfachen, ist es notwendig, den Weg in Richtung Kompetenzorientierung zu gehen und *Curricula* danach zu definieren.

Dadurch wäre es fünftens möglich, Bildungsabschlüsse besser einzuordnen und anzuerkennen und somit Hochschulen effektiver für Studierende zu öffnen, die nicht die klassische Hochschulzugangsberechtigung über das Abitur erlangt haben. Bereits erbrachte Leistungen müssen besser anerkannt werden, um den Studienweg individueller und dadurch effektiver zu gestalten zu können. Im diesem Zusammenhang kann die Diskussion um den Deutschen Qualifikationsrahmen (DQR) und den Europäischen Qualifikationsrahmen (EQR) betrachtet werden. Der EQR bildet die Leistungen, die in den entsprechenden Bildungssystemen erreicht werden, in einem Referenzrahmen auf acht Niveaustufen ab. Dadurch sollen Lernergebnisse wie Abschlüsse, *Credits*, non-formelle oder informelle Lernleistungen international verständlicher und vergleichbarer werden, um somit die Anerkennung zu vereinfachen und die Mobilität zu erhöhen. Er soll zudem ein Übersetzungsinstrument zwischen den Bildungs- und Qualifikationssystemen der Mitgliedstaaten darstellen (BMBF & KMK). Auf nationaler Ebene dienen dafür die Nationalen Qualifikationsrahmen (NQR), in Deutschland der DQR.

Schlussendlich wäre es wichtig, dass es in diesem System der Mangelverwaltung von Studienplätzen zumindest ein transparentes Zugangs- und Zulassungssystem gibt und die Zugangs- und Zulassungsbedingungen auf Sinnhaftigkeit überprüft werden. Weder die Belegung von bestimmten Fächern im Abitur oder in der Ausbildung, noch eine bestimmte Anzahl von *Credits* sagen etwas über die Eignung aus, ein Studium aufzunehmen oder fortzuführen. Auch Aufnahmetests sind abzulehnen, spiegeln sie doch nur die eine momentane Leistung wieder oder die Fähigkeit sich zu präsentieren, was häufig von Sozialstatus und Biografie abhängig ist. Noten formaler Bildungsabschlüsse scheinen hier noch am geeignetsten zu sein, wobei jedoch ein System anzustreben ist, in dem auch non-formale und informelle Leistungen zählen und nicht ein Mangel an Studienplätzen mit restriktiven Maßnahmen verwaltet werden muss. Denn Bildung ist ein öffentliches Gut und muss allen zugänglich sein.

3 Studienbedingungen

Das Thema Studienbedingungen ist, ähnlich wie das Thema Studienbeginn, sehr vielfältig. Daher werde ich es an dieser Stelle nur exemplarisch betrachten und einzelne Punkte hervorheben, die meiner Meinung nach am bedeutendsten sind.

3.1 Probleme

Die Unterfinanzierung im Bildungssystem ist deutlich zu spüren
Allein wenn die Finanzierung der Hochschulen betrachtet wird, werden viele Probleme deutlich. Ein Grundproblem liegt, wie ich es schon in der Einleitung beschrieben habe, in der Bindung des Öffnungsbeschlusses der Hochschulen von 1977 an eine Festlegung der Bildungsausgaben. Im Endeffekt wurde damals schon die Überlast institutionalisiert (Bultmann & Weitkamp, 1999) und die Grundfinanzierung eingefroren (Bultmann, 2011). Unter dem Bundesminister für Bildung, Wissenschaft, Forschung und Technologie Jürgen Rüttgers (CDU) beginnend und durch die spätere Bundesministerin für Bildung Edelgard Buhlmann (SPD) fortgesetzt, wurde ein „leistungsabhängiges" Finanzierungssystem für die Hochschulen entwickelt. Denn wie es Rüttgers formulierte:

> Ziel der Reform des deutschen Hochschulsystems ist es, durch Leistungsorientierung und durch die Schaffung von Leistungsanreizen Wettbewerb und Differenzierung zu ermöglichen sowie die internationale Wettbewerbsfähigkeit der Hochschulen für das 21. Jahrhundert zu sichern. (Rüttgers, 1997)

Heutzutage hat sich das dahingehend entwickelt, dass auf der Grundlage von Artikel 91b Grundgesetz – der Artikel, der seit der Föderalismusrefom I von 2006 die

Grundlage für die bundesweite Hochschul- oder besser Forschungsfinanzierung bildet – unterschiedliche Programme entwickelt wurden, um die Hochschulfinanzierung zu unterstützen. Unter anderem gibt es die Exzellenzinitiative, den Hochschulpakt 2020, den Qualitätspakt Lehre, das Projekt Offene Hochschulen und den Pakt für Forschung und Innovation (Gemeinsame Wissenschaftskonferenz (GWK), 2011). Insgesamt umfasste die Forschungsförderung auf Grundlage des 91b GG im Jahr 2010 über 7 Milliarden Euro (GWK, 2011).

Das heißt, die Bundesregierung weiß um das Finanzierungsproblem der Hochschulen und hat den eigenen Anteil seit 2005 auch wieder erhöht (GWK, 2011). Jedoch sind dies keine grundständigen, sondern (anderswo eingesparte) projektgebundene Mittel, die nach Regeln eines künstlich geschaffenen Wettbewerbs verteilt werden. So bekommen zum Beispiel die 20 am besten „gerankten" Universitäten (Fachhochschulen sind ausgeschlossen) 70 % der Mittel, die bei der „Exzellenzinitiative" verteilt werden (Bultmann, 2011). Haben Universitäten einmal Geld erhalten, so steigt ihre Chance, in der nächsten Verteilungsrunde auch wieder solche Mittel zu bekommen. Außerdem sollten durch den Hochschulpakt 2020 zusätzliche Studienplätze geschaffen werden, jedoch fehlten allein im Herbstsemester 2011 schon 70.000 Studienplätze gegenüber der vom Bundesministerium für Bildung und Forschung und der Kultusministerkonferenz prognostizierten Zahl (dpa, 2012). Das heißt, es fehlt an einer grundständigen Finanzierung der Hochschulen, die durch eine konkurrenzideologisch geprägte Drittmittelfinanzierung auf keinen Fall ersetzt werden kann.

So kommt es, dass an den meisten Hochschulen ein massiver Lehrkräftemangel herrscht und Lehrmodule nicht, zu selten oder für zu wenige Studierende angeboten werden können. Weiterhin sind viele notwendige Veranstaltungen überfüllt oder es stehen keine Finanzmittel mehr zur Verfügung, um notwendige Experimente durchführen zu können. Bibliotheken müssen immer häufiger ihre Öffnungszeiten verkürzen oder Abonnements für wichtige Zeitschriften und Datenbaken kündigen. Zusätzlich fehlt es an genügend Betreuungspersonal für die Abschlussarbeiten, an Geld zur Renovierung von Gebäuden oder für Bücher in den Bibliotheken, um nur einige Punkte zu nennen.

Sehr stark auf die Lehrenden orientierte Lehre.
Als Lehrende sind meist nicht nur Professor/innen, sondern auch Privatdozent/innen, Juniorprofessor/innen, wissenschaftliche Mitarbeiter/innen, Doktoranden, Lehrkräfte für besondere Aufgaben und Lehrbeauftragte tätig (Bloch & Würmann, 2009). Es lehrt also eine unüberschaubare Gruppe an Personen. Wie die Personen lehren, wie gut sie in der Lehre ausgebildet sind, ob ihr Lehrkonzept zu den zu vermittelnden Kompetenzen passt wird meist nicht erfasst. Lehrende werden häufig nicht weitergebildet, auch weil sie oft nur auf kurze Zeit befristet an einer Hochschule arbeiten. Daher setzen sich auch Lehrende und Studiengangsverantwortliche nur selten zusammen, um zu überlegen, welche Lehrform wo angebracht ist, ob die tatsächlich benötigten Kompetenzen vermittelt werden und ob die Module in ihrer

Form gut konzipiert sind. Gelehrt wird meistens, wie die Personen es selbst erfahren haben, außer sie hatten Interesse, Zeit und Kapazitäten, sich mit neuen Lehr- und Lernkonzepten auseinanderzusetzen. Wenn nicht, dann wird meistens eine viel zu große Anzahl von Studierenden mit Vorträgen konfrontiert, obwohl schon seit Jahren bekannt ist, dass so am ineffektivsten gelernt wird, wie in der Lernpyramide in Abbildung 2 zu erkennen ist.

Abb. 2: Lernpyramide

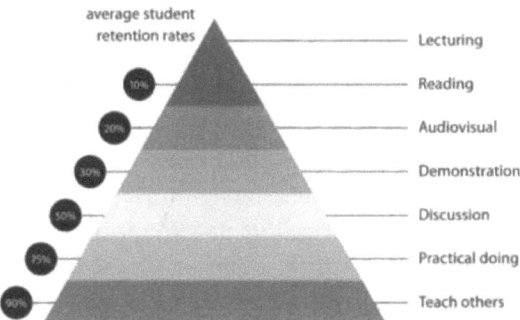

Quelle: National Training Laboratories. (ohne zeitliche Angabe). Bethel, Maine, S. 8.

Auch praktische Arbeit oder Diskussionen, die einen viel höheren Lernerfolg aufweisen, können ad absurdum geführt werden, wenn die Gruppe zu groß wird. Natürlich kann unter solchen Verhältnissen selten individuell gefördert werden.

Was ist eigentlich dieses Bologna oder wie das heißt?
„Bologna" – das sind Bachelor und Master, *Credits* und *Diploma Supplement*. Das heißt „Bologna" ist Struktur. Zumindest zeichnet sich dieses Bild an vielen Hochschulen ab. Es wurden ab 2007 die ehemaligen Diplom- und Magisterstudiengänge in Bachelor- und Masterstudiengänge überführt, jedoch ohne dabei inhaltliche Punkte des Bologna-Prozesses zu beachten. Dass „Bologna" auch für Verbesserung der Mobilität von Studierenden und des wissenschaftlichen Personals steht, für Sicherung von Qualitätsstandards auf nationaler und europäischer Ebene, Umsetzung eines Qualifikationsrahmens für den Europäischen Hochschulraum, Steigerung der Attraktivität des Europäischen Hochschulraums auch für Drittstaaten, Förderung des lebenslangen Lernens, Verbindung des Europäischen Hochschulraums und des Europäischen Forschungsraums (BMBF, 2012a), ist weitgehend unbekannt. Der größte Fehler des Bologna-Prozesses war, dass er nicht als *bottom-up-Prozess* durchgeführt wurde, so dass an den Stellen, wo die Studiengänge konzipiert werden und die Lehre stattfindet (u.a. in Instituten und Fakultäten), in blindem Gehorsam etwas umgesetzt wurde, was weder vollständig verstanden noch akzeptiert war. Diese Situation hat teilweise zu Studiengängen geführt, die kaum studierbar waren, entweder weil die Prüfungen gar nicht zu schaffen waren, es Überschneidungen bei Veranstaltungen gab, bestimmte Veranstaltungen zu selten angeboten worden sind oder

weil andere Punkte zu katastrophalen Studienbedingungen führten. Viele Bachelor-studiengänge sind überfrachtet, weil versucht wurde, den gesamten Stoff eines Di-plom- oder Magisterstudienganges in sechs Semestern unterzubringen. Verständ-lich, dass in diesen Studiengängen für neue Konzepte im Sinne von *Employability*, *Life-Long-Learning*, *Diversity Management* oder *Mobility* wenig Raum ist.

3.2   Lösungen

Ein grundlegendes Problem ist, es kann nur erneut gesagt werden, die Finanzie-rung des kompletten Bildungssystems. Ohne eine bestimmte Ausstattung an Perso-nal, Infrastruktur, Lehr- und Lernmitteln wird jedes Konzept scheitern. Zunächst muss daher die Finanzierung von Bildungseinrichtungen auf eine tatsächlich soli-de Basis gestellt werden. Das heißt, die BRD muss sich entscheiden, durch höhere Steuern bzw. entsprechende Prioritätensetzung im Haushalt eine gute Finanzierung von Bildung zu sichern. Außerdem gehört das Kooperationsverbot, das im Artikel 91b GG festgeschrieben ist, abgeschafft. Dabei reicht jedoch die von der Bundesre-gierung am 04.03.2012 beschlossene Änderung nicht aus. Damals wurde beschlos-sen, das Wort „Einrichtungen" im 91b GG zu ergänzen, wodurch nicht nur zeitlich begrenzte Projekte gefördert werden können, sondern auch dauerhaft Einrichtun-gen der Wissenschaft und Forschung an Hochschulen (BMBF, 2012b). Es muss je-doch komplett neu verhandelt werden, wer im Bereich der Bildung welche Kompe-tenzen hat und welche Finanzierungen tätigen darf. Die aktuelle Situation, in der einige Bundesländern die Bildungsausgaben kürzen und die Bundesregierung über den Trick der Projektfinanzierung Gelder zugibt, ist nicht länger haltbar.

Weiterhin muss vom Grundsatz der Elitenförderung abgerückt werden, nach dem künstlich verknappte Mittel anhand externer Kriterien an einige wenige Ein-richtungen unter externen Bedingungen ausgeschüttet werden. Stattdessen brauchen wir eine Breitenförderung, die allen Hochschulen die Möglichkeit gibt, über eine gesicherte solide Grundfinanzierung hinaus Mittel für besondere Projekte zu erhal-ten, statt sich in verzerrten Wettbewerben eines Zweiklassensystems von Elite- und Massenhochschulen vorgeblichen wirtschaftlichen Notwendigkeiten fügen zu müs-sen. 1996 machte die Drittmittelfinanzierung im Durchschnitt 14 % des Gesamt-budgets an Hochschulen aus. 2008 waren es schon 25 %, wobei die Tendenz wei-ter steigt (Bultmann, 2011). So sind viele Institute und deren Angestellten immer häufiger nur mit dem Verfassen von Drittmittelanträgen beschäftigt, um die eigene Existenz zu sichern. Darunter leiden verständlicherweise Forschung und Lehre ganz massiv, nicht nur, da die Zeit für Forschung und Lehre knapper wird, sondern auch, da deren Inhalte in vorauseilendem Gehorsam immer mehr den Wünschen exter-ner Geldgeber angepasst werden, um überhaupt noch Gelder erhalten zu können. So zermürbt und untergräbt der wirtschaftliche Zwang des Drittmittelwettbewerbs zunehmend die ohnehin zwar grundgesetzlich garantierte, aber bereits fragile Frei-heit von Forschung und Lehre.

So können zum Beispiel keine modernen Lehr- und Lernkonzepte wie etwa *Student-Centred Learning* umgesetzt werden, um die Qualität der Lehre zu verbessern. Bei diesem Konzept stehen die Lernenden im Mittelpunkt, Studierende werden zu „Experten ihrer eigenen Lernerfahrung" und Lehrende sind nicht mehr „Quelle des Wissens", sondern unterstützen die Lernwege der Lernenden (Reader zum gemeinsamen Workshop von GEW und fzs, 2011). Das recht komplexe europäische Konzept wird in der folgenden Definition von *European Student's Union* (ESU) und *Education International* (EI) recht gut zusammengefasst:

> Student-Centred Learning represents both a mindset and a culture within a given higher education institution and is a learning approach which is broadly related to, and supported by, constructivist theories of learning. It is characterized by innovative methods of teaching which aim to promote learning in communication with teachers and other learners and which take students seriously as active participants in their own learning, fostering transferable skills such as problem-solving, critical thinking and reflective thinking. (Education International, The European Students' Union, 2010, S. 5)

Eine Umsetzung dieses Konzepts würde das Lehren und Lernen an Hochschulen und Schulen wesentlich effektiver gestalten.

4   Resümee

Probleme beim Übergang von der Schule zur Hochschule können nicht isoliert von den anderen Problemen im Bildungssystem betrachtet werden. Im Endeffekt resultieren Übergangsprobleme aus dem, was an Schulen und Hochschulen versäumt wurde und wird. Es gibt eine große Anzahl von Problemen an Schulen und Hochschulen, die gelöst werden könnten. Jedoch muss sich die Gesellschaft gemeinsam mit den im Bildungssystem beteiligten Personen bald entscheiden, in welche Richtung sich das Bildungssystem entwickeln soll.

Dabei sind viele Wege denkbar. Der „freie zusammenschluss von studentInnenschaften" (fzs) als bundesweiter studentischer Dachverband strebt unter dem Motto „Recht auf Bildung für alle" ein Bildungssystem an, das allen offen steht, über eine ausreichende Finanzierung verfügt und auf Förderung statt Selektion setzt. Gleichzeitig sind auf Basis echter Demokratisierung von Bildungseinrichtungen ständige Prozesse der Qualitätsentwicklung zu gestalten, die die Qualität der Lehre verbessern und sichern. Denn:

> Die überragende Bedeutung von Bildung für die Einzelnen und für die Gesellschaft konstituiert ein Recht auf Bildung, da ein Ausschluss von Bildungsprozessen die Persönlichkeitsentwicklung, die Partizipation an

gesellschaftlichen Prozessen, aber auch die individuellen Möglichkeiten massiv beschneiden. (Keller & Himpele, 2010, S. 8-9).

Dadurch konstituiert sich „[d]as Recht auf Bildung [...]als besonderes Recht, da seine Wahrnehmung auch als eine Voraussetzung für die Wahrnehmung anderer Rechte anzusehen ist" (Fritzsche, 2007, S. 80).

Die Leitideologie der marktorientierten Betriebswirtschaft, die einen konstruierten Wettbewerb um Drittmittel schafft, hat in der Bildungspolitik nichts zu suchen, wenn Bildung als ein Menschenrecht ernst genommen wird. Daher ist es notwendig, dass an Stelle der „Optimierung der Input-Output-Relation erbrachter Leistungen nach quantitativen Kennziffern" (Bultmann & Weitkamp, 1999, S. 42) in Lehre und Forschung wieder die gesellschaftliche Relevanz der Bildung in den Vordergrund tritt. Parallel dazu muss ein neues Finanzierungssystem entwickelt werden, das Freiheit in der Lehre und Forschung zulässt und fördert. Dadurch könnten viele Probleme, wie die prekäre Beschäftigungsstruktur und die Überfüllung der Hochschulen gelöst werden, was wiederum andere Probleme lösen könnte.

Literatur

Wilhelm Achelpöhler, W., Bender, K., Himpele, K. & Keller, A. (2007). *Die Einführung von Studiengebühren und der internationale Pakt über wirtschaftliche, soziale und kulturelle Rechte (UN-Sozialpakt)*. Stellungnahme der Gewerkschaft Erziehung und Wissenschaft (GEW) und des freien zusammenschlusses von studentInnenschaften (fzs). Berlin 2007

Berthold, C., Gabriel, G., Herdin, G. & Stuckrad, T. (2012). *Modellrechnung zur Entwicklung der Studienanfängerzahlen*. CHE Consult Projektbericht, Arbeitspapier Nr. 152.

Bloch, R. & Würmann, C. (2009) *Qualitätsmessung und Evaluation von Hochschulen*. Institut für Hochschulforschung (HoF). Martin-Luther-Universität Halle-Wittenberg.

Bultmann, T. & Weitkamp, R. (1999). *Hochschule in der Ökonomie – Zwischen Humboldt und Standort Deutschland*. Marburg: BdWi-Verlag.

Bultmann, T. (2011). *Entwicklung Bremischer Hochschulen und ihrer wissenschaftlich Beschäftigten*. Tagung: Überreformiert, unterfinanziert und prekarisiert? Bremen.

Bultmann, T. (2011). *Gewollte Ungleichheit*. The European. Verfügbar unter: http://www.theeuropean.de/thorsten-bultmann/6875-deutsche-exzellenzcluster [14.08.2012]

Bundesministerium für Bildung und Forschung (BMBF). (2012a). *Der Bologna Prozess*; Verfügbar unter: http://www.bmbf.de/de/3336.php/ [14.08.2012]

Bundesministerium für Bildung und Forschung (BMBF). (2012b). *Bundesregierung plant Grundgesetzänderung*. Pressemitteilung Nr. 025 vom 05.03.2012. Verfügbar unter: http://www.bmbf.de/press/3243.php [14.08.2012]

Bundesministerium für Bildung und Forschung (BMBF) & Kultusministerkonferenz (KMK). *DER DQR*. Verfügbar unter: http://www.deutscherqualifikationsrahmen.de/de/der_dqr/?s=5cAxyzkePxjx5aiZ [14.08.2012]

Deutsche Presseagentur (dpa). (2012). *Schavan verspricht mehr Geld für Studienplätze*. Verfügbar unter: http://www.handelsblatt.com/politik/deutschland/brief-an-die-laender-schavan-verspricht-mehr-geld-fuer-studienplaetze/6808114.html [14.08.2012]

Deutsches Studentenwerk. (2012). *Das BAföG 2012 erhöhen!* Pressemitteilung vom 19.04.2012. Verfügbar unter: http://www.studentenwerke.de/presse/2012/190412a.pdf [14.08.2012]

Deutsches Studentenwerk. (2010). *19. Sozialerhebung: Die wirtschaftliche und soziale Lage der Studierenden in der Bundesrepublik Deutschland 2009*. Bonn, Berlin: BWH GmbH.

Education International, The European Students' Union. (2010). *Student-Centred Learning, Toolkit for students, staff and higher education institutions*. Brüssel.

Fritzsche, K.-P. (2007). *Recht auf Bildung. Zum Besuch des Sonderberichterstatters der Vereinten Nationen in Deutschland*. Opladen und Farmington Hills.

Gemeinsame Wissenschaftskonferenz (GWK). (2011). *Gemeinsame Forschungsförderung des Bundes und der Länder. Finanzströme im Jahr 2010*. Materialen der GWK, 25.

Isserstedt, W., Middendorff, E., Kandulla, M., Borchert, L. & Leszczensky, M. (2010). *Die wirtschaftliche und soziale Lage der Studierenden in der Bundesrepublik Deutschland 2009. 19. Sozialerhebung des Deutschen Studentenwerks durchgeführt durch das HIS Hochschul-Informations-System*. Berlin, Bonn: Bundesministerium für Bildung und Forschung (BMBF).

Karpen, U. (1998). *Akademische Freiheit in Zeiten des Sparens. Aufgaben und veränderte Strukturen der Universitäten*. Forschung & Lehre; Nr. 1/1998 S. 24-26.

Keller, A.& Himpele, K. (2010). *Bildung – ein Menschenrecht*. Frankfurt am Main.

Leichsenring, H. (2011). *Was heißt Diversität in Studium und Lehre?* In Heinrich-Böll-Stiftung (Hrsg.), *Öffnung der Hochschule – Chancengleichheit, Diversität, Integration* (S. 38–43). Berlin.

National Training Laboratories. (ohne zeitliche Angabe). Bethel, Maine.

Overwien, B., Prengel, A. (Hrsg.) (2007). *Recht auf Bildung. Zum Besuch des Sonderberichterstatters der Vereinten Nationen Muñoz in Deutschland*. Leverkusen-Opladen

Reader zum gemeinsamen Workshop von GEW und fzs. (2011). *Studierende in den Mittelpunkt – SCL in Lehre und Studium*. Göttingen.

Rüttgers, J. (1997). *Hochschulen für das 21. Jahrhundert*. Verfügbar unter: http://www.bundesregierung.de/inland/ministerien/bmbf_rahmen.html [14.08.2012]

Statistisches Bundesamt. (2011). *Wintersemester 2010/11: Zahl der Studierenden steigt weiter*. Pressemitteilung Nr. 331 vom 12.09.2011. Verfügbar unter: https://www.destatis.de/DE/PresseService/Presse/Pressemitteilungen/2011/09/PD11_331_213.html [14.08.2012]

Statistisches Bundesamt. (2012). *24 % mehr Studienanfänger in Ingenieurwissenschaften 2011*. Pressemitteilung Nr. 095 vom 16.03.2012. Verfügbar unter: https://www.destatis.de/DE/PresseService/Presse/Pressemitteilungen/2012/03/PD12_095_213.html [14.08.2012]

Statistische Veröffentlichungen der Kultusministerkonferenz. (2005). *Vorausberechnung der Schüler- und Absolventenzahlen 2003 bis 2020*. Dokumentation Nr. 173.

Andrea Frank

Neue Studienstruktur – alte Probleme: Aktuelle Lösungsansätze der Universität Bielefeld zur Verbesserung der Studieneingangsphase

1 Einleitung

Wer an einer Tagung mit dem Titel „Übergang Schule-Hochschule" teilnimmt, denkt wohl kaum an eine schöne Brücke, die den Weg von hüben nach drüben ebnet, sondern eher an den tiefen und breiten Graben, den es zu überwinden gilt. Das Verhältnis zwischen Schule und Hochschule ist kompliziert und „delikat" (Huber, 2007). Die Frage, ob sich dieses Verhältnis mit der Neuordnung der gymnasialen Oberstufe einerseits und mit der Einführung einer neuen Studienstruktur andererseits grundlegend verändert hat, kann mit einem klaren „Nein" beantworten werden. In der Hochschule wissen vermutlich nur wenige etwas über die neueste Neuordnung der Oberstufe, das über die Feststellung, dass früher in der Schule viel mehr verlangt und vermittelt worden sei, hinausgeht. Umgekehrt ist auch davon auszugehen, dass auf Seiten der Schulen wenig Wissen über die tatsächlichen Veränderungen in der Hochschule vorhanden ist. Die interessantere Frage könnte lauten: Bietet die neue Studienstruktur von Bachelor und Master die Chance, den „Übergang" von dem einen System ins andere – trotz fehlender Brücke z.B. in Form einer institutionellen Übergangsphase – besser zu gestalten?

Die Einführung der neuen Studienstruktur war nicht mit der Intention verbunden, den Übergang von der Schule zur Hochschule zu verbessern. Sie hat bisher noch nicht dazu geführt, dass sich die Hochschulen systematisch mit der Frage beschäftigt haben, wie aus Schülern Studierende werden. Noch immer kreisen sie – insbesondere die Universitäten – eher um die Frage, wie aus Studierenden Wissenschaftler werden. Das liegt nicht nur daran, dass Lehrende selbst zu allererst Wissenschaftler sind und in der Universität kaum etwas anderes mit Karriereperspektive sein können, sondern auch daran, dass sie nicht über die nötigen Ressourcen und Konzepte verfügen, um sich der Aufgabe der Übergangsgestaltung zu widmen.

Das Bund-Länder-Programm für bessere Studienbedingungen und mehr Qualität in der Lehre (Qualitätspakt Lehre), das den Hochschulen bis 2020 zusätzliche 2 Milliarden Euro für die Verbesserung der Lehre zur Verfügung stellt, schafft nun – obschon angesichts der Unterfinanzierung des Hochschulwesens nur ein Tropfen auf dem heißen Stein – etwas mehr Spielraum. Viele Hochschulen setzen die wettbewerblich durch Konzeptvorschläge eingeworbenen Mittel für Vorkurse und Self-Assessment-Verfahren ein, also für Maßnahmen, die *vor* dem Studium liegen. Die Universität Bielefeld war in dem Wettbewerb mit einem Konzept erfolgreich, das den Übergang von der Schule ins Studium durch eine konzeptionelle Neugestaltung der Lehre im ersten Studienjahr, also durch eine Weiterentwicklung des Studiums selbst, verbessern und erleichtern soll.

Die neue Aufmerksamkeit für die Studieneingangsphase birgt meines Erachtens tatsächlich eine Chance, den Übergang von der Schule zur Hochschule langfristig zu verbessern.

2   Studienstrukturreform an der Universität Bielefeld

Die Universität Bielefeld hat die neue Studienstruktur bereits 2002 im Rahmen eines einheitlichen Studienmodells nahezu flächendeckend eingeführt. Wir hatten also bereits reichlich Gelegenheit, aus Fehlern zu lernen und damit auch einige der öffentlich diskutierten Kritikpunkte an der Umsetzung der Bologna-Reform aufzunehmen. Zum WS 2011/12 wurde auf Basis der bisher gewonnenen Erfahrungen ein reformiertes Studienstrukturmodell gestartet, zu dessen Besonderheiten einheitliche Modulgrößen von 10 Leistungspunkten (LP), eine Reduzierung der Prüfungsleistungen auf nur eine Prüfung pro Modul sowie eine Erweiterung des „Individuellen Ergänzungsbereichs" auf 30 LP gehören. Durch diese neue, ‚atmende' Studienstruktur und durch eine Reihe von organisatorischen Maßnahmen zur Verbesserung der Studierbarkeit wurden Rahmenbedingungen für intensives und qualitätsvolles Studieren geschaffen. Parallel konzentriert sich die Universität Bielefeld durch eine Reihe von strategischen Maßnahmen auf die Weiterentwicklung der Studien- und Lehrkultur. Im Rahmen des Wettbewerbs „Exzellente Lehre" des Stifterverbands für die Deutsche Wissenschaft gehörte sie mit ihrem Konzept „Wege zu einer neuen Studien- und Lehrkultur" zu den 10 ausgezeichneten Hochschulen. Im Qualitätspakt Lehre war sie mit ihrem Programm „Richtig einsteigen!" zur Verbesserung der Studieneingangsphase erfolgreich. Wir sehen darin einen wichtigen Schlüssel zur Erhöhung der Studienerfolgsquote.

Mit der Einführung der neuen Bachelor- und Master-Studienstruktur ist die Qualität von Studienstruktur, Studienorganisation und Studien- und Lehrkultur auf eine Weise in den Fokus der Aufmerksamkeit geraten, wie es zuvor noch nie zu beobachten war. Denn, so meine These, die neue Bachelor- und Master-Studienstruktur hat eher schon lange bestehende Probleme sichtbar gemacht, als dass sie neue geschaffen hätte. Dies gilt vor allem, aber nicht nur, für die bis dahin wenig strukturierten Studiengänge der Geistes- und Sozialwissenschaften.

3   Neue Studienstruktur – alte Probleme

Was sind die Probleme, die erst mit der Einführung von Bachelor und Master sichtbar – oder: unübersehbar – wurden und von vielen fälschlich als Probleme behandelt werden, die durch die Einführung der neuen Studienstruktur entstanden sind? Ich möchte die wichtigsten im Folgenden nennen:

Das allererste, das noch sichtbarer wurde, sind die *schlechten Betreuungsrelatio-nen*. Die Zahl der Studienanfängerinnen und -anfänger hat sich mit der Einführung der neuen Studiengänge nicht erhöht, aber plötzlich kamen auch alle in die Ein-führungsveranstaltungen. In vielen Studiengängen hatte man sich so sehr daran ge-wöhnt, dass allenfalls die Hälfte der eingeschriebenen Studierenden auch physisch erschien, dass man die andere Hälfte nicht einmal als fehlend wahrgenommen hat-te. Übervolle Lehrveranstaltungen machten sichtbar, dass die personelle und räum-liche Ausstattung der Hochschulen nicht ausreicht.

Dadurch, dass nun plötzlich ein größerer Teil der Studierenden tatsächlich anwesend war, wurde auch sichtbar, wie unterschiedlich sie sind. Die *Heterogeni-tät der Studierenden* zeigt sich in vielen Dimensionen: in ihren Motiven ein Stu-dium aufzunehmen, ihren kognitiven und sozialen Voraussetzungen, Arbeits-haltungen und kulturellen Prägungen, ihren Vorerfahrungen etc. Dies wäre auch weiterhin unsichtbar geblieben, wären mit der neuen Abschlussstruktur nicht zu-gleich studienbegleitende Prüfungen eingeführt worden, die vom ersten Semes-ter an Leistungsunterschiede im Studienverlauf sichtbar machen. Ein Professor der Geschichtswissenschaft bemerkte in einem Gespräch über die Qualität der Hausar-beiten: „Früher haben nur diejenigen eine Hausarbeit abgegeben, die der Aufgabe einigermaßen gewachsen waren. Von den anderen haben wir gar nichts gese-hen und lesen müssen." Ein Mathematiklehrender gestand, dass zu „guten alten" Diplomzeiten die Übungen eben Übungen gewesen seien und keine Prüfungen wie jetzt.

Sichtbar wurde auch, dass allenfalls eine implizite Vorstellung davon existiert, was ein Studium im Vergleich zu anderen institutionalisierten (Aus-)Bildungsfor-men ausmacht, und dass die wissenschaftsdidaktische Phantasie nicht gerade aus-geprägt ist. Dies zeigte sich z.B. darin, dass Klausuren vielerorts zur dominanten Prüfungsform wurden, Vorlesungen zur beherrschenden Veranstaltungsform und insgesamt die Präsenz in Lehrveranstaltungen im Verhältnis zum interessegeleiteten Studieren höher bewertet wurde.

Sichtbar wurde außerdem, dass es in vielen Fächern *keine Erfahrung mit der ge-meinsamen Verständigung über Ziele* (seien es Ausbildungs- oder Bildungsziele) gibt. Das führte dazu, dass viele Studiengänge zu vollgepfropft wurden, alle Lehrenden wollten ihre Bereiche vertreten wissen, möglichst verpflichtend für alle Studieren-den. Und wenn es zu viel wurde, wurden einfach neue Studiengänge erfunden, in denen Spezialisierungen aufgegangen sind.

Zu guter Letzt wurde sichtbar, dass es *an einer Reflexionskultur mangelt*, die das Tun in den Disziplinen aus der Perspektive der Gestaltung von Lehre in den Blick nimmt. Die Frage, was Wissenschaftlerinnen und Wissenschaftler können und wie sie dieses Können bewusst machen und so weitergeben können, dass die Studieren-den eine Chance haben, es für ihr berufliches und gesellschaftliches Tun zu nut-zen, war überdeckt von der Beschäftigung mit dem „Lehrstoff", der Abdeckung von Wissensgebieten, und von Grundannahmen, die „Vermittlung" vor allem als „Vor-tragen" fassten. Auch dieses Problem konnte so lange nicht in den Blick geraten, wie

Hochschullehre nicht gefordert war, sich auf die Studierenden und ihre heterogenen Ziele und Voraussetzungen einzustellen.

Ich will es bei diesen Beispielen belassen. Sie zeigen, dass ein Zurück in die Zeiten der Beliebigkeit die genannten Probleme nicht lösen würde und glorifizierende Erinnerungen an Freiheit und Muße den aktuell Studierenden keinen Dienst erweisen. Leider reproduzieren nicht wenige Hochschullehrende in ihrem Arbeitsalltag und in der medienöffentlichen Diskussion über Bachelor und Master immer wieder das Missverständnis, dass schlechte Studienarbeiten und Prüfungsergebnisse sowie oberflächliches Studierverhalten Effekte ‚des‘ Bachelor und typisch für ‚den‘ Bachelorstudierenden seien. ‚Früher‘, in den Zeiten von Magister und Diplom, seien die Studierenden doch ‚besser‘ gewesen. Dabei übersehen sie, dass sich die Studierenden gar nicht so sehr verändert haben. Es ist nur sichtbarer geworden, was den Studierenden fehlt und immer schon gefehlt hat. Der alte Mechanismus, der den Hochschullehrenden die Auseinandersetzung mit Studierenden, die auf explizite Integration ins Studium angewiesen gewesen wären, ersparte, greift nicht mehr. Anstatt nach einem mehr oder weniger kurzen, unauffälligen Aufenthalt an der Universität still zu verschwinden, werden nun die Studierenden sichtbar, die auf Einführung angewiesen sind. Die studienbegleitenden Prüfungen bringen es an den Tag. Hieraus folgt: „Defizite“ von Studierenden sollten zunächst als Orientierungs- und Anleitungsbedürfnisse bezeichnet werden. Dadurch wird deutlich, dass es Aufgabe der Universität ist, Studiengänge so zu gestalten, dass Studierende – Motivation vorausgesetzt – erfolgreich studieren.

4 Aktuelle Lösungsansätze der Universität Bielefeld

Die schlechte Betreuungsrelation ist ein Problem, das man mit den bereitgestellten zusätzlichen Mitteln nicht annähernd lösen kann. Aber zwei der wichtigsten Herausforderungen, die durch die Bachelor- und Masterstruktur sichtbar und damit potentiell bearbeitbar geworden sind, nimmt die Universität Bielefeld in Angriff: die Heterogenität der Studierenden und den bisherigen Mangel an Kommunikation und Verständigung über die Ziele von Lehre und Studium. Das vom BMBF im Rahmen des Qualitätspakts Lehre geförderte Programm der Universität Bielefeld „Richtig einsteigen!“ bearbeitet diese Herausforderungen auf mehreren Ebenen.

4.1 Genauer hinsehen

Zunächst haben wir schon bei der Konzeption des Programms genauer hingesehen und z.B. festgestellt, dass in vielen Studiengängen weniger als die Hälfte der Studierenden die für das erste Studienjahr vorgesehene Zahl an Leistungspunkten erreicht oder dass in einigen Studiengängen der Anteil derjenigen Studierenden, die nach der ersten Prüfung „verschwinden“, zumindest aus der Prüfungsstatistik, hoch ist.

Solche Zahlen geben freilich erst einmal keine weiteren Auskünfte über Ursachen von Erfolg oder Misserfolg. Diese können vielfältig sein. Manche Studierende treffen ihre Studienentscheidung ohne fundiertes Wissen darüber, was sie im jeweiligen Studiengang konkret erwartet und was dort von ihnen erwartet wird. Einige haben völlig falsche Vorstellungen von den Inhalten, andere sind von dem hohen Anteil an Mathematik oder der Fülle und Sperrigkeit wissenschaftlicher Literatur in dem von ihnen gewählten Studiengang überrascht.

Gerade in mathematisierten Fächern, also in den Naturwissenschaften und in Fächern mit hohen quantitativen oder statistischen Anteilen wie Wirtschaftswissenschaften, Soziologie und Psychologie haben Studierende häufig Probleme mit den mathematischen Anforderungen im ersten Studienjahr. Es fällt ihnen z.B. schwer, das, was sie in der Schule gelernt haben (sollten), in einem für sie neuen fachwissenschaftlichen Kontext anzuwenden.

In textintensiven Disziplinen stellen schriftliche Studienleistungen wie Essays, Seminar- und Hausarbeiten für eine substantielle Zahl von Studierenden eine ernst zu nehmende Hürde dar. Grundlegende sprachliche Operationen misslingen, Konventionen werden bedient, ohne dass sie verstanden werden, ganze Passagen werden – teilweise offenbar ohne Unrechtsbewusstsein – plagiiert oder unverstanden nacherzählt. Die Probleme verschärfen sich, wenn die Studierenden sich schließlich mit ihrer Abschlussarbeit konfrontiert sehen.

4.2 Fachliche Anforderungen und die eigene Wahrnehmung reflektieren

Wenn man beobachtet, dass viele Studierende Schwierigkeiten mit mathematischen und/oder literalen Anforderungen haben, liegt es nahe, die Ursachen außerhalb des Einflussbereichs der Hochschule zu suchen und zu finden: in der Schule, in der Erziehung, in den Medien, in der Gesellschaft… Wir haben uns die Frage gestellt, ob es nicht auch in den Wissenschaften selbst Entwicklungen gegeben hat, die Probleme und deren Wahrnehmungen beeinflussen. Und siehe da, wir sind auf etwas gestoßen:

An der Universität Bielefeld hat eine sogenannte Mathematisierungskommission Mitte der 1970er Jahre eine Dokumentation zur Mathematisierung der Einzelwissenschaften herausgegeben (Bos & Krickeberg, 1976). Auch wenn dieses wissenschaftshistorische Dokument noch nicht dezidiert analysiert wurde, weisen die Rückmeldungen von Fachwissenschaftlerinnen und Fachwissenschaftlern, denen wir die Beiträge zum Mathematisierungsgrad ihrer Disziplin anno 1976 vorgelegt haben, darauf hin, dass die Bedeutung der Mathematik (vor allem durch die Einführung des Computers) für die Einzeldisziplinen immens zugenommen hat, was selbst den Wissenschaftlern in diesem Ausmaß nicht bewusst war.

Gleichzeitig nehmen sie als Lehrende wahr, dass Studierende heute viel weniger Mathematik *können*, als sie selbst zu ihrer eigenen Studienzeit können *mussten*. Die Allgegenwärtigkeit von Taschenrechnern und Computern führt nicht nur dazu, dass kaum noch selbst gerechnet werden muss, sondern sie geht offensichtlich mit einem schwindenden Verständnis der zugrunde liegenden theoretischen Konzepte und Operationen einher. Dies trägt dazu bei, dass die Kluft zwischen dem, was in der Forschung Stand der Kunst ist und gebraucht wird, und dem, was die Studierenden mitbringen, immer größer wird.

Vor diesem doch etwas komplexeren Wahrnehmungshintergrund gilt es zu klären, welche Mathematik die Studierenden benötigen und wie ihnen diese Mathematik möglichst von Anfang an helfen kann, um in der jeweiligen Fachwissenschaft, sei es z. B. Chemie oder Ökonomie, handlungsfähig zu werden.

Auch in den textintensiven Disziplinen ist die Zeit nicht stehen geblieben. Die Zahl der Veröffentlichungen ist rasant gestiegen. Neben der schieren Anzahl an Publikation erschwert auch die voranschreitende Ausdifferenzierung der textintensiven Disziplinen, die mit zunehmenden Anforderungen an die Fähigkeit zum Erfassen hochspezialisierter fachlicher Diskurse und Textgenres einhergeht, die Orientierung (Marx & Gramm, 2002). Das Internet hat die Recherchemöglichkeiten revolutioniert, aber die Informationsflut will auch bewältigt sein.

Der Einfluss von Veränderungen im Wissenschaftssystem und von technologischen, kulturellen und sozialen Entwicklungen in der Gesellschaft auf die Frage, was Studierende durch ein Fachstudium lernen, worauf es sie vorbereiten muss, sind ebenso relevant für diese Art von Reflexion wie die Erfahrungen der Lehrenden mit den ganz individuellen Formen, die sie im Lauf ihrer Karriere selbst für den Zugang zu ihrer Fachwissenschaft gefunden haben. Welche Fragen, welche Denkweisen, welche Grundideen führen in das jeweilige Fach hinein, und was haben die Lehrenden selbst ganz buchstäblich getan, um sich den Zugang zu verschaffen?

Ein anderer möglicher Ausgangspunkt ist, die Schwellen und Hindernisse in den Blick zu nehmen, die den Studierenden in eigenen Lehrveranstaltungen besondere Probleme bereiten:

Warum fällt Erkenntnis X oder Aktivität Y den Studierenden so schwer? Welche Schritte müssten sie machen, um erfolgreich zu sein? Was würde ich als Fachwissenschaftler/in angesichts dieser Schwelle oder dieses Hindernisses tun? Dieser Ansatz findet sich methodisch ausbuchstabiert bei Pace & Middendorf (2004).

Eine Reflexionskultur zu fördern, in der Lehrende den Stand der jeweiligen Fachwissenschaft und ihre eigenen Zugänge zum wissenschaftlichen Tun, Denken und Kommunizieren fruchtbar machen für die Lehre, ist die Basis für die Entwicklung konkreter Maßnahmen zur Verbesserung von Studium und Lehre.

4.3   Besser orientieren und beraten

Um den Orientierungsbedarf der Studierenden aufzufangen und dazu beizutragen, dass Studierende in die für sie passenden Studiengänge hineinfinden und dort Fuß fassen, werden wir die Studienberatung in den Fakultäten personell stärken und einen breiten Professionalisierungsprozess anstoßen. Die Mitarbeiter/innen der Zentralen Studienberatung werden die systematische Qualifizierung der Berater in den Fakultäten übernehmen und die fächerübergreifende Zusammenarbeit moderieren. Ziel ist es, in allen Fakultäten Beratungsstrukturen und -kompetenzen aufzubauen, um der wachsenden Heterogenität von Studienmotivationen, Ausgangslagen und Voraussetzungen zu begegnen und dazu beizutragen, auch das intellektuelle Potential zu heben, das vor der Einführung von Bachelor und Master unbemerkt versickerte.

4.4 Aktives und kooperatives Studieren fördern

Die Verbesserung der Beratung wird verknüpft mit einem weiteren Schwerpunkt: der Förderung kooperativer Lernformen in und jenseits von Lehrveranstaltungen. Neue Lern- und Arbeitsräume in der Bibliothek und an anderen Knotenpunkten von Kommunikation und Zusammenarbeit werden eingerichtet, in denen ausgebildete Peer-Tutorinnen und -Tutoren Studiengruppen und Studierende individuell bei der Arbeit unterstützen. Das löst die eingangs erwähnten Probleme der unzureichenden Betreuung durch Lehrende nicht, fördert aber die Erfahrung, dass Lernen ein sozialer Prozess ist. Das Paradigma der passiven Entgegennahme von Wissen wird durch aktive Formen der Aneignung und der Übernahme von Verantwortung für die eigenen Beiträge zum Studium ersetzt. Pilotprojekte haben gezeigt, dass spezifische Lehr-Lernformen für einzelne Fächer besonders geeignet sein können, z. B. Problem Based Learning in den Wirtschaftswissenschaften, forschendes Lernen in der Geschichtswissenschaft, Portfolioarbeit in der Erziehungswissenschaft, schreibintensive Lehr-Lernformen in den textintensiven Fächern. Diesen Lehr-Lernformen ist gemeinsam, dass sie Studierende in besonders hohem Maß aktivieren und zu problemorientiertem Arbeiten anregen. E-Learning- und Blended-Learning-Methoden oder kollaborative Lernformen wie z.B. Peer Facilitated Learning, (vgl. Fröhlich, 2012) können aktives Studieren und ein hohes Maß an Feedback und Kommunikation im Prozess des Erarbeitens von Studienleistungen auch in großen Studierendengruppen möglich machen. Fakultäten, die den gezielten Einsatz solcher Lehr-Lernformen zur Verbesserung der Betreuung in der Lehre nutzen möchten, werden bei der Umsetzung beispielsweise durch die Qualifizierung ihrer Tutorinnen und Tutoren als E-Tutoren oder als Tutoren für kooperative Arbeitsformen in Lehrveranstaltungen von zentralen Einrichtungen wie dem Service Center Medien und dem Arbeitsbereich Lehren & Lernen unterstützt.

4.5 Studierende arbeits- und handlungsfähig machen

Der konzeptionelle Schwerpunkt des Programms „Richtig einsteigen!" liegt da, wo das Fachstudium beginnt, und macht die Not, dass Studierende vom ersten

Semester an Leistungen erbringen sollen, zur Tugend. Hier konzentrieren wir uns auf die heterogenen Voraussetzungen der Studierenden bezüglich der Anwendung basaler akademischer Handlungskompetenzen.

Der Programmschwerpunkt greift Probleme auf, wie sie bereits aus den PISA-Studien bekannt sind – z.B. im Hinblick auf Textverständnis und Reflexionsfähigkeit oder die Anwendung mathematischer Operationen auf neue Problemsituationen:

Die Grundidee ist einfach: An Stelle von (oder zusätzlich zu) Vorkursen, die Studierende noch vor dem Beginn des Fachstudiums mit den nötigen mathematischen und/oder textbezogenen Fähigkeiten, Fertigkeiten und Wissensvoraussetzungen ausstatten sollen, werden an der Universität Bielefeld die fachwissenschaftlichen Lehrveranstaltungen der ersten beiden Semester den Studierenden dazu Gelegenheit geben, sich die Mathematik, die Recherche-, Lese-, Rede- und Schreibkompetenzen anzueignen, die für das jeweilige Fachstudium relevant sind. Dahinter stehen zwei Erkenntnisse: erstens sind mathematische und textbezogene Fähigkeiten und Fertigkeiten immer schon fachlich. Sie gewinnen ihren Sinn durch fachlich-problembezogene Handlungen wie die Anwendung von Formeln oder das Schreiben eines Fachtextes. Zweitens hört das Lernen und Weiterentwickeln der handwerklichen Wissensbestände, Fähigkeiten und Fertigkeiten, die man für jede Art wissensbasierten Arbeitens benötigt, niemals auf, sondern es verändert nur seinen Charakter. Deshalb gehört es zur fachwissenschaftlichen Lehre, zusammen mit dem „Was" (Wissensbestände, Inhalte, den sogenannten „Stoff") das „Wie" (Methoden, Vorgehensweisen, Prozesse, mathematische Operationen) erlernbar zu machen. Aus Rückmeldungen von Absolventen, die die Universität verlassen und einen akademischen Beruf ausüben, wissen wir, dass es eben die im Studium erworbenen analytischen Fähigkeiten sind, die für einen nachhaltigen Erfolg im Berufsleben relevant sind.

Weil sie immer schon jeweils fachspezifisch sind, wird der Erwerb literaler und mathematischer Kompetenzen ausdrücklich (auch) in der Fachlehre, also im Zusammenhang mit fachlichen Inhalten stattfinden. Dem Problem „Heterogenität" begegnet dieser konzeptionelle Fokus, weil er die Notwendigkeit mit sich bringt, in der Lehre explizit zu machen, was bisher oft implizit blieb: die Verknüpfung der häufig als Quasi-Vorkurs-Thema verhandelten „Techniken wissenschaftlichen Arbeitens" und der nötigen „Mathe" mit dem wissenschaftlichen Arbeiten selbst.

Seit dem Sommer 2012 arbeiten in den Fakultäten der Universität Bielefeld insgesamt 18 Expert/innen für die Weiterentwicklung der Einführungsveranstaltungen in mathematisierten Fächern und in textintensiven Studiengängen. Sie entwickeln und erproben Konzepte, wie die Verknüpfung des „Wie" und des „Was" in den Lehrveranstaltungen des ersten Studienjahrs noch besser und zielgenauer geleistet werden kann, so dass die Studierenden schneller und besser begreifen können, was den fachlichen Kontext ausmacht, woran dort gearbeitet und wie dort gedacht und gehandelt wird.

4.6   Lehre zu einer Gemeinschaftsaufgabe machen

Der Strukturrahmen, der für die Entwicklung und Implementierung neuer Konzepte für Beratung, Orientierung und Weiterentwicklung von Einführungsveranstaltungen in den Fachstudiengängen vorgegeben ist, ist offen und flexibel, damit die Fakultäten die zusätzlichen Stellen entsprechend ihrer spezifischen Bedarfe möglichst effizient einsetzen können. Allerdings mussten sich die Fakultäten zur fakultätsübergreifenden Zusammenarbeit verpflichten. Die neu eingestellten Mitarbeiterinnen und Mitarbeiter arbeiten zu den Schwerpunkten „Mathematische Kompetenzen", „Literale Kompetenzen" und „Beratung und Betreuung" in sogenannten Expertengruppen fachübergreifend zusammen, treffen sich regelmäßig und tauschen sich über Konzepte aus. Sie werden dabei unterstützt von zentralen Einrichtungen (dem Institut für Didaktik der Mathematik, dem Schreiblabor[1] und der Zentralen Studienberatung), deren professionelle Expertise für die konzeptionelle Arbeit sowie für Fortbildungen und Beratung genutzt wird.

Wir sehen in dieser Form der universitätsweiten Vernetzung eine Möglichkeit, Lehre stärker als das bisher der Fall ist als Gemeinschaftsaufgabe sichtbar zu machen. Die Konzeptentwicklung *in* den Fächern ist ebenfalls als ein Prozess angelegt, in dem die Lehrenden vor allem der Einführungsveranstaltungen miteinander klären, was Studierende im ersten Studienjahr (und insgesamt) lernen, verstehen und begreifen sollen, und wie die Veranstaltungen des ersten Studienjahrs dazu beitragen können.

5   Fazit

Die Einführung der neuen Studienstruktur hat nicht nur alte Probleme der Hochschulensichtbar gemacht, sondern bietet auch neue Chancen, diese Probleme wenn schon nicht zu lösen, so doch zumindest einige erfolgreich zu bearbeiten. Dennoch kann man davon ausgehen, dass sich die Probleme des Übergangs Schule/Hochschule nicht zuletzt mit der Verkürzung der Schulzeit weiter verschärfen werden, in erster Linie für die Übergänger selbst, aber letztlich für die Gesellschaft insgesamt. Vielleicht stellt sich dann irgendwann die Übergangsfrage ganz neu: Wenn Schule und Hochschulen es für sich und miteinander nicht schaffen, werden möglicherweise Rufe nach einer neuen Institution für den Übergang lauter, dies könnte dann zu einer institutionellen Ausdifferenzierung der Hochschulen und zur Einführung von Colleges führen. Das Oberstufen-Kolleg war seiner Zeit voraus.

---

1   Das Schreiblabor der Universität Bielefeld wurde 1993 nach dem Vorbild der Writing Center oder Writing Labs US-amerikanischer Universitäten gegründet. Angefangen hat es als Beratungsstelle für Studierende, hieraus ist ein Ratgeber hervorgegangen (Frank, Haacke & Lahm, 2007). Heute liegt der Schwerpunkt in der Beratung und Fortbildung von Lehrenden, die das Schreiben als Instrument des Lernens in ihrer Lehre einsetzen möchten sowie in der Ausbildung von Tutorinnen und Tutoren für die studentische Schreibberatung Skriptum.

Literatur

Boss, B. & Krickeberg, K. (Hrsg.) (1976). *Mathematisierung der Einzelwissenschaften*. Basel, Stuttgart: Birkhäuser Verlag.

Frank, A., Haacke, S. & Lahm, S. (2007). *Schreiben in Studium und Beruf*. Stuttgart: Metzler Verlag.

Fröhlich, M. (2012). Vielstimmig und offen: Lernräume zum Mitdenken und Mitgestalten durch „Arbeiten mit dem Gruppendrehbuch" („Peer Facilitated Learning") an der Universität Bielefeld. *Zeitschrift für Beratung und Studium, 1*, S. 13-17.

Huber, L. (2007). Hochschule und gymnasiale Oberstufe – ein delikates Verhältnis. *Hochschulwesen, 1*, S. 8-14.

Marx, W. & Gramm, G. (2002). *Literaturflut – Informationslawine – Wissensexplosion. Wächst der Wissenschaft das Wissen über den Kopf?* Verfügbar unter: http://www2.fkf.mpg.de/ivs/literaturflut.html (27.7.2012).

Pace, D. & Middendorf, J. (2004). *Decoding the Disciplines: Helping Students Learn Disciplinary Ways of Thinking*. San Francisco: Jossey Bass.

Volker Meyer-Guckel

Soll der Markt es richten? Über die Notwendigkeit der Neuerfindung der Studieneingangsphase

Als der Stifterverband für die Deutsche Wissenschaft und die Robert Bosch Stiftung 2004 unter dem Titel „Brücken zur Wissenschaft" Empfehlungen zur Verstetigung der Zusammenarbeit von Schule und Hochschule publizierten, geschah dies vor dem Hintergrund eines Mangels an qualifizierten Hochschulabsolventen in den Natur- und Technikwissenschaften, der sich schon in den 1990er Jahren abzeichnete. Aus den daraus entstandenen Förderprojekten beider Institutionen zur Stärkung der Zusammenarbeit zwischen Schule und Hochschule wurde ein Empfehlungskatalog mit Handlungsanleitungen für Wissenschaft, Schule und Politik entwickelt. Die Förderprojekte zeigten: Der Erfolg einer Zusammenarbeit zwischen Wissenschaft und Schule war schon nach kurzer Zeit für alle Seiten unübersehbar: Die Studierendenanfängerzahlen stiegen, das Interesse von Schülern an naturwissenschaftlichen Fragestellungen nahm zu, Schülerlabore und Science Center waren als außerschulische Lernorte gefragt.

In den folgenden zehn Jahren sind diese Schnittstellenaktivitäten an vielen universitären Standorten systematisch ausgeweitet worden. Inzwischen gibt es flächendeckend Übergangsprojekte, die sich nach Ley in die Felder „Information und Orientierung", „Beratung" und „langfristige Projektkooperationen" gliedern lassen. Zum Themenfeld „Information und Orientierung" gehören Hochschul-Schnupperkurse und Vorlesungen für Schüler, Tage offener Türen und Labors, Sommeruniversitäten und Sommercamps, Fach- und Hochschulpräsentationen in Schulen sowie mobile Projekte und Ausstellungen von Universitäten. Im Handlungsfeld „Beratung" haben sich inzwischen zahlreiche Patenschaften von Studierenden, Professoren oder Fachbereichen für einzelne Schulen oder Schülergruppen etabliert, Mentoren- und Tutorensysteme sind aufgebaut, Service-, Beratungs- und Informationsstellen für Schüler und Abiturienten sind entwickelt worden. Dazu gehören Präsentationsveranstaltungen „Studium und Beruf" ebenso wie Fortbildungs- und Informationsprogramme für Lehrer oder Auswahlverfahren für Studienbewerber, die nicht nur als Testinstrumente, sondern vor allem auch zur persönlichen Beratung für eine Studienentscheidung dienen. Und nicht zuletzt haben langfristige Projektkooperationen im Rahmen von Schülerlaboren, Schülerarbeitsgemeinschaften, Wettbewerben oder in der wissenschaftlichen Begleitung von Schülerprojekten zu einem nachhaltigen Dialog zwischen den akademischen und schulischen Lernorten beigetragen.

Auch wenn inzwischen *viele dieser Kooperationen zwischen den Institutionen* über den Status der Projektförmigkeit herausgewachsen sind und sich in dauerhaften Strukturen erfolgreich etabliert haben, so ist den meisten noch immer eine

„prekäre" Finanzierung gemein, da solche Schnittstellenaktivitäten zumeist außerhalb der Zuständigkeitsgrenzen staatlicher Finanzierungsinstitutionen (hier: Schulministerium, dort Wissenschaftsministerium) verortet sind.

Dabei sind die Herausforderungen des Übergangs Schule-Hochschule eher mannigfaltiger geworden als noch vor zehn Jahren: Noch immer herrscht ein Mangel an MINT-Nachwuchs, nicht zuletzt hervorgerufen durch eine Krise der Naturwissenschaften an der Schule. Doch neue Herausforderungen sind hinzugekommen. So lässt sich im Hochschulsektor eine zunehmende Differenzierung von akademischen Institutionen und Studiengängen, Lehr- und Lernformen feststellen, die Beratungs- und Orientierungsleistungen zunehmend erforderlich machen. Durch die Bologna-Reform an den Hochschulen gibt es mittlerweile eine fast unüberschaubare Vielzahl neuer Studienangebote, eine „neue Unübersichtlichkeit", die einen deutlich höheren Informationsbedarf bei Schülern und Schulen hervorruft als in der Vergangenheit.

Den sicherlich bedeutsamsten Einfluss auf die Gestaltung des Übergangs zwischen Schule und Hochschule aber hat zweifellos die Verkürzung der Schulzeit auf acht Jahre mit sich gebracht: Nicht nur wird dadurch die Anschlussfähigkeit von schulischem und akademischem Wissen zunehmend problematisch. Die Klagen von Hochschullehrern über eine vermeintliche „Studierunfähigkeit" (gerade in den sog. „harten" MINT-Fächern) sind Legion. Inzwischen werden mehr und mehr Hochschulen aktiv und versuchen, diese Lücken mit wissenschaftspropädeutischen Angeboten zu schließen.

Dazu kommt, dass sich die Vielfalt von Hochschulzugängen deutlich erhöht hat. Nicht zuletzt durch drastisch gestiegene Übergangsquoten zwischen Schule und Hochschule sind die Studienkohorten deutlich heterogenisiert, sowohl was die Wissensbestände, als auch was das Studierverhalten betrifft. Obwohl das Thema Diversität an den Hochschulen mittlerweile einen hohen Stellenwert hat, gibt es noch keine institutionell überzeugenden Konzepte, die auf unterschiedliche Begabungen, Herkünfte, Lernstrategien und soziale Umfelder von Studierenden eingehen und tatsächlich individualisierte Studiengangs- und Betreuungsangebote entwickelt haben.

All diese Entwicklungen machen deutlich: Die Studienvorbereitungs- und -eingangsphase muss dringend neu definiert und anders als bisher gestaltet werden. Das haben auch die Hochschulen erkannt, doch trotz Vielzahl von neuen Projekten gibt es noch viel zu selten koordinierende Instanzen, geschweige denn eine Einbindung von Übergangsphasenprojekten in curriculare Gesamtkonzepte von Schulen und Hochschulen.

Hochschulen stehen vor der neuen und zentralen Herausforderung, Wissenschaftspropädeutik als institutionelle Aufgabe zu definieren und operativ, methodisch und inhaltlich effizient und sinnvoll auszugestalten. Darüber hinaus gilt es, den Übergang zwischen Schule und Hochschule nicht nur als bildungsbiografische Herausforderung zu begreifen, sondern auch als soziokulturelle und darauf als Institution strategische Antworten zu finden. So sind zum Beispiel Migranten, bezogen auf ihren Anteil unter den Abiturienten an den deutschen Hochschulen noch immer deutlich unterrepräsentiert.

Angesichts dieser Herausforderungen reagieren und experimentieren inzwischen viele Hochschulen mit neuen Formen der Studieneingangsphase. Die Palette der pädagogischen Formate reicht von wissenschaftspropädeutischen Sommer- und Brückenkursen über besondere Betreuungs- und Tutorenkonzepte für Studienanfänger bis hin zur Entwicklung von Kollegmodellen, die immer mehr um sich greifen. In diesen Kollegphasen (Studium fundamentale, Einführungssemestern etc.) geht es um die Vermittlung eines breiten wissenschaftlichen Allgemeinwissens, von Methoden- und Problemlösungskompetenzen, um das Arbeiten an konkreten gesellschaftlichen Problemen und um das Einüben von Lehr- und Lernformaten im Rahmen von Projektstudien.

Für die Organisation und inhaltlichen Gestaltung der Studieneingangsphase werden damit von einigen Hochschulen mittlerweile ganz neue Organisationseinheiten geschaffen, die die akademische Lehre in den Fakultäten und Fachbereichen ergänzen und sich mit Blick auf spezifische Studierendenklientelen oder Bildungsphasen ausprägen: Colleges für die Studieneingangsphase und für die Organisation von fächerübergreifenden Lehrinhalten und -formaten, Professional Schools für berufsorientierte Studiengänge, Center for Lifelong Learning für Berufstätige, Einheiten für Duale Studiengänge in Kooperation mit Unternehmen, Graduate Schools für Doktoranden und Ähnliches. Diese Einheiten übernehmen bestimmte Aufgaben, die bisher den Fachbereichen zugeordnet waren und nun stärker zentralisiert und im Management professionalisiert werden. Dies umfasst die Organisation von Lehreinheiten, die Organisation von Betreuungsdiensten für Studierende, die Zusammenarbeit mit Kooperationspartnern, etc. Diese Supportfunktionen entlasten die Fachbereiche, die weiterhin für die akademischen Inhalte zuständig sind, von bestimmten organisatorischen Aufgaben. Als Beispiele für die Neuorganisation der Studieneingangsphase seien die Universitäten Lüneburg und Freiburg sowie der Verbund von Technischen Universitäten in Baden-Württemberg im Rahmen des MINT-Kollegs[1] genannt.

Obwohl viele Hochschulen an diesem Handlungsfeld arbeiten, sind innerinstitutionelle Verantwortlichkeiten vielfach noch unklar. Außerdem ist eine dauerhafte Finanzierung dieser neuen Einheiten für die Lehrvermittlung in der Studieneingangsphase nur in den seltensten Fällen gewährleistet. Nicht selten werden diese Initiativen im Rahmen des Qualitätspakts für Lehre zeitlich befristet finanziert.

Der andere institutionelle Akteur, der diese Phase mit gestalten und vorbereiten könnte – die Schule – agiert auf diesem Feld weitgehend ressourcenlos und unsystematisch. Anzustreben ist jedoch, dass nicht nur die Hochschulen, sondern auch die Schulen sich aktiver und systematischer als bisher diesem Übergangsbereich widmen können.

---

1 Informationen zum MINT-Kolleg Baden-Württemberg finden sich unter der Adresse: http://www.mint-kolleg.de (Zugriff: 10.10. 2012)

Dass sich auf diesem Feld ein großer Bedarf entwickelt, zeigen zahlreiche private Initiativen, die die Vorbereitung auf das Fachstudium inzwischen als Markt für Bildungsangebote entdeckt haben. So etabliert sich das Salem College am Bodensee als Vorbereitungsinstitution auf das akademische Studium und auch das Berlin International College versucht als unternehmerische Institution, ausländischen Studierenden Serviceangebote in der Vorbereitung auf ein Studium in Deutschland anzubieten – um nur zwei Neugründungen in diesem Bereich zu nennen. Etwas überspitzt kann man formulieren: die Studieneingangsphase (private Propädeutik) entwickelt sich wie die Studienendphase in bestimmten Fächern (private Repetitorien etwa im Fach Jura) zur attraktiven Spielwiese privater Akteure.

Wird es also „der Markt" richten oder werden die staatlichen Bildungsinstitutionen dieses Feld mit eigenen Angeboten weiterentwickeln? Vieles deutet auf das Letztere hin. Aus den derzeitigen Aktivitäten und Beobachtungen lassen sich folgende Thesen und Entwicklungslinien für die nächsten Jahre ableiten:

- Zunehmend heterogene Bildungsbiographien erfordern neue Konzepte für das Übergangsmanagement zwischen Schule und Hochschule, die zukünftig in curriculare Gesamtkonzepte von Schule und Hochschule integriert sind.
- Eine einjährige Collegephase scheint sich an vielen Hochschulen zu etablieren (nach unterschiedlichen hochschulprofilgeleiteten Modellen, wie MINT-Kollegs, Polyvalenzmodelle, etc.).
- Es entstehen Studienmodelle unterschiedlicher Geschwindigkeiten mit entsprechend vorgelagerten Test- und Beratungsinstrumenten an den Hochschulen.
- Das Feld der beruflichen Bildung wird in Zukunft integraler Bestandteil von Übergangsangeboten werden, nicht zuletzt durch die Öffnung zahlreicher neuer Hochschulzugangspfade, die sich aus dem beruflichen Ausbildungszweig eröffnen.
- Es bedarf einer pädagogischen Verzahnung von hochschulischen, schulischen und beruflichen Lerninhalten in neuen Formaten, in denen Lehrkräfte aus allen drei Bildungsorten die Lehre und das Lernen gemeinsam gestalten.
- An den Schulen professionalisieren sich „Übergangsberater". Diese müssen jedoch auch finanziert werden (entweder durch Deputatsreduzierung für Lehrer oder durch die Etablierung einer neuen Profession, wie dies in den skandinavischen Ländern längst Alltag an den Schulen ist).
- Und schließlich: In die Übergangsgestaltung als Bildungsaufgabe werden zunehmend nicht-pädagogische Institutionen einbezogen (Kulturvereine, Unternehmen, etc.).

Schon heute ist deutlich, dass das Schnittstellenmanagement zwischen Schule und Hochschule sich zu einem dynamischen und innovativen neuen Bildungsfeld entwickelt. Es werden neue Organisationsmodelle, Lehr- und Lernformate und inhaltliche Konzepte entstehen, die auf ein universitäres Fachstudium vorbereiten. Dieses Feld eröffnet auch neue Perspektiven für Lehrinnovationen in Schule und Hochschule und sollte als gesellschaftspolitisches Handlungsfeld mit entsprechend finanziellen Mitteln aus öffentlichen Förderprogrammen ausgestattet werden oder, besser noch, in die Grundfinanzierungsmodelle von Schulen und Hochschulen integriert werden.

Literatur

Robert Bosch Stiftung & Stifterverband für die Deutsche Wissenschaft (Hrsg.) (2005). *Brücken zur Wissenschaft. Empfehlungen zur Verstetigung der Zusammenarbeit von Schulen und Hochschulen.* Stuttgart und Essen.

Ley, M. (2002). *Übergang Schule-Hochschule. Klassifikation von Initiativen zur Förderung des naturwissenschaftlichen Nachwuchses.* Studie im Auftrag der Hochschulrektorenkonferenz und der Kultusministerkonferenz. Bonn.

Teil 5

Differenzen und Disparitäten:
Herkunfts-, geschlechts- und
migrationsbedingte Ungleichheiten

David Reimer, Steffen Schindler

Soziale Selektivität beim Übergang zur Hochschule: Theoretische Perspektiven und empirische Befunde

1 Einleitung

Im Gegensatz zu den zahlreichen Forschungsarbeiten über soziale Ungleichheit beim Übergang von Schule zur Hochschule im angelsächsischen Kontext, vor allem im Vereinigten Königreich und den USA, hat diese Schnittstelle im deutschen Bildungssystem bisher deutlich weniger Aufmerksamkeit erhalten. Dies hat mindestens drei miteinander zusammenhängende Ursachen. Zum einen wird ein beträchtlicher Anteil an Schülerinnen und Schüler im mehrgliedrigen deutschen Schulsystem bereits vor Erwerb der Hochschulzugangsberechtigung aussortiert. Der Übergang von der Grundschule auf die weiterführenden Schulen und nicht der Übergang ins Studium kann als das zentrale Selektionsmoment im deutschen Bildungssystem betrachtet werden. Ebenfalls mit dem mehrgliedrigen Schulsystem verbunden ist die Tatsache, dass der Anteil eines Altersjahrgangs, der die Hochschulzugangsberechtigung erwirbt, in den letzten Jahren und Jahrzenten zwar deutlich gestiegen ist, aber mit bundesweit etwas über 50 Prozent (Statistisches Bundesamt, 2012)[1] im internationalen Vergleich verhältnismäßig niedrig ist. Für mehr als die Hälfte aller Schüler eines Altersjahrgangs kommt die Wahl einer Hochschule erst gar nicht in Frage. Ein letzter Grund für die nach wie vor noch überschaubare Anzahl an Forschungsarbeiten, welche die Wirkungsfaktoren der sozialen Herkunft beim Übergang zur Hochschule betrachten, ist die Datenlage, die für lange Zeit eine differenzierte Analyse nicht erlaubt hatte.

In diesem Zusammenhang wurde von der der Deutschen Forschungsgemeinschaft das Forschungsprojekt „Hochschulexpansion und Hochschuldifferenzierung: Folgen für die soziale Ungleichheit bei der Bildungsbeteiligung und auf dem Arbeitsmarkt"[2] bewilligt. Das Projekt hatte zum Ziel, soziale Ungleichheit beim Übergang von der Schule zur Hochschule sowohl theoretisch als auch empirisch zu ergründen und neuere Entwicklungen und Veränderungen der Ungleichheitsrelationen beim Hochschulübergang in den letzten Jahrzehnten nachzuzeichnen. Empirisch stützte sich das Projekt schwerpunktmäßig auf die von der Hochschul-Informations-System GmbH (HIS) erhobenen Daten zu nachschulischen Werdegängen von Studienberechtigten, die seit den 1970er-Jahren regelmäßig erhoben werden

---

1   Genauer genommen betrug die bundesweite Studienberechtigtenquote in Deutschland im Jahr 2010 52,8 Prozent (Statistisches Bundesamt, 2012, S. 118).
2   Das Projekt war unter der Leitung von Prof. Dr. Walter Müller am Mannheimer Zentrum für Europäische Sozialforschung der Universität Mannheim angesiedelt. Laufzeit des Projekts war von 2006-2011.

und die auch Grundlage für weitere Beiträge in diesem Sammelband sind. HIS hat diese Daten für das Forschungsprojekt freundlicherweise zur Verfügung gestellt.[3]

In diesem Beitrag geben wir einen kurzen Überblick über die zentralen Befunde des Projekts. Nach einer kurzen Beschreibung der theoretischen Prämissen berichten wir die Ergebnisse ausgewählter empirischer Arbeiten über den Zusammenhang von sozialer Herkunft und der Wahl von postsekundären Ausbildungsalternativen. Im nächsten Schritt greifen wir die Frage nach dem Wandel von Herkunftseffekten beim Übergang zur Hochschule vor dem Hintergrund der Expansion der Sekundar- und Tertiärbildung auf und diskutieren auch hier zentrale empirische Befunde. Zuletzt diskutieren wir Forschungsergebnisse über den Zusammenhang von sozialer Herkunft und Studienfachwahl und gehen auf aus unserer Sicht wichtige verbleibende Forschungsdesiderata zum Thema soziale Ungleichheit beim Hochschulzugang ein.

2 Wie erklärt man soziale Ungleichheit beim Übergang zur Hochschule?

Studienberechtigte in Deutschland haben, sehr vereinfacht gesehen, die Wahl zwischen einem Studium und einer Berufsausbildung. Trotz der dem Erwerb der Hochschulzugangsberechtigung vorgelagerten Selektionsstufen entscheiden sich deutlich weniger Studienberechtigte mit weniger privilegiertem sozialem Hintergrund für ein Studium. Ohne Berücksichtigung weiterer Faktoren wählten Kinder aus der oberen Dienstklasse im zurückliegenden Jahrzehnt ca. 2-3 mal so häufig ein Studium im Vergleich zu Kindern aus der Arbeiterklasse (vgl. Lörz & Schindler, 2011a; Schindler & Reimer, 2010).

Um die soziale Ungleichheit bei der Wahl eines Studiums zu erklären, greifen wir auf Boudons (1974) Unterscheidung von primären und sekundären Effekten der sozialen Herkunft zurück, die in der soziologischen Bildungsforschung in Deutschland mittlerweile sehr etabliert ist. Als primäre Effekte werden Effekte bezeichnet, die sich in besseren Schulleistungen der Schüler aus privilegierten Herkunftsgruppen niederschlagen und die durch deren besseren Zugang zu kulturellen und sonstigen schulrelevanten Ressourcen bedingt sind. Als sekundäre Effekte werden solche Unterschiede im Bildungsverhalten bezeichnet, die sich bei gleichen Leistungen aufgrund herkunftsspezifisch verschiedener Entscheidungsmuster bei Bildungsentscheidungen ergeben. Boudons Ansatz wurde in zahlreichen neueren Studien zu sozialen Disparitäten im Bildungsverhalten als theoretische Grundlage angewendet (für einen Überblick siehe Jackson, 2013). Beide Komponenten, primäre

---

3   Neben den seit ca. Mitte der 2000er-Jahre zugänglichen HIS-Daten, die die Grundlage für eine Reihe neuerer Forschungsarbeiten über den Übergang zur Hochschule sind (u.a. Jacob, Steininger & Weiß sowie Quast & Lörz in diesem Band), hat auch die in Baden-Württemberg durchgeführte Längsschnittstudie TOSCA (siehe Maaz, Waterman & Daniel in diesem Band) zu einer Reihe neuerer Arbeiten geführt.

und sekundäre Effekte, spielen für die Erklärung von sozialer Ungleichheit an den verschiedenen Gelenkstellen des Bildungssystems eine wichtige Rolle, wobei die relative Bedeutung beider Effektarten über Bildungsübergänge hinweg oder zwischen Ländern variieren kann.

Für den Übergang zur Hochschule stellt sich die Frage, welche der beiden Effektarten eine größere Rolle spielen sollte. Anders gesagt nehmen Arbeiterkinder weniger häufig ein Studium auf, weil sie schlechte Schulleistungen in der Oberstufe erbringen oder weil sie sich, aus bestimmten Beweggründen auch bei vergleichbaren Leistungen gegen ein Studium entscheiden? Die relative Bedeutung von primären vs. sekundären Herkunftseffekten in Erfahrung zu bringen ist nicht zuletzt deshalb relevant, da Maßnahmen, die zum Ziel haben die Studierneigung von Kindern aus weniger privilegierten Verhältnissen zu steigern, gezielter gesteuert werden können, wenn man weiß worauf diese Ungleichheiten zurückzuführen sind.

Da es sich bei Studienberechtigten, meistens also Abiturienten/Abiturientinnen, um eine Gruppe handelt, die aufgrund von vorherigen Schulleistungen bereits deutlich vorselektiert ist, ist zu erwarten, dass Leistungsunterschiede zwischen sozialen Herkunftsgruppen keine so ausschlaggebende Rolle mehr spielen sollten (vgl. Mare, 1980). Vermeintlich schwächere Schüler aus unteren Herkunftsgruppen wurden schon auf dem Weg zum Abitur „aussortiert". Dagegen lässt sich argumentieren, dass sich Personen aus unterschiedlichen sozialen Herkunftsgruppen, wenn sie einmal die Studienberechtigung erreicht haben, nicht nur in ihren Leistungen, sondern auch in ihren Bildungsaspirationen und anderen Merkmalen ähnlicher geworden sind, welche für die Entscheidung für oder gegen ein Studium ausschlaggebend sind.

3 Primäre und sekundäre Effekte beim Übergang in die Hochschulbildung

3.1 Die relative Bedeutung primärer und sekundärer Effekte

Im Folgenden präsentieren wir die Ergebnisse von Schindler und Reimer (2010), die das Verhältnis von primären zu sekundären Herkunftseffekten quantifizieren. Basierend auf den Studienberechtigtenpanels aus den 1980er- und 1990er-Jahren wird dabei eine von Jackson und Kollegen (2007) entwickelte Methode angewendet, die es möglich macht, die relative Größe von primären und sekundären Effekten zu bestimmen.[4] In einem ersten Schritt ist in Abbildung 1 zu sehen, dass die Verteilung der Abiturnote, die als Indikator zur Messung von primären Effekten verwendet wird, sich zwischen Hochschulzugangsberechtigten aus drei verschiedenen

---

4 Siehe Jackson (2013) und Jackson et al. (2007) für Details zu dieser Methode.

Herkunftsklassen in den 1980er- und 1990er-Jahren nur geringfügig unterscheidet.[5] Söhne und Töchter mit einem Vater aus der Dienstklasse haben nur unwesentlich bessere Abiturnoten als Kinder aus den mittleren Klassen oder der Arbeiterklasse.

Abbildung 1: Verteilung der Abiturleistungen nach Klasse und Jahr, Kerndichteschätzer

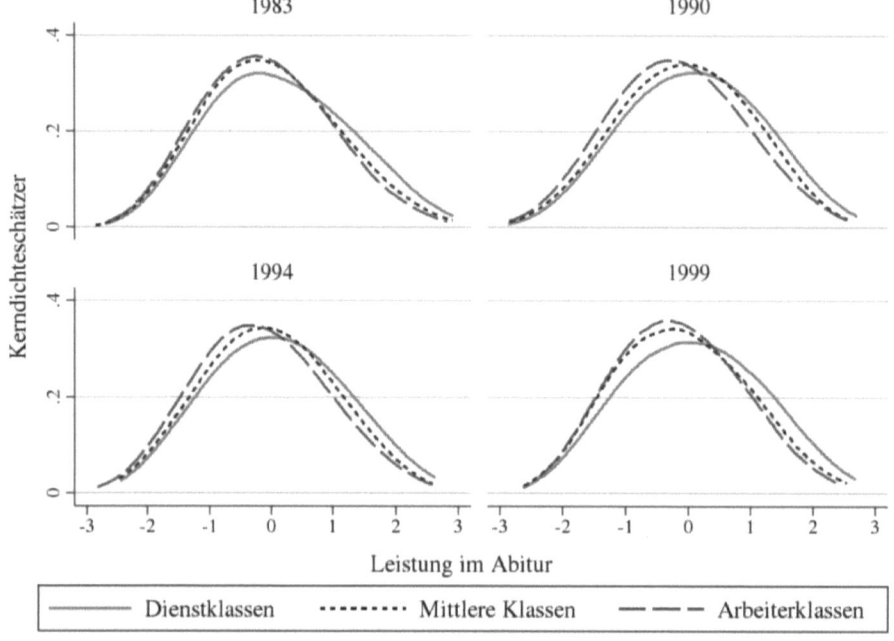

Anmerkungen: Die Leistungswerte ergeben sich aus länder- und jahrgangsspezifisch standardisierten und gespiegelten Abiturnoten.
Quelle: Schindler & Reimer, 2010.

Schon aus dieser Darstellung lässt sich schließen, dass sich das Leistungsniveau zwischen den Klassen allenfalls minimal unterscheidet und daher primäre Effekte nur eine geringe Rolle beim Zugang zum Studium spielen können. Genau das bestätigt sich auch, wenn die relativen Anteile primärer und sekundärer Effekte nach der von Jackson und Kollegen vorgeschlagene Methode bestimmt werden. Dabei betrachten Schindler und Reimer für die vier in Abbildung 1 dargestellten Jahrgänge die sozialen Unterschiede bei der Aufnahme eines Studiums an einer Universität oder Fachhochschule innerhalb eines Zeitraums von dreieinhalb Jahren nach Erwerb der Hochschulzugangsberechtigung. Der Anteil an primären und sekundären Effekten wird errechnet, indem zwei Herkunftsgruppen, z.B. Dienst- und Arbeiterklasse, gegenübergestellt werden. Um zu verstehen, wie der Unterschied im

---

5 Schindler und Reimer (2010) diskutieren die Vor- und Nachteile der Verwendung der Abiturnote als Indikator für primäre Effekte. Vor allem das Problem der antizipatorischen Entscheidungen ist hier hervorzuheben, das eventuell dazu führt, dass der Einfluss von primären Effekten unterschätzt wird, da sich Schüler aus unteren Herkunftsklassen eventuell bereits in der Oberstufe gegen ein Studium entscheiden und sich dementsprechend weniger anstrengen, eine gute Abiturnote zu erreichen.

Übergangsverhalten an die Hochschule zwischen diesen Gruppen zustande kommt, weist man der Arbeiterklasse die Übergangswahrscheinlichkeiten der Dienstklasse zu und berechnet inwieweit sich die Übergangsraten zur Hochschule verändern würden, wenn Arbeiterkinder bei unverändertem Notenniveau das Übertrittsverhalten der Dienstklassenkinder aufweisen würden. Umgekehrt weist man den Dienstklassenkindern die Übergangsraten der Arbeiterkinder zu. Ergebnisse dieser Methode diskutieren wir exemplarisch für Studienberechtigte aus dem Jahr 1999 (Tabelle 1).

Tabelle 1: Reale und kontrafaktische Übergangsraten ins Studium für HIS Studienberechtigtenkohorte 1999

		Übergangsverhalten	
		Dienstklasse	Arbeiterklasse
Leistung	Dienstklasse	81	66
	Arbeiterklasse	78	63

Anmerkungen: Klassen sind in Anlehnung an das EGP-Klassenschema nach Erikson, Goldthorpe und Portocarero (1979) konzipiert.
Quelle: Schindler & Reimer, 2010.

Die Übertrittsquote von Studienberechtigten mit Arbeiterherkunft, von denen im Zeitraum von 3 ½ Jahren nach Erwerb der Studienberechtigung 63 Prozent tatsächlich ein Hochschulstudium wählen, würde sich um 15 Prozentpunkte erhöhen, sollten sie das Übergangsverhalten der Dienstklassenkinder an den Tag legen. Umgekehrt würde sich die Übertrittsquote der Dienstklassenkinder um 15 Prozentpunkte verringern, sollten sie bei unverändertem Leistungsniveau die Übertrittsneigung von Arbeiterkindern annehmen. Diese Zahlen dienen dann als Grundlage um die relative Bedeutung von primären und sekundären Effekten zu errechnen (vgl. Schindler & Reimer, 2010). Für das oben genannte Beispiel zeigt sich, dass sekundäre Effekte zu 85 Prozent für die niedrigeren Übergangsraten der Arbeiterkinder verantwortlich sind. Auch für die anderen in der referierten Analyse betrachteten Studienberechtigtenjahrgänge sowie in den auf männliche und weibliche Studienberechtigte beschränkten Subanalysen finden sich ähnliche Werte für die relative Bedeutung von sekundären Effekten, die nur gering zwischen 81 und 87 Prozent schwanken. Darüber hinaus lassen sich ungleiche Übergangsraten zwischen den „mittleren" Klassen und der Dienstklassen ebenfalls hauptsächlich auf sekundäre Effekt zurückführen.

3.2 Differenzierung der sekundären Effekte

Wie lässt sich nun erklären, dass sich Studienberechtigte mit weniger privilegierter Herkunft deutlich seltener für ein Studium entscheiden als ihre Mitschüler aus privilegierteren Herkunftsklassen, auch wenn sie genauso gute Abiturnoten aufweisen? Im Projekt diente der soziologische Rational-Choice-Ansatz, insbesondere die von Breen und Goldthorpe (1997) formulierte Theorie zur relativen Risikoaversion als Grundlage für die Modellierung sekundärer Effekte. Breen und Goldthorpe, deren Arbeit auf Boudon's (1974) Ansatz aufbaut, unterstellen, dass unabhängig vom sozialen Status die Vermeidung von sozialer Abwärtsmobilität in der unmittelbaren Generationenfolge das entscheidende Motiv für Bildungsentscheidungen in Familien darstellt.[6] Dies bedeutet, dass sich der subjektiv wahrgenommene Ertrag eines bestimmten Bildungsabschlusses systematisch nach sozialer Herkunft unterscheidet. Entsprechend sind beispielsweise tertiäre Bildungsgänge relativ betrachtet für Personen aus akademischen Elternhäusern mit höheren Erträgen verbunden als für Personen, denen zur Statusreproduktion ein beruflicher Ausbildungsabschluss genügt. Neben der unterschiedlichen Wahrnehmung von Arbeitsmarkterträgen eines Studiums unterscheiden sich zudem die wahrgenommenen Kosten, die mit den entsprechenden Ausbildungsalternativen verbunden sind. Auch bei der Einschätzung von Erfolgsaussichten eines Studiums (und erfolgreicher Jobsuche nach Abschluss eines Studiums) sind herkunftsspezifische Unterschiede zu erwarten.

Zusammenfassend sehen wir drei Ursachenbündel, welche das hohe Ausmaß an sekundären Effekten erklären können. *Erstens* bestehen aufgrund des Motivs des Statuserhalts zwischen sozialen Herkunftsgruppen relative Unterschiede in der Bewertung des Ertrages eines Hochschulstudiums, das dadurch für statushöhere Gruppen attraktiver ist als für statusniedrigere Gruppen. Dies wird unterstützt durch die relativ höhere Attraktivität von nichttertiären Ausbildungsgängen (in der Regel eine Berufsausbildung) für statusniedrigere Gruppen, die für deren Statusreproduktion bereits ausreichend sind oder sogar einen sozialen Aufstieg bedeuten. *Zweitens* schätzen Studienberechtigte aus höheren Herkunftsschichten die Wahrscheinlichkeiten des erfolgreichen Abschlusses eines Studiums optimistischer ein als Studienberechtigte aus unteren Schichten, da sie einen Informationsvorsprung in Bezug auf den Inhalt und die Anforderungen tertiärer Bildungsgänge haben. Dies wird zudem unterstützt durch das aus primären Effekten resultierende, durchschnittlich etwas geringere Leitungsniveau der unteren Herkunftsgruppen, das auf die Einschätzung des eigenen Leistungspotentials zurückwirkt. Ebenso sollten herkunftsspezifische Ressourcenlagen dazu führen, dass die Einschätzung einer erfolgreichen Arbeitsmarktplatzierung nach dem Studium in statushöheren Gruppen positiver ausfällt. *Drittens* bestehen Unterschiede in der Fähigkeit, direkte und indirekte Kosten tertiärer Bildungsgänge zu tragen. Diese fallen für statusniedrigere Gruppen stärker ins Gewicht und halten diese somit eher von der Wahl eines Studiums ab. Dieser Effekt wird verstärkt durch die relativ hohen Opportunitätskosten, die für statushöhere Gruppen aufgrund des damit verbundenen Statusverlusts mit der Wahl nichttertiärer Ausbildungsgänge verbunden sind. Insgesamt ergibt sich somit aus allen drei genannten Ursachenbündeln, dass der Nutzen eines Studiums von statusniedrigeren

---

6   In der deutschsprachigen Soziologie werden neben dem Modell von Breen und Goldthorpe (1997) auch häufig die Arbeiten von Erikson und Jonsson (1996) und Esser (1999, S. 265-275) zitiert, die sehr ähnliche Rational-Choice-Modelle präsentieren, die sich nur in Details voneinander unterscheiden (für einen Überblick siehe Stocké, 2010).

Gruppen systematisch niedriger eingeschätzt wird als von Studienberechtigten aus statushöheren Elternhäusern.

3.3 Empirische Analysen zur Differenzierung sekundärer Effekte

Um zu zeigen, inwieweit sich die referierten Annahmen zur Erklärung der sekundären Effekte empirisch als haltbar erweisen, präsentieren wir die Ergebnisse einer Analyse (Schindler & Reimer, 2011), in der die oben genannten sekundären Mechanismen der Ungleichheitsgenerierung empirisch getestet werden. Dabei werden mit einem kumulierten Datensatz aus drei HIS-Studienberechtigtenerhebungen aus den 1990er-Jahren die oben beschriebenen sekundären Mechanismen operationalisiert. Zur Messung der sekundären Effekte ziehen Schindler und Reimer (2011) eine Itemreihe von Motiven der jeweils ersten Welle der HIS-Befragungen heran, welche die Gründe der geplanten Ausbildungswahl abbilden soll. Diese Items wurden jeweils anhand einer sechsstufigen Skala abgefragt. Tabelle 2 gibt eine Übersicht über die verwendeten Items und das zugeordnete Theoriekonstrukt mit untergeordneten Dimensionen.

Tabelle 2: Motive der Ausbildungswahl

Konstrukt	Dimension	Item
Kosten	monetäre Aspekte	baldige finanzielle Unabhängigkeit
	Ausbildungsdauer	kurze Ausbildungsdauer
Erträge	Status	um in leitende Position zu gelangen
		um einen hohen Status zu erreichen
	kulturelle Prägung	Interesse an wissenschaftlicher Arbeit
		Neigung zu praktischer Tätigkeit
	Sicherheit	sichere beruflicher Zukunft

Anmerkungen: Schindler und Reimer (2011) differenzieren zwischen sieben Motiven, die Erträge und Kosten der verschiedenen Ausbildungsoptionen charakterisieren sollen. Den oben referierten theoretischen Erwartungen zufolge ist zu erwarten, dass diese Motive zur Erklärung von klassenspezifischen Unterschieden bei der Aufnahme eines Hochschulstudiums beitragen. Die Kosten einer Ausbildungsalternative wurden mit zwei Motiven operationalisiert: die Bedeutung, die der finanziellen Unabhängigkeit und der kurzen Ausbildungsdauer zugemessen wird. Die Motive, die eventuell klassenspezifische Differenzen in den Erträgen der Tertiärbildung messen, wurden in drei Gruppen eingeteilt. Die ersten beiden Motive sollen messen, inwieweit der mit einer Ausbildungsalternative verbundene Berufsstatus eine Rolle bei der Bildungswahl gespielt hat. Die nächsten zwei Motive wiederum, die unter dem Begriff kulturelle Prägung zusammengefasst wurden, sollen klassenspezifische Neigungen in der Bewertung von Tätigkeitsinhalten, die mit bestimmten typischen Tätigkeitsfeldern von Absolventen der jeweiligen Ausbildungsalternative verbunden sind, repräsentieren. Schließlich ist die mit der Ausbildungsalternative verbundene Sicherheit eine weitere Ertragsdimension, bei der man klassenspezifische Gegensätze erwarten kann. Quelle: Schindler & Reimer, 2011.

Um zu bestimmen, inwieweit die genannten Motive klassenspezifische Unterschiede beim Übergang an die Hochschule erklären, wenden Schindler und Reimer ein von Fairlie (2005) entwickeltes Verfahren an, das im Ansatz der vorher beschriebenen Methode zur Bestimmung der relativen Größe von primären und sekundären Effekten ähnelt.[7] Mit dem Verfahren ist es möglich zu berechnen, inwieweit sich die Studierquote von Studienberechtigten mit Arbeiterherkunft der Studierquote von Dienstklassenkindern angleichen würde, wenn diese die gleichen Werte auf den unabhängigen Variablen aufwiesen wie die Dienstklassenkinder. Auf diese Weise kann man bestimmen welcher Anteil des beobachteten Unterschieds (im Englischen *Gap*) auf bestimmte Variablen oder Variablenkomplexe zurückgeht. Schindler und Reimer analysieren zusätzlich die Frage, inwieweit die verschiedenen Kosten- und Ertragsüberlegungen Klassenunterschiede bei der Wahl verschiedener postsekundärer Ausbildungswege erklären können. Damit gehen sie auch auf die Frage ein, inwieweit die Schaffung neuer Hochschularten neben der Universität soziale Ungleichheiten beim Zugang zu Tertiärbildung beeinflussen kann (vgl. Shavit et al., 2007; Reimer & Jacob, 2011).

Abbildung 2: Erklärung der Unterschiede zwischen Arbeiterkindern und Dienstklassenkindern bei der Studienwahl

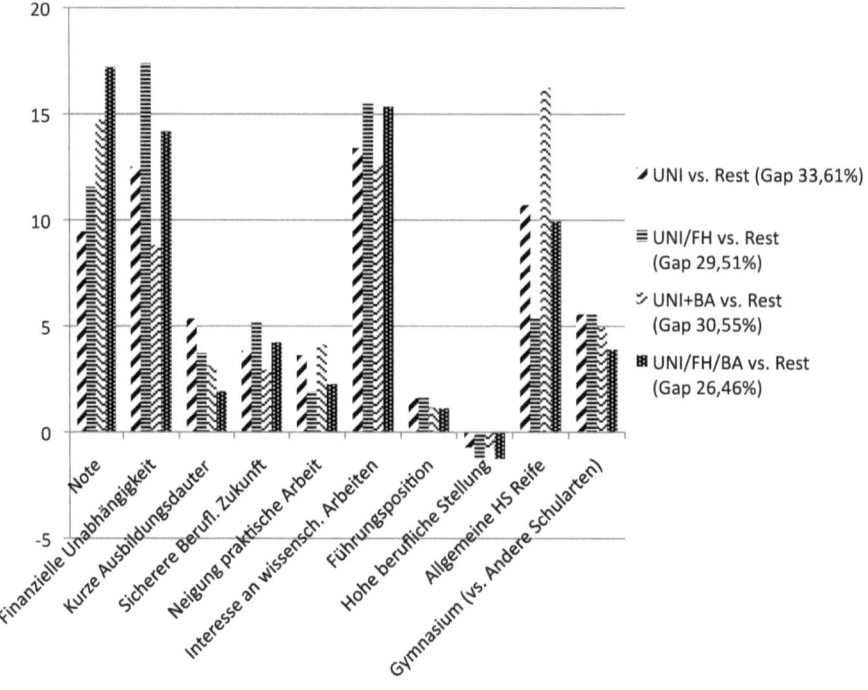

Quelle: Schindler & Reimer, 2011.

---

7   Eine detailliertere deutschsprachige Beschreibung des Verfahrens findet man in Schindler und Reimer (2010).

In Abbildung 2 sind die Ergebnisse dieser Analyse zusammengefasst. Die Wirkung der sekundären Mechanismen bei der Wahl differenzierter Hochschultypen wird über eine jeweils variierende Definition der abhängigen Variablen „Studienwahl" beleuchtet. Neben einer klassischen Definition der Kategorie Studium, bei der ein Studium an einer Universität und Fachhochschule allen anderen Ausbildungsalternativen gegenübergestellt wird, werden noch drei andere, jeweils unterschiedlich zugeschnittene abhängige Variablen betrachtet. Zusätzlich zu den Ausbildungsmotiven werden auch die Erklärungsbeiträge der Abiturnote und die Wege zur Hochschulzugangsberechtigung (Allgemeine vs. Fachhochschulreife und allgemeinbildendes vs. berufliches Gymnasium) berechnet. Im Folgenden heben wir einige ausgewählte Ergebnisse der Analyse hervor.

Für die erste Unterscheidung zwischen Studium an einer Universität oder Fachhochschule vs. alle anderen Ausbildungsarten, also die klassische Definition eines Studiums, beobachten wir einen sozialen Klassenunterschied[8] in der Studienaufnahme, der sich auf insgesamt 29,5 Prozentpunkte beläuft. Hier zeigt sich, dass insbesondere der Wunsch nach baldiger finanzieller Unabhängigkeit deutlich zur Erklärung der Klassenunterschiede beiträgt. Sollten Arbeiterkinder genauso (wenig) nach baldiger finanzieller Unabhängigkeit streben wie Dienstklassenkinder dies tun, würde sich das *Gap* bei der Aufnahme eines Studiums zwischen diesen beiden Gruppen um 17,4 Prozent reduzieren. Die Tatsache, dass weder an Universitäten noch an Fachhochschulen eine Ausbildungsvergütung gewährt wird, trägt somit deutlich zur Generierung von Klassenunterschieden bei. Auffällig ist, dass in dem Fall, in dem die Berufsakademie zum Studium gezählt wird, die zwei Motive zur Messung von Kosten einen deutlich geringeren Erklärungsbeitrag leisten. Dies zeigt, dass Studienberechtigte aus unteren Klassen darauf reagieren, dass an Berufsakademien ein Ausbildungslohn gezahlt wird. Dahingegen ist die Einschätzung der Wichtigkeit einer kurzen Studiendauer, ebenfalls ein Kostenfaktor, für die Erklärung von Klassenunterschieden von nicht ganz so großer Bedeutung. Trotzdem ist interessant, dass bei der Betrachtung der verschiedenen Konfigurationen der abhängigen Variablen der Erklärungsanteil dieses Items dann am größten ist, wenn ein Universitätsstudium – die Ausbildungsoption die mit Abstand am längsten dauert – allen anderen Ausbildungsoptionen gegenübergestellt wird. Das Ausbildungsmotiv „Interesse an wissenschaftlichem Arbeiten" erklärt über alle abhängige Variablen hinweg einen bedeutenden Teil des Klassenunterschieds, was verdeutlicht, dass die unterschiedliche Bewertung der Erträge eines Studiums, eventuell vermittelt über unterschiedliche kulturelle Ressourcen in der Herkunftsfamilie, deutlichen Anteil bei der Generierung von Klassenungleichheiten hat. Es zeigt sich auch, dass die Variablen zur Messung von Status hingegen nicht wesentlich zur Erklärung des Klassenunterschieds beitragen, was sicherlich mit der Formulierung der verwendeten Items zusammenhängt, die nur bedingt dafür geeignet sind, das Konzept des Statuserhalts

---

8   Die Definition der sozialen Herkunft bezieht sich auf die berufliche Stellung des Vaters. Die Dienstklassenkategorie bezieht sich auf Personen in einer gehobenen beruflichen Stellung, die darüber hinaus eine tertiäre Ausbildung abgeschlossen haben.

zu erfassen. In Vorgriff auf den nächsten Abschnitt, in dem wir Entwicklungen im Wandel über die Zeit aufgreifen, kann man auch in dieser Analyse schon sehen, dass soziale Unterschiede in der Art des Erwerbs der Hochschulzugangsberechtigung eine nicht unerhebliche Rolle für die Erklärung von Ungleichheiten bei der Studienaufnahme spielen.

Zusammengenommen zeigen die Ergebnisse der referierten Analyse, aber auch andere ähnliche Arbeiten des Projekts (vgl. Reimer & Schindler, 2010; Schindler & Lörz, 2011; Schindler & Reimer, 2010), dass subjektive Kosten- und Nutzeneinschätzungen einen erheblichen Teil des nach sozialer Herkunft unterschiedlichen Studienverhaltens erklären können. Darüber hinaus spielen primäre Herkunftseffekte zwar nur eine geringe Rolle, doch auch sie tragen im geringen Ausmaß zu Unterschieden in der Studienneigung bei. Ferner sind bestimmte Kosten- und Nutzenerwägungen nicht nur für die Wahl eines Studiums gegenüber einer Berufsausbildung, sondern auch bei der Wahl eines spezifischen Hochschultyps bedeutend.

4   Langfristige Entwicklung sozialer Selektivitäten beim Übergang in die Hochschulbildung

Mittlerweile konnte durch einige Studien gezeigt werden, dass die sozialen Ungleichheiten sowohl beim Erreichen der Hochschulreife als auch beim Zugang zur Hochschulbildung im Zeitverlauf tendenziell – wenngleich nur langsam – abnehmen (Klein et al., 2009; Lörz & Schindler, 2011a; Mayer et al., 2007; Müller & Pollak, 2004). Betrachtet man hingegen die zeitliche Entwicklung der Ungleichheit im *Übergang* von der Hochschulreife an die Hochschulen über mehrere nachfolgende Kohorten, dann zeigt sich, dass die soziale Selektivität der Studierquoten in der Tat zunimmt (Lörz & Schindler, 2011a; Mayer et al., 2007; Müller & Pollak, 2004; vgl. Abb. 3).

Um nun zu ergründen, worauf dies zurückzuführen ist, kann zunächst wieder die Unterscheidung zwischen primären und sekundären Effekten herangezogen werden: Einerseits könnten die durchschnittlichen Leistungsniveaus von Abiturienten aus bildungsnahen und bildungsfernen Elternhäusern im Zeitverlauf auseinander driften, wenn die Bildungsexpansion dazu geführt hat, dass zunehmend mehr leistungsschwächere Schüler aus bildungsfernen Familien zur Hochschulreife gelangen.[9] Andererseits kann die Bildungsexpansion auch zu Veränderungen der sekundären Effekte geführt haben. Entweder dadurch, dass zunehmend mehr Schüler aus bildungsfernen Familien zur Hochschulreife gelangen, die – unabhängig von ihrem Leistungsvermögen – aufgrund persönlicher Dispositionen ihren weiteren Bildungsweg nicht im Hochschulbereich fortsetzen möchten, oder dadurch, dass die Schüler aus bildungsnahen Familien ihre Studierneigung gegenüber den Schülern aus bildungsfernen Familien gesteigert haben.

---

9   Dieses Argument findet sich z.B. bei Müller et al. (2009); eine differenzierte Herleitung findet sich bei Schindler und Lörz (2011).

Abbildung 3: Entwicklung der sozialen Ungleichheit beim Übergang ins Studium

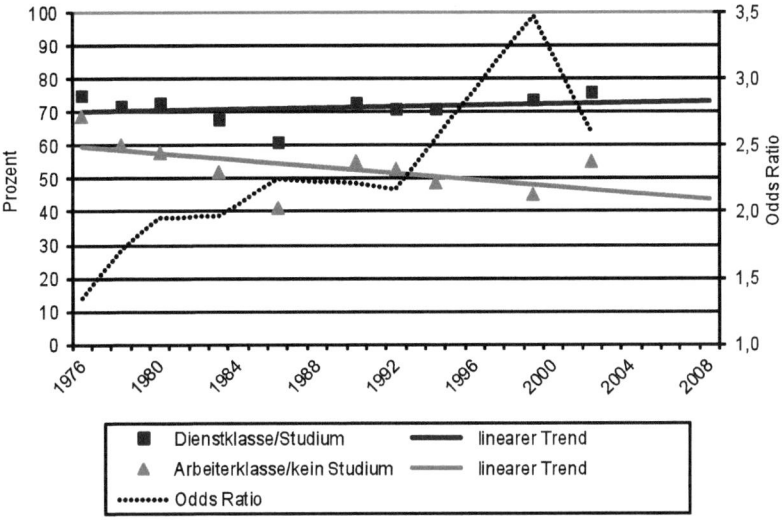

Anmerkungen: In der Graphik werden die Studierquoten von Studienberechtigten mit Eltern aus den Dienstklassen und Hochschulabschluss den Studierquoten von Studienberechtigten aus Arbeiterfamilien ohne Hochschulabschluss gegenübergestellt. Die durch das Chancenverhältnis (*odds ratio*) zwischen beiden Gruppen abgebildete Ungleichheitsentwicklung zeigt einen ansteigenden Trend. Dies ist in erster Linie auf den rückläufigen Trend der Studierquoten von Schülern aus den Arbeiterfamilien zurückzuführen.
Quelle: Schindler & Lörz, 2011; Daten: HIS-Studienberechtigtenpanels 1976-2002.

Empirisch zeigt sich, dass das Ausmaß primärer Effekte im Zeitverlauf auf recht niedrigem Niveau konstant bleibt (Schindler & Lörz, 2011). Daher muss eine Ausweitung der sekundären Effekte für die größer werdende Ungleichheit im Hochschulübergang verantwortlich sein. Schindler und Lörz (2011) konnten zeigen, dass dies daran liegt, dass sich – auch unter Kontrolle des Leistungsniveaus – zunehmend mehr studienunwillige Schüler unter den Abiturienten aus bildungsfernen Familien befinden. Damit bleibt zu klären, warum dies so ist. Schindler und Lörz können mit der langen Reihe der HIS-Studienberechtigtenpanels und den darin enthaltenen Items etwa die Hälfte der größer werdenden sekundären Effekte erklären. Demnach sind unter den Studienberechtigten aus bildungsfernen Familien zunehmend mehr Schüler, die ein geringes Interesse an akademischen Bildungsinhalten aufweisen, sowie zunehmend mehr Schüler, die an einer kurzen post-sekundären Ausbildung interessiert sind. Doch wie kommt es zu dieser veränderten Zusammensetzung der Studienberechtigten? Wenn wir die oben beschriebenen Mechanismen, die zur Generierung sozialer Ungleichheiten am Hochschulzugang führen, in einer zeitlichen Entwicklungsperspektive betrachten, liegt die Vermutung nahe, dass ein gewisser Bedeutungswandel der Hochschulreife für das beobachtbare Phänomen verantwortlich sein könnte. Müller und Pollak (2004) argumentieren hierbei, dass zunehmend mehr Schüler aus bildungsfernen Familien die

Hochschulreife auch ohne eine Studienabsicht erwerben, weil die Hochschulreife immer häufiger eine faktische Voraussetzung für den Zugang zu lukrativen Ausbildungsgänge außerhalb des Tertiärbereichs ist (vgl. Abb. 4).

Abbildung 4: Entwicklung der Studienberechtigten-Anteile in Ausbildungsberufen

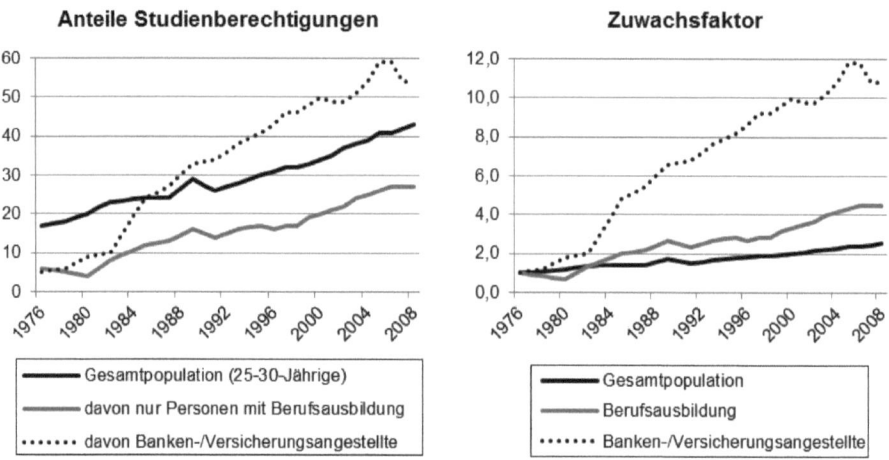

Anmerkungen: In der linken Teilgraphik ist der Anteil der 25-30-jährigen Bevölkerung abgebildet, der über eine Studienberechtigung verfügt. Zum Vergleich wird nur die Teilpopulation der Studienberechtigten betrachtet, die eine Berufsausbildung absolviert hat oder die Teilpopulation der Personen, die eine Ausbildung im Banken- oder Versicherungssektor absolviert hat. In der rechten Teilgraphik sind die korrespondierenden Zuwachsraten der Studienberechtigtenquoten seit 1976 dargestellt. Es wird deutlich, dass die Zuwachsraten bei den Berufsausbildungsabsolventen stärker steigen als dies in der Gesamtbevölkerung der Fall ist. Die Banken- und Versicherungsbranche dient als Beispiel für Berufsausbildungsgänge, in denen ein besonders hoher Anstieg der Auszubildenden mit Hochschulreife zu verzeichnen ist. In solchen Ausbildungsgängen entwickelt sich die Hochschulreife zum faktischen Zugangszertifikat.
Quelle: Schindler, 2012; Daten: Mikrozensus Scientific-Use-Files 1976-2008.

Schindler (2012) vermutet hingegen, dass allein die Tatsache, dass der Zugang zur Hochschulreife zunehmend erleichtert wird, eine Verschiebung des Ablenkungsmechanismus auf den Zeitpunkt nach dem Erwerb der Studienberechtigung das beobachtete Phänomen bewirken kann. Um dies zu überprüfen, hat er mit den HIS-Studienberechtigtendaten untersucht, inwieweit bereits vor dem Erwerb der Studienberechtigung nach sozialer Herkunft variierende Studienabsichten bestehen und wie sich diese Unterschiede in der Kohortenfolge entwickelt haben. In der Tat zeigt bereits die Betrachtung der vor Hochschulabgang bestehenden Studienpläne über die Zeit einen Anstieg sozialgruppenspezifischer Unterschiede, was als empirisches Indiz für den unterstellen instrumentellen Wirkungszusammenhang gelten kann (vgl. Abb. 5).

Allerdings zeigt sich bei differenzierten Analysen auch, dass ein etwa ebenso großer Teil der anwachsenden Ungleichheiten des Übergangs in die Hochschulen nicht auf die Präferenzen zurückgeführt werden kann, die schon vor dem Erwerb der Hochschulreife bestanden. Die Befunde deuten also zusammen genommen

Abbildung 5: Soziale Selektivität in der Studienabsicht vor Erwerb der Hochschulreife

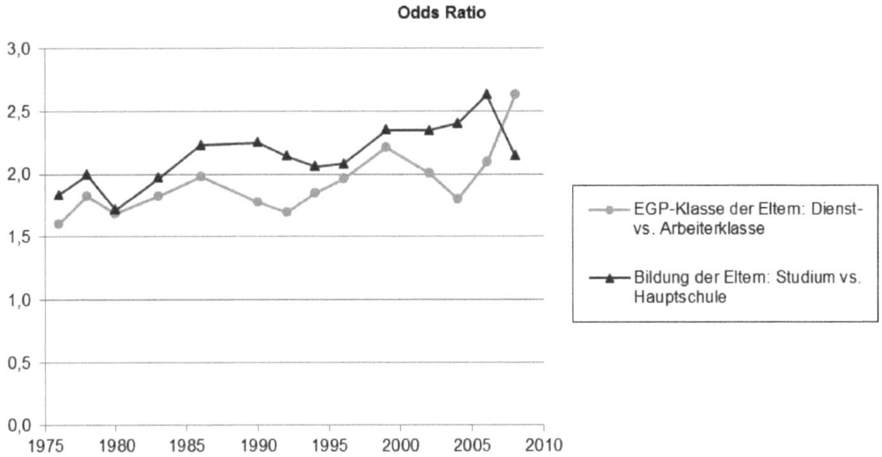

Anmerkungen: In der Graphik ist die Entwicklung der Ungleichheit dargestellt, wenn man zwischen zwei Gruppen die Anteile der Abiturienten vergleicht, die vor Erwerb der Studienberechtigung eine Studienabsicht hatten. Gegenübergestellt werden zum einen Dienstklassenkinder und Arbeiterkinder, zum anderen Akademikerkinder und Schüler, deren Eltern maximal über einen Hauptschulabschluss verfügen. Als Ungleichheitsmaß dient das Chancenverhältnis (*odds ratio*). In beiden Fällen ist eine Verstärkung der Ungleichheiten zuungunsten der jeweils sozial benachteiligten Gruppen zu beobachten. Dies ist darauf zurückzuführen, dass zunehmend höhere Anteile der Schüler aus bildungsfernen Familien die Hochschulreife ohne Studienabsicht erwerben. Quelle: Schindler, 2012; Daten: HIS-Studienberechtigtenpanels 1976-2008.

darauf hin, dass Schüler aus bildungsfernen Familien auf zweierlei Weisen von einem Studium abgelenkt werden: Erstens erwerben sie die Hochschulreife zunehmend instrumentell, um ihre Zugangschancen zu den präferierten Berufsausbildungsgängen zu verbessern. Zweitens wurde aufgrund der höheren sozialen Durchlässigkeit beim Erwerb der Studienberechtigung die Entscheidung zwischen Studium und Berufsausbildung zunehmend in die Phase während oder nach dem Erwerb der Hochschulreife verschoben, was sich darin äußert, dass sich die Ablenkungswirkung des Berufsbildungssystems zunehmend erst im Bildungsübergang nach der Hochschulreife manifestiert.

5 Institutionelle Diversifizierung der Wege zur Hochschulreife und soziale Selektivitäten

Eine nicht unerhebliche Rolle bei der Erleichterung des Zugangs zur Hochschulreife spielt eine Entwicklung, die man als institutionelle Differenzierung der Wege zur Hochschulreife oder Öffnung des Sekundarschulsystems bezeichnen kann (vgl. Köller et al., 2004; Schindler, 2012). Seit den 1960er-Jahren wurden, unter maßgeblichem Einfluss politischer Reformmaßnahmen, die Möglichkeiten des Erwerbs der Hochschulreife zunehmend erweitert. Dies geschah beispielsweise durch die

Einbeziehung des berufsbildenden Sektors in die Vergabe von Studienberechtigungen oder die Einführung von Fachhochschulen und der zugehörigen Fachhochschulreife. Schindler (2012) konnte entsprechend zeigen, dass sich der Aufholprozess, der für Schüler aus bildungsfernen Familien beim Erwerb der Hochschulreife beobachtet werden kann, zu weiten Teilen über die im berufsbildenden Bereich erworbene Fachhochschulreife vollzieht (vgl. Abb. 6).

Abbildung 6: Entwicklung differenzierter Hochschulberechtigtenquoten

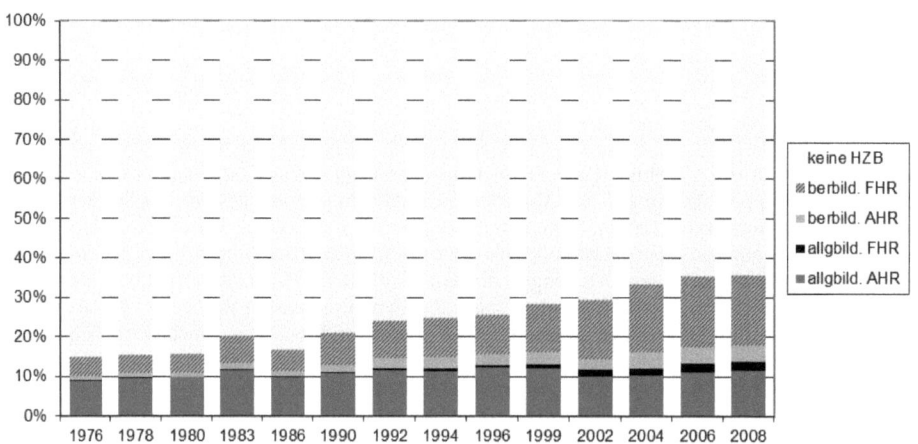

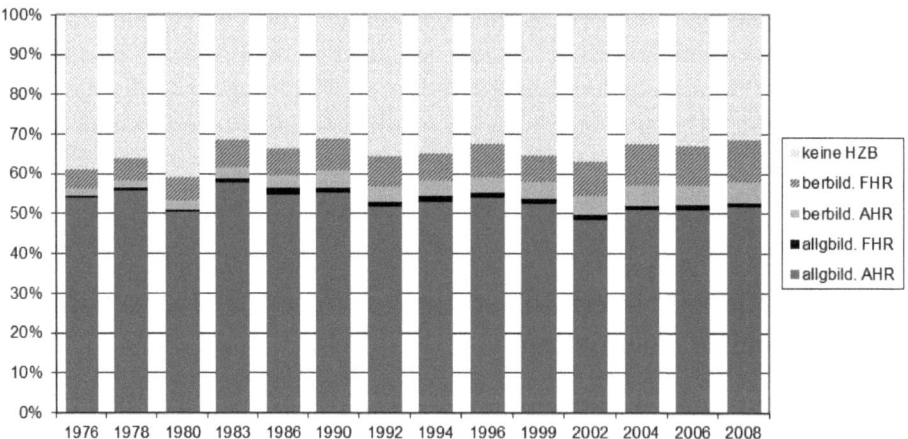

Anmerkungen: Die Abbildung veranschaulicht die Entwicklung der Studienberechtigtenquoten getrennt nach der Bildung der Eltern und differenziert nach der Art der Hochschulreife. Die Anteilswerte ergeben sich durch die Gegenüberstellung der Absolventen des entsprechenden Jahres zu einer 'synthetischen Alterskohorte' der 18- bis 22-jährigen.
Quelle: Schindler, 2012; Daten: amtliche Schulstatistik, HIS Studienberechtigtenpanels, Mikrozensus.

Betrachtet man die Übergangsquoten ins Studium getrennt nach der Art der Hochschulreife, dann zeigt sich, dass gerade für Studienberechtigte mit Fachhochschulreife im Zeitverlauf ein abnehmender Trend der Studierquote zu verzeichnen ist, wobei der Trend für Studienberechtigte mit allgemeiner Hochschulreife in etwa auf konstantem Niveau verläuft (vgl. Abb. 7).

Abbildung 7: Nach Abschlussart differenzierte Studierquoten

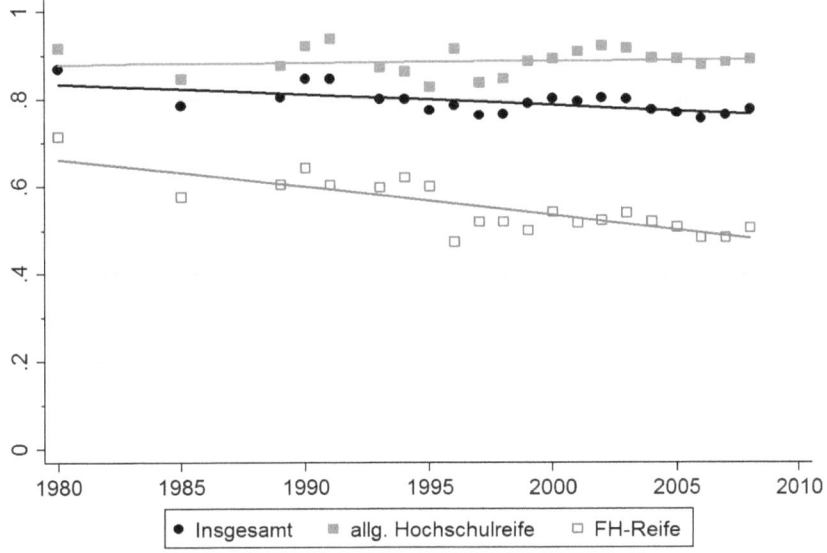

Quelle: Schindler, 2012; Daten: Grund- und Strukturdaten 1980-2008.

Die Analysen von Schindler mit den HIS-Studienberechtigtenpanels ergeben, dass in den aktuellsten Kohorten etwa ein Fünftel des Unterschieds in den Studierquoten zwischen Schülern mit den begünstigtsten und Schülern mit den am meisten benachteiligten sozialen Hintergründen durch die Art der Studienberechtigung vermittelt wird. Dies hängt damit zusammen, dass sich in den beruflichen und zur Fachhochschulreife führenden Wegen zur Studienberechtigung zu weiten Teilen Schüler aus den traditionell bildungsfernen Familien wiederfinden, die über eine geringe Studierneigung verfügen. Damit liegt die Vermutung nahe, dass die Öffnung der Wege zur Hochschulreife vor allem bewirkt hat, dass der Kreis der Studienberechtigten um Schüler erweitert wird, die vorwiegend aus bildungsfernen Familien stammen und zudem eine ausgesprochen niedrige Studierneigung aufweisen. Die Öffnung der Wege zur Hochschulreife kanalisiert somit zum Teil die im vorangegangen Abschnitt beschriebenen Mechanismen, die hinter der Beobachtung der sich verstärkenden Ungleichheiten beim Übergang von der Hochschulreife an die Hochschule stehen.

6   Studienfachwahl als neuer Mechanismus der Ungleichheitsgenerierung?

Im Projekt wurde ebenfalls die Frage aufgegriffen, ob sich aufgrund der steigenden Zahlen an Hochschulzugangsberechtigten soziale Ungleichheit zunehmend bei der Wahl eines bestimmten Studienfachs manifestiert (vgl. Reimer & Pollak, 2010). Auch hier wurde mit Bezug auf den Statuserhaltsansatz von Breen und Goldthorpe (1997) argumentiert, dass es für Schüler aus privilegierten Elternhäusern vor dem Hintergrund zunehmender Zahlen an Hochschulabsolventen eventuell notwendig wird, ein bestimmtes lukratives Studienfach, wie z.B. Jura oder Medizin zu studieren, das den Statuserhalt erst sichern kann. Reimer und Pollak (2010) können zwar gewisse Herkunftseffekte bei der Studienfachwahl ausmachen, allerdings finden sie keine Belege für eine Zunahme der sozialen Ungleichheit bei der Studienfachwahl im Verlauf der 1980er- und 1990er-Jahre.

7   Ausblick und Forschungsdesiderata

Auch wenn im Rahmen des Projekts viele neue Erkenntnisse über die Mechanismen der Generierung von sozialer Ungleichheit beim Hochschulzugang gewonnen wurden, ist die Liste der Dinge, über die man im Kontext des deutschen Bildungssystems nur sehr wenig weiß, sehr lang. Zum einen gibt es noch sehr wenige Forschungsarbeiten, die andere wichtige Gruppenunterschiede, z.B. Geschlechterungleichheiten oder ethnische Bildungsungleichheit, systematisch betrachten. Diese Themen konnten im Rahmen des Projekts allenfalls angerissen werden (Kristen et al., 2008; Lörz & Schindler, 2011b; Lörz et al., 2011; siehe auch den Beitrag von Bergann & Kroth in diesem Band). Bisher sind auch wenige Forschungsarbeiten zu finden, die soziale Ungleichheiten beim Hochschulzugang mehr aus einer Lebenslaufperspektive heraus betrachten: Inwieweit spielt die soziale Herkunft noch eine Rolle für Personen, die sich eventuell nach längerer Berufstätigkeit noch für ein Studium oder eine Weiterqualifizierung (z.B. ein MA/MBA Abschluss) entscheiden. Am größten ist unserer Einschätzung nach aber die Forschungslücke in Bezug auf schulspezifische Faktoren, welche die Studierneigung per se und darüber hinaus soziale Ungleichheiten beim Hochschulzugang beeinflussen: Gibt es bestimmte Schulmilieus, in denen Schüler aus weniger privilegierten Verhältnissen, unabhängig von ihren sonstigen individuellen Merkmalen, besonders zu einem Studium ermuntert oder besonders von einem Studium abgelenkt werden? Wie lassen sich solche Schulklimata messen und welchen Einfluss haben die „Peers"? All diese Fragen sind für den hier betrachteten Übergang von der Schule zur Hochschule im deutschen Kontext weitgehend unbeantwortet und sollten unbedingt in weiterer Forschung aufgegriffen werden.

Literatur

Boudon, R. (1974). *Education, Opportunity, and Social Inequality: Changing Prospects in Western Society.* New York: Wiley.

Breen, R. & Goldthorpe, J. H. (1997). Explaining Educational Differentials: Towards a Formal Rational Action Theory. *Rationality and Society, 9* (3), 275–305.

Erikson, R. & Jonsson, J. O. (1996). Explaining Class Inequality in Education: The Swedish Test Case. In R. Erikson & J. O. Jonsson (Hrsg.), *Can Education Be Equalized? The Swedish Case in Comparative Perspective* (S. 1–63). Boulder: Westview Press.

Erikson, R., Goldthorpe, J. H. & Portocarero, L. (1979). Intergenerational Class Mobility in Three Western European Societies: England, France and Sweden. *British Journal of Sociology 30* (4).

Esser, H. (1999). *Soziologie: Spezielle Grundlagen. Band 1: Situationslogik und Handeln.* Frankfurt/Main: Campus.

Fairlie, R. W. (2005). An Extension of the Blinder-Oaxaca Decomposition Technique to Logit and Probit Models. *Journal of Economic and Social Measurement, 30,* 305–316.

Jackson, M. (Hrsg.) (2013). *Determined to Succeed? Performance, Choice and Education.* Palo Alto: Stanford University Press.

Jackson, M., Erikson, R., Goldthorpe, J. H. & Yaish, M. (2007). Primary and Secondary Effects in Class Differentials in Educational Attainment: The Transition to A-Level Courses in England and Wales. *Acta Sociologica, 50* (3), 211–229.

Klein, M., Schindler, S., Pollak, R. & Müller, W. (2009). Soziale Disparitäten in der Sekundarstufe und ihre langfristige Entwicklung. In J. Baumert, K. Maaz & U. Trautwein (Hrsg.), *Bildungsentscheidungen* (S. 47–73). Wiesbaden: VS Verlag für Sozialwissenschaften.

Köller, O., Waterman, R., Trautwein, U. & Lüdtke, O. (Hrsg., 2004). *Wege zur Hochschulreife in Baden-Württemberg. TOSCA – Eine Untersuchung an allgemein bildenden und beruflichen Gymnasien.* Opladen: Leske+Budrich.

Kristen, C., Reimer, D. & Kogan, I. (2008). Higher Education Entry of Turkish Immigrant Youth in Germany. *International Journal of Comparative Sociology, 49* (2-3), 127–151.

Lörz, M. & Schindler, S. (2011a). Bildungsexpansion und soziale Ungleichheit: Zunahme, Abnahme oder Persistenz ungleicher Chancenverhältnisse – eine Frage der Perspektive? *Zeitschrift für Soziologie, 40* (6), 458–477.

Lörz, M. & Schindler, S. (2011b). Geschlechtspezifische Unterschiede beim Übergang ins Studium. In A. Hadjar (Hrsg.), *Geschlechtsspezifische Bildungsungleichheiten* (S. 97–122). Wiesbaden: VS Verlag für Sozialwissenschaften.

Lörz, M., Schindler, S. & Walter, J. G. (2011). Gender Inequalities in Higher Education: Extent, Development and Mechanisms of Gender Differences in Enrolment and Field of Study Choice. *Irish Educational Studies, 30* (2), 179–198.

Mare, R. D. (1980). Social Background and School Continuation Decisions. *Journal of the American Statistical Association, 75* (370), 295–305.

Mayer, K. U., Müller, W. & Pollak, R. (2007). Germany: Institutional Change and Inequalities of Access in Higher Education. In Y. Shavit, R. Arum & A. Gamoran (Hrsg.), *Stratification in Higher Education. A Comparative Study* (S. 240–265). Stanford: Stanford University Press.

Müller, W. & Pollak, R. (2004). Weshalb gibt es so wenige Arbeiterkinder an Deutschlands Universitäten? In R. Becker & W. Lauterbach (Hrsg.), *Bildung als Privileg? Erklärungen und Befunde zu den Ursachen der Bildungsungleichheit* (S. 311–352). Wiesbaden: VS Verlag für Sozialwissenschaften.

Müller, W., Pollak, R., Reimer, D. & Schindler, S. (2009). Hochschulbildung und soziale Ungleichheit. In R. Becker (Hrsg.), *Lehrbuch der Bildungssoziologie: Fragestellungen, Theorien und empirische Befunde* (S. 281–320). Wiesbaden: Verlag für Sozialwissenschaften.

Reimer, D. & Schindler, S. (2010). Soziale Ungleichheit und differenzierte Ausbildungs-entscheidungen beim Übergang zur Hochschule. In B. Becker & D. Reimer (Hrsg.), *Vom Kindergarten bis zur Hochschule. Die Generierung von ethnischen und sozialen Disparitäten in der Bildungsbiographie* (S. 251–284). Wiesbaden: VS Verlag für Sozial-wissenschaften.

Reimer, D. & Pollak, R. (2010). Educational Expansion and Its Consequences for Vertical and Horizontal Inequalities in Access to Higher Education in West Germany. *European Sociological Review, 26* (4), 415–430.

Reimer, D. & Jacob, M. (2011). Differentiation in higher education and its consequences for social inequality: introduction to a special issue. *Higher Education, 61* (3), 223–227.

Schindler, S. (2012). *Wege zur Studienberechtigung – Wege ins Studium? Eine Untersuchung sozialer Inklusions- und Ablenkungsprozesse.* Dissertation. Universität Mannheim.

Schindler, S. & Reimer, D. (2010). Primäre und sekundäre Effekte der sozialen Herkunft beim Übergang in die Hochschulbildung. *Kölner Zeitschrift für Soziologie und Sozialpsychologie, 62* (4), 623–653.

Schindler, S. & Reimer, D. (2011). Differentiation and Social Selectivity in German Higher Education. *Higher Education, 61* (3), 261–275.

Schindler, S. & Lörz, M. (2011). Mechanisms of Social Inequality Development: Primary and Secondary Effects in the Transition to Tertiary Education Between 1976 and 2005. *European Sociological Review* Advance Access: DOI 10.1093/esr/jcr1032.

Shavit, Y., Arum, R. & Gamoran, A. (2007). *Stratification in Higher Education. A Comparative Study.* Stanford: Stanford University Press.

Statistisches Bundesamt (2012). *Fachserie 11, R 4.3.1, 1980-2010.* Wiesbaden: Statistisches Bundesamt.

Stocké, V. (2010). Der Beitrag der Theorie rationaler Entscheidung zur Erklärung von Bildungsungleichheit. In G. Quenzel & K. Hurrelmann (Hrsg.), *Bildungsverlierer. Neue Ungleichheiten* (S. 73–94). Wiesbaden: VS Verlag für Sozialwissenschaften.

Susanne Bergann, Anna Kroth

Geschlechts- und migrationsbezogene Disparitäten im Hochschulzugang

1 Einleitung

Das tertiäre Bildungssystem in Deutschland befindet sich seit geraumer Zeit in einem Umbruch, der durch verschiedene Reformbemühungen gekennzeichnet ist (z.B. Heine, Spangenberg & Sommer, 2006). Zu den erklärten Zielen dieser Reformbemühungen gehören unter anderem die Erhöhung der Studienanfängerquoten (Konsortium Bildungsberichterstattung, 2010) sowie die Verwirklichung der Chancengleichheit im Zugang zur Hochschulbildung (Schavan & Dobischat, 2010). In Bezug auf das erste Ziel lassen sich Erfolge konstatieren, da die Studienanfängerquote, d.h. der Anteil der Studienberechtigten, die ein Studium aufnehmen, in den letzten Jahren leicht zugenommen hat und nun bei mehr als 70 Prozent liegt (Konsortium Bildungsberichterstattung, 2012). Die Hochschulabsolventenquote in Deutschland nähert sich mit 30 Prozent dem OECD-Durchschnitt von 38 Prozent an (Konsortium Bildungsberichterstattung, 2012). In Bezug auf die Verwirklichung von Chancengleichheit im Hochschulzugang zeigt sich hingegen, dass auch weiterhin ausgeprägte schichtspezifische als auch geschlechts- und migrationsbezogene Disparitäten bestehen, die auf eine auch heute noch zu beobachtende Selektivität beim Zugang zu tertiärer Bildung verweisen. Weiterhin sind die Übergangsquoten in ingenieurwissenschaftliche und sogenannte MINT-Studienfächer (Mathematik, Informatik, Naturwissenschaften, Technik) nur wenig angestiegen, wobei der Frauenanteil in diesen Fächern zudem auf einem konstant niedrigen Niveau geblieben ist (Konsortium Bildungsberichterstattung, 2012).

Der folgende Beitrag gibt einen Überblick über geschlechts- und migrationsbezogene Disparitäten im Hochschulzugang sowohl aus einer theoretischen als auch einer empirischen Perspektive. Zunächst werden Unterschiede im schulischen Bildungserfolg und im Hochschulzugang nach Geschlecht und Zuwanderungshintergrund (Kap. 2) und anschließend verschiedene theoretische Modelle zur Erklärung von Bildungsungleichheiten dargestellt (Kap. 3). Hierauf aufbauend werden die Ergebnisse empirischer Studien zu den Ursachen migrations- und geschlechtsbezogener Unterschiede im Hochschulzugang vorgestellt (Kap. 4) und abschließend diskutiert (Kap. 5).

2 Geschlechts- und migrationsbezogene Disparitäten im Bildungserfolg und Hochschulzugang

2.1 Disparitäten im schulischen Erfolg

2.1.1 Unterschiede nach Geschlecht

In der schulischen Bildung zeigt sich seit einigen Jahren, dass Mädchen bildungserfolgreicher sind als Jungen und häufiger anspruchsvolle Schulformen wie das Gymnasium besuchen (vgl. Stanat & Bergann, 2009). Weiterhin zeigen Ergebnisse von Schulleistungsuntersuchungen wie IGLU für den Grundschulbereich und PISA für den Sekundarbereich, dass Schülerinnen signifikant bessere Lese- und Rechtschreibleistungen als Schüler aufweisen, wohingegen Jungen leichte Leistungsvorteile gegenüber den Mädchen im mathematisch-naturwissenschaftlichen Bereich zeigen (Frey et al., 2010; Naumann et al., 2010). Zudem bestehen bei der Leistungskurswahl in der Sekundarstufe II deutliche Geschlechterunterschiede in der Form, dass Mädchen sprachliche Fächer und Jungen mathematisch-naturwissenschaftliche Fächer bevorzugen (vgl. Stanat & Bergann, 2009).

Den Mustern der Bildungsbeteiligung entsprechend, erwerben Mädchen mit 53 Prozent deutlich häufiger als Jungen mit 45 Prozent eine Studienberechtigung in Form einer Fachhochschul- oder Hochschulreife, wobei junge Frauen zudem etwas häufiger als ihre männlichen Altersgenossen die allgemeine Hochschulreife (Abitur) erlangen (Konsortium Bildungsberichterstattung, 2010, 2012).

2.1.2 Unterschiede nach Zuwanderungshintergrund

Der schulische Bildungserfolg variiert ebenfalls nach dem Zuwanderungshintergrund der Schülerinnen und Schüler. Zwischen den ethnischen Gruppen bestehen jedoch deutliche Unterschiede: besonders ausgeprägte Benachteiligungen sowohl in der Bildungsbeteiligung als auch in der Kompetenzentwicklung zeigen sich für Kinder und Jugendliche türkischer und italienischer Herkunft, während die Benachteiligungen für Heranwachsende aus Zuwandererfamilien aus Polen und der ehemaligen UDSSR im Vergleich zu Schülerinnen und Schülern ohne Zuwanderungshintergrund weniger ausgeprägt sind (vgl. Stanat, 2008). In Deutschland sind die Leistungsnachteile von Zuwanderern im Rahmen von PISA – trotz eines signifikanten Anstiegs der Lesekompetenz seit dem Jahr 2000 – dabei in allen untersuchten Leistungsdomänen besonders ausgeprägt (Stanat, Rauch & Segeritz, 2010).

Diesem Befundmuster folgend, verlassen Jugendliche aus Zuwandererfamilien die Schule häufiger mit einem Hauptschulabschluss oder ohne Schulabschluss als Jugendliche ohne Zuwanderungshintergrund (Konsortium Bildungsberichterstattung, 2010). Sie erreichen zudem seltener höhere Bildungsabschlüsse bzw. eine Studienberechtigung als Personen ohne Zuwanderungshintergrund: So stammen nur etwa 16 Prozent aller Studienberechtigten in Deutschland aus Zuwandererfamilien (vgl. Konsortium Bildungsberichterstattung, 2012).[1]

2.2 Disparitäten im Hochschulzugang

2.2.1 Unterschiede nach Geschlecht

In Bezug auf den Hochschulzugang zeigt sich, dass der Frauen- bzw. Männeranteil an allen Studienanfängern mittlerweile relativ ausgeglichen ist und jeweils 50 Prozent beträgt (Konsortium Bildungsberichterstattung, 2010, 2012). An Universitäten liegt der Frauenanteil jedoch etwas höher, was darauf zurückgeführt wird, dass weibliche Studienberechtigte oftmals Fachrichtungen bevorzugen, die verstärkt an Universitäten angeboten werden (Bargel & Ramm, 2003). Frauen stellen weiterhin etwa 52 Prozent aller Hochschulabsolventen. Der geringfügige Unterschied zu den Studienanfängeranteilen ist darauf zurückführen, dass Frauen das Studium etwas seltener abbrechen als Männer (Konsortium Bildungsberichterstattung, 2010, 2012).

Wie dargestellt wurde, erwerben Frauen deutlich häufiger eine Studienberechtigung als Männer, scheinen diese aber seltener zur Aufnahme eines Studiums an einer Fachhochschule oder Universität zu nutzen. So liegt die Übergangsquote studienberechtigter Frauen in ein Studium mit ca. 65 Prozent deutlich unter der Quote der Männer mit ca. 75 Prozent. Männer nehmen dabei in allen sozialen Herkunftsgruppen häufiger ein Studium auf als junge Frauen (Konsortium Bildungsberichterstattung, 2010, 2012). Besonders niedrigere Übergangsquoten sind bei Frauen mit Fachhochschulreife zu beobachten; weniger als ein Drittel nimmt ein entsprechendes Studium auf (Konsortium Bildungsberichterstattung, 2010, 2012). Weiterhin lassen sich, analog zur Leistungskurswahl in der Sekundarstufe II, deutliche Geschlechterunterschiede in der Studienfachwahl beobachten: Männer sind in den sogenannten MINT-Fächern deutlich überrepräsentiert, während Frauen Studienfächer wie Sprach- und Kulturwissenschaften oder Medizin bevorzugen (z.B. Bargel & Ramm, 2003; Lörz & Schindler, 2011).

2.2.2 Unterschiede nach Zuwanderungshintergrund

Neben Geschlechterunterschieden zeigen sich ebenfalls migrationsbezogene Disparitäten in der Hochschulbildung. Zuwanderer weisen, gemessen an ihrem Anteil an der Gesamtbevölkerung, eine unterdurchschnittliche Studierbeteiligung auf: Sie machen nur 17 Prozent der Studierenden zwischen 20 bis 30 Jahren aus, während ihr

---

1 Als Studienberechtigte mit einem Migrationshintergrund werden im HIS-Studienberechtigtenpanel, auf das sich die dargestellten Daten beziehen, Personen definiert, die eine ausländische oder doppelte Staatsangehörigkeit besitzen oder von denen mindestens ein Elternteil im Ausland geboren wurde oder in deren Elternhaus kein Deutsch bzw. Deutsch und eine andere Sprache gesprochen wird (vgl. Konsortium Bildungsberichterstattung, 2012).

Anteil an der gleichaltrigen Bevölkerung jedoch bei 23 Prozent liegt (Konsortium Bildungsberichterstattung, 2010, 2012). Personen mit nicht-deutscher Staatsangehörigkeit sowie Personen türkischer Herkunft nehmen besonders selten ein Studium auf (Konsortium Bildungsberichterstattung, 2010, 2012).

Berücksichtigen wir bei dieser Betrachtung jedoch wiederum die in Kapitel 2.1 dargestellten Unterschiede in den Studienberechtigungsquoten, wonach Zuwanderer deutlich seltener als Personen ohne Zuwanderungshintergrund eine Studienberechtigung erwerben, so zeigt sich anhand der Daten des HIS-Studienberechtigtenpanels, dass Personen aus zugewanderten Familien eine überdurchschnittliche Studierbereitschaft aufweisen und – wenn sie einmal die (Fach-)Hochschulreife erworben haben – mit ca. 80 Prozent deutlich häufiger ein Studium aufnehmen als Personen ohne Zuwanderungshintergrund mit durchschnittlich 70 Prozent (Konsortium Bildungsberichterstattung, 2012). Die positiven Effekte des Zuwanderungshintergrundes beim Zugang zum Studium relativieren sich allerdings im Studienerfolg, da Personen aus Zuwandererfamilien das Studium seltener erfolgreich abschließen als Studierende ohne Zuwanderungshintergrund (Konsortium Bildungsberichterstattung, 2012).

3 Theoretische Annahmen zu den Ursachen geschlechts- und migrationsbezogener Disparitäten im Hochschulzugang

Zur Erklärung der in Kapitel 2 beschriebenen Unterschiede in der Hochschulbildung werden im Folgenden verschiedene theoretische Modelle der Rational Choice Tradition zur Erklärung von Bildungsungleichheiten vorgestellt (Kap. 3.1) und in Bezug zu geschlechts- und migrationsbezogenen Disparitäten im Hochschulzugang gesetzt (Kap. 3.2).

3.1 Theoretische Modelle zur Wahl von Bildungswegen

Rational-Choice-Ansätze zur Erklärung von (schichtspezifischen) Bildungsungleichheiten beruhen auf der Annahme, dass Bildungsbiografien als sequentielle Entscheidungsprozesse aufgefasst werden können und dass individuelle Entscheidungsprozesse an den Übergangspunkten im Bildungssystem soziale Unterschiede im Bildungserfolg maßgeblich erklären (Kristen, 1999). Diese Ansätze gehen davon aus, dass Entscheidungen mehr oder weniger rational getroffen werden und als individuelle Kosten-Nutzen-Kalkulationen verstanden werden können.

Die in den 1960er Jahren entwickelte *Humankapitaltheorie* geht davon aus, dass Personen die Erträge verschiedener Bildungswege unter Berücksichtigung der entstehenden Kosten und Erfolgswahrscheinlichkeiten für jede Bildungsalternative abschätzen und diejenige Bildungsalternative wählen, von der sie den höchsten langfristen Nutzen unter Berücksichtigung der entstehenden Kosten erwarten (Becker,

1993; Schultz, 1961). Die Konzepte von Kosten und Nutzen sind dabei eher allgemein gehalten und umfassen sowohl monetäre als auch nicht-monetäre Aspekte, wie zum Beispiel die Freude am Lernen oder eine Erhöhung des sozialen Prestiges (Becker, 1993). Schichtspezifische Unterschiede im Bildungserfolg werden vor allem auf soziale Unterschiede in antizipierten Kosten und Erfolgswahrscheinlichkeiten und damit einhergehenden Unterschieden in Bildungsinvestitionen zurückgeführt.

Ein weiterer Ansatz zur Erklärung von Unterschieden in Bildungsentscheidungen ist *Boudons Modell zur Wahl von Bildungswegen*. Auch Boudon (1974) betont die Bedeutung von antizipierten Kosten, Erträgen und Erfolgswahrscheinlichkeiten bei der Wahl von Bildungswegen. In Anlehnung an die Arbeiten von Keller und Zavalloni (1964) geht er davon aus, dass Individuen Bildungserträge in Relation zur sozialen Position interpretieren: während der Ertrag höherer Bildung aufgrund der Gefahr des Statusverlustes in höheren Sozialschichten höher eingeschätzt wird, können Personen aus niedrigeren Sozialschichten den Status der Familie auch mit geringeren Bildungsinvestitionen und niedrigeren Bildungsabschlüssen erhalten oder sogar verbessern. Boudon führt zudem die analytische Trennung von primären und sekundären Herkunftseffekten bei der Erklärung von Bildungsungleichheiten ein. Primäre Effekte bezeichnen dabei alle Faktoren, die dazu führen, dass der Kompetenzerwerb mit der sozialen Herkunft variiert. Sekundäre Effekte bezeichnen hingegen Faktoren, die dazu führen, dass Individuen unterschiedlicher sozialer Herkunft trotz gleichen Leistungsniveaus unterschiedliche Entscheidungen an Bildungsübergängen treffen. Diese Unterscheidung macht deutlich, dass sich Ungleichheitsmuster in der Kompetenzentwicklung von den Ungleichheitsmustern in den Übergangsentscheidungen unterscheiden können – so wie es in Kapitel 2 für geschlechts- und migrationsbezogene Unterschiede im Schulerfolg und beim Hochschulzugang verdeutlicht wurde.

In den 90er Jahren wurden stärker formalisierte Modelle zur Erklärung von Bildungsentscheidungen formuliert, die auf der Humankapitaltheorie und Boudons Modell basieren und spezifischere Aussagen über die Entstehung von sozialen Disparitäten bei Bildungsentscheidungen treffen (z.B. Breen & Goldthorpe, 1997; Esser, 1999). Der *Ansatz von Erikson und Jonsson* (1996) wird hier beispielhaft vorgestellt. Die Autoren gehen davon aus, dass Individuen diejenige Bildungsalternative wählen, die unter Abwägung der wahrgenommenen Kosten C (*cost*), Erträge B (*benefit*) und Erfolgswahrscheinlichkeiten p (*probability*) den größten Nutzen U (*utility*) verspricht. Diese vereinfachte Formel wird zur Erklärung von Unterschieden in Bildungsentscheidungen genutzt:

$$U = pB - C$$

Schichtspezifische Unterschiede in Bildungsentscheidungen erklären Erikson und Jonsson (1996) demnach auch mit sozial variierenden Einschätzungen von antizipierten Kosten, Erträgen und Wahrscheinlichkeiten, den Bildungsweg erfolgreich abzuschließen. So wird angenommen, dass Jugendliche aus niedrigen Sozialschichten höhere monetäre und nichtmonetäre Studienkosten und geringere

Erfolgswahrscheinlichkeiten erwarten als Jugendliche höherer Sozialschichten, weil sie beispielsweise einen höheren Anteil der Kosten selbst tragen müssen, weil sie die Kosten für ein Studium in Abhängigkeit vom Familieneinkommen als mehr oder weniger belastend einschätzen und weil sie weniger Unterstützung bei der Bewältigung der akademischen Anforderungen durch das Elternhaus erhalten.

Zusammenfassend argumentieren Rational-Choice-Theorien, dass die Studierbereitschaft umso höher ist, je positiver die Erfolgswahrscheinlichkeiten und die Ertragserwartungen und je geringer die Kosten für ein Studium eingeschätzt werden. Bei der Untersuchung von Disparitäten in der Hochschulbildung sollten zudem sowohl primäre Effekte, d.h. leistungsbezogene Unterschiede, als auch sekundäre Effekte, d.h. Unterschiede in den individuellen Entscheidungsprozessen, betrachtet werden.

3.2 Theoretische Annahmen zu geschlechts- und migrationsbezogenen Disparitäten im Hochschulzugang

Die eben dargestellte analytische Unterscheidung von primären und sekundären Effekten der sozialen Herkunft ist auch auf geschlechts- und migrationsbezogene Unterschiede im Hochschulzugang übertragbar (z.B. Heath & Brinbaum, 2007; Lörz & Schindler, 2011), wie im Folgenden dargestellt werden soll.

3.2.1 Bedingungsfaktoren geschlechtsbezogener Unterschiede im Hochschulzugang und bei der Studienfachwahl

Für die Erklärung der Geschlechterunterschiede im Hochschulzugang scheinen *primäre Effekte*, d.h. Unterschiede in Studienberechtigungsquoten, wenig nützlich zu sein, da Frauen sogar häufiger eine Hochschulzugangsberechtigung erhalten als Männer (vgl. Kap. 2.1). Allerdings kann man annehmen, dass Geschlechterunterschiede zugunsten junger Männer in mathematisch-naturwissenschaftlichen Kompetenzen zumindest zum Teil für die niedrigeren Einmündungsquoten von Frauen in MINT-Fächer ausschlaggebend sein dürften (Lörz & Schindler, 2011). Wichtiger scheinen jedoch sowohl in Bezug auf die Studierneigung als auch in Bezug auf die Studienfachwahl die *sekundären Effekte*, d.h. die individuellen Entscheidungsprozesse, zu sein.

So könnten Männer die *Erträge eines Hochschulstudiums* höher einschätzen als Frauen (z.B. Jonsson, 1999). Zum einen sind typische Frauenberufe im sozialen Bereich zum Teil auch außerhalb des tertiären Systems erlernbar, was eine universitäre Ausbildung einschließlich der dadurch entstehenden Kosten (direkte Kosten und Opportunitätskosten) möglicherweise weniger notwendig macht (Lörz & Schindler, 2011). Zum anderen sind auch heute noch Einkommensunterschiede zwischen Männern und Frauen zu beobachten, die zu einem Großteil auf die präferierten

Berufsfelder zurückzuführen sind (Reimer & Steinmetz, 2009). Diese Einkommens-unterschiede werden von Frauen möglicherweise bei der Entscheidung für oder gegen ein Studium berücksichtigt, was zu einer insgesamt geringeren Studierneigung gegenüber männlichen Studienberechtigten führen könnte (Heine et al., 2006; Lörz & Schindler, 2011; Quast, Spangenberg, Hannover & Braun, 2012). Aber auch in den sogenannten MINT-Berufen verdienen Frauen durchschnittlich etwas weniger als Männer (Reimer & Steinmetz, 2009), weshalb die durchschnittlichen monetären Erträge eines Studiums für Frauen generell geringer sind als für Männer. Zudem kommt Frauen auch heute noch die primäre Verantwortung für die Versorgung der Kinder zu, weshalb sie bei der Karriereplanung mindestens eine oder sogar mehrere Phasen der Erwerbsunterbrechung einplanen müssen (Becker, 1993). Dies könnte zusätzlich dazu führen, dass der finanzielle Vorteil, den ein Studium gegenüber einer Ausbildung bringt, von Frauen nicht so hoch eingeschätzt wird wie von Männern. Aber auch bei der Studienfachwahl könnten geplante Erwerbsunterbrechungen dazu führen, dass Frauen vor allem Berufsfelder bevorzugen, die in ihrer Wahrnehmung eine Vereinbarkeit von Beruf und Familie erlauben und im Hinblick auf einen schnellen Wiedereinstieg nach einer Unterbrechung als flexibel erachtet werden (Lörz & Schindler, 2011). Zudem könnte neben Unterschieden in inhaltsbezogenen beruflichen Interessen, die sich bereits bei der Leistungskurswahl abzeichnen, auch die stärker extrinsische Motivation der Männer eine Rolle spielen, da gerade typische Männerberufe mit hohem Einkommen und Karrieremöglichkeiten assoziiert sind. Hinzukommend könnten Frauen aufgrund antizipierter Diskriminierungen die Karriere- und damit auch die Verdienstmöglichkeiten in vorwiegend von Männern dominierten Berufszweigen als geringer einschätzen (Lörz & Schindler, 2011).

Aufgrund ihrer Unterrepräsentation in den sogenannten MINT-Studienfächern und damit einhergehenden antizipierten Diskriminierungen könnten Frauen zudem die *Kosten* bzw. den Aufwand, den sie für eine erfolgreiche Bewältigung eines solchen Studiums, aber auch für eine erfolgreiche Karriere in diesem Bereich betreiben müssen, höher einschätzen als Männer (Jonsson, 1999; Lörz & Schindler, 2011). Und auch in Bezug auf die generelle Studierneigung könnte das Verhältnis von Kosten und Erträgen zur Erklärung der Geschlechterunterschiede beitragen: da Frauen möglicherweise generell geringere monetäre Erträge eines Studiums erwarten als Männer, könnten die Kosten schneller als bei den Männern den erwarteten Ertrag übersteigen, weshalb vor allem in Phasen von finanziellen Restriktionen (z.B. Studiengebühren) eine stärkere Abnahme der Studierneigung von Frauen gegenüber Männern zu erwarten ist (Lörz & Schindler, 2011; Quast et al., 2012).

Aber auch in Bezug auf *Erfolgswahrscheinlichkeiten* lassen sich Geschlechterunterschiede annehmen, da Frauen auch bei gleichem Leistungsniveau eine größere Leistungsängstlichkeit, geringere Selbstwirksamkeitserwartungen und weniger optimistische Selbsteinschätzungen aufweisen als Männer, wobei dies insbesondere für den MINT-Bereich gilt (vgl. Stanat & Bergann, 2009).

3.2.2 Bedingungsfaktoren migrationsbezogener Unterschiede im Hochschulzugang

Für die Erklärung von migrationsbezogenen Unterschieden in der Studierbeteiligung scheinen vor allem *primäre Effekte*, d.h. Leistungsunterschiede zwischen Personen mit und ohne Zuwanderungshintergrund, ausschlaggebend zu sein, da Zuwanderer deutlich geringere Studienberechtigungsquoten aufweisen als Personen ohne Zuwanderungshintergrund (vgl. Kap. 2.1). Zur Erklärung der höheren Studierquoten von Zuwanderern müssen hingegen die tatsächlichen Bildungsentscheidungen, d.h. die *sekundären Effekte*, betrachtet werden. Als ausschlaggebend für die stärkere Tendenz von Zuwanderern zu höheren Bildungswegen werden in der Literatur dabei zum einen die hohen Aspirationen von Migranten und zum anderen antizipierte Diskriminierungen erachtet (z.B. Heath & Brinbaum, 2007).

Dabei könnte man beispielsweise annehmen, dass Zuwanderer aufgrund antizipierter Diskriminierungen beim Zugang zu dualer Berufsausbildung oder zum Arbeitsmarkt die *Opportunitätskosten* eines Studiums geringer einschätzen als Personen ohne Zuwanderungshintergrund, da sie die Wahrscheinlichkeit, direkt im Anschluss an die Schule im Rahmen einer Ausbildung oder eines Jobs Geld zu verdienen, für gering erachten.

In Bezug auf die *Erträge* eines Studiums kann man zudem annehmen, dass Zuwanderer diese höher einschätzen als Personen ohne Migrationshintergrund: so ist das Streben nach einem besseren Leben und sozialer Aufwärtsmobilität für viele Zuwanderer ein zentrales Wanderungsmotiv (Heath & Brinbaum, 2007). Da dieser Aufstieg der Elterngeneration zumeist verwehrt geblieben ist, könnte die Bildung der Kinder als ein wichtiger, wenn nicht sogar einziger Weg des sozialen Aufstiegs wahrgenommen werden (Kristen, 1999; Kristen, Reimer & Kogan, 2008). Aber auch fehlende familiäre Erfahrungen mit dem deutschen Berufsbildungssystem könnten zu einer positiveren Einschätzung der Erträge durch Zuwanderer führen: möglicherweise entscheiden sich Migranten deshalb häufiger für ein Studium als Personen ohne Migrationshintergrund, weil diese Form der Berufsausbildung ihnen aufgrund der Gegebenheiten des Bildungssystems im Herkunftsland vertrauter ist als die duale Ausbildung, die beispielsweise in der Türkei kaum bekannt ist (Kristen et al., 2008).

In Bezug auf *Erfolgswahrscheinlichkeiten* sind entweder keine migrationsbezogenen Unterschiede anzunehmen oder sogar etwas optimistischere Erwartungen von Migranten, da beispielsweise PISA-Ergebnisse darauf hinweisen, dass Jugendliche aus Zuwandererfamilien vergleichsweise positive akademische Selbstkonzepte aufweisen (Christensen & Stanat, 2006).

4 Forschungsstand zu den Ursachen geschlechts- und migrationsbezogener Disparitäten in der Hochschulbildung

Die hier vorgestellten Ergebnisse zum Hochschulzugang in Deutschland beruhen zumeist auf Daten des Hochschul-Informations-Systems, auch HIS genannt. Das HIS führt regelmäßig repräsentative Befragungen von Personen, die ein halbes Jahr zuvor an einer allgemeinbildenden oder beruflichen Schule eine Studienberechtigung in Form des Abiturs oder der Fachhochschulreife erworben haben, durch (vgl. z.B. Heine et al., 2006).

4.1 Empirische Befunde zu geschlechtsbezogenen Unterschieden im Hochschulzugang

(Sekundäre) Effekte des Geschlechts auf die Studierbereitschaft sind bereits mehrfach empirisch bestätigt worden (Lörz & Schindler, 2011; Quast et al., 2012). Die niedrigere Übergangsquote studienberechtigter Frauen kann vor allem darauf zurückgeführt werden, dass Frauen die Erträge eines Studiums, d.h. die relativen Berufsaussichten von Akademikern, deutlich pessimistischer einschätzen als Männer (Lörz & Schindler, 2011; Quast et al., 2012). So berichten Heine und Kollegen (2006), dass insgesamt zwei Drittel der Männer aber nur 45 Prozent der Frauen die Arbeitsmarktaussichten von Akademikern als „gut" oder „sehr gut" einschätzen. Verschiedene Autoren führen dies darauf zurück, dass Frauen häufig Studienfächer bevorzugen, die mit geringeren Einkommenschancen assoziiert sind (Heine et al., 2006; Quast et al., 2012). Ein weiterer Grund für die Geschlechterunterschiede im Hochschulzugang ist, dass Frauen die Kosten eines Studiums höher einschätzen und als bedeutsamer wahrnehmen als Männer. Frauen geben deutlich häufiger als Männer Finanzierungsengpässe als Grund für ihren Studienverzicht an (Bargel & Ramm, 2003; Heine et al., 2006). Zudem haben Studiengebühren bei Frauen einen signifikant stärkeren negativen Einfluss auf die Studienaufnahme als bei Männern (Kroth, i.E.). Weiterhin tragen auch die pessimistischeren Erfolgserwartungen von Frauen zur Entstehung von Geschlechterunterschieden beim Zugang zu einem Studium bei (Lörz & Schindler, 2011). Wie Lörz und Schindler (2011) in ihrem Beitrag zeigen, lassen sich Geschlechterunterschiede im Hochschulzugang unter Berücksichtigung der eben genannten Faktoren vollständig erklären, wobei vor allem Unterschiede in den erwarteten materiellen Erträgen bedeutsam zu sein scheinen.

4.2 Empirische Befunde zu geschlechtsbezogenen Unterschieden in der Studienfachwahl

Wie eingangs beschrieben, zeigen sich bei der Studienfachwahl deutliche geschlechtsspezifische Präferenzen, wobei mehr als die Hälfte der männlichen Studierenden (53 %) aber nicht einmal jede vierte Studentin (22 %) ein MINT-Fach wählt (Lörz & Schindler, 2011). Dieser Unterschied beim Zugang zu MINT-Fächern lässt sich zum Teil auf Geschlechterunterschiede in der schulischen Schwerpunktsetzung zurückführen, da Jungen häufiger Leistungskurse im mathematisch-naturwissenschaftlichen Bereich wählen als Mädchen und dies nicht nur die Studierneigung im Allgemeinen, sondern auch die Wahl eines MINT-Faches positiv beeinflusst (Bargel & Ramm, 2003; Lörz & Schindler, 2011). Aber auch die im Vergleich zu Frauen stärkere extrinsische Motivation und die optimistischeren Erfolgserwartungen von jungen Männern tragen zu den bestehenden Unterschieden in der Studienfachwahl bei (Lörz & Schindler, 2011). Ergebnisse verschiedener Studien aus der Psychologie weisen zudem darauf hin, dass neben bestehenden Kompetenzunterschieden zwischen Schülerinnen und Schülern in MINT-Bereichen auch geschlechtsspezifische Fähigkeitsselbstkonzepte und Selbstwirksamkeitserwartungen sowie (berufliche) Interessen und Lebenspläne einen bedeutsamen Einfluss auf geschlechtstypische Berufswahlprozesse haben (z.B. Watt & Eccles, 2008).

4.3 Empirische Befunde zu migrationsbezogenen Unterschieden im Hochschulzugang

Bisher existieren im deutschsprachigen Raum nur wenige systematische Untersuchungen zu migrationsbezogenen Unterschieden im Hochschulzugang. Die Ergebnisse der vorliegenden Studien weisen auf positive sekundäre Effekte des Zuwanderungshintergrunds hin: Personen aus Zuwandererfamilien entscheiden sich unter Kontrolle des schulischen Qualifikationsniveaus und des sozioökonomischen Status der Familie signifikant häufiger für ein Studium als Personen ohne Zuwanderungshintergrund (Heine et al., 2006; Kristen et al., 2008). Über die zugrundeliegenden Erklärungsfaktoren ist bisher wenig bekannt. Kristen und Kollegen (2008) konnten zeigen, dass die höhere Studierneigung von Studienberechtigten türkischer Herkunft zumindest zum Teil durch ihre im Vergleich mit Personen ohne Zuwanderungshintergrund hohen Bildungsaspirationen vermittelt ist. Zudem fanden sie auch Hinweise darauf, dass das geringere Wissen von Migranten über das deutsche Bildungssystem einen Einfluss auf die Studierneigung hat und möglicherweise auch dazu führt, dass sie vor allem klassische und stärker vertraute Berufsfelder bevorzugen (vgl. Kristen et al., 2008).

5 Diskussion und Ausblick

Zusammenfassend lässt sich feststellen, dass in Deutschland neben den gut dokumentierten schichtspezifischen Disparitäten auch geschlechts- und migrationsbezogene Unterschiede im Hochschulzugang bestehen. Für eine Untersuchung dieser Disparitäten haben sich Rational Choice Ansätze der bildungssoziologischen Ungleichheitsforschung und die Unterscheidung von primären und sekundären Herkunftseffekten nach Boudon (1974) als furchtbar erwiesen.

In Bezug auf die Geschlechterdisparitäten zeigt sich, dass beim Zugang zu einem Studium – trotz des insgesamt größeren schulischen Bildungserfolgs von Schülerinnen – sekundäre Effekte des Geschlechts zuungunsten von Frauen bestehen und zudem deutliche Geschlechterunterschiede in den fachspezifischen Präferenzen existieren. Die geringere Studierneigung von Frauen geht dabei primär auf die im Vergleich zu Männern pessimistischeren Einschätzungen der Arbeitsmarktaussichten für Akademiker sowie weniger positive Einschätzungen der Erfolgswahrscheinlichkeiten zurück. Außerdem spielen Kosten für Frauen eine wichtigere Rolle in der Studientscheidung. Die Geschlechterunterschiede in den erwarteten Erträgen eines Hochschulstudiums sind dabei auch durch die Präferenz von Frauen für Studienfächer der Sprach- und Kulturwissenschaften und des Sozialwesens bedingt, die mit geringeren Verdienstmöglichkeiten assoziiert sind. Insgesamt sind geschlechtsbezogene Unterschiede in den Studierquoten zuungunsten der Frauen demnach vor allem auf Unterschiede in den individuellen Entscheidungsprozessen (sekundäre Effekte) und weniger auf Geschlechterunterschiede in der Kompetenzentwicklung (primäre Effekte) zurückzuführen.

Ein anderes Bild zeigt sich mit Blick auf migrationsbezogene Unterschiede im Hochschulzugang: Berücksichtigt man die im Vergleich zu Personen ohne Zuwanderungshintergrund geringeren Studienberechtigungsquoten unter Zuwanderern (primäre Effekte), zeigen sich positive sekundäre Effekte des Zuwanderungshintergrunds beim Übergang in ein Hochschulstudium. Studienberechtigte mit Zuwanderungshintergrund entscheiden sich demnach häufiger für ein Studium als Studienberechtigte ohne Zuwanderungshintergrund. Angesichts dieser hohen Übergangsquoten von studienberechtigten Zuwanderern ist zur Förderung einer höheren Repräsentanz von Migranten an deutschen Hochschulen vor allem die schulische Förderung dieser Bevölkerungsgruppe bedeutsam. Im Rahmen von PISA hat sich dabei insbesondere die Beherrschung der Verkehrssprache als wesentlicher Prädiktor für den Bildungserfolg von Zuwanderern erwiesen, weshalb die schulische Sprachförderung weiter intensiviert werden sollte (z.B. Stanat, 2008).

Es besteht weiterhin Forschungsbedarf zu den Ursachen der beobachteten geschlechts- und migrationsbezogenen Unterschiede in der Hochschulbildung. In Bezug auf geschlechtsbezogene Disparitäten zeigt sich Forschungsbedarf dahingehend, dass die den Entscheidungsprozessen zugrundeliegenden psychologischen Prozesse noch nicht näher beleuchtet wurden. Hier könnte sich beispielsweise Ajzen`s Theorie des geplanten Verhaltens (Ajzen, 1991), aber auch das erweiterte

Wert-Erwartungsmodell von Eccles und Kollegen (Eccles, 2005) als wertvoll erweisen. Weiterhin ergeben die Ergebnisse der bisherigen Studien Hinweise auf Fördermöglichkeiten, die im Rahmen wissenschaftlicher Begleitprogramme und systematischer Evaluationen auf ihre Wirksamkeit hin überprüft werden sollten: So könnten finanzielle Anreize (z.B. Abschaffung von Studiengebühren, Möglichkeiten der Studienfinanzierung), eine Verbesserung der Vereinbarkeit von Familie und Beruf oder erfolgreiche Rollenmodelle in geschlechtsuntypischen Berufsfeldern positive Auswirkungen auf die Studierneigung von Frauen sowie auf die Wahl von MINT-Fächern haben. Forschungsbedarf besteht weiterhin in Bezug auf migrationsbezogene Unterschiede im Hochschulzugang. So gibt es bisher nur wenige systematische Studien zu den Bedingungsfaktoren des Entscheidungsverhaltens von Zuwanderern an dieser wichtigen Schwelle im Bildungssystem. Zudem mangelt es bisher an differenzierten Analysen zu einzelnen ethnischen Gruppen, obwohl, wie dargestellt werden konnte, zum Teil beträchtliche Unterschiede zwischen verschiedenen Zuwanderergruppen im Bildungserfolg bestehen. Dabei sollten auch differenzielle Ungleichheitsmuster an der Schnittstelle von Ethnie und Geschlecht in den Blick genommen werden.

Literatur

Ajzen, I. (1991). The theory of planned behavior. *Organizational Behavior and Human Decision Processes, 50* (2), 179–211.

Becker, G. S. (1993). *Human capital: A theoretical and empirical analysis with special reference to education* (3rd ed.). Chicago: The University of Chicago Press.

Bundesministerium für Bildung und Forschung (2008). *Berufsbildungsbericht 2008.* Bonn, Berlin.

Boudon, R. (1974). *Education, Opportunity, and Social Inequality.* New York: Wiley.

Breen, R. & Goldthorpe, J. H. (1997). Explaining Educational Differentials. Towards a Formal Rational Action Theory. *Rationality and Society, 9* (3), 275–305.

Bargel, T. & Ramm, M. (2003). *Studiensituation und studentische Orientierungen. Kurzfassung.* Bonn: Bundesministerium für Bildung und Forschung.

Christensen, G. & Stanat, P. (2006). *Schulerfolg von Jugendlichen mit Migrationshintergrund im internationalen Vergleich. Bildungsforschung Band 19.* Berlin: Bundesministerium für Bildung und Forschung.

Eccles, J. S. (2005). Subjective task value and the Eccles et al. Model of achievement-related choices. In A. J. Elliot and C. S. Dweck (Hrsg.). *Handbook of competence and motivation* (S. 105–121). New York: Guilford Press.

Erikson, R. & Jonsson. J. O. (1996). Introduction: Explaining Class Inequality in Education: The Swedish Test Case. In R. Erikson and J. O. Jonsson (eds.), *Can Education Be Equalized? The Swedish Case in Comparative Perspective* (S. 1–64). Boulder, Colorado: Westview Press.

Esser, H. (1999). *Soziologie: Spezielle Grundlagen: Band 1. Situationslogik und Handeln.* Frankfurt a.M.: Campus Verlag.

Frey, A., Heinze, A., Mildner, D., Hochweber, J. & Asseburg, R. (2010). Mathematische Kompetenz von PISA 2003 bis PISA 2009. In E. Klieme, C. Artelt, J. Hartig, N. Jude, O. Köller, M. Prenzel, W. Schneider & P. Stanat, *PISA 2009. Bilanz nach einem Jahrzehnt* (S. 153–176). Münster : Waxmann.

Heath A. & Birnbaum Y. (2007). Explaining ethnic inequalities in educational attainment. *Ethnicities, 7* (3), 291–304.

Heine, S., Spangenberg, H. & Sommer, D. (2006). *Studienberechtigte 2004.Übergang in Studium, Ausbildung und Beruf. Ergebnisse der Befragung der Studienberechtigten 2004 ein halbes Jahr nach Schulabgang im Länder- und Zeitvergleich.* Hannover: Hochschul-Informations-System.

Jonsson, J. (1999). Explaining Sex Differences in Educational Choice: An Empirical Assessment of Rational Choice. *European Sociological Review,15* (4), 391–404.

Keller, S. & Zavalloni, M. (1964). Ambition and Social Class: A Respecification. *Social Forces, 43* (1), 58–70.

Konsortium Bildungsberichterstattung (2010). *Bildung in Deutschland 2010. Ein indikatorengestützter Bericht mit einer Analyse zu Perspektiven des Bildungswesens im demografischen Wandel.* Wiesbaden: W. Bertelsmann Verlag.

Konsortium Bildungsberichterstattung (2012). *Bildung in Deutschland 2012. Ein indikatorengestützter Bericht mit einer Analyse zur kulturellen Bildung im Lebenslauf.* Wiesbaden: W. Bertelsmann Verlag.

Kristen, C. (1999). *Bildungsentscheidungen und Bildungsungleichheit – ein Überblick über den Forschungsstand.* Mannheim: Mannheimer Zentrum für Europäische Sozialforschung.

Kristen, C., Reimer, D. & Kogan, I. (2008). Higher education entry of Turkish immigrant youth in Germany. *International Journal of Comparative Sociology, 49* (2–3), 127–151.

Kroth, A. J. (i.E.). *Tuition fees and their effect on social and gender disparities in college enrollment in Germany. Results from a natural experiment.* Unveröffentlichte Dissertation. University of Michigan, Ann Arbor, MI.

Lörz, M. & Schindler, S. (2011). Geschlechtsspezifische Unterschiede beim Übergang ins Studium. In A. Hadjar (Hrsg.), *Geschlechtsspezifische Bildungsungleichheiten* (S. 99–122). Wiesbaden: VS Verlag für Sozialwissenschaften.

Naumann, J., Artelt, C., Schneider, W. & Stanat, P. (2010). Lesekompetenz von PISA 2003 bis PISA 2009. In E. Klieme, C. Artelt, J. Hartig, N. Jude, O. Köller, M. Prenzel, W. Schneider & P. Stanat, *PISA 2009. Bilanz nach einem Jahrzehnt* (S. 23–72). Münster : Waxmann.

Quast, H., Spangenberg, H., Hannover, B. & Braun, E. (2012). Determinanten der Studierbereitschaft unter besonderer Berücksichtigung von Studiengebühren. *Zeitschrift für Erziehungswissenschaft, 15* (2), 305–326.

Reimer, D. & Steinmetz, S. (2009). Highly Educated but in the Wrong Field? *European Societies, 11* (5), 723–746.

Schavan, A. & Dobischat, R. (2010). Vorwort. In W. Isserstedt, E. Middendorf, M. Kandulla, L. Borchert, M. Leszczensky, *Die wirtschaftliche und soziale Lage der Studierenden in der Bundesrepublik Deutschland 2009.* Berlin: BMBF.

Schultz, T.W. (1961). Investment in Human Capital. *The American Economic Review, 51* (1), 1–17.

Stanat, P. (2008). Heranwachsende mit Migrationshintergrund im deutschen Bildungswesen. In K. S. Cortina, J. Baumert, A. Leschinsky, K. U. Mayer & L. Trommer (Hrsg.), *Das Bildungswesen in der Bundesrepublik Deutschland* (S. 683–743). Reinbek: Rowohlt.

Stanat, P. & Bergann, S. (2009). Geschlechtsbezogene Disparitäten in der Bildung. In R. Tippelt & B. Schmidt (Hrsg.), *Handbuch Bildungsforschung* (S. 513–528). Wiesbaden: VS Verlag für Sozialwissenschaften.

Stanat, P., Rauch, D. & Segeritz, M. (2010). Schülerinnen und Schüler mit Migrationshintergrund. In E. Klieme, C. Artelt, J. Hartig, N. Jude, O. Köller, M. Prenzel, W. Schneider & P. Stanat, *PISA 2009. Bilanz nach einem Jahrzehnt* (S. 200–230). Münster : Waxmann.

Watt, H. M. G. & Eccles, J. S. (2008). *Gender occupational outcomes. Longitudinal Assessments of Individual, Social, and Cultural Influences.* Washington, DC: American Psychological Association.

Stefan Denzler

Soziale Selektivität beim Übergang in ein differenziertes Hochschulsystem – Befunde aus der Schweiz

1 Einleitung

Verschiedene jüngere Untersuchungen haben den Einfluss der sozialen Herkunft auf den Übertritt ins Hochschulsystem nachgewiesen (vgl. z.B. Becker, 2000; Köller et al., 2004; Müller & Pollak, 2004; Shavit et al., 2007; Müller et al., 2009). Generell gilt, dass Studierende mit Eltern ohne Tertiärabschluss an Hochschulen untervertreten sind. Im Folgenden soll der Frage nachgegangen werden, inwiefern diese Befunde auch für die Schweiz zutreffen und worin ggf. die Unterschiede zu anderen Bildungssystemen bestehen.

1.1 Merkmale des schweizerischen Hochschulsystems

Das binär differenzierte postobligatorische Bildungssystem der Schweiz gliedert sich in einen allgemeinbildenden gymnasialen Sektor, der von gut 20 Prozent der Jugendlichen besucht wird, und einen berufsbildenden Sektor, in dem sich etwa zwei Dritteln der Jugendlichen wiederfinden. Dieses frühe Aufgliedern in Bildungsgänge mit unterschiedlichen Leistungsniveaus führt zum einen zu einer spezifischen Selektion zum Zeitpunkt des ersten Bildungsübergangs (i.d.R. nach der 6. Klasse), die relativ stark durch die soziale Herkunft geprägt ist (SKBF, 2010, S. 134; Coradi Vellacott & Wolter, 2005; Coradi Vellacott, 2007). Diese Selektion wird zusätzlich durch eine im internationalen Vergleich relativ niedrige Maturitätsquote von durchschnittlich knapp 20 Prozent verschärft. Hingegen lässt sich in der Schweiz eine relativ hohe Hochschulübertrittsquote von mehr als 90 Prozent der Gymnasium-Absolventen beobachten. Das bedeutet, dass die überwiegende Mehrheit der Schülerinnen und Schüler, die die allgemeine Hochschulreife (gymnasiale Maturität) erwerben, auch an eine Hochschule im Tertiärsystem übertreten.

Das schweizerische Hochschulsystem ist wie die Sekundarstufe II ebenfalls binär gegliedert, und zwar in einen universitären und einen nicht-universitären Sektor. Zum ersteren zählen die zehn kantonalen Universitäten und die zwei eidgenössischen technischen Hochschulen (ETH). Der zweite Sektor wird durch Fachhochschulen gebildet, die Mitte der neunziger Jahre durch den Bund einerseits mit dem Ziel gegründet worden sind, die Zahl der Hochschulabsolventen zu erhöhen, andererseits aber auch, um den Absolventen der beruflichen Grundbildung die Möglichkeit einer tertiären Ausbildung zu geben und dem dualen Bildungsweg damit neue Perspektiven zu eröffnen. Später wurden die Bereiche Gesundheit, Soziale

Arbeit sowie Künste auf Hochschulniveau angehoben und in die Fachhochschulen integriert. Auch die kurz nach 2000 gegründeten kantonalen pädagogischen Hochschulen werden offiziell dem Fachhochschul-Sektor zugerechnet. Der FH-Sektor unterscheidet sich vom universitären Sektor vor allem durch eine stärkere Praxisorientierung, durch i.d.R. kürzere Studiengänge, aber auch durch eine geringere Forschungsintensität. Die schweizerischen Fachhochschulen sowie die pädagogischen Hochschulen können keine Doktoratsprogramme anbieten; sie besitzen zurzeit weder das Promotions- noch das Habilitationsrecht.

Den Absolventen der Gymnasien steht heute das gesamte Ausbildungsspektrum im Hochschulbereich offen, da die gymnasiale Maturität den freien Zugang an die Universitäten sowie an die pädagogischen Hochschulen gewährleistet. Das bedeutet, dass Absolventen eines Gymnasiums mit Ausnahme des Fachs Medizin, das eine Zugangsbeschränkung kennt, jedes Fach an den universitären Hochschulen studieren können, ebenso an den pädagogischen Hochschulen und – mit Zusatzbedingungen (Praktika, Aufnahmeprüfungen) – auch an den Fachhochschulen. In den Fachbereichen Wirtschaft und Ingenieurwissenschaften, aber auch in bestimmten Sozialwissenschaften und der Psychologie bieten neben den Universitäten auch Fachhochschulen Studiengänge an, die zunehmend auch von Absolventen eines Gymnasiums besucht werden (Weber et al., 2010). Diese FH-Studiengänge sind zwar i.d.R. spezifischer und berufsorientierter ausgerichtet (entsprechend dem Profil angewandter Wissenschaften), aber sie stehen doch mit den Universitäten in Konkurrenz.

1.2 Fragestellung

Die Frage, die sich aus dieser Situation ergibt und die in dieser Art für die Schweiz bislang noch nicht untersucht worden ist, dreht sich um die Selektionseffekte beim Hochschulübergang. Es soll geklärt werden, ob die soziale Herkunft beim Übertritt ins Hochschulsystem eine Rolle spielt und ob sich verschiedene Hochschultypen in dieser Hinsicht unterscheiden. Beim Hochschulübergang stehen mehrere Entscheide an: Erstens jener für oder gegen ein Hochschulstudium, zweitens die Wahl des Hochschultyps (etwa Universität oder Fachhochschule) und drittens schließlich die Wahl des Studienfachs. Bei all diesen Entscheidungsprozessen steht die Frage im Zentrum, ob und inwieweit die Selbstselektion in die verschiedenen Bildungskarrieren sozial heterogen zustande kommt.

Zur Untersuchung von Selektionsprozessen auf der Mikroebene ist eine möglichst homogene Datengrundlage erforderlich. Vergleiche zwischen verschiedenen Ausbildungsoptionen sind nur möglich, wenn alle in der Stichprobe enthaltenen Individuen über dieselben Ausgangsvoraussetzungen verfügen. Diese Bedingung ist bei Absolventen eines Gymnasiums erfüllt, weshalb wir uns im Folgenden auf diese Gruppe potentieller Studierender beschränken. Weiter eignet sich die Schweiz für die Untersuchung dieser Frage deshalb besonders gut, weil Absolventen eines

Gymnasiums eine Studienberechtigung für alle Hochschulen und Fächer erwerben und ihnen damit alle Studienoptionen offen stehen. Das bedeutet, dass die Wahl sowohl der Hochschule wie auch jene des Hochschultyps und des Studienfachs individuelle Entscheide sind, also keinen Restriktionen seitens der Hochschulen unterliegen. Denn die Hochschulen selbst können keine Selektion der Studierenden vornehmen.

Die folgenden Ausführungen basieren teilweise auf früheren Arbeiten (vgl. Denzler & Wolter, 2009, 2010; Denzler, 2011) sowie auf zusätzlichen Auswertungen des Datenmaterials aus Absolventenbefragungen an schweizerischen Gymnasien.

2 Theoretische Überlegungen

2.1 Sozial heterogene Prozesse der Selbstselektion bei Bildungsentscheidungen

Bei Bildungsentscheidungen spielt die Selbstselektion aufgrund beobachteter und unbeobachteter Merkmale eine zentrale Rolle. Selbstselektive Bildungsentscheidungen werden sozialwissenschaftlich u.a. mit Rational-Choice- bzw. Werterwartungstheorien erklärt (vgl. bspw. Boudon, 1984; Breen & Goldthorpe, 1999; Esser, 1993). Laut diesen Ansätzen wägen Individuen beim Entscheid für eine bestimmte Ausbildung die verschiedenen Optionen hinsichtlich ihrer subjektiven Einschätzungen von Kosten, Nutzen und Erfolgswahrscheinlichkeit gegeneinander ab. Die soziale Selektivität von Bildungskarrieren kommt vor allem aufgrund der in unterschiedlichem Maß verfügbaren Ressourcen sowie familiär bedingter Bildungs- und Statusaspirationen zum Tragen. Diese schichtspezifische Ausgangssituation erklärt die unterschiedlichen Bildungsentscheidungen verschiedener sozialer Gruppen. Dabei unterscheidet Boudon (1984) zwischen primären Herkunftseffekten (das sind sozial vorgegebene Lernvoraussetzungen mit langfristigen Wirkungen auf die Schulleistungen) und sekundären Herkunftseffekten, die aufgrund einer schichtabhängigen Bewertung von Nutzen und Kosten der Bildungsalternativen zustande kommen. Die primären Effekte der sozialen Herkunft erklären, weshalb sich die schulische Leistung und die Erfolgswahrscheinlichkeit verschiedener Sozialschichten systematisch unterscheiden, während die sekundären Effekte erklären, weshalb Kosten und Nutzen von Bildung je nach sozialer Position unterschiedlich eingeschätzt werden. Die Kosten einer Hochschulausbildung, namentlich die Opportunitätskosten, fallen für sozial tiefer gestellte Schichten bei der Entscheidung für ein Studium viel stärker ins Gewicht. Und für statushöhere Schichten kann eine akademische Ausbildung unter Umständen einen sehr hohen Nutzen haben, wenn es darum geht, den sozialen Status zu halten.

Selbstselektive Prozesse prägen entscheidend die Zusammensetzung der Studierenden. Es ist folglich davon auszugehen, dass die unterschiedlichen Merkmale Hochschultypen in einem differenzierten System entsprechend unterschiedliche

Typen von Studierenden anziehen. So lässt sich vermuten, dass die stärker berufsorientierten Studiengänge von Fachhochschulen und pädagogischen Hochschulen sowie deren im Vergleich zu den Universitäten kürzere Studiengänge tendenziell mehr Studierende aus tieferen Sozialschichten rekrutieren, da diese Merkmale unter dem Aspekt der Kosten bedeutsam sind.

2.2 Empirische Untersuchungen

Die Hypothese der sozialen Disparität bei der Studienwahl wird von der jüngeren Forschung breit gestützt. So weisen verschiedene Autoren nach, dass die Studienintention schichtspezifisch bedingt ist. Ferner erfolgt auch die Wahl des Hochschultyps sowie des Studienfachs sozial heterogen (vgl. etwa Butlin, 1999; Becker, 2000; de Jiménez & Salas-Velasco, 2000; Christofides et al., 2001; Watermann & Maaz, 2004; Georg, 2005; Maaz, 2006; Trautwein et al., 2006). Studienanfängerinnen und -anfänger aus Akademikerfamilien studieren häufiger an universitären Hochschulen, wählen häufiger Medizin oder Rechtswissenschaften und seltener Sprachwissenschaften oder einen Lehramtsstudiengang und entscheiden sich eher für lange Studiengänge.

Studien, die den Übergang ins schweizerische Hochschulsystem untersuchen, sind kaum vorhanden. Als einzige gesamtschweizerische Quelle dienen die Berichte des Bundesamts für Statistik, das aufgrund von Registerdaten sowie regelmäßig durchgeführten Absolventenbefragungen deskriptive Befunde zur Zusammensetzung der Studierenden veröffentlicht. Laut diesen Berichten ist der Zugang zum Hochschulsystem auch in der Schweiz sozial selektiv. So stammen mehr als 36 Prozent der Studierenden im Hochschulsystem aus einem akademischen Elternhaus, während dies in der Gesamtbevölkerung nur auf 19 Prozent zutrifft. Weiter unterscheiden sich die Studierenden hinsichtlich ihrer sozialen Herkunft nach Hochschultyp. 42 Prozent der Studierenden an universitären Hochschulen stammen aus akademischen Elternhäusern, während es bei den FH-Studierenden lediglich 23 Prozent sind (BFS, 2007, 2008). Bei diesen Analysen werden die Studierenden der verschiedenen Hochschultypen miteinander verglichen. Damit können aber keine Selbstselektionsprozesse untersucht werden.

3 Daten und methodisches Vorgehen

Die empirischen Analysen beruhen auf einer repräsentativen Stichprobe von 1566 Gymnasium-Absolventen aus neun Kantonen der deutschsprachigen Schweiz. Die Schülerinnen und Schüler wurden kurz vor der Hochschulreife (Maturitätsexamen) zur Studien- und Berufswahl befragt. Die Befragung fand damit zu einem Zeitpunkt statt, bei dem der Ausbildungsentscheid ansteht und getroffen werden muss. Für die Befragung wurde eine mehrstufige Clusterstichprobe konzipiert, bei der auf

Kantonsebene eine systematische Auswahl respektive bei kleinen Kantonen eine Vollerhebung an Gymnasien erfolgte. Auf der zweiten Stufe, innerhalb der Schulen, wurden einzelne Abschlussklassen zufällig ausgewählt. Die Datenerhebung wurde im März 2006 mittels schriftlicher Fragebogen klassenweise durchgeführt. Die Befragung fand nach einheitlichen Kriterien während der regulären Schulzeit unter Aufsicht der Klassenlehrkraft statt. Dieses Vorgehen sollte eine möglichst hohe Datenqualität und relativ homogene Klassensamples mit geringer Ausfallquote gewährleisten. Die bereinigte Gesamtstichprobe umfasst noch 1454 Beobachtungen. Die Stichprobe ist insgesamt eher klein, die Analysen dürften aber wegen der guten Datenqualität eine hohe Aussagekraft besitzen und zumindest für die deutschsprachige Schweiz repräsentative und verallgemeinerbare Resultate liefern.

Die Absolventen wurden zu ihrem Berufswunsch sowie zu der von ihnen angestrebten Ausbildung befragt. Die Daten enthalten weiter Informationen zur Person (Geschlecht, Alter, familiäre Konstellation, Freizeitaktivitäten), zur sozioökonomischen Herkunft (Bildung, berufliche Stellung und Wohnform der Eltern) sowie zur aktuellen Schulsituation (Fächerprofil, Noten). Die Schwerpunktfächer der Absolventen wurden zu fachlichen Profilen zusammengefasst: Sprachen, Mathematik/Naturwissenschaften, Wirtschaft/Recht, musische Fächer (Musik und bildnerisches Gestalten). Ferner wurden die jüngsten Zeugnisnoten in den Hauptfächern erfragt. Die am Klassenmittel standardisierten Notenwerte wurden als Variablen für die schulische Leistung verwendet. Motive und Präferenzen bei der Studienwahl wurden mittels vorgegebener Items erhoben. Weiter wurden Konstrukte wie Zeitpräferenz, Risikoaversion, intrinsische und extrinsische Motivation sowie Wissenschaftsorientierung mittels Skalen erhoben. Die statistischen Analysen erfolgten mittels multivariater Regressionen.

4　Ergebnisse

Ein Blick auf die deskriptiven Resultate (vgl. Tabelle 1) bestätigt die hohe Hochschulübertrittsquote. Mehr als 92 Prozent der Absolventen eines Gymnasiums streben ein Hochschulstudium an. Etwa die Hälfte hat vor, an einer Universität zu studieren, 16 Prozent an der ETH, 17 Prozent an einer Fachhochschule und etwa 10 Prozent planen, einen Ausbildungsgang an einer pädagogischen Hochschule in Angriff zu nehmen. Der Anteil derer, die andere Ausbildungsgänge präferieren, ist sehr gering.

Tabelle 1: Studien- und Ausbildungswahl nach Art und Hochschultyp

Ausbildungsinstitution	Intendierte Ausbildung	Studierende	in %
Universitäre Hochschulen	Universität	711	48.9
	ETH	236	16.2
Fachhochschulen	Fachhochschule	248	17.1
	Pädagogische Hochschule	144	09.9
Duale Ausbildung	Berufslehre	22	01.5
andere Ausbildungen		59	04.1
keine Angaben		34	02.3
Total		*1454*	*100.0*

Quelle: Eigene Berechnungen.

Weiter offenbart eine Aufschlüsselung nach Bildungsstand der Eltern bereits eine sozial heterogene Studienwahl (vgl. Tabelle 2). Während etwa 40 Prozent der Studierenden an universitären Hochschulen aus akademischem Elternhaus kommen (mindestens ein Elternteil verfügt also über einen universitären Abschluss), sind das bei den Fachhochschulen weniger als 30 Prozent und bei den pädagogischen Hochschulen sogar nur knapp 14 Prozent.

Tabelle 2: Studien- und Ausbildungswahl nach sozialer Herkunft

Ausbildungsinstitution	Intendierte Ausbildung	Anteil Studierende aus Akademiker-Familien
Universitäre Hochschulen	Universität	39.1 %
	ETH	39.4 %
Fachhochschulen	Fachhochschule	27.4 %
	Pädagogische Hochschule	13.9 %
Duale Ausbildung	Berufslehre	22.7 %
andere Ausbildungen		33.9 %
keine Angaben		41.2 %
gesamte Stichprobe		*34.3 %*

Quelle: Eigene Berechnungen.

4.1 Allgemeine Studierneigung: Der Entscheid für ein Hochschulstudium

Bei der Darstellung in Tabelle 2 fällt auf, dass es neben der Berufslehre hauptsächlich der nicht-universitäre Sektor ist, also Fachhochschulen und pädagogische Hochschulen, der seine Studierenden aus einer weniger hohen Sozialschicht rekrutiert. Diese Tendenz wird in der ersten Regression auf die allgemeine

Studierneigung nicht bestätigt (vgl. Tabelle 3). Kein Koeffizient der Variablen für die familiären Strukturmerkmale erweist sich als signifikant. Die Frage, ob jemand nach dem Gymnasium ein Hochschulstudium in Angriff nehmen will, scheint damit nicht von der sozialen Herkunft abhängig zu sein. Die alleimeine Studierneigung korreliert hingegen teilweise mit schulischen Strukturmerkmalen: Absolventen mit sprachlichem, mathematischem oder wirtschaftswissenschaftlichem Profil sowie mit besseren Noten in Deutsch – wobei der Effekt der Noten in den weiteren Modellspezifikationen über personale Merkmale wie Zeitpräferenz und Motivation vermittelt zu sein scheint – tendieren eher zu einem Studium auf der Tertiärstufe. Die Effekte der Noten sind allerdings nur begrenzt aussagekräftig, da es sich nicht um standardisierte Abschlussnoten handelt. Aus Evaluationsstudien ist bekannt, dass sich die Schülerinnen und Schüler verschiedener Fächerprofile am Gymnasium leitungsmäßig teilweise stark unterscheiden (Eberle et al., 2008; SKBF, 2010, S. 129). Etwas vereinfacht kann damit gefolgert werden: Bessere Schulleistung, eine geringere Zeitpräferenz sowie intrinsische Motivation und wissenschaftliches Interesse korrelieren mit einer höheren Neigung für ein Hochschulstudium.

Dieser Befund dürfte eine Folge des relativ stark differenzierten Schulsystems auf der Sekundarstufe II sein. Ist die sozial stark selektive Hürde des Eintritts ins Gymnasium einmal geschafft, erfolgt der Hochschulübertritt kaum mehr sozial bedingt, sondern primär in Abhängigkeit von Motivation, Interesse und Leistung. Mit dem hohen Anteil von über 92 Prozent an Personen, die ein Hochschulstudium beginnen wollen, bleibt in diesem Modell letztlich nur noch eine geringe Varianz. Außerdem dürfte es sich bei jenen, die nicht ins Hochschulsystem übertreten wollen, um eine sehr heterogene Gruppe handeln. Die Erklärungskraft des Modells ist insgesamt relativ schwach (vgl. das Pseudo-R^2 von 10 % in Tabelle 3). Der Befund, dass die allgemeine Studierneigung, also der generelle Entscheid für ein Hochschulstudium, nicht mit der sozialen Herkunft korreliert, dürfte mit dem hochselektiven Zugang zum Gymnasium zusammenhängen. Indirekte Herkunftseffekte könnten allenfalls dann wirksam sein, wenn die Wahl des Fächerschwerpunkts am Gymnasium sowie personale Merkmale wie Zeitpräferenz und Wissenschaftsorientierung vorwiegend durch die soziale Herkunft moderiert wären.

Tabelle 3: Allgemeine Studierneigung (Survey-Probit-Regression mit Gewichtungsfaktoren; Standardfehler in Klammern für die Clusterstichprobe bereinigt)

	(1)	(2)	(3)	(4)	(5)	(6)
Kontrollvariablen						
Frau	-0.15	-0.09	-0.10	-0.07	-0.03	-0.02
	(0.15)	(0.16)	(0.16)	(0.16)	(0.16)	(0.18)
Alter (zentr.)	-0.06	-0.02	-0.03	-0.02	-0.01	-0.01
	(0.06)	(0.06)	(0.06)	(0.06)	(0.06)	(0.07)
schulische Strukturmerkmale						
Note Deutsch	0.08	0.10	0.11	0.10	0.08	0.08
	(0.05)	(0.05)+	(0.05)*	(0.05)+	(0.05)	(0.05)
Note Mathe	0.06	0.03	0.04	0.05	0.03	0.02
	(0.25)	(0.24)	(0.24)	(0.24)	(0.23)	(0.23)
SPR (ref.)						
MN		0.30	0.29	0.31	0.29	0.12
		(0.25)	(0.25)	(0.25)	(0.27)	(0.30)
WR		-0.13	-0.13	-0.13	-0.17	-0.20
		(0.21)	(0.21)	(0.21)	(0.20)	(0.19)
MUS		-0.31	-0.31	-0.29	-0.28	-0.28
		(0.14)*	(0.13)*	(0.13)*	(0.13)*	(0.16)+
familiäre Strukturmerkmale						
Muttersprache Deutsch			-0.31	-0.30	-0.22	-0.14
			(0.31)	(0.30)	(0.31)	(0.33)
Distanz			0.04	0.06	0.07	0.10
			(0.09)	(0.10)	(0.09)	(0.10)
SES 1 (ref.)						
SES 2			0.05			
			(0.13)			
SES 3			-0.04			
			(0.20)			
Eltern Akademiker				0.13	0.11	0.08
				(0.16)	(0.15)	(0.16)
personale Strukturmerkmale						
Zeitpräferenz hoch					-0.18	-0.16
					(0.06)**	(0.06)*
Deptaversity					-0.09	-0.09
					(0.13)	(0.14)
Riskaversity					-0.04	-0.07
					(0.06)	(0.06)
Intrinsisch						0.17
						(0.06)**
Extrinsisch						0.04
						(0.05)
Wissenschaftsorientierung						0.27
						(0.06)**
Konstante	1.68	1.71	1.99	1.91	1.81	1.86
	(0.12)**	(0.15)**	(0.34)**	(0.30)**	(0.32)**	(0.35)**
Pseudo R-sq	0.01	0.03	0.03	0.03	0.05	0.10
Model chi-sq	5.47	21.02**	24.39*	22.86*	42.85**	102.31**
N	1420	1420	1420	1420	1420	1420

Anmerkungen: SPR = alt- oder neusprachliches Profil; MN = mathematisch-naturwissenschaftliches Profil; WR = wirtschafts- und rechtswissenschaftliches Profil; MUS = musisches oder sozialwissenschaftliches Profil; ** $p < .01$; * $p < .05$, + $p < .10$.
Quelle: Eigene Berechnungen.

4.2 Wahl eines spezifischen Hochschultyps

Wie die deskriptiven Ergebnisse bereits andeuten, erfolgt nicht der Hochschulübertritt selbst sozial heterogen, sondern die Wahl des Hochschultyps. In der folgenden Regression auf die Neigung zu einem universitären Studium lassen sich verschiedene familiäre Strukturmerkmale mit signifikanten Koeffizienten beobachten. In Modell 3 bzw. in den Modellen 5 und 6 ist die soziale Herkunft (SES bzw. elterlicher Bildungsabschluss) positiv mit der Neigung zu einem universitären Studium korreliert. Der Effekt des SES im Modell 4 wird teilweise durch die Distanzvariable vermittelt, welche in früheren Analysen als Proxy für Studienkosten identifiziert werden konnte (vgl. Denzler & Wolter, 2010).

Interessant ist der Effekt der Variable für den Migrationsstatus. Wenn sie einmal das Reifezeugnis erworben haben, tendieren Migranten offenbar signifikant häufiger als Studierende deutscher Muttersprache dazu, ein universitäres Studium in Angriff zu nehmen. Das dürfte daran liegen, dass es sich bei diesen Gymnasiumabsolventen nichtdeutscher Muttersprache, die den Sprung ins Gymnasium geschafft haben, um eine besonders selektive Gruppe handelt.

Die verschiedenen Modellspezifikationen zeigen, dass die Leistungseffekte unabhängig wirksam sind und nicht primäre Herkunftseffekte darstellen. Der Noteneffekt in Mathematik scheint durch personale Strukturmerkmale wie Zeitpräferenz oder Motivation moderiert zu werden (vgl. Modell 6). Weiter finden wir einen unabhängigen negativen Geschlechtereffekt sowie einen negativen Effekt des musischen Fächerprofils. Das dürfte vor allem damit zusammenhängen, dass Studiengänge fürs Lehramt sowie die wesentlich häufiger von Frauen gewählten Gesundheitsberufe fast ausschließlich durch pädagogische und Fachhochschulen angeboten werden. Außerdem scheinen Frauen in Bezug auf ihr Studium eine höhere Zeitpräferenz zu haben und kürzere Ausbildungen zu präferieren (Denzler & Wolter, 2009), was ihre stärkere Tendenz für die kürzeren Ausbildungsgänge an pädagogischen und Fachhochschulen erklären könnte. Schließlich kommt hinzu, dass Jugendliche, welche sich nach dem Gymnasium für eine künstlerische Ausbildung an einer Fachhochschule (Musik, Theater, Tank, bildende Künste) interessieren, häufig bereits im Gymnasium ein musisches Fächerprofil gewählt hatten.

Tabelle 4: Studierneigung universitäre Hochschulen (Survey-Probit-Regression mit Gewichtungsfaktoren; Standardfehler in Klammern für die Clusterstichprobe bereinigt)

	(1)	(2)	(3)	(4)	(5)	(6)
Kontrollvariablen						
Frau	-0.73	-0.63	-0.61	-0.59	-0.55	-0.41
	(0.10)**	(0.09)**	(0.08)**	(0.08)**	(0.09)**	(0.11)**
Alter (zentr.)	-0.20	-0.13	-0.13	-0.12	-0.10	-0.13
	(0.06)**	(0.06)*	(0.06)*	(0.06)*	(0.06)+	(0.06)*
schulische Strukturmerkmale						
Note Deutsch	0.16	0.19	0.19	0.19	0.19	0.18
	(0.05)**	(0.05)**	(0.06)**	(0.06)**	(0.06)**	(0.06)**
Note Mathe	0.11	0.12	0.13	0.13	0.13	0.05
	(0.05)*	(0.06)*	(0.06)*	(0.06)*	(0.06)*	(0.06)
SPR (ref.)						
MN		0.28	0.30	0.34	0.35	0.10
		(0.12)*	(0.13)*	(0.13)**	(0.13)**	(0.15)
WR		-0.08	-0.09	-0.05	-0.05	-0.18
		(0.13)	(0.12)	(0.13)	(0.14)	(0.15)
MUS		-0.67	-0.67	-0.66	-0.65	-0.61
		(0.12)**	(0.12)**	(0.12)**	(0.11)**	(0.12)**
familiäre Strukturmerkmale						
Muttersprache Deutsch			-0.47	-0.54	-0.50	-0.35
			(0.24)+	(0.23)*	(0.22)*	(0.27)
SES 1 (ref.)						
SES 2			0.16	0.15		
			(0.10)+	(0.10)		
SES 3			0.27	0.25		
			(0.14)*	(0.13)+		
Eltern Akademiker					0.35	0.27
					(0.09)**	(0.10)**
Distanz				-0.22	-0.18	-0.16
				(0.08)**	(0.08)*	(0.08)+
personale Strukturmerkmale						
Zeitpräferenz						-0.25
						(0.06)**
Deptaversity						-0.24
						(0.09)**
Riskaversity						-0.04
						(0.05)
Intrinsisch						-0.04
						(0.04)
Extrinsisch						0.11
						(0.05)*
Wissenschaftsorientierung						0.37
						(0.06)**
Konstante	0.99	1.06	1.38	1.50	1.40	1.22
	(0.10)**	(0.10)**	(0.25)**	(0.24)**	(0.26)**	(0.31)**
Pseudo R-sq	0.09	0.13	0.14	0.14	0.15	0.23
Model chi-sq	112.01	166.87	153.12	212.98	211.17	551.19
N	1420	1420	1420	1420	1420	1420

Anmerkungen: SPR = alt- oder neusprachliches Profil; MN = mathematisch-naturwissenschaftliches Profil; WR = wirtschafts- und rechtswissenschaftliches Profil; MUS = musisches oder
sozialwissenschaftliches Profil; ** p < .01; * p < .05, + p < .10.
Quelle: Eigene Berechnungen.

4.3 Studienfachwahl an universitären Hochschulen

In einem dritten Schritt untersuchen wir, ob sich in der Gruppe, die sich für eine Ausbildung an einer universitären Hochschule entschieden hat, bei der Wahl des Studienfachs Herkunftseffekte beobachten lassen. Aus der Literatur ist bekannt, dass nicht nur der Übertritt ins Hochschulsystem oder die Wahl der Hochschulinstitution, sondern auch die Studienfachwahl herkunftsabhängig erfolgt (vgl. etwa de Jiménez & Salas-Velasco, 2000; Georg, 2005). Demzufolge würden die klassischen Disziplinen Medizin oder Recht tendenziell häufiger von statushöheren Studierendengruppen gewählt.

Eine multinominale logistische Regression auf Studienfachgruppen (vgl. Tabelle 5) zeigt, dass sich die Hypothese einer herkunftsabhängigen Studienfachwahl auf der Grundlage der vorliegenden Daten nur für das Fach Medizin bestätigen lässt. Im Vergleich zu den Geistes- und Sozialwissenschaften wird Medizin signifikant häufiger von Angehörigen der mittleren und oberen Sozialschichten sowie Studierenden deutscher Muttersprache gewählt. Auch der signifikante Koeffizient der Variable „hohe Zeitpräferenz" kann entsprechend interpretiert werden, gilt doch Medizin als ein Fach mit langer Studiendauer und damit hohen Opportunitätskosten. Bei der Wahl des Studienfachs sind aber weitere unabhängige Faktoren wie Geschlecht und Leistung sowie Motivation und Interesse wirksam. Beim Befund, dass sich einzig beim Fach Medizin ein Herkunftseffekt identifizieren lässt, muss erklärend darauf hingewiesen werden, dass Medizin immer noch als statushohes Studienfach gilt und in der deutschsprachigen Schweiz als einziges Studienfach mit einer Zulassungsbeschränkung belegt ist: Gymnasium-Absolventen, die sich für Medizin interessieren, müssen neben der Maturitätsprüfung einen zusätzlichen Eignungstest absolvieren. Die dargestellten Ergebnisse legen den Schluss nahe, dass die Art, wie auf diese zusätzliche Hürde reagiert wird, ebenfalls für eine herkunftsbedingte Selbstselektion anfällig ist.

Die Tatsache, dass sich in sämtlichen Analysen die Effekte schulischer Leistung sowie der sozialen Herkunft relativ unabhängig voneinander nachweisen lassen, deutet darauf hin, dass beim Übertritt vom Gymnasium in die Hochschule vorwiegend sekundäre Herkunftseffekte wirksam sind.

Tabelle 5: Studienfachwahl universitäre Hochschule (Multinomiale logistische Regression mit Gewichtungsfaktoren; Standardfehler in Klammern für die Clusterstichprobe bereinigt)

	(Modell 1)			(Modell 2)			(Modell 3)		
	Wi/Jus	MED	MINT	Wi/Jus	MED	MINT	Wi/Jus	MED	MINT
Frau	-0.52	0.59	-1.23	-0.48	0.74	-1.20	-0.19	0.86	-1.04
	(0.23)*	(0.42)	(0.28)**	(0.24)*	(0.44)+	(0.27)**	(0.31)	(0.47)+	(0.32)**
Note Deutsch	-0.17	-0.27	-0.42	-0.19	-0.33	-0.44	-0.12	-0.42	-0.45
	(0.13)	(0.20)	(0.18)*	(0.14)	(0.20)	(0.19)*	(0.14)	(0.20)*	(0.20)*
Note Math	0.32	0.76	1.07	0.31	0.77	1.05	0.32	0.66	0.97
	(0.15)*	(0.19)**	(0.17)**	(0.14)*	(0.20)**	(0.17)**	(0.15)*	(0.20)**	(0.17)**
SPR (ref.)									
MN	-0.14	2.23	2.82	-0.10	2.32	2.82	0.19	2.86	3.14
	(0.50)	(0.52)**	(0.42)**	(0.49)	(0.57)**	(0.42)**	(0.62)	(0.63)**	(0.50)**
WR	1.17	0.19	-0.24	1.16	0.13	-0.24	1.08	0.35	-0.26
	(0.36)**	(0.51)	(0.31)	(0.33)**	(0.53)	(0.32)	(0.34)**	(0.61)	(0.41)
MUS	-0.71	-0.20	0.04	-0.70	-0.27	0.03	-0.43	-0.01	0.14
	(0.37)+	(0.44)	(0.35)	(0.37)+	(0.45)	(0.35)	(0.38)	(0.48)	(0.36)
SES 1 (ref.)									
SES 2				0.00	0.80	0.18	-0.18	0.78	0.19
				(0.25)	(0.33)*	(0.39)	(0.22)	(0.37)*	(0.39)
SES 3				0.39	1.07	0.11	0.17	1.18	0.09
				(0.38)	(0.59)+	(0.51)	(0.34)	(0.62)+	(0.47)
Muttersprache Deutsch				0.43	1.43	0.37	0.54	1.54	0.49
				(0.54)	(0.62)*	(0.45)	(0.51)	(0.63)*	(0.40)
Zeitpräferenz							-0.09	-1.12	-0.63
							(0.11)	(0.19)**	(0.17)**
Intrinsisch							-0.45	0.26	-0.31
							(0.13)**	(0.12)*	(0.16)*
Extrinsisch							1.17	0.43	0.43
							(0.16)**	(0.13)**	(0.16)**
Konstante	0.11	-1.53	-0.44	-0.39	-3.61	-0.90	-0.84	-4.38	-1.23
	(0.26)	(0.48)**	(0.30)	(0.52)	(0.74)**	(0.51)+	(0.54)	(0.87)**	(0.53)*
Pseudo R-sq	0.22			0.23			0.32		
Model chi-sq	642.81			860.26			5248.14		
N	890			890			890		

Anmerkungen: Wi/Jus = Wirtschafts- und Rechtswissenschaften; MED = Medizin; MINT = Mathematik, Informatik, Naturwissenschaften und Technik; Basiskategorie = GSW (Geistes- und Sozialwissenschaften) SPR = alt- oder neusprachliches Profil; MN = mathematisch-naturwissenschaftliches Profil; WR = wirtschafts- und rechtswissenschaftliches Profil; MUS = musisches oder sozialwissenschaftliches Profil; ** $p < .01$; * $p < .05$, + $p < .10$.
Quelle: Eigene Berechnungen.

5 Diskussion

Aufgrund der präsentierten Analysen kann festgestellt werden, dass der Übertritt ins Hochschulsystem in der Schweiz nicht frei von sozialer Selektivität erfolgt, was sich allerdings erst auf den zweiten Blick zeigt, finden wir doch bei der allgemeinen Studierneigung keine direkten Herkunftseffekte. Die soziale Selektivität manifestiert sich erst bei der Wahl der Hochschultypen sowie teilweise bei der Studienfachwahl. Jugendliche aus akademisch gebildeten Elternhäusern tendieren eher dazu, ein universitäres Studium zu ergreifen, und bei der Wahl des Studienfachs sind es wiederum eher Absolventen aus höheren Sozialschichten, die ein Medizinstudium ergreifen wollen.

Bildungspolitisch können wir den Übertritt wie folgt charakterisieren: Das differenzierte schweizerische Hochschulsystem vermag zwar einerseits einen großen Teil der studierfähigen Jugendlichen aufzunehmen, auch erfolgt der Übertritt vom Gymnasium ins Hochschulsystem generell wenig herkunftsabhängig. Diese Tatsache – die hohe Übertrittsquote sowie die herkunftsunabhängige Transition – ist bildungspolitisch bedeutsam und unterscheidet das Schweizer Hochschulsystem von ausländischen Systemen, welche häufig mit zwei Problemen konfrontiert sind, nämlich erstens mit einem Effizienzproblem, indem ein beträchtlicher Anteil an Jugendlichen, die die Hochschulreife erwerben, anschließend kein Studium absolvieren, und zweitens mit einem Equity-Problem, weil der erfolgreiche Hochschulübergang von der sozialen Herkunft abhängig ist (Müller & Pollak, 2004).

Andererseits wird aber auch klar, dass sich die Mechanismen der sozialen Selektion in einem derart differenzierten Hochschulsystem lediglich verschieben, da die Kinder aus Akademikerfamilien für ihre Ausbildung die statushöheren Hochschultypen wählen, während die neuen und mit geringerem sozialem Prestige versehenen Hochschultypen – die Fachhochschulen und die pädagogischen Hochschulen – häufiger von Jugendlichen aus Nicht-Akademiker-Familien gewählt werden.

Die Reform des schweizerischen Hochschulsystems hat zwar zu einer breiteren sozialen Rekrutierung der Studierenden geführt, die Differenzierung in verschiedene Hochschultypen mit sozial unterschiedlicher Studentenschaft stellt letztlich aber einfach ein Upgrading bestimmter nicht-universitärer Ausbildungsgänge auf die Tertiärstufe dar. Die Statusunterschiede der Ausbildungsoptionen bestehen weiter, sie haben sich nun einfach auf die Hochschulebene verschoben. Was die Beurteilung der Chancengerechtigkeit im Hochschulsystem betrifft, muss allerdings darauf hingewiesen werden, dass eine abschließende Bilanz frühestens zum Zeitpunkt des Arbeitsmarkteintritts gezogen werden kann, denn dazu müssten der Arbeitsmarkterfolg wie auch die längerfristig betrachteten Bildungsrenditen von Absolventen des nicht-universitären Sektors und von Universitätsabsolventen verglichen werden können (vgl. auch BFS, 2008).

Die Geltung der dargelegten Befunde zum Übergang ins schweizerische Hochschulsystem ist in zweierlei Hinsicht beschränkt. Zum einen handelt es sich um Absichtserklärungen der Gymnasium-Absolventen und nicht um eine effektive

Studienwahl. Somit ist offen, ob die erklärten Studienabsichten auch wirklich umgesetzt werden. Zum anderen handelt es sich um Querschnittdaten, welche keine kausalen Aussagen über die beobachteten Effekte zulassen. Die Frage der sozialen Selektivität beim Hochschulzugang müsste aber anhand von Längsschnittdaten untersucht werden können, welche die Individuen bereits vom Übergang ins Gymnasium über die Hochschulstufe bis zum Arbeitsmarkteintritt verfolgt. Solche Daten existieren für die Schweiz jedoch noch nicht. Das bedeutet, dass man zur Beurteilung des Hochschulübertritts in der Schweiz vorläufig auf Querschnittstudien wie die vorliegende zurückgreifen muss.

Literatur

Becker, R. (2000). Determinanten der Studierbereitschaft in Ostdeutschland. *Mitteilungen aus der Arbeitsmarkt- und Berufsforschung, 33* (2), 261–276.

BFS [Bundesamt für Statistik] (2007). *Studien- und Lebensbedingungen an den Schweizer Hochschulen. Hauptbericht der Studie zur sozialen Lage der Studierenden 2005.* Neuchâtel.

BFS [Bundesamt für Statistik] (2008). *Die soziale Dimension an den Hochschulen. Die Schweiz im europäischen Vergleich.* Neuchâtel.

BFS [Bundesamt für Statistik] (2008). *Schlüsselkompetenzen der Schweizer Hochschulabsolvent/innen. Thematischer Sammelband mit empirischen Ergebnissen der Absolventenstudie.* Neuchâtel: BFS.

Boudon, R. (1984). *L'inégalité des chances. La mobilité sociale dans les sociétés industrielles.* Paris: Hachette.

Breen, R. & Goldthorpe, J. H. (1999). Explaining educational differentials. Towards a former rational action theory. *Rationality and Society, 9* (3), 275–305.

Butlin, G. (1999). Determinants of postsecondary education. *Education Quarterly Review, 5* (3), 9–35.

Christofides, L. N., Cirello, J. & Hoy, M. (2001). Family Income and Postsecondary Education in Canada. *The Canadian Journal of Higher Education, 31* (1), 177–208.

Coradi Vellacott, M. (2007). *Bildungschancen Jugendlicher in der Schweiz. Eine Untersuchung familiärer, schulischer und sozial-räumlicher Einflüsse auf Leistungsunterschiede am Ende der obligatorischen Schulzeit,* Zürich: Rüegger.

Coradi Vellacott, M. & Wolter, S. C. (2005). *Chancengerechtigkeit im schweizerischen Bildungswesen.* Aarau: SKBF.

Denzler, S. (2011). University or Polytechnic? Family background effects on the choice of higher education institution. *Swiss Journal of Sociology, 37* (1), 79–97.

Denzler, S. & Wolter, S. C. (2009). Sorting into teacher education. How the institutional setting matters. *Cambridge Journal of Education, 39* (4), 423–441.

Denzler, S. & Wolter, S. C. (2010). Der Einfluss des lokalen Hochschulangebots auf die Studienwahl. *Zeitschrift für Erziehungswissenschaft, 13* (4), 683–706.

Eberle, F., Gehrer, J. B., Kottonau, J., Oepke, M. & Pflüger, M. (2008). *Evaluation der Maturitätsreform 1995 (EVAMAR). Schlussbericht zur Phase II.* Zürich.

Esser, H. (1993). *Soziologie. Allgemeine Grundlagen.* Frankfurt a. M.: Campus-Verlag.

Georg, W. (2005). Studienfachwahl: Soziale Reproduktion oder fachkulturelle Entscheidung. *ZA-Information, 57,* 61–82.

Jiménez, J. D. de & Salas-Velasco, M. (2000). Modeling educational choices. A binomial logit model applied to the demand for Higher Education. *Higher Education, 40* (2), 293–311.

Köller, O., Watermann, R. & Trautwein, U. (Hrsg.). (2004). *Wege zur Hochschulreife in Baden-Württemberg. TOSCA – Eine Untersuchung an allgemein bildenden und beruflichen Gymnasien.* Opladen: Leske + Budrich.

Maaz, K. (2006). *Soziale Herkunft und Hochschulzugang. Effekte institutioneller Öffnung im Bildungssystem.* Wiesbaden: VS Verlag für Sozialwissenschaften.

Müller, W. & Pollak, R. (2004). Weshalb gibt es so wenige Arbeiterkinder in Deutschlands Universitäten? In R. Becker & W. Lauterbach (Hrsg.), *Bildung als Privileg? Erklärungen und Befunde zu den Ursachen der Bildungsungleichheit* (S. 311–352). Wiesbaden: VS Verlag für Sozialwissenschaften.

Müller, W., Pollak, R., Reimer, D. & Schindler, S. (2009). Hochschulbildung und soziale Ungleichheit. In R. Becker (Hrsg.), *Lehrbuch der Bildungssoziologie* (S. 281–319). Wiesbaden: VS Verlag für Sozialwissenschaften.

Shavit, Y., Arum, R. & Gamoran, A. (Hrsg.). (2007). *Stratification in higher education. A comparative study.* Stanford, CA: Stanford Univ. Press.

SKBF [Schweizerische Koordinationsstelle für Bildungsforschung] (2010). *Bildungsbericht Schweiz 2010*, Aarau: SKBF.

Trautwein, U., Maaz, K., Lüdtke, O., Nagy, G., Husemann, N., Watermann, R. & Köller, O. (2006). Studieren an der Berufsakademie oder an der Universität, Fachhochschule oder Pädagogischen Hochschule? *Zeitschrift für Erziehungswissenschaft, 9* (3), 393–412.

Watermann, R. & Maaz, K. (2004). Studierneigung bei Absolventen allgemein bildender und beruflicher Gymnasien. In O. Köller, R. Watermann & U. Trautwein (Hrsg.), *Wege zur Hochschulreife in Baden-Württemberg. TOSCA – Eine Untersuchung an allgemein bildenden und beruflichen Gymnasien* (S. 403–450). Opladen: Leske + Budrich.

Weber, K., Tremel, P., Balthasar, A. & Fässler, S. (2010). *Programmatik und Entwicklung der Schweizer Fachhochschulen.* Bern: Zentrum für universitäre Weiterbildung.

Marita Jacob, Hanna-Marei Steininger, Felix Weiss

Bleibt's dabei? Soziale Ungleichheiten in der Studienabsicht und ihrer Realisierung nach einer beruflichen Ausbildung

1 Einleitung

Wie eine Vielzahl empirischer Studien für Deutschland zeigt, ist die Beteiligung an tertiärer Bildung von der sozialen Herkunft abhängig, obwohl die Gruppe der hochschulberechtigten Schulabgänger bezüglich ihrer Leistungsfähigkeit hoch selektiv ist (Becker & Hecken, 2008, 2009a, 2009b; Mayer, Müller & Pollak, 2007, S. 118). Im Unterschied zu zahlreichen anderen Ländern besteht in Deutschland mit der beruflichen Qualifizierung eine attraktive Alternative zum Hochschulstudium, die allen Schulabgängern offen steht, also auch den Abiturienten. Empirisch zeigt sich, dass tatsächlich ein Teil der hochschulzugangsberechtigten jungen Erwachsenen nach dem Abitur eine Lehre aufnimmt anstatt zu studieren. Von den Studienberechtigten 2008 verzichteten 22 Prozent gänzlich auf ein Hochschulstudium (Heine, Quast & Beuße, 2010, S. 2). Die Studierneigung stieg seitdem zwar wieder an, aber dennoch hatten in den Jahren von 2000 bis 2008 ein halbes Jahr nach Schulabgang etwa ein Viertel aller Abiturienten eine berufliche Ausbildung begonnen (Heine & Quast, 2009). Diese Tatsache deutet darauf hin, dass hochschulberechtigte Schulabgänger eine Berufsausbildung nicht als zweite Wahl, sondern als eine attraktive Option neben einem Hochschulstudium ansehen. Diese Bildungsalternative wird häufig von jungen Erwachsenen aus niedrigeren Bildungsschichten gewählt (Becker & Hecken, 2009b; Jacob, 2004). Für viele junge Erwachsene bedeutet der Abschluss einer beruflichen Ausbildung jedoch nicht das Ende ihrer Bildungskarriere. Jährlich löst wiederum ein beträchtlicher Anteil von Absolventen beruflicher Ausbildungen die erworbene Hochschulzugangsberechtigung ein und begibt sich an die Hochschulen. So berichten Heine und Quast (2009) für die Jahre zwischen 2000 und 2008, dass zwischen 15 und 20 Prozent der Abiturienten zunächst eine Berufsausbildung anstreben und danach ein Hochschulstudium planen. Schaut man sich umgekehrt die Studienanfänger eines Jahrgangs an, so haben rund ein Viertel der Studienanfänger im Jahr 2009 eine berufliche Ausbildung (vor oder nach dem Abitur) absolviert; an den Fachhochschulen beträgt der Anteil 45 Prozent, an den Universitäten 13 Prozent.

Solche Doppelqualifizierungen aus beruflicher Ausbildung und anschließendem Studium wurden in jüngster Zeit in einer Reihe wissenschaftlicher Beiträge untersucht (Becker & Hecken, 2008, 2009b; Hillmert & Jacob, 2003; Jacob, 2004). Die vorhandenen empirischen Untersuchungen basieren jedoch größtenteils auf ungünstigen Datengrundlagen, in denen entweder lediglich Angaben zu Bildungsintentionen vorlagen, ohne Berücksichtigung der realisierten Bildungswege. Oder es wurden ausschließlich die tatsächlichen Bildungswege erhoben, ohne Kenntnis der ursprünglichen Pläne. Es ist aber davon auszugehen, dass nicht in allen Fällen Bildungsintention und Realisierung übereinstimmen (vgl. dazu auch Becker, 2000).[1] Wenn die Bildungsentscheidung von der ursprünglichen Bildungsintention abweicht und diese Abweichung mit der sozialen Herkunft in Verbindung steht, konnte dies in den bisherigen Untersuchungen nicht analysiert werden. Zudem ist es in einer Beobachtung von Absichten oder Realisierungen nicht möglich einzuschätzen, ob und inwiefern Studienentscheidungen über diese relativ lange Zugangssequenz zur Hochschule auf sozial selektive Art und Weise revidiert werden. Doch gerade soziale Ungleichheit im Prozess der Entscheidungsfindung kann für Praktiker – wie etwa Oberstufenlehrkräfte oder Studienberater – von besonderer Bedeutung sein.

Im vorliegenden Beitrag werden wir analysieren, inwiefern Bildungsintentionen und deren Revision mit dem tatsächlichen Bildungsverhalten übereinstimmen. Dabei liegt unser besonderes Augenmerk auf der intendierten bzw. realisierten Doppelqualifikation aus Lehre und Studium. Weiterhin untersuchen wir die Rolle der sozialen Herkunft bei den Entscheidungsprozessen für eine der drei Alternativen „Studium", „Lehre" und „Lehre und Studium". Denn obwohl ein Großteil der Bildungsungleichheit auf frühere Bildungsstufen zurückgeht, existieren und entstehen zusätzliche Herkunftsunterschiede während des Übergangs von der Schule an die Hochschule. Wir gehen dabei vereinfachend von zwei Entscheidungszeitpunkten aus: Die erste Entscheidung für eine der drei Möglichkeiten wird nach dem Abitur getroffen – wie die bisherige Forschung bereits gezeigt hat, erfolgt dies sozial selektiv. Für diejenigen, die zu diesem Zeitpunkt eine berufliche Ausbildung anstelle eines Studiums wählen, stellt sich die Frage nach Beendigung der Ausbildung erneut, ungeachtet der ursprünglichen Intention. Wir wenden uns besonders der zweiten Entscheidungssituation zu und erwarten, dass sowohl die Aufrechterhaltung der ursprünglichen Studienintention sowie eine ad hoc-Entscheidung für ein zuvor nicht geplantes Studium von der sozialen Herkunft abhängen. Zusammengefasst veranlasst uns das zu folgenden Fragestellungen: *Wer plant von Beginn an die Doppelqualifikation aus Berufsausbildung und Studium? Wer lässt nach der Berufsausbildung den ursprünglichen Plan fallen und verzichtet auf ein Studium?* Und schließlich: *Wer entscheidet sich erst nach Abschluss der Berufsausbildung ad hoc für die Aufnahme eines Studiums?*

Die Besonderheit des vorliegenden Beitrags im Unterschied zur bisherigen Forschung liegt zum einen in der Möglichkeit, Studienintentionen und tatsächliches Verhalten gegenüberzustellen und Herkunftseinflüsse auf die Realisierung bzw. Nicht-Realisierung der Bildungspläne zu analysieren. Zum zweiten kann unser Beitrag damit zur Klärung der theoretischen Mechanismen für soziale Ungleichheiten beim Zugang zu höherer Bildung beitragen, da die bislang nicht mögliche Unterscheidung von geplanter Immatrikulation versus ad hoc-Entscheidung für ein Studium auf die theoretische Argumentation und Hypothesenbildung angewandt wird.

---

1 Becker (2000) untersucht den Einfluss der sozialen Herkunft auf Bildungsabsichten und die tatsächlichen Bildungsentscheidungen für den Übergang von der Grundschule in die Sekundarstufe I.

2 Versicherung, Umlenkung oder Umweg? Erklärungsansätze zum Einfluss der sozialen Herkunft auf die Kombination von Lehre und Studium

2.1 Einfluss der sozialen Herkunft auf die Neigung zur Doppelqualifizierung: Bisherige Studien

Eine erste Studie zur Kombination von nicht-akademischen und akademischen Bildungswegen von Büchel und Helberger (1995) interpretiert die Doppelqualifizierung als eine „Versicherungsstrategie". Die Autoren gehen davon aus, dass eine Berufsausbildung vor dem Eintritt in ein Hochschulstudium insbesondere für leistungsschwache oder risikoaverse Schulabgänger eine Versicherung gegen ein mögliches Scheitern im Studium darstellt und zudem den Berufseinstieg vereinfacht.[2] Bellmann et al. (2008) finden einen positiven und hoch signifikanten Einfluss der Schulabschlussnote auf die Wahrscheinlichkeit, eine Berufsausbildung mit anschließendem Studium zu wählen und folgern, dass dieses Ergebnis die „Versicherungsstrategie"-Hypothese von Büchel und Helberger bestätigt. Lewin, Minks und Uhde (1996) vergleichen Studierende, die eine Ausbildung und ein Studium (= Doppelqualifizierer) absolviert haben, mit Studierenden bzw. Hochschulabsolventen. Als Hauptgründe für eine Doppelqualifizierung berichten die Befragten, rückblickend auf den von ihnen absolvierten Bildungsweg, dass sie fehlende praktische Erfahrungen des Hochschulstudiums kompensieren wollten und dass sie sich eine persönliche Weiterentwicklung von der Kombination aus beruflicher Ausbildung und Studium erwarteten.

Wie diese Befunde mit herkunftsspezifischen Entscheidungen für einen bestimmten Bildungsweg in Verbindung stehen, lassen die genannten Studien offen. Sie betrachten außerdem ausschließlich abgeschlossene Bildungskarrieren (Doppelqualifizierung vs. Studium), ohne die ursprünglichen Bildungspläne mit einzubeziehen. Becker und Hecken (2009b) dagegen wählen die Studienabsicht am Ende der Schulzeit, um die Frage nach dem Einfluss der sozialen Herkunft auf die Entscheidung für bestimmte post-sekundäre Bildungswege zu klären. Ihr Hauptziel ist ein Test der „Umlenkungsthese" (Müller & Pollak, 2007). Diese besagt, dass Kinder aus sozial schwächeren Herkunftsfamilien durch attraktive, nicht-akademische Bildungsalternativen von einem Hochschulstudium abgelenkt werden. Die Analysen von Becker und Hecken (2009a) zeigen, dass sich Arbeiterkinder tatsächlich häufiger für eine berufliche Ausbildung anstelle eines Hochschulstudiums entscheiden.

---

2   Empirisch analysieren Büchel und Helberger (1995) jedoch nicht die Versicherungsthese, sondern untersuchen den wirtschaftlichen Ertrag einer Doppelqualifizierung im Vergleich zu Hochschulabsolventen ohne vorherige Ausbildung. Die Autoren zeigen, dass Doppelqualifizierer beim späteren Arbeitsmarkteinstieg keinen eindeutigen Vorteil aufweisen. Diese suchen länger nach einem adäquaten Job als Hochschulabsolventen ohne Ausbildung und erreichen keine höheren Starteinkommen. Die Ergebnisse der Studie von Bellmann, Hall und Janik (2008) widersprechen zum Teil denen von Büchel und Helberger (1995), da sie für die Doppelqualifizierer weder für den Übergang in bildungsadäquate Beschäftigung noch im Einstiegsgehalt signifikante Nachteile finden.

Diese Ablenkung von der Tertiärbildung tritt teilweise jedoch nur temporär auf, wie Becker und Hecken feststellen und sich dabei auf die Erweiterung der „Umlenkungsthese" durch Hillmert und Jacob (2003) beziehen. Diese These besagt, dass ein Teil potentiell geeigneter Studierender zunächst eine berufliche Ausbildung absolviert, bevor ein Studium angeschlossen wird. Jacob (2004) untersucht explizit diese These, indem sie zwischen einer ersten Bildungsentscheidung direkt nach dem Schulabgang und einer zweiten Bildungsentscheidung nach Abschluss einer Lehre differenziert und Unterschiede nach sozialer Herkunft erwartet. Ihre Untersuchung deckt sozial selektive Bildungsentscheidungen für beide Übergänge auf: Schulabsolventen aus weniger privilegierten Familien entscheiden sich häufiger für eine Berufsausbildung (vgl. auch Becker & Hecken, 2009b). Nach Abschluss einer Berufsausbildung kehren junge Erwachsene aus höheren Sozialschichten jedoch häufiger in das tertiäre Bildungssystem zurück. In der Studie von Jacob werden erneut nur realisierte Bildungswege betrachtet, wobei die ursprüngliche Bildungsintention unbekannt ist. Es erscheint jedoch plausibel, dass sich Bildungsintentionen und -realisierung unterscheiden können und dass eine derartige Divergenz, sei es der Verzicht auf ein intendiertes Studium oder die ad hoc-Entscheidung für ein ursprünglich nicht geplantes Studium, nach sozialer Herkunft unterschiedlich häufig auftreten kann. So schreibt auch Becker (2000), dass die Divergenz zwischen Intention und Realisierung bei statushöheren Schichten in der Regel geringer ist als bei Nachkommen aus niedrigeren Sozialschichten. Erstere kennen die beim Bildungsübergang wirksamen institutionellen Mechanismen und sind zudem aufgrund ihrer Ressourcen eher in der Lage, die unterschiedlichen Möglichkeiten zu kennen und jede davon – zumindest prinzipiell – realisieren zu können. Im folgenden Abschnitt werden wir uns daher genauer mit dem mehrstufigen Entscheidungsprozess für bestimmte Bildungswege beschäftigen.

2.2 Erklärungsansätze für herkunftsbedingte Bildungsentscheidungen und ihre Vorhersagen in Bezug auf Doppelqualifizierungsstrategien

In den folgenden Überlegungen gehen wir von einem zweistufigen Entscheidungsprozess aus, der in Abbildung 1 zusammenfassend dargestellt ist. Eine erste Entscheidung, ob und welche Art der Fortsetzung des Bildungswegs in Frage kommt, fällt direkt nach dem Abitur. Die Studienberechtigten wägen zwei Möglichkeiten gegeneinander ab: Sie können direkt nach dem Abitur ein Studium oder eine berufliche Ausbildung aufnehmen.[3] Im Falle der Entscheidung für eine berufliche Ausbildung können sie sich bereits Gedanken darüber machen, ob sie im Anschluss noch ein Studium beabsichtigen oder nicht. Vereinfachend gehen wir davon aus, dass ein Ausbildungsplatz immer verfügbar ist und im Falle struktureller Hürden

---

3 Auch ein direkter Übergang in den Arbeitsmarkt ist möglich. Dies wird jedoch nur höchst selten ins Auge gefasst. 3 Prozent der Studienberechtigten 2008 planen einen Übergang ins Berufsleben ausschließlich mit der erworbenen Hochschulzugangsberechtigung (Heine et al., 2010).

beim Hochschulzugang die Alternative berufliche Ausbildung mit späterem Hochschulzugang ins Auge gefasst wird.

Nach Beendigung der beruflichen Ausbildung entsteht eine erneute Entscheidungssituation: Jetzt können die Lehrabsolventen ihre Studienberechtigung doch noch einlösen und ein Studium beginnen und damit eine Doppelqualifikation erwerben. Diese spätere Immatrikulation kann einerseits ursprünglich bereits geplant gewesen sein. Andererseits kann aber auch in einer Art ad hoc-Entscheidung nun doch – entgegen der ursprünglichen Planung – der Hochschulzugang gewählt oder auch abgelehnt werden. Empirisch zeigt sich, dass Doppelqualifikationen auf beide Entscheidungspfade zurückgehen: Es gibt sowohl Absolventen einer beruflichen Ausbildung, die an ihren Plänen festhalten und das beabsichtigte Studium beginnen, als auch Absolventen, die zwar kein Studium geplant hatten, sich aber nach der Ausbildung ad hoc doch noch dafür entscheiden (Heine et al., 2010, S. 4, 42). Zudem ist davon auszugehen, dass es Absolventen einer Berufsausbildung gibt, die ihre ursprüngliche Studienabsicht nicht einlösen. Wir werden nun Überlegungen dazu anstellen, inwiefern hier Unterschiede nach sozialer Herkunft zu erwarten sind.

Abbildung 1: Beabsichtigte und realisierte Bildungswege

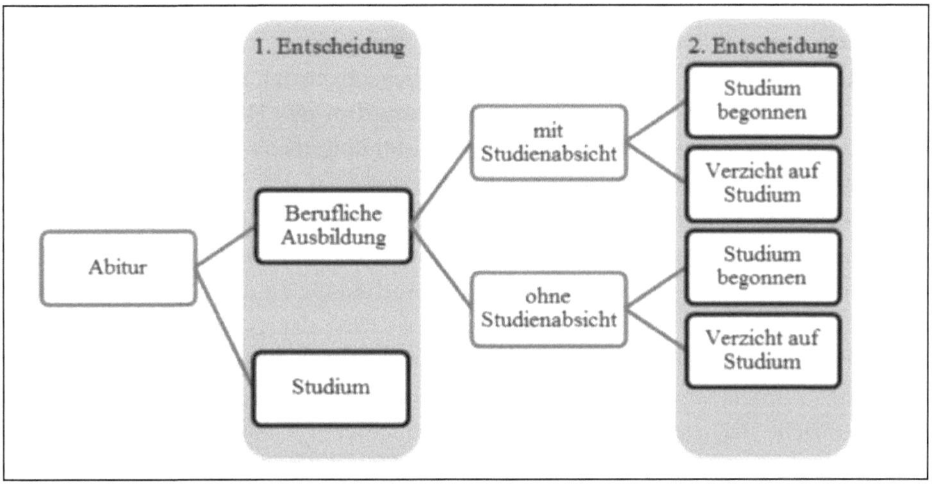

Quelle: Eigene Darstellung.

Ein zentrales soziologisches Argument zur Erklärung sozialer Ungleichheiten beim Hochschulzugang ist die sogenannte Theorie des intergenerationalen Statuserhalts (*status reproduction*). Innerhalb von Familien wird versucht, für die Nachfolgegenerationen den elterlichen Status über Bildung zu erhalten bzw. vor allem die Risiken sozialen Abstiegs zu minimieren (eine Formalisierung dieser Theorie findet sich z.B. bei Breen und Goldthorpe, 1997). Damit ist sofort ersichtlich, warum Kinder aus höher gebildeten Elternhäusern eher ein Studium aufnehmen. Für Kinder aus weniger gebildeten Elternhäusern reicht dagegen eine berufliche Ausbildung zum

Statuserhalt aus und ein Scheitern im Studium würde möglicherweise sogar mit einem Statusverlust einhergehen. Da die Kinder aus niedrigeren Herkunftsschichten das Risiko eines Studienabbruchs höher einschätzen als Kinder aus höheren Schichten, sei es weil sie objektiv oder subjektiv schlechtere Erfolgserwartungen aufweisen, wählen sie risikoavers eine berufliche Ausbildung zur Sicherung des Statuserhalts. Daneben spielen aber auch finanzielle Ressourcen eine Rolle, da die Aufnahme eines Studiums mit direkten Kosten und Opportunitätskosten einhergeht. Wir gehen davon aus, dass diese Ressourcen Kindern aus besser gestellten Elternhäusern zur Verfügung stehen, während Kinder aus weniger privilegierten Familien eher aufgrund von finanziellen Engpässen von einem Studium absehen. Als Basishypothese ist daher zu erwarten, dass Abiturienten mit sozial privilegierten Eltern eher ein Studium aufnehmen als Abiturienten aus sozial schwächeren Elternhäusern, die sich eher für eine berufliche Ausbildung entscheiden (H1).

Will man nun der Frage nachgehen, welche Gruppe von Abiturienten eine Doppelqualifizierung plant, braucht man weitere Erklärungen für diesen spezifischen Bildungsweg, der sich einerseits durch eine risikoaverse erste Entscheidung auszeichnet und andererseits eine besonders lange Dauer hat. Wie beschrieben, kann der Verzicht auf ein direktes Studium aufgrund einer geringen Studienerfolgserwartung entstehen. Für das anschließende Studium muss die Erfolgserwartung aber dennoch hinreichend hoch sein oder die Angst vor dem Statusverlust ohne Studium besonders groß. Dies gilt vor allem für Kinder aus höher gebildeten Elternhäusern, die nur mit einer beruflichen Ausbildung nicht den gleichen Status wie ihre Eltern hätten. Dabei sollten gleichzeitig die finanziellen Ressourcen der Herkunftsfamilie hinreichend groß sein, um die verlängerte Gesamtausbildungsdauer finanzieren zu können (Hillmert & Jacob, 2003). Aus diesen Überlegungen lässt sich die Hypothese ableiten, dass vor allem Abiturienten mit geringer (Studien-)Erfolgswahrscheinlichkeit und hohem sozialen Hintergrund die Option „berufliche Ausbildung mit Studienabsicht" wählen, anstatt ausschließlich eine berufliche Ausbildung zu planen (H2).

Im Fall der sogenannten Umlenkungsthese wird dagegen angenommen, dass Studierende aus benachteiligten Herkunftsfamilien von einem (direkten) Studium abgelenkt würden, weil die berufliche Ausbildung von kürzerer Dauer ist und weniger finanzielle Belastungen bedeutet oder weil sie dem Erfahrungsraum der Eltern entspricht (vgl. auch Archer & Yamashita, 2003; Müller & Pollak, 2007). Vereinbar mit der Umlenkungsthese ist aber dennoch, dass sich ein Teil der ursprünglich für ein Studium berechtigten Abiturienten nach der Lehre für eine Immatrikulation entscheidet. Gründe für eine solche ad hoc-Entscheidung könnten sein, dass das Zutrauen in die eigenen Fähigkeiten im Laufe der Ausbildung zugenommen hat (Hillmert & Jacob, 2003; Oettinger, 1993) oder durch die Ausbildung eigene finanzielle Ressourcen erworben wurden, die die Aufnahme eines Studiums erst ermöglichen. Diese ad hoc-Entscheidung für ein Studium trotz ursprünglich intendiertem Studienverzicht sollte also vor allem für Kinder aus benachteiligten Elternhäusern zu beobachten sein, denen nach der Schulzeit nicht ausreichend Ressourcen zur Verfügung standen (H3).

Denkbar ist schließlich noch der Fall, dass nach der beruflichen Ausbildung auf ein ursprünglich geplantes Studium verzichtet wird. Als Erklärungen für einen Verzicht auf ein intendiertes Studium kann man wie Clark (1960) oder Brint und Karabel (1989) ein sogenanntes *cooling out* der Studienabsicht annehmen. In der beruflichen Ausbildung werden neben theoretischen Kenntnissen auch praktische und betriebsspezifische Kenntnisse erworben und es findet ein Teileinstieg in den Arbeitsmarkt statt, sodass eine Rückkehr aus dem Arbeitsmarkt in die Hochschule an Attraktivität verliert. Dieses *cooling out* sollte vor allem für diejenigen zu beobachten sein, deren Eltern selbst keinen Hochschulabschluss besitzen. Dagegen wird für die Gruppe der Akademikerkinder bei einer Revision der Studienentscheidung die Reproduktion des elterlichen Hochschulbildungsniveaus bedroht. Daher kann davon ausgegangen werden, dass ein Rückzug von der Studienentscheidung während der Berufsausbildung vor allem bei Kindern von Eltern mit niedrigeren Bildungsabschlüssen vorkommt (H4).

3   Daten, Variablen und Methoden

Zur Analyse der Studienintention und ihrer Realisierung benötigen wir eine (mindestens) zweimalige Beobachtung von Studienberechtigten, die zunächst nach dem Erreichen des Abiturs nach ihrer Intention befragt werden und einige Zeit später erneut, um den tatsächlich eingeschlagenen Bildungsweg zu erfahren. Sinnvollerweise sollte es sich dabei um eine Panelbefragung handeln, da Intentionen rückblickend verzerrt und an den tatsächlichen Verlauf angepasst erinnert werden könnten. Ein Datensatz, der diese Informationen enthält und derartig erhoben wurde, stellt das Studienberechtigtenpanel des Hochschulinformationssystems (HIS) dar (Durrer & Heine, 2001). Wir verwenden die Befragungen der Jahre 1999 und 2002, in denen Studienberechtigte zuerst sechs Monate nach dem Abitur postalisch befragt wurden und dann noch einmal drei Jahre später. Die Befragung enthält relevante Angaben zu den Eltern und eine Reihe zusätzlicher Bildungsvariablen, wie vorherige Ausbildungen, besuchte Schulart, Art der Hochschulzugangsberechtigung und Abiturnoten.[4] In unseren Analysen schließen wir diejenigen Personen aus, die bereits vor dem Erwerb des Abiturs eine Ausbildung absolviert hatten oder die im Rahmen einer beruflichen Ausbildung ihr Abitur erlangten. Die für unsere Analysen verwendete Stichprobe besteht aus 13.744 Fällen, von denen 689 zum zweiten Befragungszeitpunkt – drei Jahre nach dem Abitur – eine berufliche Ausbildung absolviert und ein Studium begonnen hatten. Da der Zeitraum zwischen erster und zweiter Erhebung mit drei Jahren relativ kurz ist, sind die Ergebnisse zur Realisierung einer Studienintention möglicherweise mit Vorsicht zu interpretieren. Zwar hat eine berufliche Ausbildung für Abiturienten in der Regel eine Dauer von weniger als drei Jahren, aber nicht alle beginnen direkt nach dem Abitur sofort mit der Lehre bzw.

---

4   Bei 10.882 Befragten fehlt mindestens eine Angabe in den für uns relevanten Variablen, die wir mit Hilfe multipler Imputation ergänzt haben.

nicht alle Ausbildungsabsolventen mit Studienabsicht immatrikulieren sich sofort nach Ende der Ausbildung. Zur Abschätzung dieser möglichen Verzerrung nehmen wir Angaben des Statistischen Bundesamts aus den Grund- und Strukturdaten als Vergleichsgröße (Bundesministerium für Bildung und Forschung, 2005, S. 151). Für Schulabgänger der gleichen Kohorte unserer Stichprobe zeigt sich, dass binnen drei Jahren 94 Prozent aller (späteren) Studierenden ihr Studium begonnen hatten. Wir gehen daher davon aus, dass die befürchtete Unterschätzung der Studienrealisation in unseren Analysen nur gering ausfällt.

Im Zuge unserer empirischen Analyse werden wir in den verschiedenen Modellen nacheinander die unterschiedlichen Optionen an den jeweiligen Entscheidungszeitpunkten gegenüber stellen. Als abhängige Variable für die erste Entscheidungssituation nach dem Abitur betrachten wir zunächst, ob die Schulabgänger ein Studium oder eine Lehre beginnen. Zudem analysieren wir beim ersten Entscheidungszeitpunkt die Bildungspläne der Schulabgänger, also ob eine berufliche Ausbildung mit oder ohne anschließendes Studium beabsichtigt wird. Im nächsten Schritt betrachten wir nur noch diejenigen Personen, die sich zunächst gegen ein Studium und für eine berufliche Ausbildung entschieden haben. Für diese Teilgruppe untersuchen wir, ob sie die ursprünglich nicht geplante Doppelqualifizierung doch aufnehmen und nach der Ausbildung ein Studium beginnen. Außerdem sind die Fälle von Interesse, die im Anschluss an die Lehre ein Studium beabsichtigten, dann aber auf die Realisierung dieses Plans verzichten.

Unsere zentrale unabhängige Variable – die soziale Herkunft der Studienberechtigten – operationalisieren wir in zweierlei Hinsicht. Wir verwenden zum einen die Bildung der Eltern in den Kategorien „mindestens ein Elternteil hat einen Hochschulabschluss" versus „kein Elternteil besitzt einen Hochschulabschluss". Als Indikator für die materielle Situation der Familie verwenden wir die berufliche Stellung der Eltern. Dafür ziehen wir die höchste berufliche Stellung von Mutter oder Vater heran und fassen die Variable vereinfachend in drei Kategorien zusammen (niedrige, mittlere, hohe berufliche Stellung). Als Indikator für die Erfolgswahrscheinlichkeit, ein Studium abzuschließen, verwenden wir die umgepolte, metrische Abiturnote, sodass hohe Werte auf dieser Variable gute Noten und damit eine hohe Erfolgserwartung bedeuten. Als Kontrollvariablen gehen schließlich noch das Geschlecht, das Alter, die Art der Hochschulzugangsberechtigung (Abitur oder Fachhochschulreife) und das Bundesland der Hochschulzugangsberechtigung ein. Der verwendete Datensatz enthält Gewichtungsfaktoren für die Bundesebene, die wir in unseren Analysen einsetzen.

4 Ergebnisse

4.1 Erste Bildungsentscheidung und Studienabsicht nach dem Abitur

Unsere empirischen Analysen beginnen mit der ersten Bildungsentscheidung (Studium vs. Lehre) und den Absichten der Schulabgänger. Wie bereits in vorangegangenen Untersuchungen gezeigt, gehen auch wir davon aus, dass Abiturienten mit sozial privilegierten Eltern eher ein Studium aufnehmen als Abiturienten aus sozial schwächeren Elternhäusern, die sich eher für eine berufliche Ausbildung entscheiden (H1). In Tabelle 1 sind die Ergebnisse logistischer Regression für die erste Bildungsentscheidung nach dem Schulabgang eingetragen.

Tabelle 1: Der Einfluss von Merkmalen der sozialen Herkunft auf die Aufnahme eines Studiums bzw. einer Lehre nach Schulabgang (erste Bildungsentscheidung; logistische Regression)

	Modell 1	
Höchster Ausbildungsabschluss der Eltern		
Akademischer Abschluss	0,48***	(0,061)
Kein/nichtakademischer Abschluss (Ref.kat.)	1	
Höchste berufliche Stellung der Eltern		
Hoch (Referenzkategorie)	1	
Mittel	-0,23***	(0,061)
Niedrig	-0,11	(0,078)
Abiturnote (umgepolt)	0,11***	(0,004)
Geschlecht		
Weiblich	-0,72***	(0,053)
Männlich (Referenzkategorie)	1	
Alter	0,08	(0,048)
Art der Hochschulzugangsberechtigung		
Abitur	1,57***	(0,068)
Fachhochschulreife (Referenzkategorie)	1	
Konstante	-4,81***	(1,009)
Chi²	3302,80	
Pseudo R² (Nagelkerke; ohne imputierte Fälle)	0,318	
Personen	13744	

Anmerkungen: Angegeben sind die gewichteten, logistischen Koeffizienten sowie die robusten Standardfehler in Klammern. Zusätzlich wird im Modell für das Bundesland kontrolliert, in welchem die Hochschulzugangsberechtigung erreicht wurde. * ≤ 0,05; ** ≤ 0,01; *** ≤ 0,001 (zweiseitig).
Quelle: Eigene Berechnungen (HIS 1999/2002).

Erwartungsgemäß hat die Bildung der Eltern einen positiven Einfluss auf die Immatrikulation. Die Chance von Abiturienten mit akademisch gebildeten Eltern, direkt nach dem Schulabgang ein Studium zu beginnen, beträgt das 1,62-Fache ($= e^{0,48}$) der Chance derjenigen aus Familien, in denen kein Elternteil eine Hochschule besucht hat. Darüber hinaus ist auch die berufliche Stellung der Eltern von Bedeutung und wir sehen einen signifikanten Unterschied zwischen Kindern mit Eltern in hoher beruflicher Stellung und denen mit mittlerer Stellung. Da wir in dem Modell die Abiturnote berücksichtigen, geht der Einfluss der Bildung der Eltern über Leistungsunterschiede hinaus, sodass wir tatsächlich von unterschiedlichen Entscheidungen, abhängig von der sozialen Herkunft, ausgehen können.

Im zweiten Schritt betrachten wir die Bildungsabsichten und nur diejenigen Abiturienten, die nach Abschluss der Schule zunächst eine berufliche Ausbildung planen. Dabei interessieren wir uns insbesondere dafür, ob diese Gruppe ein Hochschulstudium im Anschluss an die Lehre beabsichtigt oder nicht. Für eine intendierte Doppelqualifizierung hatten wir erwartet, dass Abiturienten mit geringer Studienerfolgswahrscheinlichkeit und hohem sozialem Hintergrund die Option berufliche Ausbildung mit Studienabsicht wählen (anstatt ausschließlich eine berufliche Ausbildung zu planen), um einerseits das Risiko, im Studium zu scheitern, mit der Lehre abzufangen, andererseits aber über die notwendigen Ressourcen für einen langen Bildungsweg verfügen. Wir schätzen dazu einen Interaktionseffekt zwischen den Operationalisierungen der beiden Konstrukte, der beruflichen Stellung der Eltern und der Abiturnote. Aber zunächst eine Betrachtung der Haupteffekte (siehe dazu Tabelle 2): Es zeigt sich, dass die Abiturnote einen positiven Einfluss auf die Absicht hat, nach der Lehre ein Studium aufzunehmen; die berufliche Stellung der Eltern hat dagegen keinen signifikanten Effekt.

Die uns interessierende Interaktion von Erfolgserwartung und Ressourcen der Eltern betrachten wir genauer in Tabelle 3. Um die Hypothese (H2) aufrechterhalten zu können, sollte der Interaktionsterm signifikant und negativ sein.

Da inferenzstatistische Schlüsse von Interaktionen auf Basis der einfachen Koeffizienten in logistischen Modellen irreführend sein können, da sie sowohl mit der unabhängigen als auch der abhängigen Variable variieren können, zeigen wir in Tabelle 3 die durchschnittlichen Effekte und die durchschnittlichen z-Werte des Interaktionsterms (Norton, Wang & Ai, 2004) sowie den minimalen und maximalen Wert basierend auf Modell 2, Tabelle 2.

Tabelle 2: Der Einfluss der Erfolgswahrscheinlichkeit und von Merkmalen der sozialen Herkunft auf die Bildungsabsichten (Lehre und Studium geplant vs. nur Lehre geplant; logistische Regression)

	Modell 2	
Abiturnote (umgepolt)	0,03**	(0,010)
Höchste berufliche Stellung der Eltern		
Hoch	0,64	(0,380)
Mittel/Niedrig (Referenzkategorie)	1	
Interaktion:		
Abiturnote X berufl. Stellung der Eltern	-0,03	(0,016)
Höchster Ausbildungsabschluss der Eltern		
Akademischer Abschluss	0,26*	(0,108)
Kein/nichtakademischer Abschluss (Ref.kat.)	1	
Geschlecht		
Weiblich	-0,36***	(0,100)
Männlich (Referenzkategorie)	1	
Alter	-0,14***	(0,032)
Art der Hochschulzugangsberechtigung		
Abitur	0,23*	(0,102)
Fachhochschulreife (Referenzkategorie)	1	
Konstante	1,72*	(0,719)
Chi²	140,83	
Pseudo R² (Nagelkerke; ohne imputierte Fälle)	0,064	
Personen	3145	

Anmerkungen: Angegeben sind die gewichteten, logistischen Koeffizienten sowie die robusten Standardfehler in Klammern. Zusätzlich wird im Modell für das Bundesland kontrolliert, in welchem die Hochschulzugangsberechtigung erreicht wurde. * ≤ 0,05; ** ≤ 0,01; *** ≤ 0,001 (zweiseitig).
Quelle: Eigene Berechnungen (HIS 1999/2002).

Tabelle 3: Durchschnittlicher Interaktionseffekt und durchschnittliche z-Werte der Interaktion zwischen der Erfolgswahrscheinlichkeit und der sozialen Herkunft

Interaktionsterm	Abiturnote X berufliche Stellung der Eltern			
	Mittelwert	Std. Dev.	Min.	Max.
Durchschnittlicher Interaktionseffekt	-0,008	0,001	-0,009	-0,000
Durchschnittliche z-Werte	-2,124	0,087	-2,211	-0,694

Anmerkungen: Interaktionsterm zwischen der umgepolten, metrischen Abiturnote und der beruflichen Stellung der Eltern (0: mittlere/niedrige berufliche Stellung der Eltern; 1: hohe berufliche Stellung der Eltern). Eine graphische Überprüfung der z-Statistik des Interaktionseffekts zeigt, dass die vorhergesagten Wahrscheinlichkeiten nur für Werte < 0,2 nicht signifikant sind. Quelle: Eigene Berechnungen (HIS 1999/2002).

Aus Tabelle 3 geht hervor, dass der Interaktionsterm mit einem durchschnittlichen Effekt von -0,01 und einem durchschnittlichen z-Wert von -2,12 einen gerade noch signifikant negativen Einfluss auf die Doppelqualifizierungsabsicht hat. Konkret bedeutet dieses Ergebnis, dass Abiturienten mit hohem sozialem Hintergrund und geringer Erfolgswahrscheinlichkeit im Vergleich zu denjenigen mit hoher Erfolgserwartung häufiger zu einer Doppelqualifizierung neigen.

4.2   Aufnahme eines Studiums nach der Ausbildung

In diesem Abschnitt betrachten wir zunächst die Abiturienten, die sich ein halbes Jahr nach dem Schulabgang gegen ein Studium ausgesprochen und eine Lehre realisiert hatten und analysieren, ob und wer die Hochschulzugangsberechtigung dann doch noch einlöst (Tabelle 4). Von den 828 Lehrabsolventen, die nach dem Abitur ausschließlich eine Lehre absolvieren wollten, haben sich bis zum Beobachtungsende drei Jahre nach dem Schulabgang bereits 13 Prozent doch immatrikuliert. Eine derartige ad hoc-Entscheidung für ein Studium nach der Ausbildung hatten wir für Kinder aus benachteiligten Elternhäusern erwartet, die sich in der Lehre erst eigene finanzielle Möglichkeiten erarbeitet haben oder deren subjektives Zutrauen in ihre akademischen Fähigkeiten mit der beruflichen Ausbildung gestiegen ist (H3). Modell 3 in Tabelle 4 zeigt die Ergebnisse einer logistischen Regression für diese Teilgruppe, die ursprünglich auf ein Studium verzichten wollte und sich nun doch dafür entschieden hat.

Tabelle 4: Der Einfluss von Merkmalen der sozialen Herkunft auf die geplante oder ungeplante Aufnahme eines Studiums im Anschluss an eine Lehre (logistische Regressionen, gewichtete Koeffizienten)

	Modell 3 (ad hoc)		Modell 4 (cooling out)	
Höchster Ausbildungsabschluss der Eltern				
Akademischer Abschluss	0,29	(0,281)	0,30	(0,214)
Kein/nichtakademischer Abschluss (Ref.kat.)	1		1	
Höchste berufliche Stellung der Eltern				
Hoch (Referenzkategorie)	1		1	
Mittel	-0,43	(0,330)	-0,65**	(0,209)
Niedrig	-0,25	(0,402)	0,29	(0,289)
Abiturnote (umgepolt)	0,10***	(0,025)	0,06***	(0,017)
Geschlecht				
Weiblich	-0,75*	(0,380)	-0,98***	(0,228)
Männlich (Referenzkategorie)	1		1	
Alter	0,20	(0,183)	-0,02	(0,126)
Art der Hochschulzugangsberechtigung				
Abitur	1,19**	(0,365)	1,16***	(0,246)
Fachhochschulreife (Referenzkategorie)	1		1	
Konstante	-9,29*	(3,726)	-1,60	(2,524)
Chi^2	81,24		166,69	
Pseudo R^2 (Nagelkerke; ohne imputierte Fälle)	0,193		0,216	
Personen	828		951	

Anmerkungen: Angegeben sind die gewichteten, logistischen Koeffizienten sowie die robusten Standardfehler in Klammern. Zusätzlich wird im Modell für das Bundesland kontrolliert, in welchem die Hochschulzugangsberechtigung erreicht wurde. * $\leq$ 0,05; ** $\leq$ 0,01; *** $\leq$ 0,001 (zweiseitig).
Quelle: Eigene Berechnungen (HIS 1999/2002).

Für die uns interessierenden Variablen der sozialen Herkunft finden wir keine signifikanten Effekte. Entgegen unserer Hypothese immatrikulieren sich sogar eher
diejenigen aus höher gebildeten Elternhäusern und mit besseren familiären Ressourcen. Die ad hoc-Entscheidung für ein Studium entgegen der ursprünglichen
Absicht wird also erneut eher von denen aus privilegierten Familien getroffen. Dies
bedeutet, dass der ungeplante Hochschulzugang nach der Lehre mit den bekannten
theoretischen Argumenten analog zur Entscheidung nach dem Schulabgang erklärt
werden kann und dass die Unterstützungen der Eltern auch hier tendenziell förderlich für die Aufnahme eines Studiums sind.

Abschließend untersuchen wir für die Lehrabsolventen, die ein Studium geplant hatten, ob sie ihre Absicht tatsächlich aufrechterhalten und das Studium

aufnehmen. Von den 951 Lehrabsolventen, die nach dem Abitur zuerst eine Lehre und anschließend ein Studium absolvieren wollten, hatten bis drei Jahre nach dem Schulabgang 58 Prozent das beabsichtigte Studium noch nicht begonnen. Ein Verzicht auf das geplante Studium nach Abschluss der Lehre, das sogenannte *cooling out*, hatten wir vor allem bei den Lehrabsolventen erwartet, deren Eltern niedrigere Bildungsabschlüsse besitzen. Modell 4 in Tabelle 4 zeigt die Ergebnisse der zugehörigen empirischen Analyse. Für die Variable der elterlichen Bildung können wir auch in diesem Modell keine signifikanten Effekte finden. In Bezug auf den Einfluss der beruflichen Stellung der Eltern lässt sich jedoch aussagen, dass eine mittlere Stellung im Vergleich zu einer hohen Stellung einen signifikant negativen Effekt auf ein Studium nach einer Lehre hat. Dies bedeutet, dass Lehrabsolventen mit mittlerer sozialer Herkunft eher auf ein geplantes Studium verzichten als Lehrabsolventen mit hoher sozialer Herkunft. Eine niedrige berufliche elterliche Stellung hat keinen signifikanten Effekt. Ein *cooling out* beobachten wir vor allem für diejenigen Lehrabsolventen, deren Eltern nicht der höchsten Herkunftsgruppe angehören, da für diese Gruppe mit dem Teileinstieg in den Arbeitsmarkt das geplante Hochschulstudium an Attraktivität verliert.

5   Zusammenfassung und Schlussfolgerungen

In unserem Beitrag haben wir sowohl theoretisch als auch empirisch die Bedeutung der sozialen Herkunft für die Studienabsichten nach dem Abitur und ihre Realisierungen nach einer beruflichen Ausbildung untersucht. In einem einführenden Schritt wurden die erste Bildungsentscheidung nach dem Schulabgang und die Studienabsicht nach dem Abitur betrachtet. Die eingangs aufgestellte Basishypothese, dass Abiturienten mit sozial privilegierten Eltern eher ein Studium aufnehmen als Abiturienten aus sozial schwächeren Elternhäusern, die sich eher für eine berufliche Ausbildung entscheiden, konnte wie in einigen vorangegangenen Untersuchungen bestätigt werden.

Empirische Belege für einen eindeutigen Einfluss der sozialen Herkunft auf Bildungsentscheidungen fanden sich aber nicht nur bei der ersten Bildungsentscheidung nach dem Verlassen der Schule, sondern ebenfalls bei der Untersuchung von weiter in die Zukunft reichenden Bildungsintentionen nach dem Schulabgang. Dabei wurde entsprechend der Versicherungsthese erwartet, dass die soziale Herkunft nicht alleine wirkt, sondern in Interaktion mit der erwarteten Wahrscheinlichkeit der Abiturienten, ein Studium erfolgreich abzuschließen. Unsere Analysen stehen auch hier im Einklang mit unseren Erwartungen, denn vor allem Abiturienten mit geringer Studienerfolgswahrscheinlichkeit und hohem sozialen Hintergrund beabsichtigen eine Doppelqualifizierung anstelle einer ausschließlich beruflichen Ausbildung.

Inwieweit der nach Schulabschluss intendierte Bildungsweg tatsächlich realisiert wird oder von den ursprünglichen Plänen abgewichen wird, untersuchten wir in einem zweiten Schritt, in dem wir uns auf Absolventen von beruflichen Ausbildungen konzentrierten und deren Studienaufnahme untersuchten. Zunächst betrachteten wir diejenigen, die ursprünglich kein Studium geplant hatten. Dabei lag unser Augenmerk auf der Untersuchung der sogenannten Umlenkungsthese, welche die verstärkte Präferenz einer Berufsausbildung von Kindern aus benachteiligten Herkunftsfamilien nach dem Abitur erklärt, aber gleichzeitig eine ad hoc-Entscheidung dieser Lehrabsolventen für ein späteres Studium nicht ausschließt. Unsere Hypothese, dass diese ad hoc-Entscheidung für ein Studium trotz ursprünglich intendiertem Studienverzicht vor allem für Kinder aus benachteiligten Elternhäusern zu beobachten sein sollte, musste jedoch verworfen werden. Stattdessen immatrikulieren sich wiederum eher diejenigen aus privilegierten Familien; Kinder aus weniger privilegierten Familien verzichten nach der Lehre eher auf weitere Bildung oder üben sonstige Tätigkeiten aus. Dies bedeutet, dass der ungeplante Hochschulzugang nach einer beruflichen Ausbildung mit den bekannten theoretischen Argumenten der sozialen Ungleichheitsstruktur im Bildungssystem erklärt werden kann.

Schließlich untersuchten wir noch die Gruppe derjenigen Lehrabsolventen, die nach dem Abitur zuerst eine Lehre und anschließend ein Studium absolvieren wollten und ob sie die Studienabsicht dann tatsächlich realisierten. Ein möglicher Verzicht auf die geplante spätere Einlösung der Hochschulzugangsberechtigung ist durch ein sogenanntes *cooling out* der Studienabsicht während einer Lehre erklärbar. Unsere Annahme, dass dieses *cooling out* vor allem für diejenigen zu beobachten sein sollte, deren Eltern niedrigere Bildungsabschlüsse aufweisen (H4), konnte in Bezug auf die elterliche berufliche Stellung teilweise bestätigt werden. Lehrabsolventen mit mittlerer sozialer Herkunft verzichten eher auf ein geplantes Studium als Lehrabsolventen mit hoher sozialer Herkunft.

Unsere Analysen und Ergebnisse zusammenfassend, finden wir soziale Selektivität an allen Übergängen in die Hochschule. Gleichwohl sollte der Blick auf soziale Ungleichheiten den Blick für die absoluten Zahlen der Studienanfänger aus benachteiligten Familien nicht versperren: Von allen Studienanfängern, die wir in den vorliegenden Daten beobachten, stammen trotz der genannten strukturellen Hürden beim Hochschulzugang insgesamt 43 Prozent aus nichtakademischen Familien, die also trotz allem einen intergenerationalen Bildungsaufstieg erreicht haben.

Literatur

Archer, L. & Yamashita, H. (2003). 'Knowing their limits'? Identities, inequalities and inner city school leavers' post-16 aspirations. *Journal of Education Policy, 18* (1), 53–69.

Becker, R. (2000). Klassenlage und Bildungsentscheidungen. Eine empirische Anwendung der Wert-Erwartungstheorie. *Kölner Zeitschrift für Soziologie und Sozialpsychologie, 52* (3), 450–474.

Becker, R. & Hecken, A. E. (2008). Warum werden Arbeiterkinder vom Studium an Universitäten abgelenkt? Eine empirische Überprüfung der „Ablenkungsthese" von Müller und Pollak (2007) und ihrer Erweiterung durch Hillmert und Jacob (2003). *Kölner Zeitschrift für Soziologie und Sozialpsychologie, 60* (1), 3–29.

Becker, R. & Hecken, A. E. (2009a). Higher Education or Vocational Training?: An Empirical Test of the Rational Action Model of Educational Choices Suggested by Breen and Goldthorpe and Esser. *Acta Sociologica, 52* (1), 25–45.

Becker, R. & Hecken, A. E. (2009b). Why are Working-class Children Diverted from Universities? An Empirical Assessment of the Diversion Thesis. *European Sociological Review, 25* (2), 233–250.

Bellmann, L., Hall, A. & Janik, F. (2008). Abitur and what next? Reasons for gaining double qualification in Germany. In A. Abele-Brehm, R. T. Riphahn, K. Moser & C. Schnabel (Hrsg.), *LASER Discussion Papers* (Vol. 18). University of Erlangen-Nuremberg.

Breen, R. & Goldthorpe, J. H. (1997). Explaining Educational Differentials. Towards A Formal Rational Action Theory. *Rationality and Society, 9* (3), 275–305.

Brint, S. & Karabel, J. (1989). *The Diverted Dream. Community Colleges and the Promise of Educational Opportunity in America, 1900-1985.* New York: Oxford University Press.

Büchel, F. & Helberger, C. (1995). Bildungsnachfrage als Versicherungsstrategie – Der Effekt eines zusätzlich erworbenen Lehrabschlusses auf die beruflichen Startchancen von Hochschulabsolventen. *Mitteilungen aus der Arbeitsmarkt- und Berufsforschung, 28,* 32–42.

Bundesministerium für Bildung und Forschung (2005). *Grund- und Strukturdaten 2005.* Bonn.

Clark, B. R. (1960). The "Cooling-Out" Function in Higher Education. *The American Journal of Sociology, 65* (6), 569–576.

Durrer, F. & Heine, C. (2001). *Studienberechtigte 1999 – Ergebnisse der 1. Befragung der Studienberechtigten 99 ein halbes Jahr nach Schulabgang und Vergleich mit den Studienberechtigten 90, 92, 94 und 96. Eine vergleichende Länderanalyse.* HIS-Kurzinformation (Vol. A3/2001). Hannover: HIS.

Heine, C. & Quast, H. (2009). *Studienberechtigte 2008 – Studien- und Ausbildungswahl ein halbes Jahr nach Schulabgang. Ergebnisse einer Vorabauswertung.* Hannover: HIS.

Heine, C., Quast, H. & Beuße, M. (2010). *Studienberechtigte 2008 ein halbes Jahr nach Schulabschluss – Übergang in Studium, Beruf und Ausbildung.* Hannover: HIS.

Hillmert, S. & Jacob, M. (2003). Social Inequality in Higher Education – Is Vocational Training a Pathway Leading to or Away from University? *European Sociological Review, 19* (3), 319–334.

Jacob, M. (2004). *Mehrfachausbildungen in Deutschland: Karriere, Collage, Kompensation?* Wiesbaden: VS Verlag für Sozialwissenschaften.

Lewin, K., Minkus, K.-H. & Uhde, S. (1996). Abitur – Berufsausbildung – Studium – Zur Strategie der Doppelqualifizierung von Abiturienten. *Mitteilungen aus der Arbeitsmarkt- und Berufsforschung, 29,* 431–454.

Mayer, K. U., Müller, W. & Pollak, R. (2007). Germany: Institutional Change and Inequalities of Access in Higher Education. In R. Arum, A. Gamoran & Y. Shavit (Hrsg.), *Stratification in Higher Education: A Comparative Study* (S. 241–265). Palo Alto: Stanford University Press.

Müller, W. & Pollak, R. (2007). Weshalb gibt es so wenige Arbeiterkinder an Deutschlands Universitäten? In R. Becker & W. Lauterbach (Hrsg.), *Bildung als Privileg. Erklärungen und Befunde zu den Ursachen der Bildungsungleichheit* (S. 303–342). Wiesbaden: VS Verlag für Sozialwissenschaften.

Norton, E. C., Wang, H. & Ai, C. (2004). Computing interaction effects and standard errors in logit and probit models. *The Stata Journal, 4* (2), 154–167.

Oettinger, G. S. (1993). *Uncertain Returns to Education and Interruptions in School.* Austin: University of Texas, Department of Economics.

Markus Lörz, Heiko Quast

Erfahrungen, Entscheidungsprozesse und Auslandsmobilität: Warum ziehen bildungsferne Gruppen seltener einen studienbezogenen Auslandsaufenthalt in Betracht?

1   Einleitung

Vor dem Hintergrund der Bildungsexpansion, der veränderten Arbeitsmarktbedingungen und des bildungspolitischen Anliegens, einen einheitlichen europäischen Hochschulraum zu schaffen, kommt der internationalen Mobilität von Studierenden ein besonderer Stellenwert zu (Teichler, 2007). Die internationale Mobilität dient dabei nicht nur dem Wissenstransfer und der internationalen Verflechtung nationaler Hochschulräume, sondern sie wirkt sich zunehmend auch auf die individuellen Berufs- und Karrierechancen aus. Hochschulabsolventen, die bereits während des Studiums eine gewisse Zeit im Ausland verbracht haben, erzielen nach dem Studium höhere Einkommen und sind häufig in internationalen Arbeitszusammenhängen tätig (Jahr et al., 2002; Teichler, 2007; Parey & Waldinger, 2011). Sowohl die individuelle Bereitschaft als auch die politische Erwünschtheit, eine gewisse Zeit des Studiums im Ausland zu verbringen, ist folglich in den vergangenen Jahrzehnten deutlich angestiegen (DAAD, 2010; Heublein et al., 2011a).

Trotz der vermeintlichen Vorteile für Beruf und Karriere sowie den anhaltenden hochschulpolitischen Bemühungen, im Rahmen des Bologna-Prozesses die Auslandsmobilität zu fördern, wagt nur ein Teil der Studierenden den Schritt ins Ausland. In diesem Zusammenhang geht aus verschiedenen Untersuchungen hervor, dass insbesondere die Studierenden aus den unteren Sozialschichten von dem Schritt ins Ausland absehen (Heublein et al., 2008; Isserstedt et al., 2010). In der Hochschulforschung wurden diese herkunftsspezifischen Mobilitätsunterschiede bereits aus verschiedenen Perspektiven aufgearbeitet. Die Ergebnisse machen deutlich, dass sich über die gesamte Bildungskarriere Mobilitätsunterschiede abzeichnen. Bereits während der Schulzeit sammeln Kinder aus Akademikerhaushalten häufig erste Auslandserfahrungen und legen so die entscheidende Weichenstellung hinsichtlich des weiteren Mobilitätsverhaltens (Lörz et al., 2011). Auch zeigt sich im nachschulischen Bildungsverlauf, dass die Kinder aus den unteren Sozialgruppen eine hohe soziale Bindung zum Heimatort aufweisen und häufiger in unmittelbarer Nähe zu diesem studieren, während Akademikerkinder sich in der Tendenz an weiter entlegenen Hochschulen einschreiben (Frenette, 2006; Spiess & Wrohlich, 2010; Denzler & Wolter, 2010). Und im weiteren Studienverlauf zeichnen sich die Werdegänge der bildungsfernen Gruppen sowohl durch eine geringere nationale (Lörz, 2008) als auch durch eine geringere internationale Mobilität aus (Heublein et al., 2008;

Isserstedt et al., 2010). Über die gesamte Bildungskarriere sind Kinder aus bildungsfernen Familien demnach deutlich weniger mobil als Kinder aus Akademikerhaushalten.

Zwar gibt es in theoretischer Hinsicht verschiedene Erklärungsansätze für dieses sozialgruppenspezifische Mobilitätsverhalten, allerdings wurden diese Überlegungen in den wenigsten der bisher vorliegenden Studien hinreichend empirisch überprüft. Die deutsche Hochschulforschung zeichnete sich bislang vielmehr durch eine Reihe deskriptiver Einzelbefunde aus. Die wenigsten Arbeiten verwenden ein multivariates Analysedesign bzw. betrachten explizit die soziale Dimension des Mobilitätsverhaltens. Lediglich Lörz und Krawietz (2011) sowie Finger (2012) nehmen für den deutschen Hochschulraum in theoretischer *und* empirischer Hinsicht eine solche Perspektive ein und konnten zeigen, dass die Herkunftsunterschiede im Mobilitätsverhalten seit mehreren Jahrzehnten bestehen und sich trotz der veränderten Rahmenbedingungen keine Abnahme der Ungleichheiten abzeichnet. Als Ursache für die mit der sozialen Herkunft divergierende Auslandsmobilität führen die Autoren insbesondere Leistungsunterschiede und eine höhere Kostensensibilität der unteren Sozialschichten an. Aufgrund der eingeschränkten Datenlage war es in diesen Studien jedoch nur zum Teil möglich, die den sozialen Unterschieden zugrunde liegenden Prozesse und Mechanismen zu identifizieren.[1]

An dieser Stelle setzt der vorliegende Beitrag an und beschäftigt sich auf Basis eines für diese Zwecke erhobenen Datensatzes mit der Frage, warum Studienberechtigte aus bildungsfernen Familien bereits kurz nach Schulabgang seltener einen studienbezogenen Auslandsaufenthalt in Betracht ziehen. Hierbei wird zunächst aus handlungstheoretischer Perspektive skizziert, welche Faktoren die Mobilitätsbereitschaft beeinflussen und aus welchen Gründen es zu herkunftsspezifischen Unterschieden kommt (*Abschnitt 2*). Anschließend werden in *Abschnitt 3* die zur Analyse herangezogenen Daten und Variablen beschrieben und die auf Basis eines Dekompositionsverfahrens ermittelten Analyseergebnisse vorgestellt (*Abschnitt 4*). Abschließend werden die Ergebnisse zusammengefasst und vor dem Hintergrund der theoretischen Überlegungen sowie der bildungspolitischen Implikationen diskutiert (*Abschnitt 5*).

2 Theoretische Überlegungen

Die Entscheidung, (zwischenzeitlich) an einer Hochschule im Ausland zu studieren, kann von verschiedenen individuellen und institutionellen Faktoren abhängig sein. Nach Kalter (1997) geht einer solchen Entscheidung zunächst eine Auseinandersetzung mit den damit verbundenen Vor- und Nachteilen voraus, die zur

---

1 Lörz und Krawietz (2011) können auf Basis der HIS-Studienberechtigtenbefragung 2002 mit einem Dekompositionsverfahren 43 Prozent der Herkunftsunterschiede erklären und die Ergebnisse von Finger (2012) auf Basis der 15. Sozialerhebung (Schnitzer et al., 1998) legen nahe, dass knapp 60 Prozent der Herkunftsdifferenz auf die einbezogenen Erklärungsfaktoren zurückzuführen ist.

Herausbildung einer gewissen Mobilitätsbereitschaft führen kann. Inwieweit solche Mobilitätsabsichten im weiteren Studienverlauf letztlich realisiert werden, ist nicht nur von individuellen Überlegungen abhängig, sondern ebenso von den sozialen, finanziellen und kulturellen Bedingungen des Elternhauses sowie den institutionellen Rahmenbedingungen der gegebenen Entscheidungssituation. Demnach kommt es erst dann zur Aufnahme eines Auslandsstudiums, wenn die entsprechenden Gelegenheitsstrukturen vorliegen oder aus studienbezogenen Gründen die Notwendigkeit für eine solche Erfahrung besteht. Auslandsstipendien oder am Hochschulort vorhandene Austauschprogramme stellen beispielsweise günstige Gelegenheitsstrukturen dar (Parey & Waldinger, 2011). Zulassungsbeschränkungen und finanziell ungünstige Studienbedingungen an der ausländischen Hochschule sind dagegen Rahmenbedingungen, die eher negativ auf den Schritt ins Ausland wirken.

Trotz der hohen Bedeutung der institutionellen Rahmenbedingungen ist die Entscheidung, im Laufe des Studiums eine längere Zeit im Ausland zu verbringen, zunächst von der Absicht der Studierenden abhängig, einen solchen Schritt unternehmen zu wollen. Doch welche Faktoren führen dazu, dass sich bei den Studienberechtigten eine solche Auslandsambition herausbildet? Aus handlungstheoretischer Perspektive ließe sich die Aufnahme eines Auslandsstudiums analog zu anderen Bildungsentscheidungen als das Resultat eines individuellen Abwägungsprozesses hinsichtlich der damit verbunden Vor- und Nachteile beschreiben (Esser, 1999). Übersteigen die von einem Auslandsstudium erhofften Erträge die damit zu erwartenden Kosten, so sollte eine studienbezogene Auslandsphase eine attraktive Option darstellen. Einen solchen Schritt werden die Studienberechtigten allerdings erst dann ernsthaft in Erwägung ziehen, wenn sie die dafür erforderlichen Fähigkeiten und Kompetenzen mitbringen (Erikson & Jonsson, 1996). Diesen Überlegungen zufolge ist die Absicht, ins Ausland zu gehen, auf individueller Ebene von Ertrags- und Kostenüberlegungen sowie den antizipierten Erfolgsaussichten abhängig und auf institutioneller Ebene von den gegebenen Möglichkeiten und Notwendigkeiten eines solchen Schrittes. Betrachtet man diese Überlegungen vor dem Hintergrund der einleitend beschriebenen herkunftsspezifischen Mobilitätsunterschiede, so stellt sich die Frage, in welcher Weise und in welchem Ausmaß die verschiedenen Komponenten des individuellen Abwägungsprozesses zur Genese herkunftsspezifischer Unterschiede beitragen.

Ertragsüberlegungen: Auf der Ertragsseite ist eine studienbezogene Auslandsphase mit verbesserten Einkommens- und Karriereaussichten verbunden (Jahr et al., 2002; Parey & Waldinger, 2011). Ein Aufenthalt an einer ausländischen Hochschule scheint vielen Arbeitgebern als ein zusätzliches Qualifikationssignal zu dienen, was insbesondere beim Berufseinstieg die Chance auf eine lukrative Berufsposition erhöht. Mit Blick auf England, Frankreich und die USA legen verschiedene Studien die Vermutung nahe, dass mit der Bildungsexpansion und den veränderten Arbeitsmarktbedingungen insbesondere die oberen Sozialschichten versuchen werden, über Extraqualifikationen ihre Wettbewerbschancen bei der Vergabe lukrativer Berufspositionen zu verbessern (Bourdieu, 1982; Vester, 2006; Lucas, 2001,

2009). Nach Keller und Zavalloni (1964) ist dies in dem Bedürfnis nach intergenerationalem Statuserhalt begründet. Nachfolgende Generationen sind dieser Argumentation zufolge jeweils bestrebt, mit ihrer eigenen Bildungs- und Berufskarriere zumindest den sozialen und beruflichen Status der Eltern zu reproduzieren. Während in den unteren Sozialschichten ein Berufsausbildungsabschluss für die intergenerationale Statusreproduktion ausreicht, sind in den oberen Sozialschichten ein Hochschulabschluss und mittlerweile darüber hinausgehende Extraqualifikationen erforderlich. Vor diesem Hintergrund könnte mit den veränderten Arbeitsmarktbedingungen ein Auslandsstudium insbesondere in den oberen Sozialschichten für die intergenerationale Statusreproduktion an Bedeutung gewinnen. Ein Teil der herkunftsspezifischen Unterschiede könnte aber auch mit den im Rahmen eines Auslandsaufenthalts verbesserten (fremd-)sprachlichen Fähigkeiten und interkulturellen Kompetenzen zusammenhängen, insofern diesen Kenntnissen aufgrund unterschiedlicher kultureller Vorerfahrungen im Elternhaus ein anderer Stellenwert beigemessen wird.

Kostenüberlegungen: Trotz der genannten Vorzüge wagt nur ein kleiner Teil der deutschen Studierenden den Schritt ins Ausland. Ursachen hierfür sind unter anderem die zu erwartenden finanziellen Belastungen, zeitliche Verzögerungen im weiteren Studienverlauf, mit denen Opportunitätskosten einhergehen, und soziale Bindungen am Heimatort (Heublein et al., 2008, 2011b; Gwosć et al., 2012). Insbesondere die geringeren finanziellen Möglichkeiten der Studienanfänger aus unteren Sozialschichten können sich abträglich auf die Auslandsmobilität auswirken. Auch wird aus vorangegangenen Forschungsarbeiten ersichtlich, dass sich soziale Bindungen am Heimatort abträglich auf die Auslandsmobilität auswirken und dass diese regionalen Bindungen insbesondere für die Studienberechtigten aus den unteren Sozialgruppen von Bedeutung sind (Lörz & Krawietz, 2011). Als Ursache hierfür werden unterschiedliche Mobilitätserfahrungen im Vorfeld des Studiums angeführt. Kinder aus oberen Sozialschichten sind sowohl während der Schulzeit als auch beim Übergang ins Studium deutlich mobiler als die Kinder aus unteren Sozialschichten und folglich regional in geringerem Maße an ihr soziales Umfeld gebunden. Die Auslandsbereitschaft der Kinder aus den unteren und oberen Sozialschichten sollte demnach nicht nur wegen der unterschiedlichen finanziellen Ressourcen differieren, sondern auch aufgrund der mit einer studienbezogenen Auslandsphase verbundenen sozialen Kosten.

Erfolgsaussichten: Mit einem Auslandsaufenthalt gehen i.d.R. auch gewisse sprachliche Barrieren einher. Fehlen den Studierenden die sprachlichen Begabungen, so werden sie sich die erfolgreiche Durchführung eines Auslandsstudiums kaum zutrauen. In diesem Zusammenhang machen verschiedene Studien deutlich, dass Kinder aus bildungsfernen Familien, u.a. aufgrund der geringeren Unterstützungsmöglichkeiten innerhalb des Elternhauses, schlechtere schulische Leistungen erbringen (Schwippert et al., 2004; Heine et al., 2010). Auch gelangen sie häufiger über den 'zweiten' Bildungsweg zur Hochschulreife, der oftmals mit einer weniger intensiven Sprachausbildung einhergeht. Die leistungsbezogenen Voraussetzungen der verschiedenen sozialen Gruppen unterscheiden sich demnach bei Studienbeginn und wirken sich auch auf die subjektive Einschätzung der eigenen Fähigkeiten und Möglichkeiten aus. Es wäre folglich zu erwarten, dass sich Studienberechtigte aus unteren Sozialschichten aufgrund einer verhaltenen Einschätzung ihrer fremdsprachlichen Begabungen seltener ein Auslandsstudium zutrauen.

Bildungsbiographische Rahmenbedingungen: Neben den individuellen Kosten-, Ertrags- und Erfolgsüberlegungen wird ein Auslandsstudium oftmals allerdings erst dann in Betracht gezogen, wenn im Rahmen des Studiums die Notwendigkeit bzw. die Möglichkeit dazu besteht. Parey und Waldinger (2011) konnten zeigen, dass das Vorliegen eines ERASMUS-Angebots die Wahrscheinlichkeit eines Auslandsaufenthalts signifikant erhöht. Auch machen verschiedene Studien des HIS-Instituts für Hochschulforschung darauf aufmerksam, dass ein Auslandsstudium insbesondere in den Studienrichtungen durchgeführt wird, in denen sprachliche und interkulturelle Kompetenzen als erforderlich angesehen werden (Isserstedt et al., 2010; Heublein et al., 2008, 2011b). Da sich die Bildungs- und Karrierewege von Kindern aus oberen und unteren Sozialschichten unterscheiden, müssen solche Erfahrungen nicht immer relevant sein. Studienberechtigte aus unteren Sozialgruppen studieren häufiger an Fachhochschulen und neigen eher zu den ingenieur- und naturwissenschaftlichen Studienrichtungen. Die Weichenstellung für diese unterschiedlichen Bildungswege findet dabei bereits in der Schule statt. Die Art der Schule sowie die fachliche Schwerpunktesetzung führen zu höchst verschiedenen Fähigkeits- und Interessenprofilen. Die bildungsbiographischen Unterschiede beziehen sich hierbei nicht allein auf die schulische Ausbildung, sondern darüber hinaus auch auf außerschulische Erfahrungen. Kinder aus Akademikerhaushalten waren während der Schulzeit oftmals bereits eine längere Zeit im Ausland und konnten so ihren sprachlichen und interkulturellen Horizont erweitern (Lörz et al., 2011). Es wäre folglich aufgrund bildungsbiographischer Unterschiede zu erwarten, dass Kinder aus bildungsfernen Familien seltener einen studienbezogenen Auslandsaufenthalt in Betracht ziehen.

Zusammenfassend ist davon auszugehen, dass Kinder aus bildungsfernen Familien aus verschiedenen Gründen seltener die Absicht ausbilden einen studienbezogenen Auslandsaufenthalt durchzuführen. Während Kinder aus bildungsfernen Familien aufgrund ihres Werdegangs (bildungsbiographische Unterschiede) seltener eine Vertrautheit und Affinität zu Auslandsaufenthalten aufbauen und seltener ein Fähigkeitsprofil entwickeln, das im sprachlichen Bereich liegt, werden Akademikerkinder weitaus stärker auf einen solchen Aufenthalt vorbereitet und trauen sich einen solchen eher zu (Erfolgsaussichten). Auch ist aufgrund der unterschiedlichen familiären Ressourcen davon auszugehen, dass die finanziellen Belastungen durch einen Auslandsaufenthalt für Kinder aus bildungsfernen Familien eine größere Hürde darstellen (Kostenüberlegungen). Dagegen sollten sich Kinder aus bildungsnahen Familien, aufgrund des Motivs der intergenerationalen Statusreproduktion, insbesondere von einem Auslandsaufenthalt verbesserte Arbeitsmarktaussichten versprechen (Ertragsüberlegungen).

3   Daten und Methoden

Zur Überprüfung der skizzierten Zusammenhänge und Annahmen werden die Daten der ersten beiden Erhebungswellen der *HIS-Studienberechtigtenbefragung* 2010 verwendet. Bei der HIS-Studienberechtigtenbefragung handelt es sich um eine in regelmäßigen Abständen stattfindende repräsentative Längsschnittuntersuchung des HIS-Instituts für Hochschulforschung (Lörz et al., 2011). Bundesweit werden die Schülerinnen und Schüler eines Abschlussjahrgangs ein halbes Jahr *vor* Schulabgang (1. Welle) sowie ein halbes Jahr *nach* Schulabgang (2. Welle) mittels standardisierter Fragebogen über ihre Pläne, Motive sowie bisherigen und zukünftigen Werdegänge befragt. Zwar hat ein halbes Jahr nach Schulabgang nur ein Teil der Studienberechtigten ein Studium aufgenommen und konkrete Schritte in Richtung eines Auslandsaufenthalts unternommen, doch auch die Studienberechtigten, die sich zu diesem Zeitpunkt noch in einer Übergangsphase befinden, besitzen bereits größtenteils klare Vorstellungen über ihren weiteren Bildungsverlauf. Die Analyse bezieht sich daher auf die Absicht, im weiteren nachschulischen Verlauf einen studienbezogenen Auslandsaufenthalt durchzuführen. Aufgrund der sehr hohen (allerdings nicht unüblichen) Panelmortalität zwischen der ersten und zweiten Befragung beschränkt sich das Sample der zweiten Welle auf 8.397 Fälle, wovon knapp 72 % der Studienberechtigen entweder zum Befragungszeitpunkt bereits ein Studium aufgenommen haben oder dies für die Folgezeit sicher planen. Da es im vorliegenden Beitrag um die studienbezogene Auslandsbereitschaft geht, werden ausschließlich die Studienberechtigten mit bereits begonnenem oder fest geplantem Studium in der Analyse berücksichtigt.[2]

In den folgenden Analysen stellt die Absicht, 'ganz bestimmt' einen studienbezogenen Auslandsaufenthalt durchführen zu wollen, die zentrale abhängige Variable dar. Die soziale Herkunft der Studienberechtigten wird über den höchsten *Bildungsabschluss* der Eltern operationalisiert. Dabei wird unterschieden, ob mindestens ein Elternteil über einen Hochschulabschluss verfügt oder nicht. Wie sich *Abbildung 1* entnehmen lässt, ziehen 25 Prozent der Studienberechtigten aus akademischem Elternhaus eine studienbezogene Auslandsphase in Betracht, während in der Gruppe der 'Nicht-Akademiker' lediglich bei 18 Prozent eine solche Absicht besteht.

In *Tabelle 1* sind die zur Erklärung dieses Unterschieds herangezogenen unabhängigen Variablen, deren Erhebungszeitpunkt sowie die bivariaten Zusammenhänge ausgewiesen. Auf diese Weise wird ersichtlich, inwieweit sich die beiden Herkunftsgruppen hinsichtlich der theoretisch aufgezeigten Aspekte unterscheiden und ob die herangezogenen Merkmale auf die Absicht, einen studienbezogenen

---

2   Die Studienberechtigtenbefragung 2010 basiert auf einer mehrfach geschichteten, disproportional gezogenen Klumpenstichprobe. Hierbei wurden 29.500 Schülerinnen und Schüler im Klassenverband ein erstes Mal befragt (Dezember 2009). Von den Befragten erklärten sich allerdings zwei Drittel bereit, an der zweiten Befragung teilzunehmen. Da insbesondere Leistungsschwächere aus der Befragung ausscheiden, werden die Daten neben den Strukturmerkmalen Geschlecht, Art der Schule, Art der Hochschulreife und Bundesland zusätzlich nach Leistungsmerkmalen der Schüler gewichtet.

Abbildung 1: Absicht einen studienbezogenen Auslandsaufenthalt durchzuführen nach familiärem Bildungshintergrund

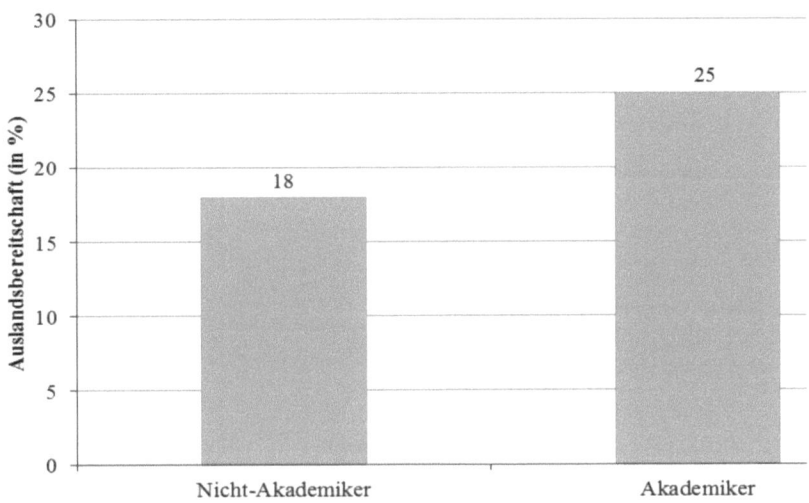

Datenbasis: HIS-Studienberechtigtenbefragung 2010

Auslandsaufenthalt durchzuführen, einen signifikanten Einfluss ausüben. Erklärungspotential sollten insbesondere die Komponenten haben, die signifikant mit den zu erklärenden Variablen zusammenhängen (*Korrelation r*) und herkunftsspezifisch variieren (*Differenz* Δd, siehe Anmerkungen in Tabelle 1).

Auf Schulebene werden verschiedene *bildungsbiographische Faktoren* berücksichtigt, wie die Art der besuchten Schule (berufliche vs. allgemeinbildende Schule), der erste Prüfungsschwerpunkt (Fremdsprache vs. anderer Schwerpunkt) sowie ob bereits während der Schulzeit ein längerer Auslandsaufenthalt durchgeführt wurde. Die bivariaten Zusammenhänge machen deutlich, dass bereits mit den Schwerpunktsetzungen und Erfahrungen während der Schulzeit eine entscheidende Weichenstellung für den nachschulischen Werdegang vorgenommen wird. Hierüber sollte sich bereits ein Teil der herkunftsspezifischen Mobilitätsunterschiede erklären lassen. Studienberechtigte aus Akademikerhaushalten waren während der Schulzeit häufiger eine längere Zeit im Ausland und wählen oftmals einen fremdsprachlichen Prüfungsschwerpunkt (A). Beides wirkt sich positiv auf die weitere Mobilitätsbereitschaft aus (+).

Tabelle 1: Variablenbeschreibung

Komponente	Variable	Welle	Δd	r
Bildungs-biographische Faktoren	Schulart [allgemeinbildend vs. beruflich]	1	A	
	Schwerpunkt [Fremdsprache vs. anderer]	2	A	+
	Auslandsaufenthalt in Schulzeit [ja vs. nein]	1	A	+
Leistungs-bezogene Faktoren	Schulnote [0(ausreichend) bis 3(sehr gut)]	1	A	+
	Erfolgsaussicht [0(niedrig) bis 4(sehr hoch)]	1	A	+
	Rel. Vorteil [+4(Fremdsprache) bis -4(Technik)]	1	A	+
Kosten-überlegungen	Finanzielle Belastung [0 bis 4(großer Einfluss)]	2	N	−
	Zeitverlust [0 bis 4(sehr bedeutend)]	2	N	−
	Familie/Partnerschaft [0 bis 4(sehr stark)]	1	N	−
	Distanz Hochschule [0 bis 700 Km]	1	A	+
Ertrags-überlegungen	Bedeutung für Karriere [0 bis 4(sehr bedeutend)]	1	A	+
	berufliches Prestige [0 bis 4(sehr bedeutend)]	1	A	+
	Persönlichkeit [0 bis 4(sehr bedeutend)]	1	A	+

Anmerkungen: In der Spalte Δd (Differenz) werden die signifikanten Unterschiede zwischen Studienberechtigten aus akademisch und nicht-akademisch gebildeten Familien dargestellt (N = Überrepräsentation Nicht-Akademiker; A = Überrepräsentation Akademiker). In der letzten Spalte r (Korrelation) wird der Zusammenhang zwischen dem familiären Bildungshintergrund und der Absicht einen studienbezogenen Auslandsaufenthalt durchzuführen ausgewiesen (+ = positiver Zusammenhang; − = negativer Zusammenhang); Zusätzliche Kontrollvariablen: Geschlecht, Staatsangehörigkeit; Datenbasis: HIS-Studienberechtigtenbefragung 2010.

Die schulischen Erfahrungen äußern sich auch in den Fähigkeiten und Erfolgsaussichten der Studienberechtigten. Bei den *leistungsbezogenen Faktoren* wird in Anlehnung an Jonsson (1999) zwischen absoluten und relativen Erfolgsaussichten unterschieden. Als Indikatoren für die *absolute* Erfolgsaussicht werden die durchschnittliche Schulabschlussnote und die subjektive Einschätzung, ein Hochschulstudium erfolgreich bewältigen zu können, herangezogen. Die *relativen* (fachspezifischen) Erfolgsaussichten werden über die Differenz aus den selbst eingeschätzten Stärken und Schwächen im fremdsprachlichen und im technischen Bereich operationalisiert. Positive Werte stehen für einen subjektiv wahrgenommenen Leistungsvorteil im fremdsprachlichen Bereich, negative Werte für einen Vorteil im technischen Bereich (Van de Werfhorst et al., 2003). Es zeigt sich, dass insbesondere Akademikerkinder die für einen Auslandsaufenthalt erforderlichen Voraussetzungen erfüllen (A).

Die *Kostensensibilität* der Studienberechtigten wurde über die Frage erfasst, inwieweit finanzielle Belastungen und Zeitverluste als Nachteile eines Auslandsaufenthalts empfunden werden. Darüber hinaus wird das Lebensziel 'mich intensiv um Familie und Partnerschaft kümmern' als Proxy-Variable für die Bedeutung sozialer Bindungen auf der Kostenseite verwendet. Durch einen Auslandsaufenthalt kann es zu einer zeitweiligen Trennung vom Partner bzw. der Familie kommen, wodurch immaterielle Kosten entstehen. Zudem wurde die Bereitschaft, für ein bestimmtes

Studium Mobilitätskosten in Kauf zu nehmen, mit der räumlichen Distanz zwischen dem Schulort und dem (geplanten) Hochschulort mittels eines Geo-Informationssystems in Kilometern berechnet.[3] Es zeigt sich, dass insbesondere die Studienberechtigten aus nicht-akademischen Familien von höheren finanziellen Belastungen ausgehen und sozial stärker gebunden sind (N). Diese Aspekte wirken sich abträglich auf die Mobilitätsbereitschaft aus (–).

Abschließend sind in Tabelle 1 die zur Ermittlung der individuellen *Ertragsüberlegungen* herangezogenen Indikatoren dargestellt. Die erwarteten Erträge lassen sich über die Frage operationalisieren, wie wichtig ein Auslandsaufenthalt aus Sicht der Studienberechtigten für eine spätere Karriere ist. Zudem wird die individuelle Bedeutung des Berufs- und Lebensziels 'hohes Ansehen und berufliches Prestige erwerben' als ein zusätzlicher Ertragsaspekt berücksichtigt. Schließlich wird auf Seiten der Erträge auch berücksichtigt, wie wichtig den Studienberechtigten die Entwicklung ihrer Persönlichkeit ist. Wie bei den bereits besprochenen Komponenten zeigen sich bei den Erträgen ebenfalls bemerkenswerte Unterschiede. Studienberechtigte aus Akademikerfamilien versprechen sich von einem Auslandsaufenthalt deutlich höhere Erträge als Studienberechtigte ohne einen solchen Familienhintergrund (A) und diese Überlegungen wirken sich grundsätzlich positiv auf die Auslandsbereitschaft aus (+).

Die Erklärung der herkunftsspezifischen Unterschiede in der Absicht, auslandsmobil zu werden, ist demnach in allen vier aufgezeigten Erklärungskomponenten zu suchen. Welche Faktoren den Unterschieden letztlich zugrunde liegen, wird sich jedoch erst bei simultaner Betrachtung aller Erklärungsgrößen zeigen. Im Folgenden wird daher auf Basis logistischer Regressionsmodelle analysiert, auf welche Prozesse und Mechanismen die herkunftsspezifischen Unterschiede zurückzuführen sind. Die verschiedenen Erklärungskomponenten werden dabei schrittweise in die Regressionsanalyse einbezogen und die Effektstärken der unabhängigen Variablen in Form von *average marginal effects (β_{AME})* präsentiert (Bartus, 2005; Mood, 2010). Diese geben an, inwieweit sich die Wahrscheinlichkeit ändert, einen studienbezogenen Auslandsaufenthalt in Betracht zu ziehen, wenn die jeweils betrachtete unabhängige Variable um eine Einheit erhöht wird.

Zusätzlich zu den Effektstärken der einzelnen Koeffizienten wird in Analogie zu der Blinder-Oaxaca-Dekompositionsmethode der quantitative Erklärungsbeitrag der in den Modellen berücksichtigten Variablen an den herkunftsspezifischen Unterschieden bestimmt (Blinder, 1973; Oaxaca, 1973). Hierbei findet eine nicht-lineare Dekomposition nach Fairlie (2005) Anwendung.[4] Auf diese Weise kann nicht nur eine Aussage darüber getroffen werden, wie hoch die herkunftsspezifischen Unterschiede ausfallen und ob diese über die einbezogenen Einflussgrößen erklärt werden können, sondern es kann auch differenziert aufgezeigt werden, welchen genauen Erklärungsbeitrag jede Modellvariable leistet. Um systematische Verzerrungen

---

3   In der logistischen Regression (Tabelle 2) wird die Distanz zwischen Schule und Hochschule in Km/100 berücksichtigt.

4   Eine ausführliche Beschreibung der Methode und Anwendungsbeispiele finden sich bei Fairlie (2005) sowie Schindler und Reimer (2010).

auszuschließen, wird in der Analyse zusätzlich für das *Geschlecht* sowie die *Staatsangehörigkeit* der Studienberechtigten kontrolliert.

4 Ergebnisse

Die im vorangegangenen Abschnitt beschriebenen deskriptiven Unterschiede sind zwar anschaulich und liefern einen ersten Eindruck darüber, in welchen Entscheidungskomponenten herkunftsspezifische Unterschiede bestehen. Es lässt sich auf diese Weise allerdings nicht hinreichend bestimmen, welche Prozesse bei der Ausbildung einer Auslandsambition stattfinden und den herkunftsspezifischen Unterschieden zugrunde liegen. Im nachfolgenden Abschnitt geht es daher um die Frage, welche Faktoren zu der Absicht eines studienbezogenen Auslandsaufenthalts führen und den herkunftsspezifischen Unterschieden zugrunde liegen.

In *Tabelle 2* werden in den ersten Spalten die Ergebnisse der logistischen Regressionsanalyse ausgewiesen (*M1* bis *M5*). In der letzten Spalte der Tabelle wird der mit der Fairlie-Methode ermittelte Erklärungsbeitrag ($D_\%$) der verschiedenen Variablen an der sozialen Herkunftsdifferenz dargestellt und in der untersten Reihe der Erklärungsbeitrag der Modellvariablen insgesamt ($D_{Insgesamt}$). Diese Erklärungsanteile beziffern den Anteil der sozialen Herkunftsunterschiede, der direkt auf die betrachteten Variablen zurückzuführen ist.

Den deskriptiven Befunden entsprechend planen Studienberechtigte aus Akademikerfamilien signifikant häufiger als diejenigen aus nicht-akademischem Elternhaus, einen studienbezogenen Auslandsaufenthalt durchzuführen ($\beta_{AME} = 0{,}07$; *M1*). Berücksichtigt man in *Modell 2* die schulischen Rahmenbedingungen, so zeigt sich, dass Studienberechtigte, die eine Fremdsprache als ersten Prüfungsschwerpunkt gewählt haben, signifikant häufiger einen Auslandsaufenthalt in Betracht ziehen ($\beta_{AME} = 0{,}07$). Zudem beeinflussen die Auslandserfahrungen aus der Schulzeit die nachfolgenden Auslandsambitionen in hohem Maße. Wurde bereits während der Schulzeit eine längere Phase im Ausland verbracht, steigt die Bereitschaft für einen studienbezogenen Auslandsaufenthalt sehr deutlich an ($\beta_{AME} = 0{,}15$). Offensichtlich finden durch vorangegangene Auslandserfahrungen Lern- und Entwicklungsprozesse statt, die die Neigung zu weiteren Auslandsaufenthalten begünstigen. Da sich Kinder aus akademischen und nicht-akademischen Elternhäusern in den schulischen Schwerpunktsetzungen und Erfahrungen deutlich unterscheiden, lässt sich ein Teil der Herkunftsdifferenz auf die unterschiedlichen Rahmenbedingungen im Vorfeld des Studiums zurückführen ($D_\% = 0{,}21$).

Tabelle 2: Determinanten der Auslandsintention – Ergebnisse der logistischen Regression und nicht-linearen Dekomposition (*average marginal effects*)

	M 1	M 2	M 3	M 4	M 5	D$_{\%}$
Bildungsherkunft						
akademisch (*Ref. nicht-akademisch*)	0,07***	0,04**	0,03*	0,02	0,01	
Schulische Rahmenbedingungen						0,21
allgemeinbild. Schule (*Ref.: beruflich*)		0,06***	0,03	0,02	0,04*	
fremdsprachliches Fach (*Ref.: anderes*)		0,07***	0,03*	0,03*	0,02	
Auslandsaufenthalt (*Ref.: keiner*)		0,15***	0,13***	0,09***	0,06**	
Leistungsbezogene Aspekte						0,25
durchschn. Schulabschlussnote			0,04***	0,05***	0,05***	
Erfolgseinschätzung			0,05***	0,04***	0,02**	
rel. Vorteil (Fremdsprache)			0,03***	0,03***	0,02***	
Kostenüberlegungen						0,17
finanzielle Belastung				-0,03***	-0,03***	
Zeitverlust				-0,08***	-0,06***	
Familie u. Partnerschaft				-0,03***	-0,03***	
Distanz Schule-Hochschule				0,01**	0,01*	
Ertragsüberlegungen						0,22
Bedeutung für berufliche Karriere					0,10***	
berufliches Prestige					0,01	
Persönlichkeitsentwicklung					0,02**	
Kontrollvariablen						0,00
Geschlecht männlich (*Ref.: weiblich*)	-0,06***	-0,04**	0,00	-0,00	0,01	
Staatsangehörigkeit (*Ref.: deutsch*)	0,00	-0,03	-0,02	-0,04	-0,03	
N	5302	5302	5302	5302	5302	
Wald-Chi^2	46	178	297	497	656	
Pseudo-R^2	0,01	0,04	0,07	0,15	0,20	
D$_{Insgesamt}$	0,00	0,37	0,58	0,73	0,86	0,86

Anmerkungen: D$_{\%}$ = Erklärter Anteil der Herkunftsunterschiede durch die einzelnen unabhängigen Variablen (differenziert); D$_{Insgesamt}$ = Erklärter Anteil der Herkunftsunterschiede durch alle unabhängigen Variablen (insgesamt); Die nicht-lineare Dekomposition basiert auf 1000 Replikationen mit Randomisierung der Variablenreihenfolge mit Koeffizienten aus einem über beide Gruppen gepoolten Modell; Signifikanzniveau: * p < 0.05; ** p < 0.01; *** p < 0.001; Die Distanz zwischen Schule und Hochschulort wird in Km/100 berücksichtigt; Datenbasis: HIS-Studienberechtigtenbefragung 2010.

Es sind allerdings nicht ausschließlich die im Ausland gesammelten Erfahrungen, sondern insbesondere auch die Fähigkeiten und Kenntnisse, die dort ausgebildet werden. Werden in *Modell 3* die leistungsbezogenen Aspekte berücksichtigt, so reduziert sich die Herkunftsdifferenz erneut und ist mit 3 Prozentpunkten nur noch auf dem 5%-Niveau signifikant verschieden. Auch zeigt sich, dass sowohl der Einfluss der Schwerpunktsetzung in der Schule als auch die schulischen Auslandserfahrungen zum Teil über diese individuellen Leistungsaspekte vermittelt werden. So nehmen die Effektstärken der bildungsbiographischen Faktoren zwischen dem zweiten und dritten Modellschritt deutlich ab und finden sich demzufolge in den Leistungsaspekten wider. Insgesamt lässt sich in diesem Modellschritt gut die Hälfte der Herkunftsdifferenz über die einbezogenen Variablen erklären ($D_{Insgesamt}$ = 0,58, *M3*).

Im nächsten Modellschritt werden die Kostenkomponenten zusätzlich in die Spezifikation eingeführt (*Modell 4*). Die Erwartungen, dass ein Auslandsaufenthalt finanzielle Belastungen (β_{AME} = -0,03), Zeitverluste (β_{AME} = -0,08) oder soziale Kosten verursacht (β_{AME} = -0,03), mindern erwartungsgemäß die nachschulischen Auslandsaspirationen. Auch die räumliche Distanz, die bei Aufnahme des Studiums zurückgelegt wird, hat einen Einfluss auf das weitere Mobilitätsverhalten. Je mobiler die Studienberechtigten bei Aufnahme des Studiums sind, desto wahrscheinlicher ist es, dass sie im weiteren Verlauf einen studienbezogenen Auslandsaufenthalt anstreben (β_{AME} = 0,01). Die bereits deskriptiv beschrieben Unterschiede in den finanziellen und sozialen Kostenüberlegungen wirken sich folglich stark negativ auf die Auslandsambitionen aus. Unter Kontrolle der Kosten reduziert sich die Herkunftsdiskrepanz erneut (β_{AME} = 0,02) und ist zudem nicht mehr signifikant.[5] Entsprechend können in diesem Modellschritt bereits 73 Prozent der Herkunftsdiskrepanz aufgeklärt werden ($D_{Insgesamt}$). Interessant ist mit Blick auf Modell 4 darüber hinaus, dass sich ein schulischer Auslandsaufenthalt auch auf die Einschätzung der mit einem Auslandsstudium zu erwartenden Belastungen und Möglichkeiten auswirkt. Dies wird dadurch ersichtlich, dass sich der Effekt des schulischen Auslandsaufenthalts von β_{AME} = 0,15 in Modell 2 unter Kontrolle der Kostenüberlegungen auf β_{AME} = 0,09 in Modell 4 deutlich reduziert. Die Ergebnisse legen die Interpretation nahe, dass durch einen schulischen Auslandsaufenthalt die Studienberechtigten in gewisser Weise lernen, dass die Hürden längerer Auslandsphasen überwunden werden können, was weitere Mobilitätsschritte positiv beeinflusst.

Abschließend werden in das *fünfte Modell* die ertragsbezogenen Aspekte eingeführt. Es zeigt sich, dass sich die antizipierten Erträge den theoretischen Erwartungen entsprechend auf die studienbezogenen Auslandsambitionen auswirken. Studienberechtigte, die einem Auslandsaufenthalt eine hohe Bedeutung für die spätere berufliche Karriere beimessen (β_{AME} = 0,10) oder für die eine Entwicklung der Persönlichkeit von Bedeutung ist (β_{AME} = 0,02), ziehen signifikant häufiger ein Auslandsstudium in Betracht. Unter Berücksichtigung der antizipierten Erträge sinkt

---

5   Während der Zeitverlust insgesamt einen stärken Effekt ausübt als die finanziellen Belastungen (Modell 4), leisten die finanziellen Belastungen für die herkunftsspezifischen Unterschiede einen größeren Erklärungsbeitrag (tabellarisch nicht ausgewiesen).

die (bereits nicht mehr signifikante) Herkunftsdifferenz auf einen Prozentpunkt und der erklärte Anteil dieser Differenz steigt entsprechend auf 86 Prozent an ($D_{Insgesamt}$). Demnach sind im Unterschied zu vorangegangenen Untersuchungen die in dieser Analyse einbezogenen Variablen in der Lage, die Herkunftsunterschiede in der studienbezogenen Auslandsbereitschaft nahezu vollständig aufzuklären.

Mit Blick auf die einzelnen Erklärungsbeiträge ($D_\%$) in der letzten Spalte von Tabelle 2 wird ersichtlich, dass sich die theoretisch diskutierten Statusreproduktionsprozesse empirisch zum Teil wiederfinden lassen. So können 22 Prozentpunkte der Herkunftsdifferenz auf die dafür herangezogenen Ertragsvariablen zurückgeführt werden. Es sind aber auch die unterschiedlichen bildungsbiographischen Erfahrungen im Vorfeld des Studiums (21 Prozentpunkte), die finanziellen und sozialen Belastungen eines Auslandsaufenthalts (17 Prozentpunkte) und insbesondere leistungsbezogene Aspekte der Studienberechtigten (25 Prozentpunkte), die zu den herkunftsspezifischen Unterschieden führen.

5 Zusammenfassung und Diskussion

Neben den sozialen Ungleichheiten beim Übergang von der Schule an die Hochschule (Becker & Hecken, 2008) bestehen auch deutliche soziale Disparitäten im weiteren Studienverlauf. Insbesondere die Entscheidung, einen studienbezogenen Auslandsaufenthalt durchzuführen, ist mit Konsequenzen hinsichtlich der weiteren Bildungs- und Berufskarriere verbunden. Vor diesem Hintergrund sowie den hochschulpolitischen Bemühungen, im Zuge des Bologna-Prozesses einen einheitlichen europäischen Hochschulraum zu schaffen und die internationale Mobilität von Studierenden zu erhöhen, hat sich der vorliegende Beitrag mit der Frage beschäftigt, warum gerade bildungsferne Schichten selten einen studienbezogenen Auslandsaufenthalt in Erwägung ziehen. Aus handlungstheoretischer Perspektive wurden verschiedene Prozesse diskutiert, die zu herkunftsspezifischen Unterschieden führen könnten. Die empirischen Ergebnisse der vorliegenden Analyse können die theoretischen Überlegungen weitgehend bestätigen. Studienberechtigte aus nicht-akademischen Elternhäusern ziehen ein Auslandsstudium seltener in Betracht als Akademikerkinder, weil sie auf unterschiedlichen Bildungswegen zur Hochschulreife gelangen und auf diesen Wegen Erfahrungen sammeln, die sie in geringerem Maße auf ein Auslandsstudium vorbereiten. So setzen Kinder aus Akademikerhaushalten oftmals einen fremdsprachlichen Prüfungsschwerpunkt und waren bereits während der Schulzeit häufiger im Ausland. Sie bringen damit andere Voraussetzungen mit und sehen ihre Leistungsstärken entsprechend häufiger im fremdsprachlichen Bereich. Auch halten finanzielle Bedenken insbesondere Kinder aus bildungsfernen Schichten von einem Auslandsaufenthalt ab. Unterschiedliche Ertragserwartungen können ebenfalls einen Teil der Herkunftsdifferenz erklären.

Im Unterschied zu vorhergehenden Untersuchungen war es aufgrund der zur Verfügung stehenden Daten und Befragungsinstrumente möglich, die aus handlungstheoretischer Perspektive skizzierten Überlegungen hinreichend zu bestimmen und die Herkunftsdifferenz nahezu vollständig aufzuklären. Allerdings wurde in der vorliegenden Analyse lediglich die frühe Intention für einen Auslandsaufenthalt betrachtet und nicht die tatsächlich realisierten Entscheidungen. Weiterführende Aspekte der Entscheidungssituation wie Push- und Pullfaktoren einzelner Hochschulstandorte, die Wirkung von Studienfachkulturen oder Austauschprogrammen, die tatsächliche Realisierung von Auslandsambitionen im weiteren Studienverlauf sowie die Konsequenzen von Auslandsmobilität für den späteren Bildungs-, Berufs- und Lebensweg blieben in der vorliegenden Analyse folglich unberücksichtigt. Es besteht demnach weiterer Forschungsbedarf hinsichtlich der herkunftsspezifischen Unterschiede in der konkreten Entscheidungssituation und deren Konsequenzen.

Aus bildungspolitischer Perspektive liefert der vorliegende Beitrag zwei wichtige Hinweise: Zum einen wird die Absicht, studienbezogenen ins Ausland zu gehen, in hohem Maße von individuellen Erwartungen beeinflusst, zum anderen finden sich in den Entscheidungsprozessen deutliche herkunftsspezifische Disparitäten. Es wäre daher empfehlenswert, bei Maßnahmen, die auf die Steigerung der internationalen Mobilität abzielen, die soziale Situation der Studienberechtigten stärker zu berücksichtigen. Ansatzpunkte politischen Handelns finden sich diesbezüglich bereits auf der Schulebene: Die Ergebnisse unterstreichen die hohe Bedeutung eines voruniversitären Auslandsaufenthalts. Im Rahmen eines solchen Aufenthalts werden sprachliche und interkulturelle Fähigkeiten aufgebaut, die für einen Schritt ins Ausland im späteren Studienverlauf essentiell sind. Auf Hochschulebene sind es insbesondere die finanziellen Belastungen, die die Auslandsbereitschaft der Studienberechtigten aus bildungsfernen Schichten hemmen – diese Befürchtungen lassen sich höchstwahrscheinlich durch gezielte Förderprogramme und eine entsprechende mediale Verbreitung von Informationen über diese Programme abbauen.

Literatur

Bartus, T. (2005). Estimation of marginal effects using margeff. *The Stata Journal, 5* (3), 309–329.

Becker, R. & Hecken, A. E. (2008). Warum werden Arbeiterkinder vom Studium an Universitäten abgelenkt? *Kölner Zeitschrift für Soziologie und Sozialpsychologie, 60* (1), 3–29.

Blinder, A. S. (1973). Wage Discrimination: Reduced Form and Structural Variables. *Journal of Human Resources, 8* (4), 436–455.

Bourdieu, P. (1982). *Die feinen Unterschiede*. Frankfurt a.M.: Suhrkamp.

Denzler, S. & Wolter, S. C. (2010). Der Einfluss des lokalen Hochschulangebots auf die Studienwahl. *Zeitschrift für Erziehungswissenschaft, 13* (4), 683–706.

Deutscher Akademischer Austausch Dienst (DAAD). (2010). *Wissenschaft weltoffen. Daten und Fakten zur Internationalität von Studium und Forschung in Deutschland*. Bielefeld: DAAD.

Erikson, R. & Jonsson, J.O. (1996). *Can education be equalized? The Swedish case in comparative perspective*. Stockholm: Westview.

Esser, H. (1999). *Soziologie: Spezielle Grundlagen: Band 1. Situationslogik und Handeln.* Frankfurt a. M.: Campus.

Fairlie, R. W. (2005). An extension of the Blinder-Oaxaca decomposition technique to logit and probit models. *Journal of Economic and Social Measurement, 30* (4), 305–316.

Finger, C. (2012). The Social Selectivity of International Mobility among German University Students. A Multi-level Analysis of the Impact of the Bologna Process. WZB Discussion Paper SP I 2011-503. Berlin.

Frenette, M. (2006). Too far to go on? Distance to school and university participation. *Education Economics, 14* (1), 31–58.

Gwosć, C., Netz, N., Orr, D., Middendorff, E. & Isserstedt, W. (2012). *Soziale und wirtschaftliche Bedingungen des Studiums.* Bielefeld: Bertelsmann Verlag.

Hartmann, M. (2004). Eliten in Deutschland. Rekrutierungswege und Karrierepfade. *Das Parlament – Aus Politik und Zeitgeschichte, 10,* 17–24.

Heine, C., Quast, H. & Beuße, M. (2010). *Studienberechtigte 2008 ein halbes Jahr nach Schulabschluss.* Hannover: Hochschul-Informations-System.

Heublein, U., Hutzsch, C. & Lörz, M. (2008). Auslandsmobilität deutscher Studierender: Ausmaß, Motive und Gründe des Desinteresses. *Zeitschrift für Bildung und Erziehung, 61* (4), 437–450.

Heublein, U., Schreiber, J. & Hutzsch, C. (2011a). *Entwicklung der Auslandsmobilität deutscher Studierender.* Hannover: Hochschul-Informations-System.

Heublein, U., Hutzsch, C., Schreiber, J. & Sommer, D. (2011b). *Internationale Mobilität im Studium 2009.* Hannover: Hochschul-Informations-System.

Isserstedt, W., Middendorff, E., Kandulla, M., Borchert, L. & Leszczensky, M. (2010). *Die wirtschaftliche und soziale Lage der Studierenden in der Bundesrepublik Deutschland 2009.* Berlin: Bundesministerium für Bildung und Forschung.

Jahr, V., Schomburg, H. & Teichler, U. (2002). *Internationale Mobilität von Absolventinnen und Absolventen europäischer Hochschulen.* Werkstattberichte 61, Universität Kassel.

Jonsson, J. O. (1999). Explaining sex differences in educational choice: An empirical assessment of a rational choice model. *European Sociological Review, 15* (4), 391–404.

Kalter, F. (1997). *Wohnortwechsel in Deutschland. Ein Beitrag zur Migrationstheorie und zur empirischen Anwendung von Rational-Choice-Modellen.* Opladen: Leske + Budrich.

Keller, S. & Zavalloni, M. (1964). Ambition and Social Class: A Respecification. *Social Forces, 43* (1), 58–70.

Lörz, M. (2008). Räumliche Mobilität beim Übergang ins Studium und im Studienverlauf: Herkunftsspezifische Unterschiede in der Wahl und Nachhaltigkeit des Studienortes. *Zeitschrift für Bildung und Erziehung, 61* (4), 413–436.

Lörz, M. & Krawietz, M. (2011). Internationale Mobilität und soziale Selektivität: Ausmaß, Mechanismen und Entwicklung herkunftsspezifischer Unterschiede zwischen 1990 und 2005. *Kölner Zeitschrift für Soziologie und Sozialpsychologie, 63* (2), 185–205.

Lörz, M., Quast, H. & Woisch, A. (2011). *Bildungsintentionen und Entscheidungsprozesse. Studienberechtigte 2010 ein halbes Jahr vor Schulabgang.* Hannover: Hochschul-Informations-System.

Lucas, S. R. (2001). Effectively maintained inequality: Education transitions, track mobility, and social background effects. *American Journal of Sociology, 106* (6), 1642–1690.

Lucas, S. R. (2009). Stratification theory, socioeconomic background, and educational attainment: A formal analysis. *Rationality and Society, 21* (4), 459–511.

Mood, C. (2010). Logistic regression: Why we cannot do what we think we can do, and what we can do about it. *European Sociological Review, 26* (1), 67–82.

Oaxaca, R. (1973). Male-Female Wage Differentials in Urban Labor Markets. *International Economic Review, 14* (3), 69–709.

Parey, M. & Waldinger, F. (2011). Studying abroad and the effect on international labour market mobility. *Economic Journal, 121* (551), 194–222.

Schindler, S. & Reimer, D. (2010). Primäre und sekundäre Effekte der sozialen Herkunft beim Übergang in die Hochschulbildung. *Kölner Zeitschrift für Soziologie und Sozialpsychologie, 62* (4), 623–653.

Schnitzer, K., Isserstedt, W., Müßig-Trapp, P., Schreiber, J. (1998). *Das soziale Bild der Studentenschaft in der Bundesrepublik Deutschland.* 15. Sozialerhebung des Deutschen Studentenwerks durchgeführt durch HIS Hochschul-Informations-System. Bonn

Schwippert, K., Bos, W. & Lankes, E.-M. (2004). Heterogenität und Chancengleichheit am Ende der vierten Jahrgangsstufe in den Ländern der Bundesrepublik Deutschland und im internationalen Vergleich. In W. Bos, E.-M. Lankes, M. Prenzel, K. Schwippert, R. Valtin, & G. Walther (Hrsg.), *IGLU: Einige Länder der Bundesrepublik Deutschland im nationalen und internationalen Vergleich* (S. 165–190). Münster: Waxmann.

Spiess, C. K. & Wrohlich, K. (2010). Does distance determine who attends a university in Germany? *Economics of Education Review, 29* (3), 470–479.

Teichler, U. (2007). *Die Internationalisierung der Hochschulen. Neue Herausforderungen und Strategien.* Frankfurt a. M.: Campus.

Van De Werfhorst, H. G., Sullivan, A. & Cheung, S. Y. (2003). Social class, ability and choice of subject in secondary and tertiary education in Britain. *British Educational Research Journal, 29* (1), 41–62.

Vester, M. (2006). Die ständische Kanalisierung der Bildungschancen, Bildung und soziale Ungleichheit zwischen Boudon und Bourdieu. In W. Georg (Hrsg.), *Soziale Ungleichheit im Bildungssystem* (S. 13–54). Konstanz: UVK.

Autorinnen, Autoren und Herausgeber

Salome Adam studiert Biochemie (Master) an der Universität Leipzig. Sie ist Vorstandsmitglied im „freier zusammenschluss von studentInnenschaften" (fzs). Ihre Schwerpunktthemen sind: Hochschulstruktur, Studienreform, Qualitätssicherung in der Lehre, Hochschulfinanzierung und Internationales.

Dr. Jupp Asdonk, ist wissenschaftlicher Mitarbeiter der Wissenschaftlichen Einrichtung Oberstufen-Kolleg / Fakultät für Erziehungswissenschaft der Universität Bielefeld. Von 1996 bis 2004 war er Leiter des Oberstufen-Kollegs, bis 2011 Lehrender in den Fächern Soziologie und Technik. Seine Forschungsschwerpunkte sind: Kompetenzerwerb in der gymnasialen Oberstufe, Studierfähigkeit und der Übergang Schule-Hochschule.

Susanne Bergann, Dipl.-Päd., ist wissenschaftliche Mitarbeiterin im Projekt „SUPPORT", Arbeitsbereich Empirische Bildungsforschung, Fachbereich Erziehungswissenschaft und Psychologie an der Freien Universität Berlin. Ihre Forschungs- und Arbeitsschwerpunkte sind: migrations- und geschlechtsbezogene Disparitäten in der Bildung und Übergang von der Schule in den Beruf (Dissertationsprojekt).

Philipp Bornkessel, Dipl.-Soz., ist wissenschaftlicher Mitarbeiter der Wissenschaftlichen Einrichtung Oberstufen-Kolleg / Fakultät für Erziehungswissenschaft der Universität Bielefeld. Sein momentaner Arbeitsschwerpunkt liegt auf der Analyse sozialer Disparitäten der Bildungsbeteiligung und des Kompetenzerwerbs. In diesem Zusammenhang ist er mit einer Dissertation zum Thema „Sozial ungleiche Bildungswahlen. Zum Einfluss primärer und sekundärer Herkunftseffekte am Übergang Schule-Hochschule" beschäftigt und seit Oktober 2012 an der Konzeption der „Verlaufs- und Absolventenstudie am Oberstufen-Kolleg" (VAmOS) beteiligt.

Dr. Dorit Bosse ist Professorin für Schulpädagogik mit dem Schwerpunkt gymnasiale Oberstufe am Institut für Erziehungswissenschaft der Universität Kassel. Ihre aktuellen Arbeits- und Forschungsschwerpunkte sind: Schul- und Unterrichtsentwicklung in der gymnasialen Oberstufe, Unterrichtsforschung und Lehrerbildung.

Annabell Daniell, M.A., ist wissenschaftliche Mitarbeiterin im Projekt „Arbeiterkind", Arbeitsbereich Empirische Bildungsforschung im Fachbereich Erziehungswissenschaft und Psychologie der Freien Universität Berlin, Arbeitsgruppe Prof. Dr. Rainer Watermann.

Stefan Denzler, (lic. sc. pol.), ist wissenschaftlicher Mitarbeiter bei der Schweizerischen Koordinationsstelle für Bildungsforschung (SKBF) und Doktorand (Higher Education Policy) an der Universität Lausanne. Seine Arbeitsschwerpunkte sind: Hochschulpolitik, Lehrkräftepolitik, Lehrpersonenausbildung, Weiterbildung/Erwachsenenbildung.

Dr. Andrea Frank ist seit 2005 Leiterin des Servicebereichs Beratung für Studium, Lehre und Karriere an der Universität Bielefeld. Sie entwickelte und leitet das Projekt „Wege zu einer neuen Studien- und Lehrkultur", das 2009 vom Stifterverband für die Deutsche Wissenschaft im Rahmen des Wettbewerbs „Exzellente Lehre" ausgezeichnet wurde. Seit 2011 ist sie verantwortlich für das Programm „Richtig einsteigen!", das an der Universität Bielefeld aus Mitteln des „Qualitätspakt Lehre" gefördert wird.

Dr. Andreas Gruschka war seit 1972 Mitarbeiter, von 1990 bis 1994 Leiter der Wissenschaftlichen Begleitung Kollegstufe NW. Nach einer Professur an der Universität Essen ist er seit dem Jahr 2000 Professor für Erziehungswissenschaft mit besonderer Berücksichtigung der Schulpädagogik und der Allgemeinen Pädagogik an der J.W. Goethe-Universität in Frankfurt.

Dr. Dr. h.c. Ludwig Huber ist Professor (emeritiert) für Pädagogik (Wissenschaftsdidaktik) an der Fakultät für Erziehungswissenschaft der Universität Bielefeld. Von 1989 bis 2002 war er Wissenschaftlicher Leiter des Oberstufen-Kollegs. Seine Arbeitsschwerpunkte sind: Wissenschaftspropädeutik, Hochschuldidaktik, fächerübergreifendes Studium und Forschendes Lernen.

Dr. Marita Jacob ist Professorin für Soziologie an der Universität Köln. Davor war sie als Professorin am Mannheimer Zentrum für Europäische Sozialforschung (MZSE) an der Universität Mannheim tätig. In der Forschung befasst sie sich mit sozialen Ungleichheiten im Lebensverlauf, vor allem in den Bereichen Bildung, Arbeitsmarkt und Familie, sowie mit sozialen Ungleichheiten beim Hochschulzugang von Frauen.

Julian Kempf, M.A. ist wissenschaftlicher Mitarbeiter am Institut für Erziehungswissenschaft im Bereich Schulpädagogik, Schwerpunkt Gymnasiale Oberstufe, an der Universität Kassel. Seine Arbeits- und Forschungsschwerpunkte sind: Schul- und Unterrichtsentwicklung in der gymnasialen Oberstufe.

Dr. Gabriele Klewin, ist wissenschaftliche Mitarbeiterin der Wissenschaftlichen Einrichtung Oberstufen-Kolleg / Fakultät für Erziehungswissenschaft (Arbeitsgruppe Schulentwicklung und Schulforschung) der Universität Bielefeld. Derzeit ist sie Mitglied der Kommissarischen Wissenschaftlichen Leitung der Wissenschaftlichen Einrichtung.

Dr. Olaf Köller ist Professor für Empirische Bildungsforschung an der Universität Kiel. Seit 2009 leitet er die Abteilung Erziehungswissenschaft und Pädagogisch-Psychologische Methodenlehre am Leibniz-Institut für die Pädagogik der Naturwissenschaften und Mathematik (IPN). Ebenfalls im Jahr 2009 wurde er zum Geschäftsführenden Direktor des IPN ernannt. Seine Forschungsinteressen gelten Fragen der empirischen Lehr- und Lernforschung, insbesondere dem Aufbau und der Entwicklung domänenspezifischer Kompetenzen im allgemeinbildenden Schulsystem.

Anna Kroth, Dipl.-Sozwiss., ist wissenschaftliche Mitarbeiterin der Koordinierungsstelle des Instituts für Qualitätsentwicklung im Bildungswesen (IQB) und des Zentrums für internationale Bildungsvergleichsstudien (ZIB) an der Humboldt Universität, Berlin. Sie verfolgt ein Dissertationsvorhaben an der University of Michigan, Ann Arbor. Ihre Forschungsschwerpunkte sind: Bildungssoziologie, soziale Ungleichheit im Bildungswesen, Übergang Schule-Hochschule und Determinanten von Kompetenzerwerb im Schulwesen.

Sebastian Udo Kuhnen, cand. Dipl.-Soz., ist studentische Hilfskraft der Wissenschaftlichen Einrichtung Oberstufen-Kolleg an der Universität Bielefeld. Er schreibt zur Zeit eine Diplomarbeit zum Thema " Zwischen sozialer Deprivation und habituellen Passungsverhältnissen. Primäre und sekundäre Herkunftseffekte, differenzielle Lern- und Entwicklungsmilieus und ihre Kompatibilität mit dem Theoriegerüst Pierre Bourdieus".

Markus Lörz ist Projektleiter am HIS-Institut für Hochschulforschung in Hannover. Seine Forschungsschwerpunkte sind: Hochschulforschung, Ungleichheitsforschung, Methoden der empirischen Sozialforschung und Längsschnittdatenanalyse.

Dr. Kai Maaz ist Professor für Quantitative Methoden in den Bildungswissenschaften an der Humanwissenschaftlichen Fakultät der Universität Potsdam. Seine Arbeits- und Forschungsschwerpunkte sind: Soziale Disparitäten im Bildungssystem; Bildungsbiografien und Übergangsentscheidungen unter Berücksichtigung individueller, institutioneller und kontextueller Einflussgrößen; institutionelle Entwicklungen im Bildungssystem, Evaluation von Transformationsprozessen und soziokulturelle Hintergrundmerkmale, Erfassung und Validität von Schüler- und Elternangaben.

Elisabeth Maué, Dipl. Päd., ist Wissenschaftliche Assistentin am Lehrstuhl für Theorie und Empirie schulischer Bildungsprozesse im Institut für Erziehungswissenschaft der Universität Zürich. Ihre Arbeitsschwerpunkte sind: Empirische Bildungsforschung, zentrale Abschlussprüfungen, Alphabetisierung Erwachsener, Übergang von Schule ins Berufsleben.

Dr. Volker Meyer-Guckel ist stellvertretender Generalsekretär des Stifterverbandes für die Deutsche Wissenschaft. Er ist Mitglied der Geschäftsleitung des Stifterverbandes und leitet den Bereich Programm und Förderung. Von 1997 bis 1999 war er Mitarbeiter im Planungsstab des Bundespräsidenten Roman Herzog und leitete in den Jahren 1999–2005 die Programme des Stifterverbands in den Bereichen Hochschulentwicklung und Strukturinnovation in der Wissenschaft.

Dr. Marko Neumann ist wissenschaftlicher Mitarbeiter im Bereich Quantitative Methoden in den Bildungswissenschaften, Department Erziehungswissenschaft der Universität Potsdam. Seine Arbeits- und Forschungsschwerpunkte sind: Einfluss institutioneller Lernumwelten auf die Entwicklung schulischer Leistungen, Übergänge im Bildungssystem, Gymnasiale Oberstufe und Abitur, Reformprozesse und Qualitätsentwicklung im Bildungswesen.

Dr. Birgit Nieskens, ist Mitglied des Zentrums für Angewandte Gesundheitswissenschaften (ZAG) der Universität Lüneburg und Deutschland-Koordinatorin im Laufbahnberatungsprogramm „Career Counselling for Teachers". Ihre Arbeitsschwerpunkte sind Berufsorientierung und Berufsinteressenforschung, Webbasierte Laufbahnberatung für angehende und erfahrene Lehrerinnen und Lehrer, Self Assessment für den Lehrerberuf, Lehrergesundheit und Psychische Gesundheit in der Schule.

Dr. Dominic Orr ist wissenschaftlicher Mitarbeiter am HIS-Institut für Hochschulforschung, Hannover. Er leitet das internationale Projekt EUROSTUDENT, das vergleichende Daten zum Leben der Studierenden in Europa liefert, und ist in mehreren internationalen Arbeitsgruppen im Rahmen des Bologna-Prozesses tätig. Seine Arbeitsschwerpunkte sind darüber hinaus: Steuerung, Finanzierung und Evaluation.

Heiko Quast, Dipl.-Sozialwiss., ist Projektleiter am HIS-Institut für Hochschulforschung, Hannover. Seine Arbeitsschwerpunkte sind: Studienberechtigtenuntersuchungen, Studienentscheidungen und Studienverläufe.

Dr. David Reimer ist Assistant Professor für Bildungssoziologie am Department of Education, Aarhus University. Davor war er wissenschaftlicher Mitarbeiter am Mannheimer Zentrum für Europäische Sozialforschung (MZSE), Universität Mannheim. Seine Forschungsschwerpunkte sind: Chancengleichheit beim Zugang zur Hochschulbildung im internationalen Vergleich, Lehrerrekrutierung und Lehrerbildung.

Gabriele Sandfuchs, Ass. Jur., ist Wissenschaftliche Referentin am Bayerischen Staatsinstitut für Hochschulforschung und Hochschulplanung (IHF). Die Schwerpunkte ihrer Tätigkeit liegen in den Bereichen Rechts- und Verwaltungsfragen, Bologna-Prozess und Akkreditierung.

Dr. Steffen Schindler ist Akademischer Rat im Arbeitsbereich Bildungssoziologie des Instituts für Soziologie an der Universität Hannover. Von 2006 bis 2012 war er wissenschaftlicher Mitarbeiter am Mannheimer Zentrum für europäische Sozialforschung der Universität Mannheim. Seine Forschungsinteressen liegen im Bereich der Bildungs- und Arbeitsmarktsoziologie. Insbesondere befasst er sich mit Prozessen sozialer Ungleichheit beim Bildungserwerb und beim Übergang aus dem Bildungssystem in den Arbeitsmarkt sowie mit den Arbeitsmarkterträgen von Bildung.

Heike Spangenberg, Dipl. Päd., ist Projektleiterin am HIS-Institut für Hochschulforschung, Hannover. Ihre Forschungs- und Arbeitsschwerpunkte sind Studienberechtigtenuntersuchungen, Erträge akademischer und nicht-akademischer Bildung, Studierbereitschaft, Bildungsverläufe und der Übergang Schule-Hochschule.

Hanna-Marei Steininger, Bachelor of Arts Soziologie, arbeitet seit 2008 im Projekt „Bildungskarrieren und soziale Ungleichheit – Eine ländervergleichende Analyse des Einflusses der sozialen Herkunft auf Bildungswege im Hochschulsystem und deren Arbeitsmarktrenditen" am Mannheimer Zentrum für Europäische

Sozialforschung (MZES). Zur Zeit strebt sie den Studienabschluss Master of Arts Soziologie an.

Dr. Ulrich Trautwein ist Professor für Empirische Bildungsforschung an der Universität Tübingen. Seine Forschungsschwerpunkte sind: Entwicklung von Selbstkonzept und Persönlichkeit, Effektivität im Bildungssystem, Effekte von Hausaufgabenvergabe und Hausaufgabenerledigung sowie, im Rahmen der TOSCA- und der TOSCA-Repeat-Studie, Fragen der Leistungen, der Wissenschaftspropädeutik und der Studierfähigkeit in der gymnasialen Oberstufe.

Dr. Rainer Watermann ist Professor für Empirische Bildungsforschung im Fachbereich Erziehungswissenschaft und Psychologie an der Freien Universität Berlin. Seine Forschungsschwerpunkte sind: Öffnung von Bildungswegen und die Wahrung von Standards, Übergang von der Schule in die berufliche Erstausbildung und das Studium, soziale Disparitäten des Kompetenzerwerbs und der Bildungsbeteiligung, Schule und politische Sozialisation sowie Evaluation von Einzelschulen

Felix Weiss, Dipl. Soz., ist wissenschaftlicher Mitarbeiter am Forschungsinstitut für Soziologie, Universität Köln. Seine Forschungsschwerpunkte sind: Soziale Ungleichheit und soziale Mobilität, Arbeitsmarktsoziologie, Soziologie des Lebenslaufs, Bildungssoziologie.

Daniel Wilhelm, Dipl.-Soz.-Arb., ist Mitarbeiter der Zentralen Studienberatung (ZSB) der Universität Bielefeld. Schwerpunkt seiner Arbeit sind die psychosoziale Beratung von Studierenden und Beratung im Bereich Übergang Schule-Hochschule.

Julia Willich, Dipl-Soz., ist wissenschaftliche Mitarbeiterin im Projekt „Nachfolgemoderation" im Entrepreneurship Center der Ostfalia Hochschule für angewandte Wissenschaften. Ihre Arbeitsschwerpunkte sind: Existenzgründungsforschung und Studierendenbefragungen.

Dr. Johanna Witte ist Wissenschaftliche Mitarbeiterin am Bayerischen Staatsinstitut für Hochschulforschung und Hochschulplanung (IHF) in München. Nach einem Master-Abschluss in Volkswirtschaftslehre an der Universität Maastricht und einem MA in International Education an der Universität Sussex promovierte sie am CHEPS (Center for Higher Education Policy Studies) der Universität Twente. Ihre Forschungsschwerpunkte sind: Hochschulpolitik, -Governance und -Management, Qualitätssicherung und Studiengangsentwicklung insbesondere in international vergleichender Perspektive.